此研究受苏州大学中国特色城镇化研究中心项目资助。

# 新时代苏州精神

## "三大法宝"的历史内涵与当代价值

任 平 主编

中国社会科学出版社

# 图书在版编目(CIP)数据

新时代苏州精神:"三大法宝"的历史内涵与当代价值/任平主编.—北京:中国社会科学出版社,2021.12
ISBN 978-7-5203-8495-7

Ⅰ.①新… Ⅱ.①任… Ⅲ.①精神文明建设—研究—苏州 Ⅳ.①D648

中国版本图书馆 CIP 数据核字(2021)第 098104 号

| 出版人 | 赵剑英 |
| --- | --- |
| 责任编辑 | 孙 萍 李 沫 |
| 责任校对 | 胡新芳 |
| 责任印制 | 王 超 |

| 出 版 | 中国社会科学出版社 |
| --- | --- |
| 社 址 | 北京鼓楼西大街甲 158 号 |
| 邮 编 | 100720 |
| 网 址 | http://www.csspw.cn |
| 发行部 | 010-84083685 |
| 门市部 | 010-84029450 |
| 经 销 | 新华书店及其他书店 |
| 印 刷 | 北京明恒达印务有限公司 |
| 装 订 | 廊坊市广阳区广增装订厂 |
| 版 次 | 2021 年 12 月第 1 版 |
| 印 次 | 2021 年 12 月第 1 次印刷 |
| 开 本 | 787×1092 1/16 |
| 印 张 | 25 |
| 插 页 | 2 |
| 字 数 | 385 千字 |
| 定 价 | 139.00 元 |

凡购买中国社会科学出版社图书,如有质量问题请与本社营销中心联系调换
电话:010-84083683
版权所有 侵权必究

# 《新时代苏州精神》编委会

**主　编**　任　平

**副主编**　方世南　于毓蓝

**编　委**　段进军　高　峰　姜建成
　　　　　徐维英　张婷婷　吴建厂

# 目　　录

**导言　再创辉煌，呼唤激情燃烧的新时代苏州精神** …………（1）
　　一　新时代苏州之路与苏州精神 ……………………………（1）
　　二　苏州之路与苏州精神的历史回望与当代意义 …………（23）
　　三　新时代苏州精神的当代出场 ……………………………（41）

**第一章　新时代苏州精神产生的时空坐标** ……………………（63）
　　一　新时代苏州精神的文化基因 ……………………………（63）
　　二　新时代苏州精神的实践沃土 ……………………………（71）
　　三　新时代苏州精神的使命召唤 ……………………………（79）

**第二章　张家港精神的当代解读** ………………………………（85）
　　一　张家港精神是中国改革开放浪潮催生的先进发展文化 ……（86）
　　二　张家港精神是体现中华民族精神和时代精神的
　　　　发展哲学 …………………………………………………（97）
　　三　张家港精神是随着时代发展而不断与时俱进的
　　　　开放体系 …………………………………………………（107）

**第三章　昆山之路的当代价值** …………………………………（119）
　　一　闯出来的昆山之路 ………………………………………（121）
　　二　"昆山之路"的精神密码 …………………………………（126）
　　三　走向新时代的"昆山之路" ………………………………（135）

## 第四章　园区精神的新时代意义 ·················· (156)
    一　"园区经验"生成的文化基因与背景 ············ (157)
    二　"园区经验"的成就与当代价值 ················ (164)
    三　新时代园区精神与园区之路 ···················· (173)
    四　"园区经验"的世界价值与意义 ················ (184)

## 第五章　新时代苏州精神的融汇和升华 ·············· (188)
    一　新时代苏州各板块精神阐释 ···················· (189)
    二　新时代苏州精神的融汇 ························ (221)
    三　新时代苏州精神的升华 ························ (229)

## 第六章　新时代苏州精神的内在灵魂与价值体系 ······ (235)
    一　审视新时代苏州精神的多元视野 ················ (236)
    二　新时代苏州精神的内在灵魂：自主发展的共同体
       主义 ·········································· (241)
    三　新时代苏州精神的价值体系 ···················· (250)
    四　新时代苏州精神的价值与意义 ·················· (263)

## 第七章　新时代苏州精神与全面高质量发展之路 ······ (271)
    一　新时代苏州精神契合全面高质量发展 ············ (271)
    二　新时代苏州精神引领全面高质量发展 ············ (288)
    三　新时代苏州精神助推全面高质量发展 ············ (301)

## 第八章　新时代苏州精神的中国价值与世界意义 ······ (312)
    一　立足苏州的新时代苏州精神 ···················· (312)
    二　面向全国的新时代苏州精神 ···················· (327)
    三　走向世界的新时代苏州精神 ···················· (339)

## 结束语　新时代苏州精神与苏州未来发展 ············ (353)
    一　在深度融入长三角一体化中走向未来：不断创新的
       新时代苏州精神 ································ (353)

二　超越：新时代苏州精神发展的新动力 …………………（364）
三　走向：新时代苏州精神与苏州未来发展 ………………（372）

**Suzhou Spirit in the Neo-era：The Historical Connotation and Contemporary Value of the "Three Magic Weapons"** ………（378）

参考文献 …………………………………………………………（389）

# 导言　再创辉煌，呼唤激情燃烧的新时代苏州精神

> 中国人民在长期奋斗中培育、继承、发展起来的伟大民族精神，为中国发展和人类文明进步提供了强大精神动力。[①]
>
> ——习近平

## 一　新时代苏州之路与苏州精神

中国道路怎么走，看看苏州—新时代苏州之路及其精神动力—奋进新时代需要新时代苏州精神

### 1. 中国道路怎么走，看看苏州

历史的指针指向2021年。回望旧岁，2020庚子年，银河、太阳与地球转成一条直线，同轴共行，注定这是地球极不寻常的一年：水、旱、风、火、震、蝗等多种自然灾害集中暴发，新冠肺炎疫情全球肆虐，与新一轮科技革命和工业4.0全球布展叠加正在加速全球变局；波诡云谲的国际形势，纵横交错的各类矛盾，动荡不安的世界，既产生严重挑战又带来重大机遇。2020年，中国风景这边独好，化危机中育新机，于变局中开新局，攻坚克难，逆势扬帆，取得了战"疫"的

---

[①] 习近平：《在第十三届全国人民代表大会第一次会议上的讲话》，人民出版社2018年版，第2页。

战略性胜利与秩序率先复常、经济转跌回增的"双胜利"。2020年，中国在进入新时代强国建设新征程的关键时刻迎来了"十三五"规划总收官，以全球战"疫"国经济唯一创造正增长奇迹的大国形象震撼了世界，赢得决胜全面建成小康社会新胜利，在更高起点上全面布展"十四五"规划，开启全面建设社会主义现代化国家新征程。2021年，中国共产党在迎来百年华诞之际，领导中国人民沿着中国式现代化新道路顺利跨入新发展阶段，以新发展理念作为战略指引，全力打造新发展格局，迈出高质量发展新步伐。金风拂面秋收意，硕果飘香喜登场。冬雪瑞年迎新春，强国远航风帆扬。中国在影响着世界，世界在仰望中国。然而，大凡在全球大变局、中华民族伟大复兴新时代全局、发展新阶段的历史方位上，关注中国命运、关注中国奇迹、展望中国道路未来前景的人，决不能忽略苏州。

苏州，一个秉持"敢为天下先"的开放创新精神，一直领跑江苏、为全国探路的城市，一个成为全国经济实力最强地级市、第一大工业增加值城市、享誉全球的智造名城，一个将率先全面实现基本现代化、继续走在全国前列为全国探路的标杆城市，再次显现出让世人瞩目的先锋气质和耀眼光芒。苏州是全国开放度最高，疫情防控难度颇大、任务繁重，受中美经贸摩擦影响最大的城市之一。全市人民以"沧海横流方显英雄本色""大挑战出大英雄"的大无畏精神，有血性、有志气、有办法，在英勇战胜新冠肺炎疫情冲击、打了一场漂亮仗，苏州全境、援外医疗队成员均交出一份"零"死亡的优秀答卷之后，率先全面复工复产，迅疾兴起一个"勇闯无人区、开放再出发"的风暴热潮，勇当高水平开放标杆，敢为新发展格局探路，在育新机、开新局中再创一个"再燃激情、再创辉煌"的火红年代。从"开放再出发"全面布展到中国自贸片区的启动，从喷涌而出的产业创新到大量科技人才加速集聚，从苏南现代化示范区的标杆城市建设到率先勇闯全面高质量发展新路，到处洋溢着奋斗之火，到处席卷着敢闯敢试的风暴热潮。2020年苏州引进外资和外贸在成功战"疫"中逆势上扬，利用外资屡创新高，科技产业领衔发展，工业投资增长迅猛，全年完成固定资产投资5224.4亿元，比上年同口径增长6.6%。其中工业投资1527.7亿元，增长27.4%；新兴产业投资1330.3亿元，增长35.0%。

市场主体蓬勃发展，全年新增市场主体67.7万户，年末达244.1万户，分别比上年增长56.8%和29.8%。经济发展加速，工业销售额总量重回全国榜首，工业服务业总额走在全国前列，2020年末地区生产总值突破2万亿元大关，引起了全省、全国甚至全球的热切关注。[①] 从中人们欣喜地看到"敢为天下先""不服输""自加压力、挑战极限""敢争第一""敢创唯一"的苏州精神风貌的再现，聚力关键处，攻克难关处，在"深水区"冲刺，在"无人区"探路，蹄疾步稳跨越风险，千方百计战胜困难，提振人民最强自信，展示新时代苏州的最佳形象。传承"三大法宝"，弘扬新时代苏州精神，再燃干事创业奋斗之火的主旋律，已经在8657.32平方公里苏州大地上激昂唱响。在圆满完成2020年高水平全面建成小康社会重任、继续为全国探路、走向率先基本实现现代化道路的新征程上，苏州再一次扬帆起航，不松劲、不懈怠，信心满满，把自觉为全国探新路重大责任扛在肩上，把全面高质量发展的目标明确在发展蓝图中，把"闯难关、争第一、创唯一"的苏州精神发扬光大，勇当争分夺秒、只争朝夕的干事创业的热血尖兵，努力交上一份让全国人民满意的答卷。今日的苏州，在新时代决胜高水平全面建成小康社会之后进入新发展阶段的开局之年，再次展现出迷人的先锋气质和耀眼的夺目光芒，成为走在中国式现代化新道路领跑前列的标杆城市。

中国道路怎么走，到苏州看什么？一看苏州人民奋斗创造的"苏州奇迹""苏州现象"如何谱写了中国奇迹史册上的华丽篇章；二看苏州人民"敢为天下先"走出的"苏州之路"如何成为全国探路的先锋；三看呈现高度开放、善于用双面绣的绝活连接东西方的苏州如何成为中国大开放战略成功的典范；四看苏州人民激情燃烧的奋斗之火如何创造出以"三大法宝"为核心的苏州精神成为中国精神、中国价值的重要标杆。

看看苏州，如何将鱼米之乡美丽山水的自然禀赋、悠久灿烂的历史文化传承与现代奋斗精神紧密结合，创造了一系列"苏州奇迹"，造就"苏州现象"。对许多人来说，苏州奇迹几乎是个谜。"上有天堂下

---

① 数据来源：苏州市统计局2021年版《苏州市情市力》。

有苏杭",魅力无穷却始终令人费解。改革开放40多年来,在全国城市第一梯队中,苏州绝对算得上是一个特别的存在:不是沿海城市,不是超一线城市,不是省会城市,不是副省级城市,甚至也不是计划单列市。然而就是这样一个"五不"城市,经济实力却长期雄踞全国GDP前6,2020年GDP增长3.4%、迈上2万亿元新台阶的总量甚至盖过全国1/3的省市自治区,规模以上工业总产值稳居全国城市前三,制造业新兴产业产值超过55%,进出口总额和实际使用外资总量保持全国前列,苏州自贸片区加快发展,14项创新经验在全国、全省推广,对超一线城市"虎视眈眈",也让许多追赶苏州的城市感慨莫名。苏州持续成为全国经济实力最强地级市、始终走在全国前列、一路走高绝非偶然。苏州古称"吴",简称为"苏",又称"姑苏""平江"等,作为一个具有2500年悠久历史和"人间天堂"美誉的历史文化名城,是中国现代化的发源地之一,也是充满活力和屡创神奇的福地。苏州人拥有发展的自信自强源自小桥流水、鱼米之乡的自然禀赋,更源自厚重的历史和创造的精神。在广袤的中国大地上,苏州地处东经119°55′—121°20′,北纬30°47′—32°02′之间,全市占地8657.32平方公里,地势低平,其中42.5%是水面,长江之畔,河流纵横、湖泊众多,是名副其实的"东方水城"。苏州东接上海,西望南京,北临长江,南邻浙江,环抱太湖,是长三角一体化重大机遇的承载地,下辖10个板块:6区(姑苏、吴中、相城、吴江、工业园区和高新区)、4县(市)(昆山、张家港、常熟和太仓),均多年保持全国百强县前十,在2020年"前三甲"中昆山又是"状元",张家港则是"探花"。至2020年末,全市户籍人口744.33万,而常住人口高达1274.82万,其中常住人口城镇化率超过80%,是全国第二大移民城市。苏州自古以来就是富饶秀丽的鱼米之乡,明清以来更是物产丰饶、工商繁荣、人文荟萃、风景秀丽的人间天堂。具有极高的创新潜质,排名世界创新城市第25位、中国前4位。自公元前514年吴国大夫伍子胥"相土尝水、象天法地"构筑苏州城肇始,2500多年风雨兼程、崇文融合的建城史,留下无数物华天宝,出现过无数文人墨客、遗存无数的历史故事。人们不会忘记一度成为春秋霸主的吴国和吴文化,不会忽略南方夫子言偃,不会忘记高唱"先天下之忧而忧、后天下之乐而乐"的范仲淹,不会忘记高喊"天下兴亡匹夫有责"的顾炎武，也不会忘记清末清流宰相翁同龢，以及灿若星辰的数十位状元、进士之闻名乡贤。精致巧雅的苏州园林，精美绝伦的双面绣，巧夺天工的香山古建筑，清亮高雅的昆曲，细缕雕琢的苏派玉器和核雕，还有那数不尽的吴门画派、吴门医派、吴门书院、吴门餐饮、吴门红木家具……应有尽有。高度发达的农耕文明为苏南的社会变迁提供了强力支撑，南宋以降，在从农耕文明向工业文明、从传统社会向现代社会的转变中，苏州曾经率先发起多次冲击，一直成为中国现代化发源地。新中国成立以来，人们瞩目苏州、赞美苏州："一座东方水城让世界读了2500年，一个现代工业园用10年时间磨砺出超越传统的利剑。她用传统园林的精巧，布局出现代经济的版图；她用双面绣的绝活，实现了东方与西方的对接。"盛赞苏州的"全国地级经济强市榜首""中国十大最具经济活力城市"评委会如是说。苏州的名片多得令人目不暇接：全球首个"世界遗产典范城市""历史文化名城""国家生态园林城市""首批国家全域旅游示范区""国际新兴科技城市""全球最具发展潜力TOP10城市""全球竞争力前25强城市""世界特色魅力城市""中国最具经济活力城市""中国营商环境最优城市""长三角一体化中心城市"……苏州获得世界与全国的大奖更是难以胜数，如"健康城市最佳范例奖""中国投资环境金牌城市"等。天堂苏州美誉天下。诺贝尔物理学奖获得者李政道博士曾经这样由衷地赞叹苏州的迷人魅力和夺目光彩："我不知道天堂是什么样子，如果天堂有苏州十分之一的美丽，那就很好了！"2020年，在全面达标高水平小康社会标准之后，苏州在全国率先提出"决胜全面建成小康社会之后的路怎么走"的问题，高屋建瓴地规划以全面高质量发展为主题的新时代苏州之路，在更高的起点上向基本实现现代化目标稳步迈进。党的十九届五中全会深刻指明了今后5年乃至15年我国发展走向基本实现现代化目标的指导方针、目标任务、战略举措，对于动员和激励全党全国各族人民继续抓住用好重要战略机遇期，推动全面建设社会主义现代化国家开好局、起好步，具有重大而深远的意义。作为肩负"为全国探路"重责、进入新发展阶段的创新先锋和热血尖兵，苏州将继续走在基本现代化建设前列，成为先锋标杆城市。2021年，苏州市政府向全社会发布了《苏州市国土空间总体规划（2021—2035）》公示，作为"国家历史文化名城和风景旅游城市、国家先进制造业基地和产业科技创新中心、长三角世界级城市群重要中心城市"，要在2035年高水平建成令人向往的创新之城、开放之城、人文之城、生态之城、宜居之城、善治之城，高水平建成充分展现"强富美高"新图景的社会主义现代化强市、世界历史文化名城，打造长三角重要中心城市，为建设世界级城市群作出重要贡献。① 在这一率先迈出新路的阶段，新时代苏州在创造更加辉煌灿烂的奇迹，苏州现象将发出更加夺目的光芒。正因为如此，"苏州奇迹""苏州现象"就成为吸引全球瞩目的一个谜，而解这一地方知识之谜，了解其"源代码"，就不仅具有理解中国经验的价值，而且具有世界意义。

看看苏州，如何以敢闯敢试的精神风骨、以独特的"发展的共同体主义"价值引领发展走出了一条辉煌的苏州之路，成为中国道路的先锋与标杆。正像创造"中国奇迹"根源于中国道路一样，创造苏州奇迹得益于苏州走出了一条自己的发展道路。正因为苏州是"为全国探路"的先锋和示范城市，因此"苏州之路"就是中国道路的先锋。人们每每在高度关注苏州现象、探寻苏州经验时，总是急切地想追问：在令世人瞩目的苏州现象、苏州奇迹背后，又蕴藏着怎样独特而强大的动力，具有怎样的活力和机制，能够支撑苏州持续地率先发展、成为领跑中国发展的先锋？要解答苏州现象之谜，我们的视野就不能仅放在奇迹意义上，而要放在更深层的道路意义上，看"苏州之路"对于中国道路的意义。今天，人们站在新时代、新发展阶段的历史方位上，聚焦如何实现中国社会主义现代化强国目标这一主题，以此为尺度回望中国现代化史、新中国建设史以及改革开放和中国特色社会主义道路史上的苏州，看看苏州奋斗史所发生的几个节点大事，之于对中国现代化发展的重大关键意义，就可以理解和领会"为全国探路"的苏州在道路开拓上何以成为中国道路的先锋。

第一个节点大事让我们深思：在鸦片战争之前，如果说中国存在若干遵循内生型道路向现代化冲击的地区，那么，历史最为悠久、过

---

① 参见苏州市政府发布的《苏州市国土空间总体规划（2021—2035）》公示稿。

导言　再创辉煌，呼唤激情燃烧的新时代苏州精神

程又最为完整、一贯、典范的城市之一就是苏州。当我们站在全面建设社会主义现代化国家的新发展阶段，行进在中国式现代化新道路上，反观中华文明5000年，全球学者经常追问：中国历史上究竟是否存在内生型现代化进程？如果存在，肇始于何时何地？"起源于何时？"答案绝不是180年前的鸦片战争，更不是40多年前的改革开放，而是千年前的宋朝。宋朝以降，当中华大地其他城乡还醉心于农耕文明甚至游牧文明的时候，以苏州为标志，以工商业为主干走向现代化的探索已历经了波澜壮阔、风雨漫漫、伟大而漫长的千年史。当代中国式现代化新道路是历史的中国现代化道路的伟大继续。"起源于何地？"答案选择不可能忘记之地：苏州。苏州作为中国自主率先向现代化冲击千年的城市，其完整、丰富的经验和主体地位，不是鸦片战争之后依赖外源或改革开放之后才迅速崛起的那些大都市所能比拟的。苏州最有"为全国探路"、率先冲击现代化目标的先锋经验与主体资格，因而也最有道路自信和文化自信。宋朝以降，苏州向现代化目标先后发动过五次大规模的冲击行动。第一次在南宋时代。由于北宋王朝被灭，原中原富庶商户大批南迁，临江而居，苏州成为南宋工商业发展的中心城市。因为苍临长江水路可以开展大规模海外贸易，苏州以丝绸织造、制茶、玉雕、器械等与外贸出口行业相关的制备工场蓬勃兴起，成为在工场制造业上开中国现代化先河、探路的城市。这一进程由于南宋王朝被灭而被迫中断。第二次在元末明初，经历整整一个元朝的孕育恢复，苏州一大批具有大规模国际贸易和工场手工业业态、农工商一体化的工商业巨子又纷纷崛起，如昆山周庄的苏州首富沈万山等人就是其中的杰出代表。他的产业规模、技术革命水准和工场手工业层次堪比当年英国发生工业革命前的任何企业。与此对应，在精神领域，明初"四大才子"——唐伯虎、文征明、沈周、祝岐山所弘扬的绝不是作为封建统治阶级官方文化所表达的"宋明理学"，而是觉醒人们的生活情趣、崇尚日常生活旨趣的"山水文化""园林文化""丹青文化""美玉文化""情缘文化"，这就是"东方威尼斯"在元末明初现代化启蒙文化的表达，堪比当年在意大利发端的人文主义的"文艺复兴"思潮。历史表明：一旦获得政治宽松机会，苏州率先向现代化冲击则是必然行动。遗憾的是，这一进程被明初封建帝王布施的抑制

7

工商、大肆盘剥的毁灭行动所截断。第三次是明中叶万历年间，苏州工商业在明王朝稳定发展中再次崛起，其中丝织业、刺绣业、古建业、制茶业等又成为全国中心，苏州市内有织造工场几百家，织造工人近万人，有完备的劳务市场和外贸市场，工业产品销售额达到"世界之最"，苏州成为中国第一个以工场手工业产业形态为主导的工业化城市。皇家"江南织造局"就落户苏州。明万历二十九年（1601）6月爆发的由著名织工领袖葛成领导近万名苏州群众反抗税监的斗争，虽然是全国各地城市人民反封建斗争的一个组成部分，但是与全国其他农民起义不同，苏州这一场以织工为主体的、有工商业者参加的城市人民反对封建剥削和压迫的自发斗争，不仅在中国历史上前所未有，而且是那一时代全国唯一的一次以工人阶级为主体、工商业主阶层广泛参与反封建压迫的自发抗争，工场手工业工人阶级第一次独立自发登上历史舞台，充分体现了苏州向现代化冲击的领头羊地位。尽管在明王朝暴力镇压下苏州这一反封建的抗争最终遭致失败，冲击现代化行动再一次受挫，然而历史就是历史，表明了苏州率先探路的主体地位。第四次则是在鸦片战争之后至20世纪30年代，因为苏州自康熙六年（1667）至1911年辛亥革命，是江苏布政使驻地、江苏巡抚驻地，1912年又是江苏省府驻地。在西方经济霸权刺激下，苏南民族工业迅速崛起，沪上许多大企业家，来自当时的苏州辖区。乡村工业化又迅速崛起。费孝通《江村调查》中所描述的苏南乡村工业发展对于乡村社会的变革状况，都起源于这一时代。然而，1937年，日本在发动"七七事变"之后，又发动了"八一三"侵沪战争，这一进程被再一次彻底打断。第五次冲击就是现时代。新中国成立之后，特别是改革开放40多年来，在中国共产党领导下，苏州成为"中国式现代化新道路"的探路先锋，取得了辉煌的成功。今天创造的苏州奇迹，表明苏州只有在中国共产党领导下，坚定走中国特色社会主义道路，才能成功当好"为全国现代化探路"的先锋；历史也同样表明，具有近千年沧桑奋斗史的苏州最有资格成为率先开拓中国现代化之路的先锋城市，最具有道路自信。因此，要理解具有千年历史的中国现代化道路怎么走，请看看苏州。

第二个节点大事让我们看到：苏州是拉开中国农村改革序幕两大

事件之一的发祥地。一件是安徽凤阳小岗村 18 位农户自主发起的联产承包责任制，另一件是苏州的乡镇企业异军突起，在新时期之初以"敢闯敢试"的开拓精神掀起中国农村伟大改革序幕，也成为了"苏州之路"的伟大起点。两者相比之下，我们不难发现：前者虽然直接发生于改革开放的前夜，但与几千年个体生产方式有关联；后者则可溯源于中国近现代史，直接与 1958 年人民公社的社队工业相关联。前者即小岗村 18 位农户推行"联产承包责任制"固守的依然是传统农业，代表的是中国相对落后地区乡村通过变革生产体制而闯出的改革路向；后者即苏州乡镇企业异军突起是通过"农转工"即产业提升和市场开拓，是相对发达地区的乡村通过工业化和市场化双重变革来实现脱贫致富、闯出的改革新路。前者依托的是联产承包的个体和家庭本位，诉诸个体主义价值；后者依托的是发展共同体，诉诸的是发展的共同体主义价值。与前者相比，后者产业层次更高，发展方向更先进，推动中国的市场化动能更强，因此被邓小平同志赞誉为"异军突起"，直接全面拉开了苏州早期工业化大幕，为苏州之路领跑全国奠定了第一块基石。

第三个节点大事，2020 年，当我们站在苏州决胜高水平全面建成小康社会收官的年份高度回望我国小康社会建设历程，我们看到苏州恰好是"中国式现代化新道路"的开端——小康社会建设实践的最早样板地之一。1983 年春节前夕，党的十二大闭幕不久，邓小平同志带着"中国式现代化的小康社会之路怎么走"的大问题踏上了江苏大地，前来苏州考察。苏州之行给邓小平同志留下了深刻印象，苏州经验为"小康社会"理念提供了有力佐证。回到北京后邓小平同志同几位中央负责同志谈话时，就列举了苏州农村走向小康社会道路的新面貌、新气象："第一，人民的吃穿用问题解决了，基本生活有了保障；第二，住房问题解决了，人均达到二十平方米，因为土地不足，向空中发展，小城镇和农村盖二三层楼房的已经不少；第三，就业问题解决了，城镇基本上没有待业劳动者了；第四，人不再外流了，农村的人总想往大城市跑的情况已经改变；第五，中小学教育普及了，教育、文化、体育和其他公共福利事业有能力自己安排了；第六，人们的精神面貌变化了，犯罪行为大大减少。"苏州地区广大干部群众在改革开放实践中创造的经验，有力印证了邓小平同志用"小康社会"这一概念来描述我国社会的发展水平这一论断。苏州因此而成为邓小平同志所指认的全国小康社会的第一个示范。如今，苏州面貌发生了翻天覆地的新变化，2020年末GDP总量跨上2万亿元新台阶，居于全国地级市首位；一般性公共预算收入2303亿元，居于全国第4位；城乡居民人均可支配收入分别为7.1万元和3.74万元，同比增长分别为7.1%和7.9%，高等学校毛入学率70.1%，城乡一体10分钟公共文化圈、体育健身圈基本建成，生态质量稳步提升，人均期望寿命位居全国第一，各项事业全面发展，人民获得感、幸福感大大提高。[①] 在实现高水平小康社会的同时，按照国家和江苏省政府的要求，苏州要率先实现基本现代化目标，在更高阶段上领跑全国，为全国探路。

第四个节点大事，看看苏州的"昆山之路"与"园区经验"如何善于用双面绣的绝活实现了东西方的对接，将开放发展推向巅峰状态。苏州是中国开放的著名窗口城市。昆山不等不靠，自费搞出的国家级开发区，成为台资企业在大陆最大的集聚地，产业链完整和公共服务效率成为吸引投资者最大的卖点。中国与新加坡政府间合作建立了苏州工业园区，苏州形成了一整套"借鉴、创新、圆融、共赢"园区经验，和"招商、安商、便商、富商"一整套最有效率的公共服务软件，创造了"中国服务和管理最佳园区"这一闪闪发光的金品牌。在"世界走向中国"时代成为领头羊的苏州，在"中国走向世界"新时代又吹响"开放再出发"的号角。"中国（江苏）自贸区苏州片区""苏州跨境电商综合试验区"等一系列高平台的正式启动，"一带一路"沿线对外投资合作项目的不断落实，使苏州"开放再出发"战略真正站到了现代全球布局的新高峰。

如今，苏州正在率先全国以"开放再出发""做率先高质量发展的标杆城市"的响亮口号，将以率先全国打造社会主义现代化强市目标的成功实践，来全力解答"决胜全面建成小康社会之后的路怎么走"即"新时代苏州之路"之问，以自主创先的全面高质量发展的先锋来继续为全国探路。习近平总书记指出："高质量发展，就是能够满足人

---

[①] 数据来源：苏州市统计局2021年版《苏州市情市力》。

民日益增长的美好生活需要的发展，是体现新发展理念的发展"。① 新时代苏州之路，就是全面高质量发展之路，就是以"创新、协调、绿色、开放、共享"五大新发展理念引领苏州发展方式大转型，全面实现经济发展、政治发展、社会发展、文化发展、绿色发展、民生发展、开放发展、协调发展、共享发展、党建发展等的高质量，决胜率先建成基本现代化和2035年社会主义现代化强市目标，以苏州标杆为全国探路，以苏州方案为世界领航。

第五个节点大事，再看看苏州，苏州精神如何成为全国闻名、全球瞩目的一张最亮丽名片。改革开放40多年来，苏州人民以"敢闯敢试""敢创敢拼""敢于争先"的奋斗精神创造了一个又一个"苏州奇迹"，走出了一条苏州之路，更形成了自己的创新创造的价值与精神，标志就是以著名的"三大法宝"——"敢于争先"的"张家港精神""自主发展"的"昆山之路""圆融共赢"的"园区经验"，以及以"三大法宝"为核心构成的苏州精神。今天，再燃激情奋斗之火的苏州人民正在大力弘扬苏州精神，并将之发展为新时代苏州精神。以全面高质量发展为主题内容的新时代苏州之路，需要有新时代苏州精神作为内生的强大动力来驱动、引领、提升和激发。

苏州奇迹是中国奇迹的典范，苏州之路是中国道路的先行探索，苏州精神是中国精神的优秀典范。苏州发展，就是中国特色社会主义道路的生动写照和壮丽篇章。

## 2. 新时代苏州之路的精神动力

聚焦苏州现象，赞叹苏州奇迹，探寻苏州之路之时，人们肯定要追问：是什么持续推动和激励苏州人民进行伟大创造，成为强劲动力？答案在于：苏州精神。正如凝聚中国人民力量的中国精神是创造中国奇迹的强大动力一样，强大的苏州精神是持续推动苏州人民干事创业、创造奇迹的伟大精神动力。伟大时代总是创造伟大精神，伟大精神强力推动伟大时代。人民有理想，民族有精神，强国有希望。

---

① 《习近平谈治国理政》（第3卷），外文出版社2020年版，第238页。

> 新时代苏州精神

　　在全球化语境中理解一种本土的发展现象、追问一个地区发展的精神动力并不简单。按照文化阐释学的见解，世界是人所创造的世界，也是人所理解的世界。理解一个世界，就是理解创造这一世界的人与文化，理解人们的交往关系，理解人的目的、追求、价值。世界是人的本质的对象化，人不仅按照自己的意愿和尺度对象化外部世界，而且还赋予这一外部世界深层存在以自己的意义。历史不过是追求着自己目的的人本身。因此，文化就是人化，不过是变成现实对象化和价值化的人本身。但是一旦文化形成，就成为制约人的行动的传统或语境，人就处在文化语境中而不能随意摆脱。任何对本土发展的理解总是处在一定文化语境中，受其制约、为其影响。在文化语境中理解可以分为理解对象和理解方式。假如暂时撇开理解方式不谈，就理解对象而言，文化作为地区发展的历史条件，它既影响和造就了地区发展的内在灵魂和价值取向，也同时造就了其外在过程与存在方式。文化既具有外在的物象和现实样态，又具有内在的行为模式、经验观念和价值追求。我们不仅需要从对象的实践探索与发展经验层次去领悟，更需要深入地从其精神价值中去把握。人的存在大致可以分为现实自我和价值自我。现实自我就是现存在场的真实自我。而价值自我则是人们的理想、追求、目标所憧憬的自我，也就是为之奋斗的未来自我。价值自我总是依托现实自我而存在，现实自我是价值自我的实在基础、起点和条件，而价值自我总是对现实自我的超越性指向未来的梦想。伟大的"中国梦"就是中华民族的价值自我对未来的投射。价值自我在未实现之前，就是一种执着追求、指引方向、激励斗志、引领前行的精神价值。精神价值的总和就是文化。价值自我在人们奋斗中一旦实现，就转化为现实自我。同时必定产生新的价值自我。价值自我就是现实自我向前发展的精神动力。我们理解一个民族之为民族，一个地区之为地区，不仅在于它的空间地理环境和人们现存状态，更在于理解和把握它的精神价值追求和文化。引领改变世界的实践起始于价值自我，这既是一切发生的前提和基础，又是所有理解的起点。价值自我的历史从哪里开始，奋斗就从哪里开始。奋斗的进程不过是价值自我历史运动和结构深入的精神再现。因此，认识、理解、领悟一种地区发展动力，往往起步于外在的物象和现实过程，继而为经验观念上的认识，进而深入价值取向，最后完成于总体的精神文化的把握。就宏观而言，任何一个自立于世界民族之林的强大民族，一个负有世界责任的大国，不仅需要具有强大的物质力量，同样也需要具有强大的精神力量；不仅需要有创造世界先进物质文明的硬实力，更需要有自觉、自信地原创民族思想文化的软实力；不仅要开辟出自己民族发展的现实道路，也要开辟出自己民族发展的精神道路。当一个民族站在世界历史时代的高峰、肩负着伟大历史使命的时刻，理论就成为这一民族的文化标识和精神力量。就微观而言，一个标杆城市、一个先进地区的发展也是如此。城市和地区精神是民族精神坚实的微观基础，而民族精神则是城市和地区精神的宏观表现。在第一个层次上，人们看到：堪称奇迹的苏州改革开放40多年来的巨大变化即形成的"苏州现象"。而创造奇迹的根本原因是勤劳、智慧的苏州人民在改革开放的进程中，敢于植根于本土实际，不断开拓创新，踏出一条符合本地实际、大发展大变革的"苏州之路"。在第二个或更深层次上，支撑"苏州之路"内在精神价值的就是以著名的"三大法宝"，即"张家港精神"、"昆山之路"和"园区经验"为核心的苏州精神，推动着苏州人民在辉煌的"苏州之路"上砥砺前行。

### 3. 新时代呼唤苏州精神

时代在发展，实践在创新，精神动力也在与时俱进。进入新时代、新发展阶段，作为推动苏州人民干事创业的强大动力的苏州精神必然要发展为新时代苏州精神。那么，以新时代苏州精神来激励苏州广大干部群众再燃激情、再创辉煌有何重大意义？

第一，这是奋进新时代、踏上新征程、肩负新使命的苏州持续探路、领军先行、争当全面高质量发展示范城市的内在要求，也是以"三大法宝"为内核的苏州精神与时俱进的必然选择。每一个伟大时代都创造伟大的时代精神。中国共产党建党百年，之所以能够成为世界上最伟大的党，就在于坚持将最先进的马克思主义作为指导思想，在百年奋斗中形成了强大的建党精神。同样，在中国共产党领导下，中华民族在伟大复兴进程中也是将伟大民族精神作为强大动力。一个民族的精神总是内化于心、外化于行，总是成为驱动实践、引领时代的强大动力。改革开放40多年来，中华民族拼搏奋进，连续11年成为世界第二大经济体，不仅创造了伟大的中国奇迹，成功走出了一条中国式现代化新道路，同时也形成了深蕴于道路之中、推动这一中国道路不断创新发展的中国价值和中国精神。正如习近平总书记指出："中国人民在长期奋斗中培育、继承、发展起来的伟大民族精神，为中国发展和人类文明进步提供了强大精神动力。"① 习近平总书记站在历史发展与时代进步有机统一的战略高度，把这一伟大的民族精神和中国价值概括为伟大创造精神、伟大奋斗精神、伟大团结精神、伟大梦想精神。② 改革开放40多年来，作为肩负率先为全国探路重责的先行军和排头兵，苏州始终做时代的弄潮儿，以敢为天下先、勇于为全国探路、当好两个率先的先行军和排头兵为己任，创造了乡镇企业异军突起、苏南模式名满天下、开放型经济领先全国等成功范例，始终走在全国前列，不仅创造了全国经济总量最强地级市、享誉全球智造名城的佳绩，而且走出了一条令世界瞩目的苏州之路，更创造了以由相得益彰、相互激荡的张家港精神、昆山之路和园区经验构成的"三大法宝"为标志的苏州精神，成为点燃苏州人民干事创业澎湃激情、持续领先的强大精神动力，不断创新发展的重要法宝，一张享誉全国的亮丽名片。正是以"三大法宝"为核心的苏州精神，成为苏州之为苏州的最大成就和主要标识。正如苏州市委领导所指出的："苏州之所以能成为今日之苏州，最大的成就不仅仅在于经济数据，更在于广大干部群众在敢闯敢试、你追我赶的火热的实践中形成了最可贵的精神力量。""张家港精神、昆山之路、园区经验相互激荡、相得益彰，点燃各个板块干事创业的'熊熊之火'，催生'苏州跃起六只虎'，进而凝练成为苏州砥砺奋进、一往无前的'三大法宝'。"③ 进入新时代新征程，苏州肩

---

① 习近平：《在第十三届全国人民代表大会第一次会议上的讲话》，人民出版社2018年版，第2页。

② 习近平：《在第十三届全国人民代表大会第一次会议上的讲话》，人民出版社2018年版，第3—5页。

③ 李克详：《苏州的"三大法宝"，切莫"墙内开花墙外香"》，苏州新闻网，2020年3月4日。

负为全国高质量发展探路、成为新标杆城市的新使命，我们既要再燃激情，大力弘扬"敢为天下先""勇闯无人区""争创第一、勇当唯一"的苏州精神，继续发扬光大砥砺奋进、一往无前的"三大法宝"在新时代的强大精神动力作用，更要与时俱进地刷新"三大法宝"时代内涵，推动苏州精神成为新时代苏州精神。传承需要创新，创新需要传承。究其缘由，主要有以下几个方面。

首先，创新需要传承，弘扬以"三大法宝"为核心的苏州精神，是在走向全面建设社会主义现代化国家新征程中吹响苏州再创激情燃烧、干事创业火红年代"冲锋号"的需要。苏州精神天下闻名。"敢为天下先""争第一""创唯一"的苏州精神以张家港精神、昆山之路、园区经验等"三大法宝"为核心。正如《苏州精神——"三大法宝"的价值与升华》一书所表达的：苏州精神更成为苏州让人难以忘怀的一张亮丽名片。然而，进入新时代苏州发展面临一系列急需解决的新瓶颈、新挑战。第一轮创新的生命周期全面结束，苏州之路和苏州精神的第一轮创新所有经验"原代码"几乎被全国分享复制，全国各地"对标"苏州抄作业的比比皆是，如果苏州没有第二轮创新，因循守旧，抱残守缺，没有在新时代重新闯出苏州之路、创造苏州精神，那么反而就会落伍，不能继续先于全国、为全国探路。苏州一方面肩负勇闯全面高质量发展之路、深度融入以上海为龙头的长三角一体化的战略重任，要按照《苏州市国土空间总体规划（2021—2035）》要求来打造创新之城、开放之城、人文之城、生态之城、宜居之城、善治之城，高水平建成充分展现"强富美高"新图景的社会主义现代化强市、世界历史文化名城；另一方面还存在许多障碍，新一轮的开放融合与长三角一体化进程还存在明显的差距，需要在思想、观念、精神上破除各种坚固壁垒意识、画地为牢情结，敞开拥抱大海的宽阔胸怀。苏州在产业结构上偏重、偏硬、偏老的现象依然严重，传统制造、新兴产业两翼仍然一翼长、一翼短、不平衡，产业转型升级步伐仍需进一步加快，创新发展资源如高端人才、大院大所、高端实验室等严重不足仍为瓶颈，制约高于周边地区；城市能级、治理队伍和能力远不适应新的区域创新和发展需要；新的"巴掌路线"多，一体化"拳头方针"不足；被外人称之为"散装苏州"的高铁线竟有十六个站点；财税分置体制使市一级可支配财力严重不足,与深圳、上海等城市财政结构和创新能级有很大差距;智能化时代,缺乏高智力和激情燃烧双佳干部;"请进来"与"走出去"比重严重失衡,开放格局仍不平衡,等等。有部分干群"小富即安"、精神懈怠,淡忘"三大法宝",无视苏州精神,创业激情消褪,精神力量弱化,发展劲头回软,求稳心理抬头,"坚"不敢攻、"难"不愿克,不求先进,不愿意融入更广阔的长三角一体化怀抱,只求地安圆融。这一精神状态必然与中央和省委对于苏州在新时代的率先发展要求严重不相适应,与苏州在新时代肩负的使命不相适应。要转变这一状态,需要在全市广大干部群众中再来一次精神"启蒙"。为此,站在新的历史方位上,重新审视以"三大法宝"为灵魂的苏州精神及其新时代意义,弘扬"三大法宝"、再燃苏州精神的激情,总结新时代苏州精神,是为了让全市人民强筋健骨,再创一个干事创业的火红年代。苏州在新时代奋斗之火的目标定位就是敢于争先与持续领先;保持的奋斗姿态是艰苦创业与二次创业;采取的发展方式是超越开放圆融达致自主可控;秉持的路径选择是超越单兵突进而增强一体推进发展意识,从"巴掌路线"走向"拳头方针"。因此,站在新时代这一新的历史方位上,回望苏州走过的40多年改革开放之路,重新审视以"三大法宝"为灵魂、为标志的苏州精神及其新时代意义,将之发展为新时代苏州精神,变成苏州人民干事创业的精神引领和动力之源,就成为摆在我们面前、事关苏州发展全局的一件大事。讲好以"三大法宝"为核心的苏州精神的历史故事与当代价值,倡导新时代苏州精神,就是希望能够迅速唤醒广大干群,再燃激情,在新征程上再创一个苏州干事创业的火红年代。

其次,传承需要创新。在新时代传承和倡导"三大法宝"呈现的苏州精神,是为了今天再燃激情、再创辉煌。然而,数十年苏州发展造就翻天覆地的惊人变化,从原初时代精神到新时代苏州精神的出场语境变了,呈现两个历史方位,存在"历史间距"和时代差异,新时代新征程新使命新目标必然要提升新的精神境界和精神追求,创造新的时代精神内蕴和形态,必然要求苏州精神在内容和形态上都要与时俱进,创新发展为"新时代苏州精神"。从"苏州精神"到"新时代苏州精神"两者之间既是一脉相承、发扬光大的关系,更是与时俱进、

## 导言　再创辉煌，呼唤激情燃烧的新时代苏州精神

不断发展创新的关系。传承和发展，弘扬与创新，就构成了精神发展的辩证法。就传承而言，新时代苏州精神不可能是凭空产生，新时代苏州精神是2500年崇文融合的吴文化在当代的继续，也是在工业化、苏南模式时代原初苏州之路和以"三大法宝"为内核的苏州精神与时俱进的必然选择，更是新时代苏州人民实践的精神表达。以"三大法宝"为核心的苏州精神在新时代依然具有砥砺奋进、一往无前的强大精神价值，需要我们大力弘扬。就发展而言，新冠肺炎疫情肆虐正在加速全球变局，前所未有的重大机遇和严峻挑战接踵而来，需要我们增强机遇意识和风险意识，准确识变、科学应变、主动求变，坚定自信，做好开顶风船加速发展的准备。党的十九大郑重宣告中国特色社会主义进入新时代，这是新的历史方位，围绕中国特色社会主义进入强国发展的时代，"创新、协调、开放、绿色、共享"五大新发展理念催生了一系列时代坐标的重大转换，包括发展目标、发展方式、资源配置方式、空间治理方式、社会治理方式、民主政治、文化治理、生态治理、开放方式与全球治理、党的治理等都在发生重大转变，我国社会主要矛盾的转换，人民对美好生活新期盼，要努力实现更高质量、更有效率、更加公平、更可持续、更为安全的发展，等等。上述这一切都是苏州在新时代新征程中继续为全国探新路所要明确的崭新目标和所要肩负的时代重任，呼唤着新时代的苏州闯出新路、创造新精神。纵观改革开放40多年发展史，就是一部不断创新史。每一次创新都源于新形势新挑战新使命的需要，要求重新选择发展目标、重新制定发展战略、重新构建发展格局。每一次创新都是一次过"十字路口"的重大考验，抱残守缺者"一篙松劲退千寻"，探索错误者"一失足成千古恨"，必然在历史中落伍甚至被淘汰，只有创新成功者才能创造新的辉煌。小到一个村、一个企业、一个部门、一个单位，大到一个区县、一个城市、一个国家，之所以在发展竞争的历史长跑中位次发生先进或落伍的不断变化，究其原因概莫能外。苏州之路、苏州精神只有不断出场才能秉持在场，只有不断创新才能保持领跑地位。挑战与机遇同在。新时代又为苏州闯新路、创精神带来系列重大战略机遇：全球变局、"一带一路"发展战略、长三角一体化、苏州率先实现现代化示范区、中国自贸片区落地生根，这些机遇和条件提供了现实可能性，

成为滋养新时代苏州之路、苏州精神绝好的生态基础。因此,"客观需要"与"现实可能"的有机结合,就成为必然选择。当然新时代机遇与挑战同在,新科技革命和新冠肺炎疫情肆虐后全球产业链和价值链重组,全球城市间日甚一日的你追我赶、抢夺先机的强力竞争态势,人民日益增长的对美好生活的全面需求,重重挑战和压力不断呈现,以压倒性倒逼态势强力驱使苏州的产业结构加快转换升级步伐、自主可控创新步调,进而催生新时代苏州之路、苏州精神的出场。新时代苏州精神是苏州精神的2.0版,是进入新时代苏州人民以新境界、新姿态、新风貌掀起干事创业奋斗之火的生动写照和精神表达。新时代苏州之路更需要新时代苏州精神作为强大精神动力。为此,我们需要将原初以"三大法宝"为核心的苏州精神与时俱进地创新发展为新时代苏州精神。客观地分析,原初在改革开放和工业化早、中期形成的"三大法宝"以及苏州精神的出场具有历史性和阶段性,从内容、境界到形态都不可能摆脱产生这一精神的那个时代,必定某些内容带有初创时代的痕迹和局限,就有可能不完全适应新时代要求而局部退场。例如,就全球变局来看,正在发生从"世界走向中国"向"中国走向世界"开放向度的根本转换,新冠肺炎疫情肆虐加速全球变局,特别是中国力主倡导的和平、发展、合作、共赢以及文明互鉴的新全球化格局取代以美国霸权宰制的旧全球格局,苏州"开放再出发"不可能再照搬原初"世界走向中国"开放格局的固有做法。从世界现代性比较的语言来说,就是需要从"自主输入型"现代性方案转向"自主辐射型"现代性道路,这是为了强国建设必然选择一次现代性道路的重大转轨行动。从苏州作为全国开放型发展的标杆城市来看,原初"三大法宝"之一、作为全国开放标杆的园区经验:"借鉴、创新、融合、共赢",主要是在消化吸收新加坡裕廊工业园公共管理软件的基础上,根据苏州实际而创造出来的成功经验,以一流的商务服务环境来吸引国内外投资商来园区投资兴业,进而抵达"请进来"式开放典范和标杆高地。这无疑是在"世界走向中国"即"自主输入型"现代性时代产生的典范。今天,在"中国走向世界"的新时代,沿着"一带一路"倡议走向世界,在"走出去"即"自主辐射型"现代性成为主战略的时代,园区精神就要面临新的挑战与新的使命,因而新时代园区精神

**导言　再创辉煌，呼唤激情燃烧的新时代苏州精神**

必然要有新内涵和新形态。在此，我们需要科学、理性和全面地看待和把握原初苏州精神和新时代苏州精神的关系，用阐释学的话来说，对待原初苏州精神，我们不是为了"历史考古"和"崇古欣赏"，而是为了激发新时代苏州再创辉煌的伟大实践；不是为了回到过去、固守传统，而是要面向未来、与时俱进地发展传统；不是故步自封地"照着讲"，而是要站在新时代历史方位上创新发展地"接着讲"和"重新讲"，不失时机地深刻全面总结新时代苏州人民干事创业的新精神新风貌，推动苏州精神与时俱进地创新发展出新时代苏州精神，从而作为苏州人民再燃激情、再创辉煌的强大精神动力。

再次，传承与创新都需要不断完善。任何精神内容和形态的成熟与完善都有一个历史过程，都将随着时代变化而变化，实践发展而发展。时代是精神之母，实践是精神之源。每一个时代精神都是特定时代条件下的出场形态，不可能一蹴而就，一经出场就一成不变、就呈现成熟而完善的形态。无论是作为核心的"三大法宝"还是作为整体的苏州精神，原初出场都不免受到时代限制、演化和发展的过程性制约，精神形态还不是很成熟和完善。例如，就"三大法宝"之一的"昆山之路"和"园区经验"而言，虽然内在地包含着深刻的"不等不靠不要"和"勇闯无人区""敢为人先"的精神内涵，但是就表现形态而言还不是精神本身。一般来说，精神的自觉反思和表达大致需要经历四个紧密关联、层层递进、不断深入的环节：一是成功创造的奇迹，凸显优异的佳绩而令人瞩目；二是追问创造奇迹的历程，也就是道路；昆山之路、苏州之路都是发展道路的概念；三是成功创造奇迹和形成道路的经验，如"园区经验"；四是在奇迹、道路、经验中内蕴的精神，如"张家港精神"、"昆山之路""园区经验"、苏州精神等。初创时代，苏州精神形态并不可能一蹴而就、固定不变，而往往其深刻意义还包孕在道路和经验之中，以道路、经验的方式呈现，或者说，其"精神"还没有从"道路"和"经验"中抽象出来获得完全典范而独立的形态。"昆山之路""园区经验"就是如此。经历而后的演化发展，特别是经过新时代自主创新的洗礼，这些精神形态日渐成熟完善，从而以独立的精神形态呈现，如"昆山之路""园区经验"都发展成为昆山精神和园区精神，需要我们根据产生这些精神的苏州人

▶ 新时代苏州精神

民的伟大创造而重新概括、命名和阐释。

最后，进入新时代，苏州人民再燃激情、再创辉煌、敢闯敢试、你追我赶的伟大实践不断创造出新精神、新法宝，不断"刷新"着新时代苏州精神的内容、结构和风貌，需要我们根据发展的新态势、新格局重新加以总结、概括和提炼。其中除了"三大法宝"之外，作为苏州十大板块构成要素的县市区都在你追我赶、争创第一的火热新时代实践中创造出了奋力拼搏、敢闯敢试、感天动地、可歌可泣的各种新精神、新法宝、新价值，涌现出若干新经验、新人物、新榜样，为新时代苏州精神谱写了新篇章。为此，苏州市政府对每一个板块的新时代精神都用"一字诀"来点题把脉，切中关键，这不仅切中新时代各个板块存在问题关键之"穴"，更精准点题新时代"三大法宝"与时俱进的发展要求，以及展望了各个板块在新时代的精神风貌。赋予张家港之"转"字，即在继续大力弘扬原初"团结拼搏、负重奋进、自加压力、敢于争先"的张家港精神基础上，思想观念要向"新"里转，让新时代"张家港精神"成为新港城的"强引擎"；产业结构向"高"里转，让转型升级成为新港城的"主旋律"；城乡建设向"优"里转，让文明和谐成为新港城的"金招牌"。而赋予昆山一个"闯"字，即在率先实现基本现代化进程中闯出一条发展新路；在主动融入长三角一体化发展中闯出一片新天地；在沉着应对风险挑战中闯出一副强筋健骨；在真心实意服务群众中闯出一番美好生活。赋予工业园区一个"高"字，即在转型升级中向高处突破，在敢闯敢试中向高处探索，在全球竞合中向高处攀登。赋予姑苏区以一个"核"字，即要提升作为中心城区吴文化本土之核的战略谋划、发挥新时代发展的核动力。赋予吴中区一个"优"字，希望吴中涵养最优山水生态，将生态优势变成经济优势；创造最优产业质态，让创新集聚成为产业优势；打造最优城乡形态，让融合发展成为承载优势。此外，赋予高新区一个"新"字，常熟一个"进"字，吴江一个"融"字，太仓一个"大"字，相城一个"立"字，等等。这些"一字诀"中包含的深刻精神内涵，既是对新时代苏州人民创造精神的生动描绘和褒奖，更是基于新征程新使命对苏州精神境界升华、内容创新、形态更新的具体要求，这构成了一幅新时代苏州精神的新图谱、新格局，我们需要对这一新图谱、新格局加以总结、描绘和阐释，才能贴近新时代苏州实践的实际，才能真正概括出新时代苏州发展的强大精神动力。

第二，这也是新时代以苏州经验和苏州精神继续为全国探路、打造全国高质量发展与现代化标杆城市的需要。改革开放40多年来，苏州发展始终走在全国前列，作为全国经济实力最强地级市和世界级著名智造之城，科技创新城市和苏南现代化示范区的标杆城市，为全国探路的先行军和排头兵，不仅在过去、现在，而且在将来持续领跑全国，苏州之路、苏州经验和苏州精神将始终为全国分享。苏州作为江苏"为全国探路"的先行军和排头兵，改革开放以来以敢闯敢干、一往无前的精神创造的成功经验被全省、全国所高度关注，从当年乡镇企业和苏南模式，从享誉全国的典范——"敢于争先"的"张家港精神"，到"不等不靠不要""自费搞开发区建设"的昆山之路，再到"招商、便商、安商、富商""借鉴创新圆融共赢"的园区经验，无不在全国分享、全面仿效、"越来越像"，特别是"建立开发区""吸引外资""亲商富商""团结拼搏"等在全国遍地开花，而且在全国很多城市"对标找差"的追赶目标中，以形成同构同态"赶超之势"为荣。苏州之路的每一个阶段、苏州经验的每一个做法、苏州精神的每一个要素，都同步、同态、同构地影响着全国。进入新时代新征程，全国各地无一例外地再次关注苏州，聚焦苏州动作、苏州探索，更期待和重视新时代苏州精神的出场。可以说，苏州第一轮原创经验和精神已经被全国高度分享，由此倒逼苏州必须在新时代要实现第二轮创新，苏州只有以新时代创新精神率先闯出新时代创新之路，才能有资格、有能力继续为全国探路，领跑全国。2021年是中国共产党百年华诞、两个一百年交汇年，更是开启全面建设社会主义现代化国家新征程的开局之年，为了科学、准确、全面和完整地阐释好新时代苏州精神，讲好新时代苏州故事，不仅对于苏州发展是战略之举，更是以新时代苏州经验和苏州精神继续为全国探路的需要。苏州发布公示，以新发展理念为指导，在2035年要高水平打造成为创新之城、开放之城、人文之城、生态之城、宜居之城、善治之城，充分展现"强富美高"新图景的社会主义现代化强市、世界历史文化名城，长三角重要中心城市，2050年成为社会主义现代化强国的城市范例、伟大复兴中国梦的杰出样板，必将为全国人民所高度关注。

　　第三，为世界上那些既要实现现代化又要保持民族独立的国家和地区提供苏州精神和苏州方案，以实际行动深度支持中国"一带一路"倡议的需要。在百年未有之大变局中，时代格局正在发生着从"世界走向中国"向"中国走向世界"的深刻转变。以习近平同志为核心的党中央审时度势，从中国发展与全球治理的宏大格局需要出发，远见卓识地提出"人类命运共同体"建设，提出"一带一路"宏伟倡议，得到了联合国和世界各国人民的积极响应。目前，中国已经与世界上许多国家和地区签订了"一带一路"倡议合作发展协定，中国也在"一带一路"国家和地区展开的合作发展项目合同总金额达到数十万亿美元。中国愿意与"一带一路"沿线、沿岸国家共享中国发展的机会，也以实际行动帮助西亚、非洲、拉美、东南亚等广大发展中国家大力发展。但是，客观地说，这些投资、合作、发展项目绝大多数仅限于物质领域，而上述国家和地区不仅仅缺少物质财富，更缺少相应的精神财富；不仅需要硬件支持，更需要软件支持；不仅需要物质帮助，更需要中国提供成功的经验和精神。以"三大法宝"为核心的苏州精神，为全国探路的典范，也是可以为"一带一路"沿线那些既要实现现代化又要保持自己民族独立的发展中国家在精神形态上提供精神榜样。张家港经验告诉世界：原初一个在江南经济条件相对落后的沙洲县，硬是靠"团结拼搏、负重奋进、自加压力、敢于争先"的"张家港精神"翻身、致富、得以大发展，成为全国百强县名列前茅的典范，这一精神就是新时期形成的"中国精神"，就是靠自己改天换地、由穷变富、敢于争先的精神。全国脱贫攻坚需要这一精神，世界脱贫致富同样需要这一精神。同样，秉持"不等不靠不要""自费搞开发区"精神闯出一片新天地的"昆山之路"同样告诉世界：发展为了人民，发展依靠人民，人民是创造历史的主体，一切依靠人民双手创造，一切道路靠自己走出来、闯出来。要勇闯无人区，有条件要上，没有条件要创造条件上。这样的精神，就将昆山由处在苏州经济末位的老六一跃而变成全国县级市老大，不仅成为中国也成为世界发展中国家的最强标杆。"昆山之路"说明：世界上任何发展中国家只有敢闯敢试，根据自己的实际选择自己的道路，才能成功。开放的"园区经验"更加表明：开放是发展的光明之路，选择自己的开放之路，是世界上发展中国家发展自己的必由之路。进入新时代，新时代苏州精神作为苏州精神的当代发展，肯定会让世界有更多的内容分享。苏州是一个向世界高度开放的城市，也是对全球有深刻影响的城市，更致力于在经济、文化、科技、旅游以及其他各方面都成为全球城市体系中的枢纽城市。苏州的世界产业集群、外资企业集聚度名列世界城市前茅，苏州的全球产业经济关联度居于全国前列，进出口贸易总额位居全省之冠。苏州发展与开放的世界经济、全球城市呼吸与同、命运与共、血脉相通、同频共振，成为"一荣俱荣、一损俱损"的生命与发展的共同体。世界好，中国好，苏州才会好；而苏州好，中国好，世界会更好。苏州与世界苏州发展更加依赖全球开放，新时代苏州发展更依靠实施好"开放再出发"战略、打造好面向世界的塑造城市美誉品牌的平台。因此，我们将苏州精神向世界上"一带一路"沿线国家做全面介绍和宣传，这是以"软件"支持"一带一路"倡议的大战略、为世界作出更大贡献的需要，也是苏州走向世界的大战略需要。我们有充分的理由相信：阐释好新时代苏州精神，将来配置以外译本，必将使新时代苏州精神与新时代苏州之路一样，成为世界范围内一张亮丽的名片。这对于扩大苏州影响、更好地营造有利于苏州发展的国际环境、以"开放再出发"战略推动苏州发展再上新台阶的规划如虎添翼，获得事半功倍的效果。

## 二 苏州之路与苏州精神的历史回望与当代意义

回望苏州之路与苏州精神出场史的阐释方法—苏州之路与苏州精神的出场史—苏州之路与苏州精神的当代意义

### 1. 苏州之路与苏州精神出场史的阐释方法

新时代的苏州之路与苏州精神是以往苏州之路与苏州精神在新时代的必然继续和创新发展；新时代苏州精神是新时代苏州之路的精神

> 新时代苏州精神

表达。要深刻理解新时代苏州之路和苏州精神，必须要传承和弘扬以"三大法宝"为内核的苏州精神，因而必须要按照马克思在《资本论》中采取的"人体解剖成为猴体解剖的锁钥"即"从后思索"方法，站在新时代历史方位上回望历史，全面梳理苏州之路与苏州精神的出场史，才能深刻理解苏州精神所具有的历史内涵和当代意义，才能将新时代苏州之路和苏州精神看作是苏州之路和苏州精神历史发展的必然结果。马克思说过："我们仅仅知道一门唯一的科学，即历史科学。"① 恩格斯说："每一个时代的理论思维，包括我们这个时代的理论思维，都是一种历史的产物，它在不同的时代具有完全不同的形式，同时具有完全不同的内容。"② 人类精神史也是这样。但我们站在新时代历史方位上回望苏州之路与苏州精神之时，仿佛就像一个攀登高峰的人回望他的来路一样，"却顾所来径，苍苍横翠微"。一切历史都是当代史，而一切当代史都是历史的结果，正如树的年轮是树的历史的结果形态一样。无论我们站在何种历史方位来看待考察对象，都只能在历史中出场。历史中出场的精神的本真意义只有在历史中或回归历史才能真正理解和把握。在历史坐标中，我们需要渐次解答以下四个问题："其一，当年'三大法宝'与苏州精神的出场语境和出场意义各是什么？其二，今天如何理解和把握'三大法宝'与苏州精神的内涵？其三，'三大法宝'与苏州精神的当代价值是什么？其四，新时代'三大法宝'与苏州精神是什么？"

追问当年"三大法宝"与苏州精神的出场语境和出场意义，需要一个理解"出场"的框架，就是从出场语境、出场路径看苏州精神发展演变的出场形态。从历史上看，苏州之路是苏州精神的出场语境，苏州精神是苏州之路的精神表达。为此，我们的历史回望就呈现紧密关联的两条平行线：一是出场语境的演变路线，从原初苏州之路到新时代苏州之路；二是对应的精神表达的发展路线，从原初苏州精神到新时代苏州精神。其中具有苏州之路原初形态到新时代苏州之路、苏州精神的原初形态到新时代苏州精神等四个坐标节点，它们呈现两两

---

① 《马克思恩格斯选集》第1卷，人民出版社2012年版，第146页。
② 《马克思恩格斯选集》第3卷，人民出版社2012年版，第873页。

对应的关系。如果我们向前追溯，还可以将2500年吴文化作为一个在先的历史基础。当然，在解释苏州之路和苏州精神之前，呈现在人们面前的是不断为无数的人们称奇或疑惑、羡慕或嫉妒、赞叹或侧目的"苏州现象"。

　　苏州之路是苏州精神的出场语境。奠基于厚积的2500年苏州历史基础，苏州之路真正开启于改革开放的大潮。中国40多年改革开放极大地解放了中国人的思想，促进了各个区域根据本土条件创造适合自己的发展道路，形成了各具特色的发展模式。如前所叙，苏州是中国农村改革发祥地之一。苏州"乡镇企业异军突起"，不仅与安徽小岗村一道成为两大先驱开拓者，以"敢闯敢试"精神掀起中国农村伟大改革序幕，而且"农转工"、"乡转镇"、市场化也成为了"苏州之路"的伟大起点。40多年的快速发展，苏州在工业化、国际化和城市化的实践中，不断释义、丰富和更新着"苏州之路"的内涵。"苏州之路"既指苏州人民在改革开放和奋力实现"两个率先"中形成的具有本土特色与经验的发展道路，也是在实践与经验层次上对苏州创新发展动力及其过程的最好概括。我们只有循着"苏州之路"的总体脉落，才能探索其真正的发展动力。改革开放初期，苏州乡镇企业凭一股"四千四万"（踏遍千山万水，吃尽千辛万苦，说尽千言万语，历尽千难万险）的闯劲，叩开了工业时代的大门，创造了农村工业化、农村城镇化的"苏南模式"。正是在经济国际化阶段，苏州依托开发区和发展外向型经济而被称为"苏州现象"，摸索出了一条城市工业化、城市现代化的"苏州经验"和"苏州模式"；在新时代新征程中，全面推进高质量发展的"两个率先"的进程中，苏州正以新发展理念引领"苏州之路"的新阶段。可见，苏州在与时俱进中不断赋予"苏州之路"以新的内涵，使苏州发展始终保持强大的生命力和旺盛的活力。那么，苏州之路的内涵究竟是什么？答案可能有多条，但究其要者，最可贵的是："苏州之路"是一条敢为人先的"率先发展"之路，不断超越的"创新发展"之路，追求卓越的"科学发展"之路，包容合作的"和谐发展"之路。当然，从更深层来看，其中贯穿的就是"发展的共同体主义价值"。在不同时期，发展的共同体主义价值有着不同的表现。发展的共同体主义价值是文化本体，而苏州之路和苏州精神是价值的实现形式和外在表现。苏州之路和苏州精神每一个时期的发展，都是在不断完善这一价值。

## 2. 苏州之路与苏州精神的出场史

一部苏州之路与苏州精神的出场史，就是一部不断创新、超越、攀高的历史。考察"苏州之路"的宏观历程，人们不仅要问：改革开放 40 多年来，苏州究竟如何抢抓机遇，跃上工业化、国际化、城市化三大平台，走出了一条令世人瞩目的"苏州之路"？回顾历史，"苏州之路"大体经历了四大阶段，其中在新时代前夕的三个阶段相继形成了"三大法宝"：乡镇企业时期形成的"张家港精神"、开发区建设中形成的"昆山之路"、新世纪初年形成的"园区经验"，就是苏州根据发展需要不断培育出来的烙着那个时代印痕的精神风貌。这些精神特征既生动形象，又鲜明准确，它们是苏州人民自觉性和主动性的伟大创举。苏州在生动实践"三创"精神的同时，创造出来的"三大法宝"，是苏州人民的共同精神财富，它们生动体现了"苏州之路"与苏州精神的时代特征与形态变迁。而进入新时代，则是苏州之路以及以"三大法宝"为核心的苏州精神与时俱进创新发展的阶段。让我们沿着"苏州之路"的实践轨迹和历史拐点，探寻以"三大法宝"为主要标志的苏州精神的形态变迁。

第一阶段始于改革开放并延及 20 世纪 90 年代初期，着眼于探索农村经济发展之路的"苏南模式"阶段。这一阶段区域经济发展的动力源在农村，总体上表现为农村工业化和农村城镇化。20 世纪 80 年代苏州异军突起的乡镇工业，到 1985 年，其产值已占全市工业总产值的"半壁江山"，到 80 年代末 90 年代初，已是"三分天下有其二"了。乡镇工业的迅速发展，使小城镇迅速崛起，人口增加，规模扩大，功能提升，不仅带动了区域内农村现代化进程，更突出地呈现了"发展的共同体主义"价值的初期形态——苏南模式。在苏南模式内，乡镇企业体现着共同体精神，因为它是乡村共同体共有的，兴办企业就是为了乡村百姓的"共同福祉"（common good），乡镇企业成为发展致富的共同纽带，它越发展越有力量产生包容与和谐；为了家乡父老的共同福祉，乡镇企业才有强烈的发展动力。在乡、村两级共同体内，"以工补农""以城补乡""五业兴旺""全面发展"，发展成果为共同体成员共享，呈现出分配正义。乡镇企业又是发展精神的代表，而发展又崇尚敢闯敢试、敢为人先、创新开拓精神，因而又是共同体发展的带动者和驱动机，让共同体一直处于发展状态，不停步、不止步。共同体强调团结和谐精神，发展强调敢闯敢试、创新开拓精神，两者高度融合在一起，就是"发展的共同体主义"价值。苏南模式正是发展的共同体主义的第一形态。它既不同于不求变革、创新发展的传统保守共同体主义价值，更不同于美国式"发展的原子主义价值"。一村、一乡、一县的共同体不是血缘胜似血缘，求内部和谐更求创新发展，在一批敢闯敢干的领头雁带领下高高飞翔。张家港的永联村、长江村等一大批村级共同体的群星崛起，正是这一发展共同体主义价值的真实写照。在这一创造"苏南模式"的进程中，产生了"团结拼搏、负重奋进、自加压力、敢于争先"的"张家港精神"，它率先展示了苏州人那种顽强拼搏、不断创新、敢于争先的精神风貌。

张家港精神是苏州精神的第一典范。当我们回顾40多年来"苏州之路"的实践轨迹，不难发现，张家港恰好是"苏州之路"的第一典范。

伴随着整个20世纪80年代乡镇企业的悄然崛起，张家港从一个长江之畔的偏远而贫瘠的"沙洲县"一跃而成为工业星罗棋布、各类产业集聚、人民生活幸福安康、文明新风遍地吹拂的新港城。进入20世纪90年代初，张家港人率先感受到了春潮的讯息。当他们敏感地发现中国新一轮高速发展的巨潮已被掀动，立即自加压力、加速前行、抢抓机遇、勇于率先、拔得头筹。于是，"团结拼搏、负重奋进、自加压力、敢于争先"的张家港精神在敢拼敢抢敢闯敢试的实践中得到凝聚和升华。

20世纪90年代初，中国以更加开放的形象出现在国际舞台，国际资本普遍看好中国这个巨大的潜在市场和发展空间。国际资本巨潮涌来，大发展机遇就在眼前，谁拼得到，谁抢得到，谁就掌握先机。张家港人抢得最快，追得最猛，赶得最急。张家港积极利用自己身处长三角沿江、沿海两大经济带交汇处的区位优势，主动承接上海、南京、苏州、无锡等大中城市的经济辐射，奋力建设深水良港、保税区、保税物流园与现代新港城，催生了"张家港速度"，形成了"张家港效应"，也创造了"张家港精神"。

"团结拼搏、负重奋进、自加压力、敢于争先"，20多年来，这几句话总是那么耐人寻味。因为每一个发展成就，都令人陶醉。而对于苏州，这些成就常常就转化为一种沉甸甸的压力，逼着自己负重前行。如果说，争先意识抢得了机遇，为一座城市注入了生机，那么，率先意识则能创造机遇，为一座城市赢得声誉，赢得境界。张家港精神内蕴强烈的发展主体性、自觉性、自主性意识。穷则思变，要干、要发展。张家港人强烈的发展意识高度体现在不等不靠不要，完全靠自己拼搏。张家港精神就是新时期的"中国精神"。要干要发展，就是要团结拼搏，这就是"发展的共同体主义"价值。一种共同体精神都有英雄带路。改革开放大时代造就英雄。张家港精神境界中有英雄领航，塑造张家港精神的带头人秦振华以及创造沙钢奇迹、永联奇迹的带头人都是英雄。这是充满强烈的发展情怀、具有坚定发展意志和超越一般人的远见卓识的智者，但是这一智者领航的发展不是为了个人，而是为了父老乡亲、为了一方百姓、为了共同体。发展为了人民，发展依靠人民，发展成果为人民共享。要干要发展，就要拼尽全力，负重奋进，自加压力。要干要发展，就要敢闯敢试，敢争第一、创唯一，用秦振华的话来说，就是"样样工作争第一"。他在杨舍镇党委书记岗位上一干就是14年，把一个面积狭小、房屋破旧、环境脏乱、镇办企业几近空白，在苏州166个镇排名倒数第一的镇一跃改变为全国闻名的张家港第一镇，创造了"为官一任，造福一方，顾全大局，乐于奉献，扶正祛邪，敢于碰硬，雷厉风行，脚踏实地，严于律己，以身作则，自加压力，永不满足"的"杨舍精神"。16个字的张家港精神，就是杨舍精神在全市范围的升级版。他担任市委书记6年，成为张家港精神的塑造者、践行者和带头人。他敢抢机遇、敢打硬仗，为了拼抢地方沿江码头和国家级保税区建设机遇，他在一片芦苇滩上仅用6个月的大决战，在4.1平方公里土地上建成运营，创造了中国速度。他新建全国县级市第一条高等级公路，建设全国第一条步行街，第一个响亮喊出"既要金山银山，又要绿水青山"的环保口号，第一个大力

导言　再创辉煌，呼唤激情燃烧的新时代苏州精神

抓一批民生优先项目，创下28个"全国第一"。1992年，他带头喊出了张家港要实现"三超一争"（工业超常熟、外贸超吴江、城市建设超昆山、样样工作争第一）的响亮口号，为苏州点燃一把争先恐后、你追我赶干事创业的熊熊奋斗之火，于是苏州掀起了如《人民日报》发表的《苏州跃起六只虎》一文中所写的："一虎呼啸，群虎出山"争第一、创唯一的风暴热潮，"苏州大地，变成了'六虎'争雄的角逐场"。[①] 要干要发展，就要着眼于全面发展，"两个文明（物质文明与精神文明）一起抓"，开了全国文明城市的先河。张家港精神的这一境界对于今天进入新时代的苏州依然具有强烈的召唤意义，对于所有落后国家和地区都具有普遍的启迪意义。

　　第二阶段自1992年邓小平同志"南方谈话"并延及21世纪初年，产业形态进入"散转聚""内转外""乡转城"阶段，"三转"聚集在以开发区为载体，形成了以大规模引进外资为特征的"外向型经济"即"开放型经济"阶段。在上海浦东开放开发前夕，毗邻的苏州已经开始探索走外向型经济新的重大发展战略。因为还处在"世界走向中国"阶段，因而"开放向度"主要是"请进来"，即招商引资、招财引企、招人引智，将世界先进企业、资本、技术、人才、观念、知识引入苏州。在这一阶段，苏州由乡镇企业异军突起初步完成"农转工"之路，进一步大幅度提升工业化和城市化水平，就必然要选择"散转聚"和"内转外"，最终聚集于开发区建设。随着上海浦东开放开发，根据"前店后厂"分工协作体系，跨国公司、全球公司的"店门"纷纷移入上海，那么"厂门"即制造加工基地就会设在空间生产地租相对便宜（大约是上海的50%）而交通便利（一小时经济圈）、劳动者素质高而供给稳定、营商环境相对优越的苏州。资本聚集效益高于空间分散。无论是产业链的配置、交通、能源、环保、人才、劳动力供给、研发、营商公共服务成本等都远高于分散配置。因此，"散转聚"就导致开发区的大量出现。与早年"离土不离乡、进厂不进城""村村点火、户户冒烟"的乡镇企业散状产业化空间形态不同，这一阶段大量产业集聚的开发区必然要有不断扩大的城市空间生产条件作为保障。

---

① 《苏州跃起六只虎》，《人民日报》1993年12月15日。

▶ 新时代苏州精神

因此,产业集聚导致空间选择"乡转城",即从乡镇企业分散在乡村的空间样态转成向新城区集聚、集中,变成"产城结合"、扩大城市空间的推手。开发区就是城市产业集聚新功能区,成为这一阶段资本空间化的主要形式。中心城区随着开发区建设而扩容增量速度加快,极大地促进了城市化进程。因此,大批外资企业落户苏州,迅速使苏州变成世界制造业重要基地绝非偶然。区域经济发展的动力源由农村转向城市,相应地,区域经济发展模式由农村推动型转向城市开发区辐射型,总体上表现为城市工业化和城市现代化。自20世纪90年代初期开始的以大规模引进外资为特征的城市工业化时期,各类生产要素以及海外的新技术、新产品向中心城市集聚,乡镇企业改制大规模展开。苏州工业化进程中,城市辐射发展的特征越来越明显。开放型经济的快速发展,使得苏州进入了以中心城市扩容增量为重要标志的城市现代化阶段。苏州各类开发区的快速发展使苏州突破了原有的空间桎梏,由"一体两翼"到"五区组团"再到网络状区域化发展,辐射带动能力大大增强,区域内交通、通信等基础设施进一步改善提升,城镇体系布局开始大幅度调整完善,并且在更高层面上推进了工业化进程。如果说,苏州在乡镇工业发展时期的农村城镇化建设在认识和实践上还呈现自发特点,那么,自大量国际资本进入苏州开始,苏州的城市现代化建设则明显呈现出理性发展的特征。大量国际资本的进入,带来的不仅仅是国际资本,更带来了全新的先进技术、管理方法、人才、理念等现代工业化、城市化文明内涵和表现方式。苏州工业化、国际化的快速推进,使得苏州在以中心城市为龙头的城市化框架下充满了竞争活力,各种资本在创业、研发等活动中加速集聚,区域人群在生产实践中的市场属性日益凸显,实现了社会财富的持续增长。正是在大开放、大引进、大发展的这一阶段,形成了"昆山之路"和"园区经验"。

昆山之路是一条路,也是一部辉煌史册。往日的昆山,水乡泽国、贫穷落后,人称苏州的"小六子"(排名末尾)。今日昆山,连续15年成为中国百强县状元,被誉为"中国首富县"。早在上海浦东开放开发前夕,外资企业就纷纷叩响与上海一路之隔的昆山大门,昆山究竟是选择依然将外资企业拒之门外、走乡镇企业发展之路呢?还是选择

导言　再创辉煌，呼唤激情燃烧的新时代苏州精神

"内转外"、走开放型经济之路？产业空间究竟选择原初分散路线呢？还是走集聚集中之路？昆山解放思想，大胆试、大胆闯，勇敢地选择后者，下定决心建开发区。没有计划、没有指标、没有国家拨款，就自费搞开发区建设。因此，同样是穷则思变，要干要发展，同样是敢闯敢试，敢为人先，昆山勇于突破乡镇企业异军突起阶段的产业分散布局，走了不同于张家港的一条新路：在乡镇企业探索"农转工"之路后，闯出一条以"散转聚""内转外""乡转城"之路。20世纪80年代末，苏州最重要的一条经济新闻，就是昆山人自费创出了一个"工业新区"。从那时候起，在借鉴沿海城市兴办经济技术开发区经验的基础上，昆山开发区成功地走出了一条"富规划、穷开发、滚动发展、逐步到位"的自费开发之路，并于1992年列入国家开发区序列。昆山开发区，开了苏州开发区经济的先河。此时，机遇总是青睐有准备的头脑。上海浦东开放开发重大战略机遇，成为昆山之路的加速器。改革开放40多年来，苏州各级各类开发区已经成为资本聚集的黄金宝地，城市发展的动力机车。敢做前人没有做过的事，敢闯前人没有闯过的路，昆山人意识超前，心眼灵活，出手迅疾。他们曾这样总结自己"闯"下的"昆山之路"——不等不靠，埋头苦干，抢抓机遇，开拓创新。今天，昆山人又将"昆山之路"升华为"开放、融合、创新、卓越"的昆山精神。

昆山之路，就是"敢闯敢试"之路，也是自主发展之路。昆山之路，开出了发展的活力，辟出了一条发展的路径。不要小看"世界工厂"。从杏花春雨的江南小城，到世界制造业的重要基地，苏州以创新的精神掘起了国际资本转移的第一桶金。开发区建设也好，引进外资的各种软件也好，都是苏州人创造出来的。尽管一开始，不少企业还处在劳动密集的阶段，但苏州率先握住了全球产业链的巨擘。更不能小觑一系列的研发基地。虽然在起步阶段引进的还不是顶级的技术和研究成果，但这是把握产业高端的重要手段。苏州人创造出的诸如创业园、科技园、科技社区、创业天宫等，不仅跟随产业链引进了先进的技术、世界上最先进的科技创新创业组织架构，更重要的是筑巢引凤，引来了一批高端科技人才。苏州把最宝贵的土地，创造性地预留给了眼下看起来收益最小的科技园地，这恰恰是苏州潜在竞争力的明

显表征。为了实现从"苏州制造"到"苏州智造"的华丽转身，苏州用古代园林的巧雅布局布展出现代科技产业的版图，从科技产业扩展的"种子基地"到"种苗基地"再到大规模"生产基地"，将一流的科技产业链和价值链、具有超强功能的配套服务链紧密结合在一起，成为科技产业化生长的最有效、最强大的营商环境。

"园区经验"也是苏州大开放、大引进带来大发展的产物。1994年，在上海浦东开放开发拉开大幕之时，中国与新加坡两国政府决定合作共建苏州工业园区，将新加坡裕廊工业园的公共管理软件转移到中国。借鉴新加坡经验，园区开发之初，创新性地提出了一个令有些人感到有点刺耳的"亲商"理念，要求园区的管理者"尊商、引商、留商、便商、安商、富商"。这与我们传统的政府管理思路有很大不同，然而一经实施，行之有效，融之有得。今日苏州工业园区已经成为中国最具名声、最具发展活力的开发区之一。短短20多年来，苏州工业园区与苏州古典园林一道，成为苏州的城市名片，同时也成为苏州融古汇今的鲜活明证。

在"世界走向中国"时代崛起的苏州工业区的发展，有太多的经验可讲，但有一点应该强调，系统学习借鉴新加坡"亲商"理念，是中、新两国政府合作开发园区的成功之笔。今天回想，园区与国际经济的高度接轨，除了"九通一平"的硬环境，那些写在纸上、映入行为的管理办法和实施细则，功实大矣。就是这些"条条框框"，如规划先行法治化、先地下后地上、先周边后中央、先生产后商业等规划、开发、建设思路，规范了园区开发运作的规程和框架，使园区在开发之初就站在了高起点上。

进入21世纪，园区人经过10年的磨合与实践，将"亲商"理念概括为"借鉴、创新、圆融、共赢"的园区精神。借鉴而不是照搬照抄，体现着园区学习、引进外国经验中的自主选择意识；创新而不是固守，体现着园区消化吸收再创新的发展意识和超越理念；圆融体现着以"亲商"理念为主体的园区经验，就恰恰是结合国情、接轨国际、博采众长、创新融合的结晶。在园区的金鸡湖畔，一个巨大的雕塑引人注目，它的名字叫"圆融"，它已经成为园区的象征。"圆融"，生动地体现了园区在发展中的"和谐"精神——政府与企业和谐，制度与发展和谐，当前与未来和谐。共赢，则是包容发展、合作共赢的发展理念。在园区这一发展阶段，可以说"借鉴创新创造开放奇迹"，"圆融共赢铸就今日辉煌"，创造了"五个一"的标杆园区。一是在自主输入型现代化时代，园区成为邓小平同志提出的"开放借鉴"理论的一个成功实践样板。二是园区经验具有鲜明特色，创造了中国开放的许多第一：如第一个实行规划先行、规划立法的前置硬约束，做到"先规划后建设、先地下后地上""执法从严""适度超前投入"。三是率先全国第一个形成了"十大体系"：科学、严格的规划建设管理体系；高标准、高起点的环境保护体系；亲商、高效的服务体系；网络化、专业化、战略化、多元化的招商体系；勤政、廉洁的行政管理和服务体系；合理、健全的社会保障体系；配套、优质的人居需求体系；市场化、科学化的人力资源供给和超前、专业的职业技术教育体系；和谐、稳定的劳资政协调体系；监管严密、高效便捷、手段先进的海关监管体系；等等。园区精神成为在"世界走向中国"时代的最高典范。

创新，引发的是思想与行动的解放。不断创新就是不断解放思想与行动的过程。伴随着创新观念的普及，思维与行动进一步获得了解放。和谐社会与科学发展观，对于苏州来说，不再只是一个概念名词，而是一种发展体验和追求目标。园区的大气圆融，让苏州人对和谐有了直观而深切的感受；伴随着"走出去"步伐的加快，而苏州近几年来频频在中国经济舞台上扮演重要角色，更让苏州人萌生了对科学发展、和谐发展的广泛认同。

第三阶段是自2002年党的十六大到2012年党的十八大。这一阶段，新的产业发展目标集聚、集中在"低转高""产转研"。随着全面建设小康社会以及科学发展观与和谐社会理论的提出，苏州发展进入了以城乡共同体这一完整"区域"为载体的城乡统筹、共同发展的新阶段。在这一阶段，苏州在贯彻落实科学发展观的进程中，积极推进"两个率先"，努力成为新型工业化和新型城市化的先导区，显现出在科学发展观引领下的以区域新型现代化为总体特征的"苏州之路"的又一阶段。

进入21世纪后，苏州产业布局开始新一轮转换，在产业形态初步完成"散转聚""内转外""乡转城"之后，迅速向"低转高""产转

> 新时代苏州精神

研"之路迈进，加快从工业化初期中低端制造向高端制造业迈进的步伐，因而，从开放初期单纯引进外资、满足于参与全球产业链分工的"代工经济"向高端制造、注重自主研发阶段大踏步跨越。探索"低转高"之路不容易。针对初期的外向型经济造成的在全球产业链、全球价值链中位置偏低、处在被支配地位、呈现所谓收益权"微笑曲线"的问题，苏州再一次敢于自我超越，敢闯敢试，勇于探索，迈向以IT产业、云计算、互联网和物联网的集聚和发展为标志的新型工业化阶段。"新苏州制造"成为产业高端化、制造先进化、企业科技化的代名词。为了解决总体经济结构中"一翼长"（代工经济）、"一翼短"（自主创新）的问题，苏州在承接国际IT、生物医药、纳米产业梯度转移的同时，努力推动自己从全国著名"苏州制造"基地向自主创新"苏州智造"基地迈进，园区启动独墅湖"科教创新区"，全面引进32所全国和国外一流大学、研究机构，集中力量开始建设大数据和电子信息、人工智能、纳米材料、生物医药等研发生产一体化产业基地，积极引进研发机构，大力推进自主创新。苏州独墅湖科教创新区，一直是园区乃至苏州的创新高地，不仅分布有冷泉港亚洲、中科院纳米所这样的一流科研机构，还聚集了牛津大学、哈佛大学等32所国内外知名高等院校，同时引进了3500家高科技企业，主要布局在生物医药、纳米技术应用、以大数据和云计算为支撑的人工智能三大新兴产业领域。借助此次板块调整机遇，独墅湖科教创新区为未来的发展整合了更多的"腹地资源"，在壮大新兴产业规模上有了更多的支撑。高新技术、现代服务业等现代国际经济社会发展的新技术、新产业、新理念、新模式纷纷进入苏州的各行各业，苏州的新型工业化进程明显加快，经济国际化的特征也更加明显。苏州高新区积极打造以"医工所"为龙头的医药器械研发板块，循环经济、大数据、电子信息和人工智能等领域研发和产业化项目纷纷落户，迅速形成新兴产业优势。与此同时，在苏州，以城市圈的形成为标志，以区域城乡一体化为目标指向的新型城市化已经初见端倪。随着新型工业化的推进，行政区划的淡化和区域共同市场的进一步完善，苏州城乡关系日益密切。在空间形态上，苏州的城镇更像城镇，农村更像农村；在社会形态上，苏州农村既保持鱼米之乡优美的田园风光，又呈现先进和谐的现代化文明。

在城乡统筹中，通过政府、市场、社会三种机制，将城市现代文明不断向农村覆盖和延伸，规划城乡全面统筹、城乡一体化发展新格局，从而使苏州初步呈现出城乡既功能分明又一体化、既特色鲜明又统筹安排、协调发展的新型城市化和区域新型现代化的诸多特征。

展现"苏州之路"的21世纪风采，对我们进一步领悟苏州发展的动力所在有莫大帮助。进入21世纪，尤其是自2002年党的十六大以来，苏州一直以科学发展的先导和示范引领全国，成为率先全面建成小康社会，率先基本实现现代化的先锋。经过3年的努力拼搏，按照当时江苏省委原定计划，2005年，"天堂"苏州不辱使命，顺利完成了江苏省全面建设小康社会即"第一个率先"的重大任务，成为中国全面建设小康社会、率先全面落实科学发展和构建和谐社会的"首批实验室"。在"第一个率先"完成的4大类18项25条指标体系中，苏州创造了一份经验清单，足以向全世界证明：科学、和谐发展的中国时代苏州实践再一次为全国探路，苏州"第一个率先"探索出了"苏州版"的科学、和谐发展模式，有机融合了"五大统筹"和"六大和谐"的要素，形成了自己的鲜明特色，创造了那一时代的新经验，谱写了新篇章，显现出科学发展观引领下"苏州之路"新阶段。当然，随着新时代的到来，苏州依然在2020年全面决胜小康社会的总计划安排中，以建成高水平全面小康社会交上一份让全国人民满意的答卷。

早在2006年，苏州就吹响了实现"第二个率先"的号角，建立于巩固小康成果、提升小康水平上的"现代化理想"已经展开气势恢宏的追梦之旅。至2006年底，苏州以占全国0.09%的面积（8657.32平方公里）和0.46%的人口（607万户籍人口），创造了全国2.3%的国内生产总值，2.2%的地方财政一般预算收入和9.9%的进出口总额，成为名副其实的经济重镇。苏州作为一个地级市，2006年，引进外资125亿美元，名列全国各大城市第一；工业总产值15316亿元，全国第二；进出口总额947亿美元，全国第三；全社会固定资产投资2106亿元，全国第四；全市总产值4820亿元，全国第五；地方财政收入409亿美元，全国第六。人均地区生产总值按户籍人口计算达10000美元。苏州下属昆山、张家港、常熟、吴江、太仓五市（县）均名列全国百强县前10位，昆山市高居榜首。上述奇迹，一直延续到新时代，为

2022年率先全国实现基本现代化强市奠定了厚实的基础。

这一阶段，苏州发展态势迅猛，多项指标在全省、全国始终保持领先地位，成为全国经济实力最强地级市、工业销售额首位大市。但在区域竞争日趋激烈的发展态势面前，面对更高的发展平台、更高的发展标准和更高的发展要求，苏州要坚持科学发展，就必须花大气力"补短""补软""补缺"，讲好科学发展观的"苏州话"，塑造苏州科学发展的新优势。为了补齐苏州发展的"短板"，2008年，苏州将增强自主创新能力、经济结构调整和转变经济增长方式、乡村振兴计划、提高市民素质等"四大行动计划"付诸实施，并被奉为苏州"十一五"发展规划的战略大计。"四大行动计划"的实施，标志着一种"苏州版"的科学和谐发展观的初步形成。未来的区域竞争，将不再只是数字的简单比较，而是综合实力的较量。

第四阶段是党的十八大以来至今，进入新时代，是新时代苏州之路、新时代苏州精神与时俱进的出场阶段。苏州全面贯彻落实创新、协调、开放、绿色、共享五大新发展理念，在新时代新征程明确新使命，谋划新的战略转变。因而，必然催生苏州之路与时俱进地向新时代苏州之路发展。新时代苏州之路的重点探索率先高质量发展之路，率先实现基本现代化之路、自主创新之路。与此同时，苏州精神也进入了新时代，也进一步从"崇文、融合、创新、致远"发展为"崇文睿智、开放包容、争先创优、和谐致远"，进一步呈现出"自主、创先、融合、致远"的新时代苏州精神。

### 3. 苏州之路的价值底蕴："三大法宝"与"苏州精神"的当代意义

回望以往，"苏州之路"之所以总是能够率先全国而不断发展，总是能够超越自我而不断创新，总是能够正确选择更高的目标而勇往直前，除了具有物质实践的动力因素外，还存在其更为深层的原因。追问这一原因，使我们面对着一种透视效应。"苏州之路"不仅具有现实的维度，而且包含着深刻的价值底蕴。苏州在走"两个率先"之路的辉煌进程中内在地凝聚了一种文化品质，一种价值追求，一种最好最

导言　再创辉煌，呼唤激情燃烧的新时代苏州精神

快最持久的精神动力。

追问"苏州之路"的精神动力，我们看到，物质的光芒是外表的，精神的内核是内生的。当我们回顾苏州之路坚实而又深刻的轨迹，回首一个个令人怦然心动的发展转折点，必然会去探索其中的内在规律，探究发展轨迹背后的精神动力。反思苏州精神，一个个关键词成为优秀的时代精神品质的符号，总是在"苏州之路"的不断创新中成为熠熠闪光的亮点，率先映入人们的脑海。进入新时代，我们再燃激情、再创辉煌，正是这些闪耀着夺目光芒的"三大法宝"所标志的苏州精神，显现出极其重要的当代意义。

"敢闯敢试、率先发展。"苏州，从一个山温水软的江南小城，到中国第一大制造业城市；从一个以园林著称的后花园，到中国引进外来资本、技术、管理经验的前沿热土，苏州制造华丽转身为苏州智造，代工经济转向自主经济，小苏州变成大苏州，老苏州换成新苏州，本土苏州融汇着洋苏州，每一次发展与跃升，都有率先之魂在昂然引领。敢为天下先、敢闯敢试、率先发展，已经成为苏州前行的主旋律。

不谋全局，无以谋一域。发展，没有强烈的发展意识不行。没有一股气啊、劲啊，没有"发展是硬道理"的坚强意志不行。许多地方之所以难以发展或发展缓慢，除了客观条件限制外，更主要的是主体发展意识的缺失。率先发展，没有强烈的争先、率先意识不行。没有"争第一、创唯一"、敢为人先、敢闯敢试的率先意识和争先恐后的拼搏精神，就不可能造就率先发展的结果。贯穿张家港精神、昆山之路、园区经验"三大法宝"的一个共同点就是如此。对于苏州来说，率先意味着要跳出苏州、放眼中国、眺望世界看大势的宏大视角，同时意味着对重大机遇要有胆有识地"争"、分秒必争地"抢"、千方百计地"拼"，由此形成了苏州率先发展的基本理念。从当年乡镇企业异军突起，到昆山闯出一条自费开发区建设之路，再到率先以大开放造就苏州发展大格局，2020年，苏州坦然宣布：在江苏省率先完成高水平全面小康社会建设，实现"第一个率先"，再到未来2035年高水平建设社会主义现代化强市，实现"第二个率先"，苏州始终站在领跑全国的先锋位置。越是站在发展的高平台上，苏州的眼光就越深邃，发展的境界也越高远。苏州率先发展的目标，已经不是一连串简单的数字，

▶ 新时代苏州精神

而是整体的目标和城市的竞争力。基本实现现代化，解答这道发展难题的只能是苏州人自己。解题的金钥匙，已经紧握手中——敢闯敢试，率先发展，赢得先机，惊人一搏，再上一层楼。

"不断超越、创新发展。"区域的竞争力是多方面的。从硬件条件看，存在区位、资源等诸多要素；而从软件条件看，则包含了人的素质、发展精神的方方面面。回首苏州发展的足迹，竞争力在每一个阶段都与自我超越、不断创新紧紧相连，因此，创新也就成为"三大法宝"、苏州发展的重要精神支点。苏州人深深地懂得：创新绝不是一次完成、一劳永逸的。每进入一个新发展阶段，都面临一次新选择，因而是一次新考验，都需要新一轮创新。守旧者和失败者必然落伍，只有成功者才能上位，竞争主体间的位次必然发生重新调整。守旧、固化原有发展模式的城市必然被历史淘汰。苏州人在发展理念上从不守旧、不自满、不停滞。既不会固守过去，也不会满足于现状；既不会把别人经验神圣化，更不会把自己经验神圣化，不会止步于在某个既往创新经验上停滞不前。能够不断超越自我，这是最大的自信力。在全国许多地方对标苏州抄作业、将苏州模式神圣化的时候，苏州人自己绝不会将此僵化。四个阶段足以表明：苏州人习惯于自我超越，以第一轮、第二轮、第三轮、第四轮等创新来推动发展。每一个阶段的发展方式都是一次大转型。创新精神缘起于改革开放初期举办乡镇企业的"四千四万"精神，其核心在于开拓创新，敢于争先，而苏州之路也就是靠了这样一种精神走出来的。"团结拼搏、负重奋进、自加压力、敢于争先"的张家港精神，"抢抓机遇、开拓创新"的昆山之路，"亲商安商富商"的园区经验，苏州的"三大法宝"如今已是全国闻名。在小康建设中，苏州人赋予了"三大法宝"新的解释和内涵——"张家港精神"突出一个"搏"字，"昆山之路"重点是一个"闯"字，"园区经验"注重一个"融"字。这三个字共同蕴含的时代特征就是"与时俱进，开拓创新"。"苏州之路"每一次重大战略转向，都是自我超越，都在新的阶段上为全国探路，支撑着这些不断超越、不断创新、永不停步的创新发展的精神。

创新的世纪，必须有创新的精神，城市竞争发展到今天，最大的竞争优势，就是看有没有不断创新的思维，有没有不断创新的魄力，有没有持续创新的实力。从发展逻辑上看,率先发展必然会率先遇"槛"。突破门槛就是创新。不断率先创新,就会保持领跑地位。苏州的快速发展,也必然会比全国其他地区更早地进入关键的发展阶段。愈是黄金发展期,愈是矛盾凸显期;风险与机遇并存,挑战与希望俱在。对苏州人来说,这绝不仅是一句套话。也正是因为如此,苏州人的创新意识被一次一次地深度激发。从首创行为到创新理念,苏州走出了一条创新之路。就是在这条道路上,苏州凝聚了日益强大的竞争力和发展实力。未来苏州要打造"创新城市",就是要以创新引领高水平建设社会主义现代化强市。

"科学发展、刷新格局。"苏州人始终坚信,发展就是硬道理,抢抓机遇才是真本事,科学发展才是硬功夫,构建新发展格局才是大智慧。"三大法宝"突出的率先精神、敢闯敢试,并不是盲目与冲动,而是在冷静、精确分析形势的条件下,寻求率先发展的惊人之举、明智选择;创新,源自对形势发展的准确判断和自身条件的客观分析,创新需要勇气,更需要智慧。改革开放40多年,苏州创新率先发展的进程,就是从大胆诉诸感性实践到越来越在理性自觉指引下创新发展的历程。产业转型越高端,发展从以引进为主向自主研发的高质量转换,就越需要理性自觉、科学指引。进入新时代,苏州的发展战略就是要把敢闯敢试与贯彻落实五大新科学发展理念结合起来,在坚持高度自觉、以理性预期的顶层设计境界来谋划未来。只有以新发展理念统领发展实践,更注重科学审视、科学决策、科学布展,才能方向明、道路清、决心大,才能顺利勇当在高质量发展之路上为全国探路、创建新发展格局上的标杆城市,打造新发展格局。围绕率先实现基本现代化这一主题,始终坚持新时代苏州之路,全面落实"四个全面""五位一体",构建经济社会又好又快发展的新格局。进入新时代,苏州率先走全面高质量发展之路,在实践中坚持处理好两大关系。一是坚持处理好新发展格局构建与人民至上的关系,构建新发展格局是为了更好地满足苏州人民对美好生活的追求,构建新发展格局要深入地依靠苏州人民,发展成果应由人民共享,促进苏州人民的全面发展。二是坚持处理好敢闯敢试加快创新发展与科学发展、发展效益的关系,既要牢记没有敢闯敢试加快创新的发展速度就无法完成"两个标杆",又要

▶ 新时代苏州精神

牢记发展是科学的发展、有效益的发展、又好又快的发展，只有结构优、质量高、效益佳，才能保证发展的持续性和稳定性。严峻的环境问题如果解决不好，不仅苏州过去发展的成果有可能被颠覆，而且现在的发展也难以持续。

"包容融合、和谐发展。"为民发展、靠民发展、全民共享，这是中国特色社会主义发展的根本宗旨和核心价值。包容融合，也是苏州数千年来发展的共同体主义价值的表现，融入"三大法宝"和苏州精神，其结果必然是和谐。和谐是一种境界，它意味着原本对立的关系在一定条件下转化为合作统一的关系，原本尖锐的矛盾在同一目标关照下获得了相当的理解与转化。在实践中，和谐发展更意味着虚怀若谷地吸收一切先进国家、先进地区的发展经验，化西为中，化人为我，在和谐、融合中汲取新的发展力量。和谐，意味着充分融合，博采众长。由此，苏州精神走上了更高平台。开放的苏州，开始真正融入世界经济的巨大循环，"和谐"精神功不可没。苏州开放之门次第打开，融合成为不可回避的现实。伴随着融合的深入，苏州人打开了一片广阔的发展空间。当政府的立点发生转移、管理效能快速提升、行政行为渐次接轨之时，政府、企业和社会出现了令人振奋的共赢——政府取得了更高的行政效率，企业确立了更长远的发展目标，社会获得了更多的就业机会和更好的市民环境。

包容与和谐，引发了对新发展理念、构建新发展格局的深度理解。苏州在实现高水平小康社会的"第一个率先"之后，把发展的目标锁定在基本实现现代化的标杆上。这是苏州自觉实践新发展理念的又一重大战略。在这个关键时期，苏州从率先发展、创新发展、和谐发展的立点上，提出了包括全面富民、提升社会发展水平在内的2020年八大行动计划。这一计划瞄准了苏州和谐发展的若干"短板"，更注重布局新科学发展格局的重大目标：经济与社会发展并重，城市与农村互动，保护与开发并举，民资与外资齐飞……今日苏州的发展状态，毫不夸张地说，已经进入了一个全新的境界。展望未来，苏州高水平打造"宜居之城"，也必定要有包容和谐的氛围。

苏州改革开放40多年来最可宝贵的财富是什么？不是醒目的数字，不是林立的高楼，甚至也不是一个个响亮的称号。最可宝贵的，是苏州人凝聚了以"三大法宝"为核心内容的苏州精神。"三大法宝"是苏州人民的共同财富、无形资产、无价之宝。更值得骄傲的是，苏州人民始终以坚持发展的实践丰富、发展着"三大法宝"，使之在新的发展阶段有了更充沛、更深远的内涵，从而产生更强大、更不可逆转的推动力。充满率先、创新、科学、和谐发展理念的苏州精神，正是"苏州之路"的不竭精神动力。

## 三 新时代苏州精神的当代出场

新时代苏州精神的出场语境—全球变局与新时代苏州精神—新时代新征程新使命新格局与新时代苏州精神—千年吴文化在当代的创造性转换—新时代苏州精神的世界意义—再燃激情、再创辉煌的新时代苏州人与苏州精神

### 1. 新时代苏州之路与苏州精神的出场语境

任何实践总是时代的实践，任何思想总是时代的思想。如果说，以往苏州之路和苏州精神创造了苏州昔日的辉煌，那么，站在新时代历史方位上展望和铺就新时代苏州之路，以新时代苏州精神再燃激情创造一个昂扬奋斗的火红年代，饱含深刻的时代底蕴。新时代苏州之路与新时代苏州精神的出场语境，概括地说就是全球新变局、中国新时代、肩负新使命、构建新发展格局的需要。

**全球新变局与新时代苏州精神：全球变局与苏州表达。** 全球百年未有之大变局为苏州发展带来新挑战的同时也带来新机遇。全球新变局本质上就是新旧全球化治理格局正在发生替代性大转换。新旧全球化时代的大转换有两重含义。一是在新科技革命意义上，旧全球化时代主要有以下五大特征：全球化产业经济基础是大工业主导的工业文明；全球治理结构是"工业资本"和工业文明对农业文明的统治；全球统治结构是单一的体系，即资本霸权体系；全球统治方式是商品输

出、资本输出加武力；全球治理的文化即西方现代性思想，用一个模式、一个结构、一个体系来剪裁全球版图。新科技革命颠覆了这一旧全球化时代格局。以人工智能和信息化替代大工业资本成为新全球化时代的产业经济基础；以大数据、云计算、AI等新科技产业为主的后工业文明—工业文明的新全球化结构替代工业文明—农业文明的旧全球化结构；以多极化体系替代单极化体系；以软实力和武力混合的方式替代硬实力加武力的传统统治方式；以主张全球差异化、多元主体平等交往的后现代文化和思维方式取代大一统、单极化的现代性文化思维。这一全球变局，催生新一轮科技革命的全球布展，打破原初的全球产业供应链，重新布局使全球城市又一次面临重新洗牌，对力争自主创先成为领跑全球的节点城市的苏州而言既是严峻挑战更是重大机遇，催逼苏州加速自主科技创业、产业升级换挡、高质量发展的进程。二是全球新变局另一个深刻含义就是指延续几百年来的西方资本逻辑主宰的旧全球化时代格局，就是被"国强必霸""弱肉强食"的丛林法则所支配的全球规则，目前演变为以美国为首的全球单极霸权体系，正在陷入重大危机泥潭中一步步走向崩溃。2008年国际金融危机的爆发，不仅仅是经济霸权的危机，也是其全球霸权总体系的危机；中国崛起所改变的，不仅是全球经济格局，更是中国所倡导的和平发展、合作共赢、平等包容、文明互鉴的新全球化时代格局取代旧全球化时代格局的过程。"世界走向中国"的历史不可避免地正在为"中国走向世界"的历史所取代，"一带一路"的发展倡议正得到全球大多数发展中国家的热烈响应。新冠肺炎疫情全球肆虐正在加速全球变局。中国坚持"人民至上""生命至上"价值取向，不但成功战胜危机，而且尽其所能向全世界180多个国家和地区伸出援助之手，充分展示了作为世界负责任的大国形象。战"疫"成功充分证明了中国共产党领导、中国道路、中国制度的无比正确，也证明了中国人民力量、中国文化和中国精神力量的强大。相比之下，秉持"美国优先""经济优先"价值取向的美国则抗疫不力、国内动荡，面临多重危机，单极霸权主义地位更加摇摇欲坠。在全球变局中，作为受中美经贸摩擦、单边主义、保守主义、世界经济低迷、全球产业供应链非经济因素调整影响最大的城市之一，苏州发展正面临重大挑战，同时也面临以工业

4.0、人工智能为轴心的新一轮科技革命迅猛加速、"一带一路"倡议的深度实施、长三角深度一体化、中国自贸区（苏州片区）建设等一系列发展的重大机遇。危中寻机，化危为机，苏州需要主动适应全球变局的新情况，抢抓机遇，创造新的发展格局。

进入新时代的中华民族伟大复兴全局是新时代苏州之路与苏州精神的根本历史方位。党的十九大报告指出："经过长期努力，中国特色社会主义进入了新时代，这是我国发展新的历史方位。"中华民族伟大复兴全局进入了新时代就是强国建设时代。苏州争当"开放再出发"的标杆城市，为此，实现未来蓝图不仅要在开放中坚持优质的"请进来"，继续成为"中国自贸区"发展的标杆城市；更需要"走出去"，成为"走向世界"的先行军和排头兵。苏州要从以"引进—借鉴—制造"为主的城市向以"自主—创新—智造"为主的城市转变。因此，这一道路转换、产业升级跃升和发展格局的转换是根本的。要成为新全球发展格局的节点城市，从"跟跑、并跑"到"领跑"，成为全球产业链、供应链、价值链的领跑者，必须要在精神上向自主、创先转变。

新时代新征程新目标呼唤新使命。强国发展的新的"三步走"战略在苏州必然表现为率先行动，新时代苏州之路聚焦在新的强国建设时代以更加超前姿态为全国探路，以高质量发展的先锋来率先实现新时代发展的三个里程碑：2020年决胜高水平全面建设小康社会示范城市；2035年高水平建设令人向往的社会主义现代化强市；2050年成为社会主义现代化强国的城市范例、伟大复兴中国梦的杰出样板。为此，未来蓝图就由此铺就新时代苏州之路。强国目标的达成是全面高质量发展的必然产物。苏州的使命，就是在全面高质量发展中争当先行军和排头兵，成为标杆城市，因而在新时代为全国探路。

在跨越新发展阶段、重构新发展格局中"为全国探路"成为催生新时代苏州精神出场的强大动能。2020年是全国全面建设小康社会、苏州跨越性地建成高水平全面小康社会的收官之年，更是面向未来、全面规划"十四五"和社会主义现代化强国建设的新阶段目标蓝图的关键之年。党的十九届五中全会全面决策了中国国民经济与社会发展"十四五"规划和2035年远景目标建设蓝图。"十四五"时期是我国全面建成小康社会、实现第一个百年奋斗目标之后，乘势而上开启全面建设社会主义现代化国家新征程、向第二个百年奋斗目标进军的第一个五年。2035年是党的十九大确定基本实现社会主义现代化的目标达成年。习近平视察江苏时提出"在改革创新、推动高质量发展上争当表率，在服务全国构建新发展格局上争做示范，在率先实现社会主义现代化上走在前列"（"两争一前列"）的新要求，为苏州谋划"十四五"乃至更长时期发展提供了战略指引。新发展阶段的目标使命的重大变化，必然要求发展战略、发展格局作出重大调整，要建立以内循环为主体、内外循环相互支持的新发展格局。弘扬新时代苏州精神，是新时代重构发展格局的需要。苏州要成为自主创先走全面高质量发展的先锋表率，在服务全国构建新的发展格局上争做示范，2022年率先全国13年基本实现社会主义现代化，就是对以往历次发展战略和发展格局的新超越。当表率、做示范、走前列，就是要勇当热血尖兵，敢闯敢试、攻坚克难、自主创先的尖兵精神就成为新时代苏州精神的必然选择。在新时代历史方位上继续为全国探路的苏州之路与苏州精神，必然焕发出新的活力和面貌，在敢闯敢试的新时代新征程中与时俱进地创新发展为新时代苏州之路和苏州精神。新时代苏州之路是新时代苏州精神的道路基础，而新时代苏州精神是新时代苏州之路的精神表达。

新时代苏州之路是在全球新变局与中国特色社会主义进入新时代的场域中确立的一条自主创先之路。那么，什么是新时代苏州之路的主线与主题？新时代苏州之路如何呼唤新时代苏州精神？我们可以选择苏州在两个时间节点的战略思路做对比，以期把握新时代苏州之路发展演化的脉络。党的十八大以来，一是苏州在"十二五"期末的2015年，二是全面总结"十三五"发展经验、全面规划"十四五"乃至2035年发展战略的2020年，两者成就跨度连成一线，从中显现出一个新时代苏州之路的路线图。新时代苏州之路肩负的新征程新使命，就是新时代苏州精神出场的坚实语境。

2015年末，苏州正是初始进入新时代后第一个五年规划的收官之年，也是全面规划新时代"十三五"规划之年，其开辟新时代苏州之路的着眼点和着力点，呈现在"苏州市国民经济和社会发展第十三个五年规划纲要"的总结之中。其中，苏州市描述"十二五"取得成就的一幅画面共分为六个方面，概括总结的基本要点集中体现了苏州进入新时代发展起步阶段的基本思路和主要战略。

第一，经济实力实现新提升。经济运行稳中有进，结构调整初显成效，转型发展成效显著，区域创新能力持续增强，全社会研发经费支出占地区GDP的比重达到2.68%。人才集聚效应逐渐显现，全市人才总量为227万人，其中创业类专家107人，名列全国大中城市第一。全市注册商标总量突破15万件，行政认定驰名商标达110件，均名列全省第一。

第二，改革开放取得新进展。新一轮政府机构改革任务基本完成，政策制度体系初步形成。金融创新成效明显，区域金融体系日趋完备，苏州市金融资产总量位居全国大中城市前列。积极对接上海自贸区建设的体制机制，主动参与"一带一路"建设，"苏满欧"五定班列实现常态化运营，成功举办第四届中国—中东欧国家领导人会晤。国务院批复设立昆山深化两岸产业合作试验区和苏州工业园区开展开放创新综合试验，积极开展跨国公司外汇资金集中运营管理试点和张家港保税港区外债宏观审慎管理试点，苏州获批开展国家跨境贸易电子商务服务试点。国家级开发区数量累计达到14个。新批境外企业数和实际投资额均连续12年位居全省第一位。

第三，城乡一体展现新面貌。实施行政区划重大调整，中心城市的首位度进一步提高，国家历史文化名城保护工作得到加强，东部综合商务城、西部生态科技城、南部太湖新城和北部高铁新城建设呈现新亮点。城乡一体化政策制度框架加快健全，以工促农、以城带乡、工农互惠、城乡一体、共同繁荣的局面初步形成。水利（水务）、电力、公路、轨道交通、有轨电车、4G网络等基础设施实现城乡全覆盖，"美丽镇村"行动稳步推进，"1—4—50"城镇体系基本形成，区域城乡发展更趋协调。

第四，生态文明迈上新台阶。着力推进"两型社会"建设。大力实施生态文明建设"十大工程"和"蓝天工程"，在全国率先发布空气质量指数（AQI），声环境功能区噪声达标率保持100%，城市生活垃圾无害化处理率达到100%，集中式饮用水水源地水质达标率保持100%。在全省率先完成重点能耗企业落后用能设备淘汰，单位地区生产总值能耗降低率完成省政府下达目标。陆地森林覆盖率达到29.56%，苏州太湖湿地公园入选首批国家级湿地公园。苏州及各市（区）全部入选全国生态文明建设示范区。苏州及昆山市创成首批国家生态园林城市。

第五，社会发展取得新成效。统筹推进公共服务和社会管理，教育、文化、医疗、卫生、体育事业建设取得显著成效。2015年，城乡公共服务支出占公共财政支出的比重达到78.3%。建成中国昆曲剧院、"国家古城旅游示范区"，大运河苏州段成功列入世界文化遗产，阳澄湖半岛旅游度假区获批国家级旅游度假区，苏州获准成为联合国教科文组织创意城市网络中的手工艺与民间艺术之都。"15分钟健康服务圈"基本建成，"10分钟体育健身圈"全面建成。"法治苏州"建设得到加强，昆山市成为全省首批法治建设示范市。流动人口居住证制度顺利实施。"政社互动"试点经验向全省、全国推广。

第六，民生福祉得到新改善。社会保障投入逐年增长，民生质量持续提高，人民生活水平稳步提升。城镇居民和农村居民人均可支配收入分别达到5.04万元、2.57万元，"十二五"期间年均增长10.6%和12%。苏州籍高校毕业生就业率达到98.4%，城镇登记失业率控制在2%以内，"零就业""零转移"贫困家庭保持动态清零。城镇职工社会保险覆盖率、城乡居民养老保险和医疗保险覆盖率均保持在99%以上。城镇住房保障覆盖率达到20.3%，全市已累计建成保障房137600余套。[①]

上述总结重点阐释了苏州进入新时代探新路的基本方向和总体布局，即牢牢把握稳中求进工作总基调，主动适应经济发展新常态，全面深化重要领域和关键环节改革，统筹做好产业升级、创新驱动、扩大开放、城乡一体、环境优化、文化繁荣、法治建设、社会治理、民生改善等各项工作，同时，树立并不断强化清醒、理性、务实的工作导向，咬定目标不动摇，一张蓝图绘到底，以钉钉子精神抓落实，凝心聚力、接续奋斗，把各项事业不断推向前进。苏州在新的历史方位

---

① 参见苏州市政府颁布的《苏州市国民经济与社会发展第十三个五年规划纲要》。

上继续冲刺,苏州之路的主要使命是在高质量发展、高水平全面小康社会建设、基本现代化新目标上继续为全国探路。其中,三大战略转型特别鲜明:一是全面加速产业结构布局的转型,"低转高""产转研""二转三""硬转软"趋势势不可当;二是全面贯彻落实五大"新发展理念",实现从发展方式、发展动力、产业转型向自主可控、创先争高的方向摸索转变;三是推进改革开放进一步向深向高发展,城乡一体化空间布局更加完善,生态文明、民生福祉得到更加改善,初步体现五大新发展理念,打造高质量发展的样板。苏州按照中共江苏省委提出的"经济发展、改革开放、城乡建设、文化建设、生态环境、人民生活"6个高质量的决策部署,率先推动高质量发展。

随着新时代苏州之路的逐步展开,"三大法宝"与苏州精神也呈现新面貌。例如,"昆山之路"发展为"开放、融合、创新、卓越"的昆山精神品质。以"借鉴、创新、圆融、共赢"为内容的"园区经验"也在新时代演化发展为"改革创新、开放包容、敢为人先、追求卓越"的园区精神品质。成为中国自贸区片区之后,园区根据"中国走向世界"开放时代的需要,以中国自贸区片区为重大机遇,选择四大方向全面刷新发展目标:全方位开放、鼎力创新、产业高端化、一流营商环境,成为新时代可示范、可推广的创新标杆,成为投资便利、营商一流、金融服务完善、监管便捷高效的示范园区。在"一带一路"对外投资发展中闯出一条新路。

2020年以来,百年未有之大变局因疫情而进入加速演变期,单边主义、保护主义、霸权主义对世界和平与发展构成威胁,国际环境日趋错综复杂。从国内看,中国特色社会主义进入新时代,在新发展阶段,贯彻党的十九届五中全会精神,紧紧围绕习近平总书记视察江苏时提出的"争当表率、争做示范、走在前列"目标要求,贯彻新发展理念、构建新发展格局、推动高质量发展,开启全面社会主义现代化国家建设新征程,成为当前和今后一个时期苏州确定发展思路的主旨、主线。苏州开启迈向率先全国基本实现现代化新征程,在"开放再出发"中争当"加快长三角一体化进程"的标杆城市,正在率先构建科技—产业创新体系更加自主可控的以内循环为主、内外循环相互支撑的新发展格局。比起国内其他城市,新时代苏州更加开放的经济格局将会反过来更加有力地促进自主可控的科技产业体系的建立和完善。建立自主可控的内循环产业体系、科技创新体系，绝不是从开放经济体系中退回到封闭体系，而是要打破以美国为首的西方国家敌对势力和保守势力企图造成对我国经济的隔绝和封锁，让全球经济对苏州产生更高的依存度，包括技术、产业、产品、平台、经验、金融、服务体系。客观地说，后疫情时代全球各国都会自主选择完善自己的科技和产业链条，因而原初高度分工与合作的全球经济和产业链条有可能被截断和重组，"世界制造""全球组合"的产业合作链条体系有可能被无情打碎，重新建立相对完善的民族产业体系成为各国的选择。但是，只要在技术、产业、产品、平台（如支付宝、微信等）、经验、金融、服务体系等要素上占据无可替代的地位，按照苏州精神去"争第一、创唯一"，那么就一定会让全球经济对苏州的依存度逐步加深，也就必然使苏州在再开放中形成自主可控的新发展格局，以内循环来带动双循环、带动全球经济，成为全球经济的引擎。这一路向，就是"中国走向世界"的关键。其中，苏州率先走全面高质量之路、走自主可控发展之路、走率先基本现代化之路，"争第一、创唯一"的路向更加鲜明。为了向这一目标迈进，在2020年的苏州政府年度工作报告中，提出了八个方面的发展重点。

第一，深入推进稳增快转，构建产业发展新体系。一是狠抓优质产业投资。二是做强先进制造业。三是做大现代服务业。四是做优产业发展环境。在产业用地更新、完善工业企业资源集约利用综合评价体系、发展壮大资本市场、优化综合金融服务平台功能，以及营造公平有序市场环境、减税降费等方面完善政策，推动实体经济高质量发展。

第二，深入推进科技创新，培育经济增长新动能。一是加大科技创新投入。二是建设高端创新平台。如加快推进纳米真空互联试验装置、细胞研究与应用科学设施、国家生物医药技术创新中心、第三代半导体技术创新中心、国家级先进功能纤维中心等重大创新平台预研项目建设。三是培育一流创新企业。四是营造优质创新生态。如实施万名高端人才集聚计划，加快双创中心建设，完善自主创新广场功能，促进科技成果转移转化。

第三，深入推进改革开放，增创体制机制新优势。一是更大力度深化"放管服"改革。二是更高标准开展开放创新先行先试。创建自贸片区联动创新区，放大自贸片区的溢出效应。拓展昆山深化两岸产业合作试验区建设，打造中德（太仓）创新合作园，创建中日绿色产业创新示范区和智能制造协同创新区，建设张家港综保区升级版，争创中国新时代对外开放示范区。三是更实举措稳定外贸外资规模。四是更广范围开展对外合作交流。深化与"一带一路"沿线国家和地区合作往来，建立"一带一路"企业数据库。推动各类境外园区发展，探索设立新的经贸合作区。加快建设江苏（苏州）国际铁路物流中心，推动中欧（苏州）班列健康发展。

第四，深入推进城市建设，致力功能品质新提升。一是以长三角一体化为契机推动城市发展。推动市域一体化、苏锡常一体化、沪苏通跨江融合发展，深度参与 G60 科创走廊建设，加强嘉昆太协同创新核心圈、虹昆相产业创新走廊等区域合作。二是以科学规划为引领增强城市能级。三是以基础设施为支撑提升城市功能。四是以精致高效为目标优化城市管理。做实做亮古城内核。加强智慧城管建设，推动城市治理精细化、长效化。

第五，深入推进乡村振兴，开创农业农村新局面。一是继续深化农村改革。二是大力发展现代农业。三是优化提升集体经济。四是不断改善乡村面貌。如持续打造美丽镇村，推进特色田园乡村试点建设等。

第六，深入推进环境优化，建设美丽宜居新家园。践行绿色发展理念，持续改善生态环境质量，努力让苏州水更清、天更蓝、环境更优美。

第七，深入推进社会治理，实现公共服务新发展。推进社会治理体制创新，完善共建共治共享的现代社会治理格局，解决好人民群众最关心最直接最现实的利益问题。

第八，深入推进民生改善，顺应美好生活新期盼。着力办好各项民生实事，努力满足人民群众对美好生活的向往。一是大力促进就业创业。二是不断完善保障体系。三是精准实施帮扶解困。四是切实解决热点诉求。

上述八大任务，鲜明地体现了苏州在即将进入新发展阶段之后加快走高质量发展之路，构建以经济自主可控为主体、以自主辐射型现代化为开放核心的新发展格局的主旨、主题，把一个新时代苏州之路图景清晰地展现出来。其中，我们不难看出，面向"十四五"新发展阶段，苏州主轴是率先全国在2022年前后实现以自主辐射型为特色的"基本现代化"目标，主要路径是从"高速增长的领头羊"向"高质量发展的城市标杆"转型，主要着力点就是全面深入贯彻新发展理念，以形成强大的自主创新体系与自主可控的开放体系来支持全国以"内循环为主体、内外循环相互支撑"的新发展格局的形成，率先从"自主输入型现代化"发展阶段向自主可控引领的"自主辐射型现代化"模式转变。这就是新时代苏州之路。苏州只有以"敢争第一、敢创唯一"即敢抢敢闯、敢创敢拼的精神，求真务实、一步一个脚印地干，才能创造苏州在新时代争当标杆城市的新奇迹。新时代新蓝图已经绘就，新道路已经开辟，新使命已经在肩，冲锋号已经吹响，新时代苏州精神作为强大精神动力已经在再燃激情奋斗之火中迸发。"自主、创先、向善、向高"的精神追求新目标已然明确，这就是苏州充满蓬勃生机、特色鲜明的"三大法宝"的内涵和精神有了时代性拓展，日益成熟而完善。

## 2. 新时代苏州精神的内涵

面对新时代、新起点、新征程、新目标、新使命，新时代苏州之路呼唤、催生新时代苏州精神作为思想引领与精神动力。进入新时代与新发展阶段，苏州在"率先基本实现现代化"、"走全面高质量发展之路"、创建"新发展格局"上"争当表率、争做示范、走在前列"为全国探路，其尖兵意识更加自觉、标杆意识更加明确、自主创先意识更加强烈。为中国开辟"自主辐射型现代化道路"成为开路先锋，"崇文睿智、争先创优、开放包容、和谐创新"的苏州精神有了更加先锋的气质与内涵。"自主、创先、融合、致远"的新时代苏州精神放射出更加先锋的气质与耀眼的光芒。

新时代苏州精神更加凸显自主发展精神。当年"乡镇企业异军突起"、苏南模式就是自主崛起的。"三大法宝"就是自主创新、发展探索、敢争第一、敢创唯一、敢闯敢试而形成的先进发展文化。无论是包含"自加压力、敢于争先"气质的张家港精神,还是"不等不靠不要"、自主创先的"昆山之路",抑或是"借鉴、创新"的"园区经验",都充满着自主创新、探索发展的主体精神。进入新时代,全球经济竞争与民族国家发展的命运日益聚焦在自主可控科技产业创新链条的培育和形成上,谁在自主创新走在领跑世界的前列,谁就掌握着全球的命运。因此,以新时代"三大法宝"为核心的苏州精神要满足新时代苏州之路从原初的以招商引资为主体的"自主输入型"发展之路向"自主辐射型现代化"发展之路的转变,从跟跑型产业集聚向领跑型产业创新转变的实践探索需要,就一定要大力彰显自主发展精神。全球新一轮科技产业创新是智能化的,是由大数据、云计算、AI等构成的全球工业4.0体系的布展在深度考验每一个民族国家的谋划力。今日世界各个国家、各个城市的发展比拼的不仅仅是实干精神,也不仅仅是抢抓机遇的心智能力,而是在最高层次上自主智能型的谋划力。谋划力强则发展先进,谋划力弱则必然落后。新时代苏州精神的"崇文睿智"不仅仅表现为苏州人几千年来对知识、教育、文化、价值的无比崇尚,更在于对智能化的自主发展谋划力的大力推崇。

"创先精神"是"争先创优"的苏州精神在新时代所表现的突出特色。创先精神首先是创新精神。苏州的创新发展不仅是五大新发展理念在苏州的伟大实践,更是形成了与时俱进的苏州精神的基本底色。自主发展的苏州精神在每一个阶段都是通过自主创新、敢闯敢试来实现的。进入新时代,苏州的创新争优精神依然保持着"争当第一、敢创唯一"的先锋气质,例如,在2022年率先全国基本实现现代化目标、探索"全面高质量发展"之路、实施"开放再出发"战略、争当"长三角一体化战略"标杆城市等。但是,在新时代创建自主可控科技产业体系、领跑全国的发展样板、为全国探路的标杆城市要求,使苏州创新精神必须要上升为"创先",即不再满足于在别人创造的样板领域内争第一,而是在自主创造树立的样板领域内当领跑冠军。自主创先,这是中国超越西方道路、走向社会主义现代化强国之路的必然要求,也是苏州在新时代为全国探路的精神责任。

▶ 新时代苏州精神

"融合精神"一直是"开放包容"的苏州精神的真实内蕴。以水为魂的千年吴文化柔美、凝和、流顺,但又具有"以柔克刚"的伟力,塑造了苏州人的"发展的共同体主义"价值观。在苏州区域内江、河、湖、塘、荡、水库等河湖纵横交错,密如蛛网,潺潺流水不仅将开放性特色在大地上书写,最终汇入江河湖海则将包容性与融合性特色体现无余。水乡泽国既是吴地人民赖以生存发展的土壤,也是其存在方式和文化内蕴。"开放包容"不仅在苏州招商引资阶段的开放型经济发展中成为一种鲜明的文化优势,更在加速"长三角一体化"进程、"中国走向世界"、创造全球典范城市中彰显出"融合精神"。以水文化为底蕴形成的苏州的共同体主义价值观,是为了发展、服从发展、服务于发展的文化。发展不是为了原子主义的个人,而总是带领着共同体大众,为了一村、一乡、一县、一区乡亲的共同福祉,这样的带头人就是苏州人民心目中的英雄,他们的精神就是苏州精神。进入新时代,这一融合精神扩展到长三角一体化、扩展到全国和全球,让苏州成为世界城市共同发展的领头雁,成为促进"人类命运共同体"的先锋。

"和谐创新"精神在新时代创造未来中持续体现为"致远精神"。如果说,改革开放以来苏州之路创造了无数的先进经验、成功地发展成为多年在经济总量上领跑全国的地级城市冠军,那么,"致远精神"就是要将苏州之路成为持续发展、立于不败之地、永葆领先地位的价值追求。如果说,苏州在持续创新中创造的先进经验不断被复制背书,那么,"致远精神"就期望苏州不要陶醉和满足于一时一地的创新,而是永远要不断超越自我,实现新一轮创新。如果说,苏州在每一个阶段都在自主发展道路上积极探索,那么,"致远精神"就是锁定未来发展目标,一步一个脚印地坚定前行,绝不半途而废停步不前的发展精神。

## 3. 千年吴文化的当代创造性转换

我们对新时代苏州精神充满自信,因为新时代苏州精神有深厚的历史底蕴和强大的文化基因。今日苏州是2500年历史苏州的继续。新时代苏州精神是千年吴文化精神的当代发展。在走向一个创建新现

## 导言　再创辉煌，呼唤激情燃烧的新时代苏州精神

代文明的新轴心时代，一个地方知识往往具有世界意义，引领思想碰撞和文明对话。新时代苏州精神是这一时代精神的精华、文明的活的灵魂，也是千年吴地文化传统的当代转换，有着深邃而悠久的历史文化之根。我们绝不是片面的文化激进主义者，割裂现代与传统、时代与历史，彻底反传统。我们也不是文化的保守主义者甚至极端的"原教旨主义"者，认为新时代苏州精神就是千年吴文化的原样启封。在新现代性的文化构成中，需要将优秀传统文化加以创造性转化和创新性发展，才能真正融入新时代。一切历史都是当代史。在当代苏州为全国探索高质量发展之路的伟大实践中，传统价值只有创造性转换为当代思想，即成为今日时代的思想才能真正被大众所认同，成为共同理想和追求，具有普遍意义。崇文睿智的吴文化，以虎丘文化为代表的锐意进取、革故鼎新的创新文化和以寒山文化为代表的"和合"文化的融合统一，既象征着千年吴文化固有包含着流水年华那种逝者如斯夫、不舍昼夜的锐意进取、改革创新的变化发展基因，又包含着糯米粽那般黏性十足的强调"和合"价值的共同体文化向度，两者相加正好就是"发展的共同体主义"。这一文化构成了苏州小桥流水、鱼米之乡的地方知识的文化精神，然而在当代却是崇尚"创新发展的共同体主义"价值的新时代苏州精神的文化之源，更在全球多元文化之间的对话中放射出耀眼的世界意义。今日苏州精神无论是"崇文、融合、创新、致远"还是"崇文睿智、开放包容、争先创优、和谐致远"，本质上都是既崇尚创新发展、敢闯敢试又崇尚包容和谐、共建共享的"发展的共同体主义"价值。这一价值具有时代意义和世界意义。

　　重写吴文化、理解新时代苏州精神就是追问地方性知识的世界意义和世界构建。全球文明互鉴、包容和对话是人类命运共同体的共识之源。当今世界，以美国为首的西方世界仍在秉持冷战思维，文明冲突论阴魂不散，但是迷恋于"力"和"国强必霸"传统的单极霸权主义全球化文化已经遭全球大多数人民唾弃。追求大一统的"同"之思维也举步维艰。全球问题需要中国思维、中国文化、中国方案来借以解答。唯独尊重多样、包容多元、和而不同、文明互鉴，追求多元主体间的平等交往、互利合作、包容发展的这一源于中国方案的"和合"

文化，才能够得到大多数国家、民族和人民的认同。新时代苏州精神包容着和合精神和创新精神，正是对全球问题的恰当解答。发展的共同体主义价值，不仅适用于中国，也同样适用于世界；不仅能积极引领和推动新时代苏州之路的开拓，也同样能够积极影响世界的共同进步。用共同的积极的发展来解决贫困问题，用不断的创新来推动世界进步与发展，用发展的共同体主义价值来维系苏州精神始终是在全球化与本土化的对话中产生、在对话中逐渐成长的精神形态。吴文化转换为当代苏州精神的过程有全球化的深度影响。因此，我们需要在对话中发现苏州精神的开放气质和本真意义。对话过程就是苏州精神不断被打开、推进和转换的过程，描述这一过程就是今日的历史现象学。在创建全球文明过程中，对话是为了生产。有效对话是为了更有效地生产。全球与本土、历史与现代的双向对话，构成了当代苏州精神的深层坐标。

在新旧全球化时代大转换的世界变局中，在全球化与本土化双重转换中，在"引领思想撞击"的核心价值重构中，新时代苏州精神是对"反思的问题学"的解答。精神何为？作为时代精神和地区精神，就是一个地区的人民对待重大时代问题的心理、价值和行为的反应模式，是一种"问答逻辑"：时代提出问题，精神回应挑战，精神是对时代问题挑战的解答。文化的对话，思想的撞击，说到底，就是以我们对"如何发展"这一全球性时代问题为底板的争鸣和对话，是"时代精神"与"时代精神"的对话，是对发展问题的提问方式或解答方式的较量。因此，苏州精神是率先的和先进的文化，可以"引领思想对话"，这是在中国靠近世界舞台中央、为世界上那些既要走现代化之路又要保持民族独立的国家提供中国方案、中国思想和中国精神的需要。首先就是要着眼于准确辨析发展如何成为"思想对话焦点"的历史地平线，将这一对话看作是历史地平线的思想表现，从思想对话的根本问题上加以把握，是以时代问题为贯穿点，从而富有时代感的对话。

"引领思想对话"走向交往、视野融合和创新。对话意味着多元思想间相互打磨，激活各自真正有价值的思想，去粗取精、去伪存真，为更好地相互汲取、相互融合和走向一个新的理论创新阶段而打下坚实的基础。

### 4. "为全国探路": 新时代中国精神的先锋

"为全国探路"是多年来习近平总书记代表党中央给予江苏、苏州的光荣而神圣的使命。探路意味着领跑,意味着在没有路的地方开辟出、闯出一条中国道路。因此,探路者需要具备敢闯敢拼、敢创敢试的英雄品格和自我牺牲的崇高精神境界。因此,对于探路者而言,一种大无畏、敢为天下先的精神是前提条件,中国道路在脚下,中国精神在胸中。没有一股子气、劲、勇,没有强大的心理和精神支撑,没有崇高的境界和高尚的觉悟,就不可能当好探路者,不可能完成探路者的重任。因此,新时代苏州精神必然是苏州争当"为全国探路"的标杆城市的强大精神条件。如果说,"新时代苏州之路"必然是新时代中国道路的先期探索,那么,"新时代苏州精神"就是新时代中国精神的先锋。

如果说,苏州之路是一个长时段的辉煌历史剧,那么率先建成"高水平全面小康社会"、2022年率先基本实现现代化示范区即新的"两个率先"就是其最为精彩的一幕。"率先建成高水平全面小康社会、率先基本实现现代化"是党的十八大以来以习近平同志为核心的党中央对江苏省发展的总体要求。江苏省委、省政府将"两个率先"先行军的光荣历史重任交给苏州。同时,在充分调研的基础上,制定了"江苏全面建设高水平小康社会指标体系"和"苏南率先基本实现现代化"指标体系,作为包括苏州在内的苏南乃至全省发展的指南。在发展的新长征路上,作为率先发展的先锋,苏州不负众望,在2005年末率先全国、全省达到省定小康标准的基础上,2020年蹄疾步稳地实现高水平全面小康社会建设任务,而向2022年率先基本实现现代化目标迈进。昆山连续15年位列国家统计局公布的全国百强县之首。"两个率先"使苏州精神大放异彩,充分展示了新时代苏州精神的率先发展、创新拼搏的魅力。

从"两个率先"视域看为全国探路的新时代苏州之路与苏州精神,具有多重意义。首先,"两个率先"是评判新时代苏州精神能否勇当为全国探路者、标杆城市的试金石。敢不敢率先、敢不敢创新、敢不敢

▶ 新时代苏州精神

拼搏，能不能率先、能不能创新、能不能拼搏，可以判别出谁是真正勇往直前的发展英雄，谁是胆怯退缩的懦夫。其次，"两个率先"是苏州精神生长的强大动力。率先发展意味着率先遇坎，就像战场上勇猛向前冲锋陷阵的先锋队，总是风险最大、成本最高的行动者，因而必然具有率先创新、开拓进取、顽强拼搏、协同前进的种种优秀精神品质。最后，"两个率先"更是展示新时代苏州精神的亮丽舞台。发展是硬道理，更是一种精神。率先发展需要敢闯敢试、敢创敢拼，开拓出率先解决问题的思路、创新的思维和勇往直前的精神，而成功的率先发展实践会更加激励人们向前。从率先发展中走出来的苏州，不仅创造了一个又一个率先发展的辉煌业绩，而且造就了一大批思想敏锐、作风踏实、胆识过人、敢于率先、善于率先的苏州各级领导干部，更有勤奋务实求开拓、一心一意谋发展的苏州人，同时还造就了锐意进取、创新发展、敢于争先、追求卓越、包容天下的苏州精神。苏州精神，就是在冲刺新时代"两个率先"的伟大实践中得以磨砺，在敢于创新、敢于争先中得以成长，在夺取一个又一个率先发展的辉煌业绩中得以凸显。

为全国探路的"两个率先"使命与新时代苏州精神互为前提、互为支撑。"两个率先"是"新时代苏州之路"迄今为止最为辉煌的篇章，是实践的最新发展阶段。从这一意义上说，为全国探路的"两个率先"造就了新时代苏州之路，进而呼唤、激发、造就了新时代苏州精神。新时代苏州精神在相当大的程度上就是"两个率先"的精神，我们理解苏州精神离不开造就她的行动基础和历史语境；与此同时，苏州精神也是"两个率先"的价值支撑、内在灵魂和主体本质，苏州在为全国探路的新时代，"两个率先"伟大行动的所有环节都充分展示了新时代苏州精神的风貌和样态，是一本被打开了的关于苏州精神本质的书。从"两个率先"中，我们可以看到新时代苏州精神的时代风貌，可以看到新时代苏州精神的先锋气质和耀眼光芒。

如果说，新时代苏州之路是新时代中国道路的先锋和样板，那么，新时代苏州精神就是描绘新时代中国精神画卷的壮丽篇章和精彩典范。新时代新征程必然是建设强国的时代，强国建设时代必然要求有强国精神的再发现，正如习近平总书记所反复强调的："中国人民在长期奋

导言　再创辉煌，呼唤激情燃烧的新时代苏州精神

斗中培育、继承、发展起来的伟大民族精神，为中国发展和人类文明进步提供了强大精神动力。"[①] 习近平总书记站在历史发展与时代进步有机统一的战略高度，把这一伟大的民族精神和中国价值概括为"伟大创造精神、伟大奋斗精神、伟大团结精神、伟大梦想精神"。同样，新时代苏州之路的开拓必然需要新时代苏州精神。建立和巩固中国特色社会主义核心价值体系，弘扬强大的新时代中国精神，成为凝聚14亿人民力量、应对这一问题的主攻战略。正是在这一点上，新时代苏州精神作为优秀的地方精神具有自己的先导优势。新时代苏州精神是中华民族精神的价值底蕴和坚实基础。正如历史上以"张家港精神"等为标志的"三大法宝"就一直成为中国精神的先锋和标杆一样，新时代苏州精神必将成为新时代中国精神文化的先导和示范。中国特色社会主义核心价值体系是社会主义制度的内在精神和生命之魂，它决定着社会主义的发展模式、制度体制和目标任务，在所有社会主义价值目标中处于统摄和支配的地位。没有社会主义核心价值体系的引领和主导，新时代强国之路就会迷失方向、失去精神动力。只有深刻认识和正确把握中国特色社会主义核心价值体系，才能保证社会主义的正确方向，才能抓住社会主义价值需要、价值创造和价值实现的关键，也才能在文化建设和意识形态建设中突出重点、抓住根本。而在"新时代苏州之路"中所展现的新时代苏州精神，具有强大的精神感召力，多方面展现了新时代中国精神的先导因素。

新时代苏州精神就是新时代中国精神的先导形态和成功典范。从新时代苏州精神的形成和发展进程中，我们可以清晰地看到新时代中国精神在苏州伟大实践中的生动而丰富的体现。改革开放40多年来，苏州人在为全国探路的实践中形成了自己的精神家园，重建了自己的价值皈依。新时代苏州精神以新时代自主发展的共同体主义价值为核心，建立了一个系统的价值共识体系。在为全国探路的新时代"两个率先"伟大实践进程中，这一价值共识体系成为思想先导、伦理基础和精神支持。探索新时代苏州精神之价值共识机

---

[①] 习近平：《在第十三届全国人民代表大会第一次会议上的讲话》，人民出版社2018年版，第2页。

制和过程，探寻共识资源，必将对大力推进新时代中国精神的发展具有极其重大的意义。

## 5. 新时代苏州人与苏州精神

新时代苏州精神就是新时代苏州人的精神。人是精神的创造者，也是精神的承担者。正如《传统人与现代人》一书作者所强调的：一个国家、地区的现代化不仅是"物的现代化"，更是"人的现代化"，是人的心理、行为、观念和价值追求，本质上现代化就是从传统人格向现代人格的转变。现代化的核心不是"物"，而是"人"，即人的现代化。人是现代化发展的主体与核心，更是一种现代价值、现代文化的创造主体。2500多年灿烂辉煌的吴文化不仅造就了山水相依、红绿掩映的苏州园林，粉墙黛瓦、小桥流水的古城风貌，更造就了"先天下之忧而忧、后天下之乐而乐"的范仲淹，造就了"天下兴亡匹夫有责"的顾炎武，造就了无数著名的仁人志士。千百年来，苏州人一直是创造苏州辉煌历史剧的"剧作者"和"剧中人"。40多年改革开放既创造了苏州今日之辉煌，创造了苏州腾飞发展、领跑全国的丰功伟绩，更造就了一大批像秦振华、沈文荣、常德盛那样创新发展的英雄。苏州精神，就是以无数英雄为代表的精神，在他们身上，苏州精神得到了人格化的体现。当年，"三大法宝"的出场是由秦振华等一批创造、践行、传播这一伟大精神的英雄们所代表的。因此，新时代苏州精神不仅仅体现在客观的物质发展上，更集中地体现在苏州人的精神风貌、心理气质上，体现在新时代苏州人的心理与行为、思想素质与价值观念上。他们的所思所想、所作所为，充分展示出苏州精神的当年风貌。理解他们，就是理解苏州精神的主体路径。只有一大批创造新时代的苏州人，才有新时代的苏州精神。只有理解了苏州人，才能真正理解苏州精神的当代出场。

在中国特色社会主义发展的大地上，创造苏州精神的英雄首先是一批不忘初心、牢记使命、激情奋斗、公而忘私的中国共产党的基层领导干部。他们在困难面前不弯腰，在攻坚克难中不懈怠，在带领广大群众致富道路上挑重担，在敢闯敢试、敢拼敢干中当先锋。他们身

**导言** 再创辉煌，呼唤激情燃烧的新时代苏州精神

上闪耀着优秀共产党员"不忘初心"、一心为民的思想光辉，展现着奋不顾身为民奋斗、公而忘私敢闯敢干的高尚风采。在"三大法宝"和苏州精神耀眼光芒之中，我们看到的是一个又一个璀璨的英雄人物，他们用自己的激情点燃苏州大地上的拼搏奋斗的精神火焰，谱写出一曲又一曲奋斗者的绚丽华章。苏州人民不会忘记，秦振华是张家港精神的塑造者。正因为有了张家港好带头人的"秦振华精神"，像一团炽热的火焰，在杨舍镇燃烧，才有了"杨舍精神"；在张家港大地上星火燎原，才有了"张家港精神"。正因为在老书记吴栋材无私奉献、身体力行带领下，寓意以强带弱的"金手指"洋溢着"融合、创造、开放、宣誓"精神，才造就了张家港永联村今日之辉煌；正因为常熟蒋巷村老书记常德盛胸有"改天换地"的豪迈，才有了蒋巷村翻天覆地的沧桑巨变。同样，没有吴克铨书记的远见卓识和带领一班人敢闯敢干闯天下的精神，就没有后来的"昆山之路"。没有一批借鉴创新、勇攀高峰的园区人，也就没有"园区经验"。翻开一页又一页苏州的创业史册，哪里有苏州奇迹，哪里有苏州精神，哪里必有"勇当先锋队、勇做领头羊"的基层领导干部，创造奇迹、创造精神的好带头人。干事创业的苏州造就出无数的杰出带头人，他们是千千万万中国共产党人中的杰出代表，是心系群众、人民至上、敢闯敢干、开辟新天地、造福千万家、创出辉煌业绩的发展共同体主义的英雄。正是有了他们，才能带领广大群众在苏州这一片神奇土地上创造出威武雄壮的时代活剧，创造出数不尽的人间奇迹，创造出强大的苏州精神。

坚持发展共同体主义价值的英雄从不孤独。一切为了群众，一切依靠群众，一切为群众共享，这是百年来共产党人的伟大初心，也是新时代共产党人的根本宗旨。有了这一初心和宗旨，就有了最广大人民的真心拥护和铁心支持，干部才能带领群众干事创业，干群才能同心创造美好生活。党的广大基层干部就是群众中的一员，不过是群众中的先锋队。他们生活在群众之中，只有与群众同呼吸、共命运，心为民所想，情为民所系，利为民所谋，才能成为群众奔向美好生活梦想的好带头人，才能得到群众的真心拥戴。在敢闯敢试、敢创敢干的火热奋斗年代，苏州精神就成为苏州人民的精神风貌，苏州人民与广大基层干部同心同德，心往一处想，劲往一处使，创造着"敢为天下

先"的奋斗精神，创造着苏州奇迹。紧紧依靠广大群众，在张家港以爱国卫生运动为抓手提升做亮新港文明城市品牌活动中，不但要充分发挥行业部门优势，更要积极调动社会志愿力量。"爱卫有我，文明同行"，群众中组织起环保志愿者协会、心理关爱志愿者团队、"河小志"志愿服务队、"绿山军"志愿服务队、"美湖使者"志愿服务队等爱国卫生志愿服务队伍156支约8500人，2020年以来已开展爱国卫生志愿服务活动2700余次，创造出"八万把扫帚扫出一个全国卫生城市"的故事，充分体现了人民群众积极参与的主人翁风采，将一座老牌全国文明城市的"自我进化"工作落细落实的使命担当。苏州人民作为创造苏州奇迹和苏州精神的真正主体，体现在张家港长江村党建引领、"自治、法治、德治三治融合"调动广大村民参政议政的治理模式上，体现在常熟数十万人奋战改天换地、气吞山河创造的"望虞河精神"、凝聚广大群众力量闯出的"碧溪之路"和"蒋巷精神"以及打造成功的千家"美丽乡村"上，体现在姑苏区新材料商会这一全国5A级社会组织创造出均税赋全市第一奇迹的中科创谷上，体现在太仓厢镇东林村"党员志愿显担当，人居环境齐动手"创造文明新风上，体现在姑苏区白莲社区依托3000多住户、9000多居民创造出的社区治理新模式上，以及无数像电站村、树山村、旺山村群策群力兴起乡村振兴新风貌上，更体现在苏州1200万人民自觉成功战"疫"、率先复工复产的创先行动上。太仓以红色先锋力量结合网格精细化管理，党员模范带头行为，让群众共同参与绘好党群携手文明创建"同心圆"。相城区北桥街道盛南社区以党建为龙头，以为民服务为核心，积极构建自治、法治、德治"三治相融"的城乡治理体系，打造共建共治共享的社区治理新格局，引导人民群众遵纪守法、崇德向善，遵守村规民约，激发人民群众参与基层治理的积极性和创造性，推动社区成员从个体的"我"转变为群体的"我们"，从单一的"个体成员"转变为社区中的"共同体成员"，促进了家风、民风、党风的"三风联动"，形成了产业兴旺、生态宜居、乡风文明、治理有效、生活富裕的乡村治理新格局。以肖泾村、冯梦龙村等为代表的"文明银行"，通过自我管理、自我考核、自我监督、自我纠错和自我完善，提升了民主管理水平，促进了广大村民道德素质的提高，自觉地养成文明习惯，培育了文明家风和

导言　再创辉煌，呼唤激情燃烧的新时代苏州精神

文明乡风，有力促进了乡风民风持续向好发展。在党员干部带领下，苏州人民创造了数不尽的奋力拼搏的精神文明故事，留下了"苏州时代新人"的风采。一批又一批道德模范、好人榜样、时代新人在村镇和街道，在社区和单位，在人民群众的身边，以无穷的榜样力量，影响带动着苏州人民大众改天换地，开拓新时代苏州之路，创造新时代苏州精神。

创新发展的英雄名录中闪耀着在苏州创新创业创先的各类杰出人才。各类杰出人才的加盟会聚、创新思想和研发素质凸显着苏州人的自主创先风采。在新时代高质量发展的征程中，人才资源是第一资源，是自主创新中最为活跃、最为积极的要素。没有人才优势，就不可能有产业优势，更不会有创新优势、科技优势、发展优势。杰出人才之所以杰出，不但在于他们有创新的科技、超人的智慧和管理才能，更在于他们有敢为天下先、敢闯敢试、不畏艰险闯新路的精神风貌。他们创造的创新创业创优的佳绩，正是这一杰出精神的必然结果。为此，一个地方杰出人才、高端人才的集聚度，以及他们干事创业的精神风貌，直接表明了一个地方的人才环境的优越度，进而表明这个地方的创新创业创优的积极成效。"聚天下英才而用之、让人才成为新时代苏州'开放再出发'的最强动力和最亮标识，目前已成为苏州全市上下的'超强共识'。"苏州的创新人才集聚度年年攀高，创业人才集聚度全国第一。苏州市将每年7月10日（苏州国际精英创业周开幕日）确定为"苏州科学家日"，这在全国开了先河，颁发首届"苏州科学家勋章"和为第六届"苏州杰出人才奖"获得者颁奖，郑重发布苏州人才新政4.0版、苏州"人才创新合作专享图"和总额超81亿元的科技攻关"干将铸剑榜"。人才市场完备优良、人才服务系统便捷高效、人才红利充分释放，成为苏州人才强市的标配。苏州市委书记"首席招才官"，向全球英才发出邀约，苏州愿以一座城的名义给各路英才献上最"高"的礼遇，以一座城的家底给各路英才开辟最"广"的天地，以一座城的未来给各路英才点燃最"亮"的人生。

现代经济是企业家经济。现代城市精神必定包括企业家精神。苏州作为创业人才冠绝全国的名城，数十万企业家在创新创业创优中展现出"敢为天下先"、"敢争第一"、"勇创唯一"、敢闯敢试、追求卓

▶ 新时代苏州精神

越、不断进取的苏州精神。高擎张家港精神大旗的英雄，不仅有像秦振华那样的基层领导干部，更有许许多多像沙钢董事长沈文荣、永钢创始人吴栋材那样的优秀企业家，他们在企业发展的关键时期，都能用超群的智慧和过人的胆识拍板决策，以大胆试、大胆闯的探索精神，创造了今天的辉煌。新时代昆山之路的成功掘进不仅有政府的超前决策，更有一大批来自海内外企业的迅速跟进。其中包括如三一重机、昆山联滔电子、苏州春秋电子科技、江苏中信博新能源科技股份有限公司等一大批民营企业。园区经验中"招商、安商、便商、富商"的一流政府服务造就的一流营商环境所给予的主体，正是那些不畏艰险、大胆开拓、创新发展的企业家群体。如今，园区自贸区所体现三大特色——中新合作、开放创新、产业转型，打造的创新示范标杆都集中在四大创新高地：大数据与人工智能、先进制造、生物医药和纳米科技等，都云集大批来自世界各地的创新创业创优的企业家集群，他们以超高的智慧、敢拼敢闯的精神，谱写了园区的新时代辉煌。每年7月10日举行的招商引资活动，已成为苏州招才引智的"金字招牌"，已累计有5773个项目落户苏州，引进、培养国家级重大人才占全市总量一半以上，入选独角兽培育企业占到全市近四成，成为苏州集聚高端人才、创新团队的主渠道、主阵地。在苏州无数明星企业背后，都有一部可歌可泣的企业家奋斗史、创新史、开拓史。汇集起来，就构成强劲的先进发展文化，亮丽的新时代苏州精神。

新时代苏州人再燃激情、再创辉煌，在自己神奇的土地上踏出一条迈向"新天堂"的新时代苏州之路，在创造着新时代的苏州精神。当弘扬新时代苏州精神的一代新人，向着新时代新目标迈进之时，我们才能真正打开苏州这一本书，发现一个新的精神天地。

（本章撰稿人：任平）

# 第一章　新时代苏州精神产生的时空坐标

　　历史是这样创造的：最终的结果总是从许多单个的意志的相互冲突中产生出来的，而其中每一个意志，又是由于许多特殊的生活条件，才成为它所成为的那样。这样就有无数互相交错的力量，有无数个力的平行四边形，而由此就产生出一个总的结果，即历史事变，这个结果又可以看作一个作为整体的、不自觉地和不自主地起着作用的力量的产物。①

——恩格斯

　　中国特色社会主义文化，源自于中华民族五千多年文明历史所孕育的中华优秀传统文化，熔铸于党领导人民在革命、建设、改革中创造的革命文化和社会主义先进文化，植根于中国特色社会主义伟大实践。②

——习近平

## 一　新时代苏州精神的文化基因

吴文化的起源与发展—吴文化特质与新时代苏州精神

　　任何一种精神的诞生都有其特定文化根基和时代背景。新时代苏

---

① 《马克思恩格斯选集》第4卷，人民出版社2012年版，第605页。
② 习近平：《决胜全面建成小康社会　夺取新时代中国特色社会主义伟大胜利——在中国共产党第十九次全国代表大会上的报告》，人民出版社2017年版，第41页。

> 新时代苏州精神

州精神，是在具有2500多年深厚历史积淀的吴地文化中长期孕育，在革命战争和建设年代形成了先进红色文化以及改革开放40多年伟大实践中得以锻造，并在即将开启的社会主义现代化新征程的使命召唤中不断加以完善的区域性文化精神和价值取向。

美国城市建筑学家刘易斯·芒福德（Lewis Mumford）认为，城市是文化的容器。缘于地理环境、历史传统、产业结构、人口变迁等方面的差异，不同城市各具特色，但城市之间最大的不同在于兼具内化和外显特性的城市文化，特别是一种作为城市文化灵魂的城市精神。基于底蕴深厚的优秀传统文化基础上培育而成的城市精神是推动城市可持续发展的内在动力。作为一种典型的文化创建机制，新时代苏州精神充分体现了吴文化中积极因素的根基作用，有效地实现了传统文化的创造性转化。

新时代苏州精神是在内外文化因素的相互作用中形成和发展的活的有机体。作为当代苏州人的思想、心理、价值、意识形态的凝聚和升华，新时代苏州精神有其内在的根据，与本土的历史文化的传统发生着内在的紧密的关联。

怎样理解新时代苏州精神与历史的苏州文化的关系？无疑，我们反对割断历史。新时代苏州精神是历史的苏州文化传统的时代继续。新时代苏州精神与传统吴地文化具有一脉相承的历史传承关系。如果将新时代苏州精神比作参天大树，那么，它的文化之根深深扎入2500多年的吴地文化肥沃土壤中，受其养育滋润，汲取其精华，因而具有浓郁的地域文化基因与特色，使之成为在中国、在世界文化百花园中的一枝独秀的奇葩。但是，作为历史传统的地域文化仅仅为新时代苏州精神提供了思想资源和观念前提，改革开放以来，尤其是新时代苏州的发展实践才是造就新时代苏州精神的根本原因。新时代苏州精神不完全等同于传统的地域文化，它是在新时代的实践基础上创新发展了原有精神，使之脱胎换骨、返本开新，成为新时代的精神形态。就是说，基于文化传统和现代视域的历史融合，新时代苏州精神既承接优秀文化传统，更创新发展了现代精神。

马克思说得好，任何思想都是时代的思想。一种精神、观念、文化都反映和表现着那一个真实的时代。新时代苏州精神起步于改革开放，与苏州的发展实践同行，在新时代的高质量发展实践进程中成熟与完善。因此，新时代苏州精神是当代强吴文化，是新时代苏州人民奋力创造的吴地先进发展文化，是其新的形态和新的阶段。

## 1. 吴文化的起源与发展

如果说，新时代苏州精神所具有的内在文化自信的源泉首先在于她是2500多年历史的吴文化的当代发展，那么，站在新时代苏州精神的制高点上回望千年吴文化史，追溯从千年吴文化一脉流淌着的强大精神基因犹如大江东去穿越时光指向当代，不由得使我们在充满文化自信中豪情满怀。苏州山水环绕、湖江相依，2500多年来的物阜民丰、人杰地灵滋养出流长悠远的吴文化，孕育着这座城市的灵动气韵。

吴文化就是吴地的区域文化，它泛指吴地区域人群自古以来在这一区域创造出的与自然相适应的生产、生活方式及其物质的、制度的和精神的成果总和。吴文化地区，即通常所称的"吴地"，是中国区域文化研究中一个具有独特历史文化内涵的区域概念，其空间范围有广义和狭义之分。广义的吴地，是指以春秋时期吴国稳定的疆域为基础，大体包括今长江三角洲以南、钱塘江以北的大部及皖南部分地区和江苏长江北岸到淮河流域；狭义的吴地，是指以太湖为中心，大体包括今江苏的苏州、无锡、常州3市，浙江的嘉兴、湖州市的全部，一共5个地级市以及镇江、杭州的个别县区。我们今天所称的"吴地"，一般意指狭义。而与吴文化相关的"吴国文化""吴语文化""吴人文化"等，都是以吴地为依托、成为吴地文化某一方面的表征。

长江和黄河流域是我国最早的两个经济中心，也是我国最早的两个文化中心。[①] 先吴文化是吴文化的滥觞时期，太湖地区有出土文物可考的文明可追溯到远古时代，即距今1万年以前的旧石器时代晚期，出土于苏州西南50公里处的三山岛5000余件石制品即可佐证，它是迄今发现于吴地核心地区最早的人类文化遗址。太湖地区新石器文化发

---

① 参见裘士京《试论长江流域在我国古代文化发展中的地位》，《安徽师范大学学报》（哲学社会科学版）1982年第2期。

展序列比较清楚，依次为：马家浜文化（约距今7000—6000年）、崧泽文化（约距今6000—5000年）、良渚文化（约距今5000—4000年）。苏州地区发现的草鞋山遗址、张陵山遗址、龙南遗址等，均是典型的新石器时代文化遗存。新石器时代，吴地文化曾达到历史上的第一个文化发展台阶，成为长江流域文化的重要代表。太湖流域的马家浜文化、良渚文化、崧泽文化与黄河流域的文化几乎同时产生，是两个并驾齐驱、平行发展的文化系统，太湖流域文化与黄河流域文化的关系是"并列关系"。

　　太湖流域的江南土著先吴文化是吴文化的重要源头，其诞生的地理环境的主要特征是地处太湖水乡。地理环境是人类生产、生活的基本依托，对地域文化特质的形成、发展产生深刻的影响。与其他地区相比，吴地最突出的特点就是"以水为本"，区域内江、河、湖、塘、荡、水库等河湖纵横交错，密如蛛网。水乡泽国既是吴地人民赖以生存、发展的土壤，也是其存在方式。江南土著先吴文化诞生的经济条件是太湖水乡的渔猎经济。文字和实物考古发现证明，这里的先民最有特色的生产活动一是"渔猎"，二是"稻作"。因这里水域广阔而山林少，所以渔猎经济中，渔业更重要。从太湖流域地区先民崇拜的偶像看，"天妃""大禹"等"水神"在吴地信奉面较广，也可以证明先吴文化的起源和渔业经济活动的关系。《说文解字》："吴，大言也。"大言，即大声说话。20世纪30年代卫聚贤在《吴越释名》一文中指出："就字形言，吴字即鱼字。""就字音言，吴字即鱼字。""就字义言，吴字即鱼字。"周国荣《吴姓源小考》认为："保存在今天的苏州一带的方言中，它读ng音＝鱼音＝吴音。苏州有诸多说法。其中的一种主要说法如（含吴江、昆山、太仓、吴县、无锡甚至松江、上海、南通等地）呼鱼不作yu音而作ng音，呼吴不作wu音而作ng音，比方吴县叫ng县，吴江县ng gang县。"无论是"大言"抑或是"鱼"，都反映了吴地早期土著居民以捕鱼作为对自然的依赖，从而使得这一同自然相适应的生存方式在文化上有了具体的反映。作为"鱼"的释文，又显现着先吴文化与水密切相关的水文化特征。隋开皇九年（589），吴地始称为苏州，而就苏州的"苏"字来说，其繁体写作"蘇"，字形从草、从鱼、从禾，表明了它与"吴"字在文化上的联系。

## 第一章　新时代苏州精神产生的时空坐标

商末周人南下，在吴地建立了吴国，中原文化与吴地土著文化融合，使吴地进入了国家文明时期。距今约3100年的公元前11世纪，泰伯、仲雍从黄河流域的陕西岐山南奔无锡梅里和苏州常熟，在长江下游的太湖流域建立了这一地区最早的国家实体——"勾吴"国。"勾吴"国的政治疆域奠定了吴地的区域空间范围，并在吴文化发展史上有着重要的意义，它凝固住了吴地的文化符号——"吴"字，并使吴文化有了一个可以附丽的地理平台以及以之形成了一个文化的核心地区，确立了以太湖为吴地中心的历史地位。600余年吴国的发展，奠定了吴地文化发展的基石，开启了江南文明。在其后的历朝历代，"吴"的称谓或为县名，或为郡名，或为州名，如吴县、吴郡、吴国、吴州等；"吴"字同时也成为苏州的别名、代称，如吴门、吴阊、吴下、吴中、吴会、东吴、中吴等。这一称谓在后世文学作品中都有反映，如晋代陆机的《吴趋曲》、左思《三都赋》中的《吴都赋》等。春秋后期，吴国打败强楚，开凿邗沟等运河，北上争霸，盛极一时。

吴国被越国灭亡之后，吴地先属越后入楚，吴地文化一度衰落。秦统一后，吴地成为中央王朝的直辖郡县。秦、汉、两晋，苏州或建县或设郡或为州，始终以"吴"为名。晋永嘉之乱后，由于江南社会相对安定，而北方战乱不断，不少士族大户不断南迁，北方人民大举南迁，政治中心转移到吴地，吴地得到初步开发。隋唐十国宋元时期，吴地得到全面开发。隋代修成的京杭大运河通航后，南北经济文化交流更加密切，吴地经济日趋繁荣，成为全国的财税重地。唐代，苏州的经济地位不断提高。安史之乱、靖康之难两次北方衰落，人民南迁，给吴地带来新的发展契机，中国经济文化重心完成了由北方向东南，主要是向太湖流域的转移。据史书记载，唐代"江南诸州，苏为最大"，有"衣食半天下"之誉，被时人称为"上有天堂，下有苏杭""苏湖熟，天下足"。唐代三位著名诗人韦应物、白居易和刘禹锡先后任苏州刺史，他们留下了描绘和歌颂苏州的众多诗篇，扩大了苏州的影响。宋代范仲淹曾在苏州任知州，他举办义学，开苏州办学兴教的风气之先，自此苏州文风大昌、人才辈出。同时，他所提倡的"先天下之忧而忧，后天下之乐而乐"的思想构成了吴地文化的基调，影响至深且远。南宋大诗人范成大，长期隐居苏州石湖，创作了大量反映

> 新时代苏州精神

江南农村耕织生活图景的田园诗,他与陆游、杨万里、尤袤并称为"南宋中兴四大家"。元代,苏州在意大利旅行家马可·波罗的笔下被誉为"东方威尼斯"。

秦汉至元,在这跨越千年的历史长河中,苏州虽屡遭战火劫乱,但缘于其得天独厚的自然环境和丰厚的文化积累,苏州文脉始终生生不息,并最终在明清时期走向成熟和辉煌。

明清是吴地经济文化发展的鼎盛时期。以苏州为中心的江南地区已经成为全国的经济中心,中国最早的资本主义萌芽在苏州出现,苏州城跻身于当时世界十大城市之列,其经济繁荣的程度可以《盛世滋生图》(又称《姑苏繁华图》)为证,就连《红楼梦》的作者曹雪芹也将当时的苏州阊门一带形容为人间第一繁华之地。人流、物流的增加,大运河和长江、太湖水运交通的便利,甚至连明朝前期郑和下西洋的起锚地也选在苏州太仓的浏河港(刘家港)。据明人钱谷《吴都文粹续集》卷二十八所收《通番事迹碑》记载:"和等自永乐初,奉使诸番,今经七次,每统领官兵数万人,海船百余艘,自太仓开洋,由占城国、暹罗国、爪哇国、柯枝国、古里国抵于西域忽鲁谟斯等三千余国,涉沧溟十万余里"。对外交往和商贸的兴盛,开阔了人们的眼界和思路,生活风尚也随之发生了巨大的变化,反映吴地人民和市民生活百态的文学艺术人才辈出,文化发达昌盛,终于迎来了中国文化史上辉煌灿烂的苏州时代[①]。

近代以后,吴地文化进入转型时期,苏州也在中外文化冲突中适时应变,顺应时代发展,成为近代中国民族工商业的主要发祥地之一。

### 2. 吴文化与新时代苏州精神

在改革开放进程中,苏州形成了以"张家港精神""昆山之路""园区经验"为内容的"三大法宝";2006年11月,中共苏州市委根据各方意见,确立"崇文、融合、创新、致远"8个字的苏州城市精

---

① 朱永新:《吴文化的传承、发展与苏州现代化建设》,《苏州市职业大学学报》2003年第2期。

神。2013年5月6日，在广泛征集和论证基础上，苏州市委常委会研究确定了"崇文睿智，开放包容，争先创优，和谐致远"16个字的"苏州精神"。新实践呼唤新精神，新精神助推新发展。进入新时代，苏州需要从吴文化的千年文脉中汲取营养，锻造出富有时代气息的"升级版"的苏州精神。新时代苏州精神，就是千年吴文化在当代演化发展的结果形态。

立足新时代，回溯过往历史，我们可以看出以苏州为中心的吴文化具有以下鲜明特质。

一是开放包容。从历史发展的角度来看，吴文化本身就是本土文化（江南土著先吴文化）与外来区域文化（中原周文化）融合的产物，属于典型的融汇型文化，在随后的漫长发展岁月中，其博采众长的开放性、包容性特点逐渐显现并形成传统和特色。商周时期的"勾吴"国，经历了三次较大规模的与外来区域文化的融合。其一是前文所述的商朝末年泰伯、仲雍的南下，他们将黄河流域的周族文化与江南地区的土著文化进行了最初的融合，吴文化博采众长的包容性、开放性特点初步显现。其二是十九世吴王寿梦时期。寿梦及其子季札的出访、考察，广泛地接触了中原文化。其后，逃晋的楚臣申公巫臣南下帮助吴国，中原军事技、战术的渗入，最终引起吴文化与外来区域文化的第二次交融。这一次中原文化与吴文化间的交融，从根本上改变了当时晋、楚对抗的政治格局，吴国作为独立的政治、军事力量登上了春秋政治舞台，并由此开始崛起，为其后吴王阖闾、夫差时代吴国的强盛和争霸中原奠定了基础，同时也为吴文化在春秋后期大放异彩奠定了基础。其三是二十四世吴王阖闾时期。楚人伍子胥、伯嚭和齐人孙武的到来，一定程度上将楚文化和齐文化带到了吴国，从而诞生了阖闾城（即今苏州城），并把吴王阖闾送上了春秋霸主的地位。晋代，由于江南社会相对安定，而北方战乱不断，不少士族大户不断南迁，从而带来了北方先进的中原文化，这是吴文化历史上又一次南北文化的大融合。隋唐五代至两宋也是吴地文化融合发展的重要期，形成了苏州历史上南北文化的新融合。通过对苏州文化发展历程的梳理，我们可以发现苏州文化历久弥新，在汲取中前行，在融合中创新，具有旺盛的生命力。

二是崇文重教。吴文化曾经历从尚武到崇文的演变历程，尤其自北宋范仲淹创建苏州府学，苏州崇文重教的风尚大为流行。从统治者"化民成俗，莫先于兴学育才"的治理之道，到"科甲仕宦，显亲扬名，皆从读书中来"的社会风尚，人们普遍抱有"天下第一等好事，还是诵诗读书"的生活哲学，以至于明代苏州人莫旦夸张地说苏州地方"家家礼乐，人人诗书"。苏州地方志办公室原主任叶正亭总结"苏州文化"是"声化成昆曲评弹，硬化成园林建筑，艺化成苏作苏工，软化成四季风俗"。这四个"石榴包"中含有大量的苏州文化元素，如金砖、苏作红木、苏绣、苏裱等，品种繁多，技艺精湛，品质高雅，展现着苏州文化的独特魅力，并在新时代焕发出新的活力。苏州是诗、文、书、画的重镇，诗人、文学家、书法家和画家聚集的程度，是全国任何一个地方都难以比拟的。崇尚文教的风气，培养了苏州人凡事认真对待，一丝不苟，精益求精，并与当下倡导的"工匠精神"高度契合。

与此相应，苏州成为人才会聚、人才辈出之地。有人说，2500多年的苏州史就是一部人才史。伍子胥、孙武、白居易、章太炎、叶圣陶、贝聿铭……一代又一代名人才士成就了苏州"郡甲天下之郡、学甲天下之学、人才甲天下之人才"的美名。最为人们津津乐道的就是"姑苏文盛出状元"。明代全国状元共录取90名，苏州共出状元8名。清代全国共出状元114名，而苏州产生了26名，所出状元数占清代全国状元总数的1/5，状元人数超过了江苏以外的其他任何省份。苏州的书院之多也令人惊叹，在清代达到了100多所。直至现代，苏州的院士人数之多，在全国也是首屈一指。

三是天下情怀。所谓天下情怀，是指以国事为重，具有天下意识和责任担当。吴文化的这种基因可以追溯到吴国时期。吴国创立者太伯主动放弃周部族的继承人位置，从而成就了长达800年的周朝天下，其"让天下"的行为成为千古佳话。这种天下意识，在吴文化的后续发展过程中不断得到加强。从北宋名臣范仲淹的"先天下之忧而忧，后天下之乐而乐"，明末清初著名思想家顾炎武的"天下兴亡，匹夫有责"，到"张家港精神""昆山之路""园区经验"这"三大法宝"，再到今天"再创一个激情燃烧、干事创业的火红年代"，可以说是一脉相承、生生不息。吴文化的这一特征，汇聚成中华文化的优秀内核，成为爱国主义和社会主义核心价值观教育的重要资源。

此外，吴文化还具有明显的和谐特色。和谐来源于水文化之温柔、稻米文化之黏性、治水用水的共同体价值的向心力和包容力。在长期的历史发展过程中，苏州社会相对较为安定，有"人间天堂"之美誉。苏州人性格温和、文明素质较高，"吴侬软语"成为其文化符号。正是缘于不排外、不狭隘、不极端的和谐特征，吴文化才能兼收并蓄、吐故纳新、与时俱进，始终保持创新的活力。

吴文化的发展历史，积淀和凝练了开放包容、崇文重教、天下情怀以及和谐等诸多特点，进而形成了具有苏州独特个性的文化色彩和城市气质。因此，涵养培育新时代苏州精神，需要坚持汲取吴文化的精神滋养，坚守吴文化底色并创新性传承，将吴文化的优秀传统与革命战争和建设年代形成的先进红色文化充分融合，形成鲜明的苏州文化特色和苏州精神气质，使其真正成为城市发展的精神动力，让苏州这座古城永葆充沛的张力和旺盛的生命力，在与时俱进中不断创新发展。

## 二 新时代苏州精神的实践沃土

先进发展文化是先进发展实践的精神表达——地域率先发展实践推动"三大法宝"的出场语境

任何理论都是问答逻辑。生活提出问题，理论解答问题，理论是生活的解答录。改革开放以来，苏州应对挑战、抢抓机遇，积累了丰富的发展经验。同时，在发展中存在的问题，需要在进一步发展中加以解答。

### 1. 先进的发展文化是先进发展实践的精神表达

如何理解作为时代实践探索过程中的苏州发展实践与新时代苏州

> 新时代苏州精神

精神的关系？概括地说，作为一种先进的发展文化，苏州精神来源于实践，又高于实践，引领实践前行。从生活实践出发去解释观念和精神的东西是马克思主义的第一观点。理解新时代苏州精神也不例外。苏州改革开放的伟大实践是新时代苏州精神发生的现实源泉，是推动新时代苏州精神变化发展的强大动力，是锻造新时代苏州精神的历史尺度，是新时代苏州精神发挥作用的根本目的。实践从哪里开始，精神就从哪里发端。新时代苏州精神创新发展的过程，不过是苏州改革开放实践过程的精神表征。但是，新时代苏州精神绝不是苏州发展的实践经验的直接呈现，而是其集中体现，因而境界更高，层次更高，精神内容就更加完善。从苏州发展实践到新时代苏州精神，其间存在一种上升的、抽象的、转换的环节。新时代苏州精神是作为价值体系的苏州发展实践的经验总结，它集中展示着苏州人民的价值追求和宏伟愿景，凝聚着苏州人民对发展共同体目标的认同与共识，对未来幸福的理解，也就是对中国特色社会主义的深刻领悟；新时代苏州精神是苏州发展实践的观念先导和价值引领。苏州人既是自身物质和精神成果的创造者，又是这些成果的享有者，他们的每一个创造，在不断改变客观对象世界的同时也相应地改变了他们的自身主体和主观世界。

改革开放40多年来，苏州人民每一次创新发展的过程，都需要思想的解放、观念的创新、精神的升华，因而也必然伴随着对传统观念的大破除、精神的大解放和大发展。苏州改革开放的实践过程同时就是思想解放、精神发展的过程。新时代苏州精神就是在这一步步探索前无古人的伟大实践中产生并发展起来的。因此，新时代苏州精神是苏州人创新发展的强大动力和精神源泉，是一种不断超越、追求崇高的精神境界。任何外地人到苏州，感受强烈的一点必定是苏州人的务实。的确，苏州人是脚踏实地、一心一意谋发展的。但是，苏州人在大胆探索、负重奋进敢于争先的过程中并不是盲目的，而是自觉的；不是随俗的，而是崇高的；不是满足于创新成果的，而是永远向前、不断超越的。苏州人有一颗永不满足、永不安宁的心。换言之，苏州人的价值自我对现实自我具有永恒的超越性，这既表现在过程性上的不断突破和创新，从而展现为创新的精神现象学的历史进程；更表现在精神层面上的更高追求，表现为精神层次上的不断升华。为此，苏州人在不断探索和创新中不留恋过时的东西，没有最好，只有更好，为了心中的价值和理想，一次又一次以"凤凰涅槃"的方式获得新生。苏州人民在脚踏实地地探索和创新发展中从没有放弃理想、信念和追求，相反，支撑他们始终顽强拼搏、敢于争先、追求卓越的强大精神动力，恰好来自对发展愿景的美好追求和坚强信念。苏州实践的成功经验越来越强化和升华苏州精神，苏州精神也源源不断地提供精神动力与智力支持。苏州实践与苏州精神双向建构、相互对应。我们可以这样说：苏州实践是我们打开苏州精神奥秘大门的现实钥匙，苏州精神的一切秘密都对象化、现实地书写在苏州实践的过程之中；苏州实践就是苏州精神在现实中的辉煌展现。反过来，苏州精神是打开苏州实践奥秘大门的精神钥匙，是指引苏州实践的价值引导，是推动苏州创新发展的精神动力，是苏州实践的精神表征和观念概括。苏州所取得的每一个辉煌成就、获得的每一个创新发展的背后无不蕴含着苏州精神的强力推动和价值观的引领。

## 2. 地域率先发展实践推动"三大法宝"的出场

苏州精神是苏州人民奋斗的精神、实践的精神、敢闯敢干创业发展的精神，因而苏州精神的出场都有自己时代的土壤和基础。回溯苏州精神出场的语境，就是伟大的改革开放实践历程，大体经历了三大阶段，因而进而相继形成了"三大法宝"："张家港精神""昆山之路""园区经验"，每一个阶段的发展实践催生出烙印着特定时代印痕的精神风貌。这些精神特征既生动形象，又鲜明准确，它们是苏州人民自觉性和主动性的伟大创举。苏州的"三大法宝"，是苏州人民的共同精神财富，它们生动体现了改革开放以来苏州实践历程与苏州精神的时代特征与形态变迁。下面，让我们沿着40多年来苏州的实践轨迹和历史拐点，探寻以"三大法宝"为主要标志的苏州精神的形态变迁。

第一阶段始于改革开放并延及20世纪90年代初期，是着眼于探索农村经济发展之路的苏南模式阶段。这一阶段区域经济发展的动力源在农村，总体上表现为农村工业化和农村城镇化。20世纪80年代，苏州乡镇工业异军突起，到1985年，其产值已占全市工业总产值的"半

### 新时代苏州精神

壁江山";到80年代末90年代初,已是"三分天下有其二"了。乡镇工业的迅速发展使小城镇迅速崛起,人口增加,规模扩大,功能提升,带动了区域内农村现代化进程。正是在这一创造苏南模式的进程中,先后产生了张家港杨舍镇的"振华精神"和"张家港精神",它们率先展示了苏州人顽强拼搏、不断创新、敢于争先的精神风貌。

伴随着整个20世纪80年代乡镇企业的悄然崛起,靠着艰苦创业、顽强拼搏和敢于争先的精神,张家港从一个长江之畔的偏远而贫瘠的县城一跃而成为工厂星罗棋布、多个产业集聚的现代城市。20世纪90年代初,中国以更加开放的形象出现在国际舞台,国际资本普遍看好中国这个巨大的潜在市场和发展空间。张家港人敏感地发现中国新一轮高速发展的巨潮已被掀动,立即积极利用自己身处长三角沿江、沿海两大经济带交汇处的区位优势,主动承接上海、南京、苏州、无锡等大中城市的经济辐射,奋力建设深水良港、保税区、保税物流园与现代城市,催生了"张家港速度",形成了"张家港效应",也进一步升华与完善了"团结拼搏、负重奋进、自加压力、敢于争先"的张家港精神。从字面上看,张家港精神十六个字,朴实无华,但其秘诀就在于急起直追的"拼"和有胆有识的"争",张家港精神的可贵之处在于"负重",闪光点在于"争先"。

1991年底,56岁的秦振华被破格提拔为张家港市委书记。当时,张家港市的经济总量是苏州6个县市中的"小六子",排名垫底。在分析、比较了张家港的短板和劣势后,在全市6000人干部大会上,秦振华响亮地提出了"三超一争"(工业超常熟、外贸超吴江、城建超昆山,样样工作争第一)的目标。秦振华先是统一全市干部的思想认识——"无功即为过,发展硬道理","大发展小困难,小发展大困难,不发展难上难",接着,整肃全市干部的工作作风——"一个声音喊到底,一门心思干事业""以实绩论英雄""不让做事的人受气,不让不做事的人神气"。

正是凭着这股只争朝夕、急起直追的"拼"劲,"拼"出了一条发展之路,张家港面貌大变。深水港通航了,保税区建成了,大项目进来了,大马路通车了,企业红火了,城市干净了,民生改善了……不到三年时间,张家港一举夺得苏州市工业、外贸、精神文明三个金杯,列全国百强县第二位，全省第一位，实现了"三超一争"的目标和从"苏南边角料"到明星城市的华丽转身。缘于张家港精神拓展出的"横向竞争机制"，苏州从此不再平静，《人民日报》盛赞苏州"跃起了六只虎"。

困难再多不言难，压力再重不低头，挑战再多不服输。敢为天下先，信奉"争"字诀的张家港人，一旦看准时机，就大胆干、大胆闯，一直奔跑在"争"的路上。通过争，争来了人才；通过争，争来了县级市首家沿江万吨级码头的开发权；通过争，争来了美国陶氏、雪佛龙、杜邦、道康宁等多个世界五百强企业的大项目落户张家港；通过争，争来了全国第一条"城市步行街"、全国环境保护模范城市、全国文明城市等28个全国第一。审视张家港这片土地书写的答卷，被誉为"伟大理论的成功实践"，也被赞作"一部精神成长史"，折射的是一部筚路蓝缕的奋斗史，印证了"幸福是奋斗出来的"这句颠扑不破的真理。

第二阶段自1992年邓小平"南方谈话"开始并延及21世纪初年，以开发区为载体，形成了以大规模引进外资为特征的"外向型经济"发展阶段。这一阶段，苏州区域经济发展的动力源由农村转向城市，相应地，区域经济发展模式由农村推动型转向城市开发区辐射型，总体上表现为城市工业化和城市现代化。20世纪90年代初期开始的以大规模引进外资为特征的城市工业化时期，各类生产要素以及海外的新技术新产品向中心城市集聚，乡镇企业改制大规模展开。在苏州工业化进程中，城市辐射发展的特征越来越明显。开放型经济的快速发展，使得苏州进入了以中心城市扩容增量为重要标志的城市现代化阶段。苏州各类开发区的快速发展使苏州突破了原有的空间桎梏，由"一体两翼"到"五区组团"再到网状区域化发展，辐射带动能力大大增强，区域内交通、通信等基础设施进一步改善。城镇体系布局开始大幅度调整完善，并且在更高层面上推进了工业化进程。如果说，苏州在乡镇工业发展时期的农村城镇化建设在认识和实践上还呈现自发的特点，那么，自大规模国际资本进入苏州开始，苏州的城市现代化建设则明显呈现出理性发展的特征。国际资本进入的同时，更带来了全新的先进技术、管理方法等现代工业、城市文明内涵和表现方式。苏州工业

### 新时代苏州精神

化、国际化的快速推进，使得苏州在以中心城市为龙头的城市化框架下充满了竞争活力，各种资本加速集聚，区域人群在生产实践中的市场属性日益凸显，实现了社会财富的持续增长。正是在大开放、大引进、大发展阶段，形成了昆山之路和园区经验。

改革开放之初，昆山在当时苏州下辖的6个县中排名末位，但昆山人抱定"敢吃螃蟹"的勇气奋起直追，以"自费开发"的模式开辟工业小区，在乡镇工业的"老路"之外，闯出了一条"外向带动"的"新路"，迅速完成了"农转工"的历史性跨越。此后，昆山引进外资、聚焦合资，切换动能、闯关夺隘，闯出了一条"昆山之路"。"昆山之路"的核心在于"创新"，在于敢想敢干！

昆山之路是一条路，也是一本书。今日昆山，处在中国百强县之首，被誉为"中国首富县"。昆山开发区，开了苏州开发区经济的先河。如今，苏州各级各类开发区已经成为资本聚集的黄金宝地，城市发展的动力引擎。解放思想就是不断突破，不断突破带动不断创新。敢做前人没有做过的事，敢走前人没有走过的路，昆山人意识超前，心眼灵活，出手迅疾。他们曾这样总结自己闯出的昆山之路——不等不靠，埋头苦干，抢抓机遇，开拓创新。今天，昆山人又将昆山之路升华为"敢于争第一、勇于创唯一"的昆山精神特质。昆山之路，开出了发展的活力，辟出了一条发展的路径。不要小看"世界工厂"，从杏花春雨的江南小城，到世界制造业的重要基地，苏州以创新的精神掘取了国际资本转移的第一桶金。开发区建设也好，引进外资的各种软件也好，都是苏州人创造出来的。尽管一开始，不少企业还处在劳动密集的阶段，但苏州率先握住了国际产业链的巨擘。不要小看"世界工厂"，更不能小觑一系列的研发基地。虽然在起步阶段引进的还不是顶级的技术成果，但这是把握产业高端的重要手段。苏州人创造出的诸如创业园、科技园等，不仅跟随产业链引进了先进的技术，更重要的是筑巢引凤，引来了一批高端科技人才。苏州把最宝贵的土地，创造性地预留给了当时看起来收益最小的科技园，而这恰恰是苏州潜在竞争力的明显特征。

园区经验也是苏州大开放、大引进带来大发展的产物。1992年的春天，改革开放总设计师邓小平视察南方时多次提到了新加坡，谈到了学习与借鉴。1994年5月，中国—新加坡合作苏州工业园区启动建设，在苏州城东的低洼水田，随着打桩机的一声巨响，一项史无前例的宏伟创举就此开启，它承载了人间天堂新的城市梦想，在这场伟大的历史变革中勇立潮头，焕发引领发展的时代光芒。今日苏州工业园区已经成为中国最具名声、最具发展活力的开发区之一。短短20多年，苏州工业园区与苏州古典园林一道，成为苏州的城市名片，同时也成为苏州融汇古今的鲜活明证。

苏州工业园区的发展，有太多经验可讲，但有一点应该强调，系统学习借鉴新加坡"亲商"理念，是中新两国政府合作开发园区的成功之笔。苏州工业园区在开发之初，提出了一个令有些人感到有点刺耳的"亲商"理念，要求园区的管理者"尊商、引商、留商、便商、安商、富商"。这与我们传统的政府管理思路有很大不同，然而一经实施，却行之有效。今天回想，园区与国际经济的高度接轨，除了"九通一平"的硬环境，那些写在纸上、体现在行为中的管理软件和实施细则，功实大矣。就是这些"条条框框"，规范了园区开发运作的规程和框架，使园区在开发之初就站在了高起点上。今天，园区人经过长期的磨合与实践，将"亲商"理念概括为"改革创新、开放包容、敢为人先、追求卓越"的园区精神品质。

苏州工业园区的开发建设是一项开创性的改革试验，它以"一张蓝图绘到底"的精神，实现着一座城市的非凡梦想。从借鉴新加坡经验，到"不特有特、比特更特"的试验田；从规划引领、多规融合、产城一体、低碳绿色，到生产生活生态融合发展。在这里，东西向中央轴线、"以水为魂"的空间特色，商业居中，两侧依次是居住区和产业区，高端制造与国际贸易区、独墅湖科教创新区、阳澄湖半岛旅游度假区、金鸡湖商务区四大功能板块共生共融，脉络清晰，生动有序，诠释着以"人的尺度"为标准的城市理想，成为中国产城融合的典范之作；在这里，把"争第一、创唯一"写在发展的旗帜上，管理充分授权，大部制改革，开放创新综合试验，与先行先试的精神一脉相承。

苏州工业园区的开发建设是一次国际化的创新探索。园区用开放的胸怀拥抱世界，深化国际科技合作，创新生态活力迸发，人才、技术、资本、信息等创新要素双向自由流动。在这里，海内外名校、科研院所、跨国公司研发中心交相辉映，中外顶尖人才各展所长，本土创新、离岸创新融合互动，生物医药、纳米技术应用、人工智能三大未来主导产业爆发性成长，电子信息、装备制造两大主导产业高端化升级，催生质量变革、动力转换的跨越式突破，加速向创新园区迈进。

苏州工业园区的开发建设是一场高质量发展的伟大实践。园区自觉践行新发展理念，创造了辉煌的成就，累计为国家创造超过1万亿美元的进出口总值、完成近9000亿元的全社会固定资产投资、上交8000多亿元的税收收入，经济密度、创新浓度、开放程度跃居全国前列，在国家级经开区综合考评中连续保持第一，跻身建设世界一流高科技园区行列，逐梦高质量发展成为现实。在这里，秉承以人为本，成熟的综合配套、均衡的城市功能、一流的公共服务、宜居的生活环境、包容的多元文化、开放的人文交流，现代城市和品质生活的独特魅力绚丽绽放。"城市大脑""智慧园区"深度建设，邻里中心、社区工作站、民众联络所、社情民意日，提供了快捷便利的社区服务，构筑了多元共治社会治理格局，居民的幸福感、获得感、安全感不断增强，成为中国特色社会主义探索实践的生动案例。

第三阶段是2012年党的十八大以来，围绕全面建成高水平小康社会和积极开启中国特色社会主义现代化新征程的目标，苏州发展进入了以城乡共同体这一完整"区域"为载体的全面高质量发展的新阶段。进入21世纪后，苏州迈向以IT产业的集聚和发展为标志的新型工业化阶段。苏州在承接国际IT产业梯度转移的同时，积极引进研发机构，大力推进自主创新。高新技术、现代服务业等现代国际经济社会发展的新技术、新产业、新理念、新模式纷纷进入苏州的各行各业，苏州的新型工业化进程明显加快，经济国际化的特征也更加明显。与此同时，在苏州，以城市圈的形成为标志、以区域城乡一体化为目标指向的新型城市化已见端倪。随着新型工业化的推进，以及行政区划的淡化和区域共同市场的进一步完善，苏州城乡关系日益密切。在空间形态上，苏州的城镇更像城镇，农村更像农村；在社会形态上，苏州农村既保持着鱼米之乡优美的田园风光，又呈现出先进和谐的现代化文明。在城乡统筹中，通过政府、市场、社会三种机制，将城市现代文明不断向农村覆盖和延伸，从而使苏州初步呈现出城乡功能分明、特色鲜明、协调发展的新型城镇化和新型现代化的诸多特征，初步显现出一种结构的和谐以及整体的协调，体现了一种更强大的"软实力"。在充满蓬勃生机、特色优势鲜明的新阶段，即"第三波发展期""三大法宝"的内涵和精神应有时代性拓展，并日益成熟而完善。

纵观苏州改革开放以来40多年奇迹般的变化历程，奇迹产生的原因是苏州在工业化、国际化、城市化的进程中选准了发展路径。苏州能够选准符合苏州发展实际的实践路径，踏准历史前行节拍的根本原因，就是这里的干部群众在40多年的改革开放实践中，始终坚持"发展"这个硬道理，坚持不断解放思想、抢抓机遇，坚持实事求是、勇于创新，说到底就是坚持了一条以"发展"为第一要务，以共同体主义为价值灵魂，以"三大法宝"为精神动力的可持续发展的苏州之路。

## 三 新时代苏州精神的使命召唤

新时代苏州精神的使命——全力打造"美丽幸福新天堂"

### 1. 新时代苏州精神的使命

苏州是中国改革开放总设计师邓小平最早印证"小康构想"之地。1983年邓小平南下调研，从苏州看到了实现"小康"目标的光明前景，随后，他以苏州实践为例系统阐述了"小康"目标的内涵和现代化建设"三步走"的战略构想。苏州也是习近平总书记殷殷嘱托"勾画现代化目标"之地。2009年，习近平同志考察苏州时提出："像昆山这样的地方，包括苏州，现代化应该是一个可以去勾画的目标。"[1] 习近平总书记深切期望苏州"为中国特色社会主义道路创造一些经验"，这是莫大的鼓舞和激励。

在这"两个百年"的大历史交汇点上，站在"一带一路"倡议和长江经济带、长三角一体化和自贸区建设等国家战略叠加实施的"超

---

[1] 《昆山：小康样本激情"勾画"现代化》，《新华日报》2020年12月19日。

级风口"上，苏州需要改革开放再出发；新时代苏州精神也应蓄势赋能"再出发"，这是时代赋予苏州的新使命。

2020年是全面建成小康社会的收官之年，苏州如何看待自身在小康建设这一伟大进程中的作用？苏州市委领导在总结苏州对小康社会的贡献时，曾用了三句话加以概括。①

第一是创造了高速发展的小康奇迹。今天的苏州GDP总量达到20170.5亿元，比1978年的31.95亿元增长了631倍，以0.09%的国土面积，创造了全国1.99%的经济总量、2.67%的税收和超过6%的进出口总额。2020年，苏州经济总量达20170.5亿元，排名全国第六；城镇居民人均可支配收入7.0966万元，仅次于上海。今天，我们欣喜地看到，苏州这列超级列车，跑得更快了。如今，苏州每一小时，就可以创造2.1亿元的地区生产总值、4000万美元的进出口总额，新增49家市场主体，吸引1.5万名游客。一般公共预算收入总量、增量、税比全省第一，工业投资增速在省内、东部城市、"万亿俱乐部"城市中名列前茅。②

第二是探索了全方位开放的发展路径，发展成为中国改革开放的前沿阵地。2019年底，全市累计实际使用外资1320亿美元，位居全国大中城市第三。2020年面对突如其来的疫情冲击，苏州依旧被国际国内资本强烈看好。上半年苏州实际使用外资66.87亿美元，同比增长107%，总量和增幅都创下改革开放以来的历史新高。

第三是率先开启高质量发展现代化新探索。材料科学姑苏实验室已经挂牌并赢得市场热切回应，高企总数正向着万家目标大步迈进；生物医药"一号产业"发展迅猛，"工业互联网看苏州""生产性服务业标杆城市"共同驱动苏州迈向"中国工业第一市"新标杆；"苏州最舒心"服务品牌越擦越亮，获评2020"中国国际化营商环境建设标杆城市"，"沪苏同城化""四个一体化"加快实施，"姑苏八点半"精彩纷呈，"苏州科学家日"影响深远，打造"劳动者就业创业首选城市"

---

① 蓝绍敏：《苏州：历史交汇点上开放再出发》，《新华日报》2020年5月11日。

② 数据来源：苏州市统计局2021年版《苏州市情市力》。

真情满满，城市美誉度影响力持续攀升。

对标决胜高水平全面建成小康社会总体要求，紧扣"高水平"，对照"全面性"，苏州还存在哪些短板和不足？据《中国城市全面建成小康社会监测报告2019》，苏州全面小康指数紧随深圳、杭州之后位居全国第三。对照省级相关监测数据苏州仍有差距，49项具体指标中有7项未达目标值。这些问题有三个特点，一是虽处"好不好"阶段，苏州却还要同时解决"有没有"问题。城市快速扩张，民生资源存在一定缺口，这是苏州必须尽快补齐的短板。二是要实现从高速度发展标兵向高质量发展标杆的切换。三是要把领先优势变为示范价值。多探索规律性、经验性内容，为其他地区现代化实践提供示范。

肩负为全面小康建设"树样板"、为现代化建设"探路子"这一重任，今天的苏州一定要保持战略定力和坚定信念，朝着自己的目标前进，危机中育新机，变局中开新局，冲刺全面小康建设"最后一公里"，部署现代化试点"最先一公里"。

习近平总书记一再强调："战略问题是一个政党、一个国家的根本性问题。战略上判断得准确，战略上谋划得科学，战略上赢得主动，党和人民事业就大有希望。"[1]

这就要求苏州人站在国际国内两个大局，即世界处于百年未有之大变局和中华民族伟大复兴的战略全局相互联系的高度，树立战略思维和全球视野，创新性地思考和审视苏州今后怎么办？怎么干？

苏州要落实市委、市政府确立的"现代国际大都市、美丽幸福新天堂"发展愿景，实现从高速度发展标兵向高质量发展标杆华丽转身，必须胸怀"两个大局"的"大视野"，体现落实习近平总书记重要指示精神的"高站位"，贯彻好总书记"在危机中育新机、于变局中开新局"的战略思想，在准确识变、科学应变、主动求变中谋划苏州发展、体现苏州担当、彰显苏州作为。

习近平总书记始终对江苏、对苏州亲切关怀、寄予厚望。2014年总书记视察江苏时，提出了建设"强富美高"新江苏的殷切希望，省

---

[1] 习近平：《在纪念邓小平同志诞辰110周年座谈会上的讲话》，人民出版社2014年版，第19页。

委明确要求苏州要当先行军、排头兵。从 2009 年开始，习近平同志先后 4 次对苏州工作作出重要指示，特别是赋予苏州"勾画现代化目标"的光荣使命，为新时代苏州"怎么看、怎么办、怎么干"指明了方向。

高水平全面建成小康社会和率先开启现代化新征程，苏州如何布局？系统梳理总书记对苏州工作的重要指示，可以理出九大关键词，总结为 3 句话，即路径选择上坚持试点、试验、示范不动摇，目标定位上立足率先、排头、先行不懈怠，工作重点上牢牢守住生态、开放、创新不放松，并以此在更高坐标系中谋划苏州未来，凝心聚力推动"思想再解放、目标再攀高、开放再出发"，再创一个激情燃烧、干事创业的火红年代，把"现代国际大都市、美丽幸福新天堂"的发展目标早日变成现实！

## 2. 全力打造"美丽幸福新天堂"

针对这些问题，苏州具体如何解决？苏州提出了如下目标，即全力打造服务融入国家战略的"C 位城市"、新时代对外开放的"示范城市"、国际国内资本投资的"首选城市"、高端创新要素集聚的"活跃城市"、地缘优势更加突出的"头部城市"、空间集约精明增长的"紧凑城市"、抵御风险应对挑战的"韧性城市"。

全力打造服务融入国家战略的"C 位城市"。当前国家战略在苏州叠加实施，要抢抓机遇、乘势而上，当好长三角一体化发展的排头兵，建设"一带一路"交汇点核心节点城市，打造自贸区的"苏州样板"，将长江苏州段打造成"最亮丽的一段"。

全力打造新时代对外开放的"示范城市"，坚持用开放为苏州一切工作赋能，深度融入国内国际双循环相互促进的发展格局，用更多的双边合作和多边合作、更高质量更广领域更深层次的对外开放，来对冲中美经贸摩擦的影响，构建合理安全的对外开放体系。

全力打造国际国内资本投资的"首选城市"，在"十四五"时期始终把重大项目、有效投入作为工作的主旋律、生命线，制造业要始终保持足够的增量、快速的成长、合理的比重。

全力打造高端创新要素集聚的"活跃城市"，聚焦进一步提升科技创新策源功能，加快实现由制造驱动创新向创新驱动制造转变，在创新源头上更进一步、在创新主体上更进一步、在创新资源上要更进一步。

全力打造地缘优势更加突出的"头部城市"，大力推进沪苏同城化、苏州市域一体化、苏锡常一体化、苏通跨江融合一体化、飞地发展一体化，其中沪苏同城化是关键、市域一体化是核心，加快构筑新的地缘优势。

全力打造空间集约精明增长的"紧凑城市"。全面启动和深化开展"双百行动"，划定工业和生产性研发用地保障线，提升工业用地效益。

全力打造抵御风险应对挑战的"韧性城市"，强化产业韧性、强化服务韧性、强化管理韧性。在规划编制过程中要加大向上争取力度，推动要素配置更为高效，推动指标刚性约束更为科学，推动经济区与行政区分离探索改革，推动向经济发达区域赋能放权。

站在新时代新起点上谋新篇开新局，苏州拿出了具体方案，提供了现实路径，做出了先行探索，给江苏全省乃至全国呈现了一个生动鲜活的冲刺高水平全面小康建设的精彩案例，把"苏州精神"、"苏州气派"和"苏州自信"演绎成为一部气势恢宏的时代交响曲。当前，弘扬新时代苏州精神，就是要牢牢把握其最活跃、最革命的前进因子，与时俱进、守正创新，赋予其以"三大法宝"为核心的时代内涵与实践价值，从而形成推动苏州昂首阔步从"高速发展标兵"向"高质量发展标杆"的跨越转变新征程的动力源泉。

发展的根本支撑是精神！一切发展，归根结底都是一代代人在具体的历史场景下持续不断努力的结果。苏州之所以能在短短40多年里从一个"小苏州"成长为融"老苏州""新苏州""洋苏州"为一体的特大型城市，成为改革开放的标杆城市，成为全球创新创意创业资源集聚高地，靠的就是苏州人那股子敢为天下先的豪情、吃遍天下苦的韧劲、会聚天下才的智慧。"张家港精神""昆山之路""园区经验"就是在这样的历史场景中拔节生长、与时俱进，长成了一棵惠及苏州千百万新老市民的参天大树。过去40多年间，苏州人以大无畏的精神气概，高扬建设中国特色社会主义大旗，不忘初心，砥砺奋进，在中国改革开放之路上扬鞭奋蹄，创造了令人瞩目的"苏州奇迹"。值此

▶ **新时代苏州精神**

"两个一百年"奋斗目标交汇点上,一向敢为人先的苏州人再次拿出当年创造"三大法宝"的勇气,凝聚精气神,激情再出发,为建设现代化探路,体现了高度的发展自信!

苏州"三大法宝"是新时代苏州改革开放再出发、挺进现代化的精神动力和自信文化富矿。要深入发掘苏州"三大法宝"自信文化富矿,率先走出一条高质量发展的新苏州之路。要经济社会发展整体高质量,推动市域生产方式、居民生活方式、社会治理方式、人的思维方式实现新的变革,不断丰富苏州"三大法宝"新的时代内涵,激发新动能,创造新业绩。

(本章撰稿人:高峰)

# 第二章　张家港精神的当代解读

> 人无精神则不立，国无精神则不强。[①]
>
> ——习近平

张家港市是遐迩闻名的全国文明城市，是至今已经连续多年稳居全国同类城市"前三甲"、荣获200多项国家级以上荣誉的先进标杆城市。物质和精神辩证互动的内在逻辑说明，伟大的事业必定孕育伟大的精神，而伟大的精神必定会推动伟大的事业。强大精神力量的支撑是推动张家港市从改革开放之前的一块贫瘠土地上迅速崛起的巨大法宝。"团结拼搏、负重奋进、自加压力、敢于争先"的张家港精神，是名动江苏、享誉全国的苏州"三大法宝"之一，是张家港市干部队伍的鲜明特质，是张家港市的城市之魂、力量之源和最为宝贵的精神财富，也是张家港市人民群众最自豪和最珍视的无形资产和无价之宝。改革开放以来，在中国特色社会主义理论和张家港精神激励下，张家港市砥砺奋进、拼搏争先，涌现了一大批"敢为天下先""样样争第一"的风云人物和先锋模范，创造了一个又一个"不敢想""不可能"的发展奇迹和辉煌成就，实现了"从苏南边角料到明星城市的飞跃"。1995年5月13日，江泽民同志视察张家港市并为张家港精神亲笔题词；同年10月，中宣部和国务院办公厅在张家港市召开全国精神文明建设经验交流会，总结推广张家港市重视精神文明建设、促进两个文明协调发展的经验。2018年，"张家港精神的塑造者"秦振华同志被党

---

[①] 习近平：《在纪念红军长征胜利80周年大会上的讲话》，人民出版社2016年版，第9页。

中央、国务院表彰为改革开放40周年100名"改革先锋"之一,这是对张家港精神的最高礼赞,也是对张家港市发展成就的高度肯定。如今,在中国特色社会主义伟大事业两个一百年奋斗目标的历史交汇期,在全面地融入长三角一体化发展的浪潮中,张家港精神顺应时代的发展与时俱进,坚定不移地高举中国特色社会主义旗帜,继续自我加压挑战极限,奋力华丽转型开辟新路,勇攀新的发展高峰,以奋发有为再迈新征程的精气神,在新时代张家港精神引领下,奋力书写整体高质量发展的新篇章,让张家港精神在新时代再绽芳华、再放光彩,创造出的时代成就更加灿烂辉煌。

## 一 张家港精神是中国改革开放浪潮催生的先进发展文化

张家港精神的问世场景—张家港精神的发展阶段—张家港精神的动力功能

张家港精神是中国改革开放的精神文化氛围与张家港市对自身经济社会发展实际情况的反映相结合形成的精神成果,是张家港市人民理想信念的高度凝练和强大精神支柱,是中国改革开放浪潮催生的先进发展文化。张家港精神有着客观而必然的问世场景,具有不断完善成熟的发展阶段,张家港精神对苏州、对江苏乃至全国在建设中国特色社会主义事业中不断地创新创业创优,实现中华民族伟大复兴,都发挥着十分强大的精神动力功能,展示了中国特色社会主义的强大生命力。

### 1. 张家港精神的问世场景

任何精神文化都不是凭空产生的,而都有其问世的深刻时代背景。

马克思指出："每个原理都有其出现的世纪。"① 特定的精神文化都是由该时代的经济社会所决定并顺应时代需要而产生的，是对时代基本矛盾、时代基本特征的反映和对时代历史使命的理性概括。一定的时代需要、时代矛盾、时代特征和时代使命决定了该时代精神文化的产生以及蕴含的丰富内容和生动形式。按照马克思主义唯物史观关于经济基础决定上层建筑的基本原理，"同样，每一历史时期的观念和思想也可以极其简单地由这一时期的经济的生活条件以及由这些条件决定的社会关系和政治关系来说明"。② 德国社会学家、哲学家马克斯·韦伯在《新教伦理与资本主义精神》一书中，揭示了潜藏在资本主义经济发展后面作为心理动力的"新教伦理"即资本主义精神的本质，阐明了精神文化因素对经济社会发展具有巨大推动力这一"韦伯原理"，告知世人这样一个深刻的道理：任何伟大事业的背后，必然存在一种巨大的精神力量，尤为重要的是这种巨大的精神力量一定与该事业的背景有密切的关联。把握这些重要思想，有助于我们深刻认识张家港精神的问世场景。

按照长江流域"沧海变桑田"的漫长历史变迁，现今张家港市被划分为江南片和沙洲片。就江南片来说，有着更为古老悠久的历史和灿烂隽永的文化。江南片处于气候温和湿润，水网稠密，土壤肥沃富饶的太湖平原。居民大都聚族而居，以农耕为主，生活相对稳定和富裕，文化比较定型，居民都操一口悦耳的吴侬软语。据文献记载和考古发掘证实，张家港市境内现存的古文化遗址有东山村遗址、徐家湾遗址、许庄遗址、黄泗浦遗址等十余处。这些遗址分布时间约在距今6300年到2500年之间。其中东山村遗址距今约6300—6000年，最早可以追溯至距今6300年左右的新石器时代马家浜文化。张家港市的古文化遗址历史之悠久，在长江下游古遗址群中属于首屈一指。这种底蕴深厚的历史传统文化是形成和滋润现代先进文化的肥田沃土。

从建城史来看，江南片有苏州目前所有县市中设置县级行政建制最早的县城。早在西晋太康二年（281），张家港市境内江南片就设置

---

① 《马克思恩格斯文集》第1卷，人民出版社2009年版，第607页。
② 《马克思恩格斯文集》第3卷，人民出版社2009年版，第459页。

了县级行政建制暨阳县。之所以称"暨阳",是因为县治之南有暨阳湖,连绵几十里。山之南水之北为"阳",故称暨阳。至南北朝时期的梁代,暨阳县分割为梁丰、江阴、利城三县,其中梁丰县"建于暨阳之墟",县治仍在杨舍镇。隋开皇九年(589),梁丰县并入江阴县。唐代武德年间,张家港市境域分属江阴、常熟管辖。

就沙洲片来说,历史相对比较短暂,被称为"沙上",在张家港市素有"穷奔沙滩富奔城"之说,沙上的移民大部分是长江上游顺江而下到此贫瘠土地上垦荒的穷人和逃荒而来的灾民。"沙上"分为"老沙上"和"新沙上"两部分,是长江三角洲的新冲积平原,其中最长的仅600余年,最短的不到五六年。"沙上"原本只是江上的一个个江心洲,经过沙上先民的持续不断围垦,逐渐与江南大陆衔接,由于它以沙洲为主,所以统称"沙上"。同时,根据它连接的时间的不同,人们有意无意地称那些早连接陆上的西江心洲地区为"老沙上",那些晚连接陆上的中、东江心洲地区为"新沙上"。早在宋元年间,这里就出现了第一个江心沙洲。自此,随着沙洲面积数量上的不断增加,人口也逐渐增多。沙上人,除了一小部分是江南原籍(江阴、常熟)的本地人外,大部分来自苏北如皋、靖江、崇明、启东、通州、海门等地,甚至来自长江上游各地。他们操着不同的语言,有着多样性的风俗习惯和生活习惯,在与周围人群的文化和而不同中和谐相处。

现代精神文化都不是毫无文脉、毫无文化基因凭空问世的,而都有着深厚的文化底蕴和历史传承。张家港市是一块人杰地灵的风水宝地,千百年来,人才辈出。唐宋至晚清,张家港市境内至少有2名状元、1名榜眼、4名探花,数百名进士。河阳山的唐代状元陆器,是苏州地区历史上最早的状元。明王鏊《姑苏志》载:"唐状元陆器居河阳山。"明管一德《常熟文献志》载:"河阳山在县西北四十五里,旧名凤凰山,有外八景内八景,唐状元陆器居此。"明弘治《常熟县志》(又称桑志)载:"陆器,状元,家河阳山,读书台遗址尚存。"清康熙时钱陆灿《常熟县志》载:"陆器,状元,今有读书台在河阳山,块然一石也。后人掘地得墓砖,其上刻古篆云'唐状元陆器妾李十三娘之墓'。"《陆氏宗谱》载:"陆器,字祖容,系唐朝开成五年(840年)状元,出身官宦人家。"《重修常昭合志》在《选举志》中"陆器"条下增设按语"邑《陆氏宗谱》世系载器字祖容，开成五年状元"等。晋唐至清代，境内的文学家、史学家、音乐家、书画家等名贤名家辈出，鹿苑的大诗人钱牧斋、杨舍的清代史学家郭庭坚、恬庄的清代篆刻家杨沂孙等。张家港市的土地上为此还留下了无数历史名人的清词丽句，宋代大文豪苏东坡、宋代杰出诗人杨万里、元末明初著名作家施耐庵等名家纷纷吟咏这个地区，在这里留下了履痕和翰墨，明代大旅行家徐霞客所作6首抒写故乡的诗作，写的都是张家港市境内的香山。

张家港市境内方言复杂，随地而异，大致可分十数种，归纳起来主要有四大派别：江南话、老沙话、常阴沙话和江北话。除江北话以外，其余都是吴语方言。人口构成的复杂多样性、风俗习惯的多样性、语言文化的多样性构成了张家港市最为显著的特征，也为张家港精神中的团结拼搏、包容开放、和谐融合、奋发进取的价值理念厚植了深邃博大的心理文化基因。

张家港精神更与举重的历史文化传统密切相关。举重在张家港市具有源远流长的历史。因诞生了一大批举重冠军而闻名天下的张家港市南沙镇（先划归金港镇）被誉为"举重之乡"。历史上南沙镇一带的居民都有文武兼尚的爱好，为了锻炼意志和强身健体，增强吃苦耐劳的本领，人们每天早晚都要练习举石担。家家户户的门口或屋后，都有一两副石担。石担，就是两个废弃的石磨子中间用一根木棍连接而成。举石担，与今天的举杠铃有着异曲同工之妙。举石担精神就是"自加压力、敢于争先"，关键是锻炼人们具备那种不畏艰险、负重奋进的意志和毅力，同时要注重从自己的实际出发，讲究技巧和方式方法。

张家港市的前身是1962年建立的沙洲县。"沙洲"二字正式作为县名，始于1941年2月，中国共产党在沿江地区设沙洲县，建抗日民主政府，县委、县政府流动办公，无固定驻地。1949年4月22日，沙洲全境解放，东部属常熟县，西部属江阴县。1962年，常熟、江阴两县各划出了部分边缘的人民公社组建沙洲县。常熟县划出三兴、乐余、兆丰、合兴、东莱、乘航、南丰、塘桥、西张、锦丰、鹿苑、凤凰、恬庄、妙桥14个人民公社和国营常阴沙农场，江阴县划出晨阳、中兴、大新、德积、后塍、塘市、南沙、泗港、杨舍9个人民公社，合计24个人民公社（场），53万人口，正式成立沙洲县，隶属于江苏省苏州专区。沙洲县在当时是苏州专区底子最薄，经济基础比较差的县。

　　沙洲县建县之初，全县年生产总值不足1亿元，其中工业产值3349万元，只有纺织、酿酒、印刷三个小厂，财政收入仅729万元，农民人均分配只有62元，一度被称为"边角料""苏南的苏北"。1962年至1978年16年间，经济社会发展速度也非常缓慢。1978年沙洲县国民生产总值3.24亿元，各项人均指标大致处在江苏省的平均水平，在当时苏州8个县中排名倒数第一。人民群众连基本的温饱也解决不了，许多农民家庭一年到头劳作下来，非但毫无收入，相反，还成为负有集体粮草款债务的所谓"透支户"。党的十一届三中全会确立了改革开放这一决定中国前途命运的关键战略方针，为张家港大发展吹来时代春风。解放思想、拨乱反正、改革开放，把党的工作重心转移到经济建设上来，给张家港人最大的启迪是：贫穷不是社会主义，社会主义就是要消灭贫穷，就是要让人民群众过上好日子，要通过发展生产力，推动生产关系的变革和经济基础的调整，引起上层建筑的发展，促进人的全面发展。张家港人沐浴着改革开放的春风和长江春潮，以敢于争先的豪迈气概向积贫积弱状况宣战，以"样样都要争第一"的勇气和胆量将各项工作做到极致，迈上了全面建设小康社会的康庄大道。因此，正是中国改革开放的宏大精神文化的环境氛围以及张家港人对该区域经济政治等实际情况的客观反映相结合形成的区域文化，为张家港精神出场提供了丰富的精神文化滋养，并开辟了一条实现理想境界的宽广实践路径。

## 2. 张家港精神的发展阶段

　　在中国特色社会主义事业中，任何志向高远和具有强大激励作用的精神文化，都会体现出对一定的经济基础和社会现实的客观反映，这种精神文化又是那些具有先进性的党组织带头人审时度势并反映人民群众的心理动机、价值诉求、情感意志的一种理性表达，有着广泛的经济基础、群众基础和社会基础。只有这样的精神文化才能产生巨

## 第二章　张家港精神的当代解读

大的动员力、感召力、影响力和辐射力，也才能在社会化传播进程中内化为广大人民群众的自觉行动，从而产生由精神力量转变为物质效能的巨大功能。张家港精神在发展阶段所经历的从"秦振华精神"到"杨舍精神"再到"张家港精神"的演变过程，充分地说明了这一点。

张家港精神是由以个体冠名的"秦振华精神"到以乡镇冠名的"杨舍精神"演变而来的，也反映了张家港精神发展的阶段性。党的十一届三中全会后，秦振华同志出任杨舍镇党委书记。秦振华是一位土生土长的张家港人，他年仅18岁就入党，当过村支部书记。当时作为县委、县政府所在地的杨舍镇镇区面积不足1平方公里，镇办企业寥寥无几，全镇工业产值不足500万元，在苏州倒数第一。以秦振华同志为带头人的乡镇党委班子认为，要从根本上改变贫困落后面貌，首先必须从改变安于现状、不思进取的精神贫困现象着手，将振奋人们的精神风貌尤其是振奋领导干部的精神风貌当作最为关键的举措。秦振华和领导班子集体研究，提出了"为官一任、造福一方，顾全大局、甘于奉献，扶正祛邪、敢于碰硬，雷厉风行、脚踏实地，严于律己、以身作则，自加压力、永不满足"的48字精神，当时，有人称之为"秦振华精神"，而秦振华认为，这种精神虽然反映了个体严格要求和自我加压的精神风范、行为特征，但是，任何个体的力量都是有限的，个体的力量只有融于群体中才能汇聚起强大力量，只有以集体意识将所有人凝聚起来，共同投入干事创业之中，才能推动经济社会发展。因此，"秦振华精神"体现的是杨舍镇上下同心、追求更快更好更持续健康发展的"杨舍精神"，成为引领杨舍镇奋勇赶超和实现跨越式发展的强大精神动力。在"杨舍精神"的激励下，在以秦振华同志为首的党政领导班子成员的率先垂范作用下，人民群众干事创业的积极性、主动性和能动性得到了空前发扬，激发起改变现状、摆脱贫困的强大干劲。经过全镇上下同心协力的艰苦创业、自主创业，发展家庭工厂和乡镇企业，勇于开拓市场，将"杨舍精神"与"说尽千言万语、吃尽千辛万苦、踏遍千山万水、历尽千难万险"的"四千四万"吃苦耐劳精神紧密结合起来，通过短短几年时间的苦干和实干，乡镇企业从无到有，再到遍地开花，1985年杨舍镇成为江苏第一个工农业产值突破1亿元的县城镇。1991年，杨舍镇工业总产值超12亿元，一跃成为

> 新时代苏州精神

苏州的"排头兵",位于苏州市166个乡镇"八颗星"之首,成为苏州"南学盛泽,北学杨舍"的明星乡镇,在全国乡镇百颗星中跃居第七位。

张家港精神是在改革开放的实践中不断深入发展的。精神文化的大众化与短小精练、易于记忆、便于传播是分不开的。经国务院批准,1986年9月撤销沙洲县,以境内天然良港张家港命名设立张家港市。被破格提任张家港市委书记的秦振华,在1992年1月25日上任后的首次市委常委会上,做了两件大事,一是把48字的"杨舍精神"浓缩成"团结拼搏、负重奋进、自加压力、敢于争先"16字的"张家港精神"。"团结拼搏"是前提条件,"负重奋进"是坚实基础,"自加压力"是重要动力,"敢于争先"是奋斗目标。张家港精神内涵深刻,系统全面,与邓小平同志在南方谈话中反复强调的"发展是硬道理"的思想一拍即合,是这个伟大理论的成功实践。秦振华深深地认识到中国改革开放正处于重要战略机遇期,深感时不我待、机不可失。他大声疾呼:"市场经济不等人、不争不抢是庸人、错过时机是罪人,无功即为过!"并响亮地提出"向我看齐"!二是以勇于挑战自我,以背水一战的勇气和胆量提出了"三超一争",即工业超常熟、外贸超吴江、城建超昆山,各项工作争第一。此举在当时可谓石破天惊,遭到一片质疑。会后,许多人说,"秦振华疯了""秦振华是净吹牛""秦振华是秦大胆"。几位好心人劝秦振华:"张家港只是苏南的一块'边角料',想超先进谈何容易?还是把'超'改为'赶'吧?将来不要骑虎难下。"秦振华坚定地说:"这个'超'字不能改!没有争第一的决心,连第二、第三也做不到!吃准的事,我不回头!"秦振华和领导班子成员认识到,只有集聚敢于争先的精气神,发挥精神对于实践的能动反作用,并在实践中弘扬创业者、支持改革者、鞭挞空谈者、惩处腐败者、大胆激励开拓者,才能将理想转化为现实。关键就是要用中国特色社会主义理论和张家港精神去解放思想,寻找到一条符合自身发展优势、适合自身发展的创新之路。

张家港市原初作为苏州的一块"边角料",地理位置不如无缝对接上海的昆山、太仓,更不如区域面积与苏州城区融合在一起的吴县,也不像"哪都不熟也不能她不熟"的常熟,更不如离主城区距离较近的吴江，港口条件优势没有充分发挥出来，再加上县城作为"乡下地方"的条件和局限性，难以吸引高层次人才，精神文化氛围也不浓。张家港市唯一的优势是紧靠长江，有助于以江兴市。在经过大量调研和反复科学论证后，张家港市委、市政府认为，张家港市要通过开发沿江，依托长江航运成本低的优势，搞沿江开发，建万吨级长江码头，带动沿江经济发展，以港兴市。但是，要开发沿江，并非易事。张家港市立下了攻坚克难的主攻方向，自加压力、科学规划、积极争取，终于得到了上级有关部门的批准，拉开了建长江万吨级码头的序幕，开创了全国县级市建长江万吨级码头的先例，为实现以港兴市美好蓝图绘就了首篇。

港兴还需产业兴，无产业港难兴。有了长江港后，张家港市清醒地意识到：仅有沿江开发权，但没有强大的经济支柱，没有坚定的后方依托，没有更好的吸引外资的政策，没有走向世界大市场的平台，沿江开发就没有动力，兴旺不起来。必须坚持自主创业同加快开放，实施内外并举有机统一起来，于是张家港市萌发了创建张家港保税区的念头。江苏省保税区落户张家港市，这是张家港市发展史上惊天动地的大事，有了沿江开发权，有了保税区，张家港市的发展思路就出来了，这就是：沿江带动，同国际经济接轨，以保税区为龙头、三区两园为依托、区港园联动开发，走出一条农村城市化、城市现代化、城乡一体化、港口国际化的新型工业化、现代化道路。

为此，张家港市打响了三个硬仗。第一个硬仗是拼抢地方沿江码头和国家级保税区建设的硬仗，仅仅用了9个月时间，张家港保税区封关运行，创造了让人惊叹的张家港速度。第二个硬仗是全力实施港口工业城市发展战略的硬仗，张家港全市上下拧成一股劲，铺天盖地招商引资，韩国浦项、美国陶氏等120多个大项目纷至沓来，一批世界500强和跨国大公司落户张家港市，沙钢、澳洋等60多家本土省级集团企业茁壮成长起来。到1994年底，根据国家统计局和江苏省考核统计的数据表明，张家港市在经济总量、税收入库、外贸出口、外资引进等方面都在苏州市各县市中领先，在全国取得了很多第一，成功实现了"三超一争"的奋斗目标。第三个硬仗是率先实现城乡一体化的硬仗，张家港市在全省率先组建了社会保障局，新建了全国县级市第

> 新时代苏州精神

一条高等级的张杨公路，建设了全国第一个城市步行街，等等，连续创下了28个"全国第一"。同时，随着一批民生、教育和文化项目的实施，人民群众的获得感、幸福感、安全感也不断得到提高，进一步增强了为中国特色社会主义事业而奋斗的决心和信心，进一步强化了张家港精神的激励作用和对外辐射作用。

张家港精神既是对张家港市实践的反映，又是对张家港市实践的指导，实践与精神相互作用的内在逻辑推动了张家港市各项事业的腾飞，也给张家港精神留下了阶段性发展的深刻文化印记。按照秦振华的说法，张家港精神的核心就是"自加压力、负重奋进、不留退路"，张家港市就是要干别人不敢想、不敢干的事！20世纪90年代初期，在各方面基础相对薄弱的情况下，张家港精神突出体现在以经济建设为主、努力改变积贫积弱面貌的"拼搏、奋进、争先、进位"上，瞄准先进找差距，抢抓机遇拓空间，奋力超越求发展，实现了张家港市的大变化、大发展；90年代中后期，在工业化、城市化、国际化的潮流面前，张家港精神突出体现在"协调、开放、科学、奋进"上，探索和遵循经济发展规律、社会发展规律、自然界发展规律，瞄准世界市场，吸引高端人才，坚持在以经济建设为中心、为重点任务的同时，注重经济建设与精神文明精神、基层党组织建设、社会建设、生态文明建设协调发展。攻坚克难，一往无前，实现了张家港市在大开发、大开放中的统筹协调发展；进入21世纪，张家港市经济社会进入全面转型阶段，张家港精神融入了科学发展观，突出体现了"以民为本、创新为魂、统筹为要"理念，坚持以人民为中心，讲求发展的数量和质量的统一，人与自然的和谐，城乡之间的协调发展，促进了张家港市经济社会发展与人的自由而全面发展的有机结合，推动了社会整体性进步。党的十八大以来，张家港精神与时俱进地增添了以人民为中心、以新发展理念为引领，整体推进创新发展、协调发展、绿色发展、开放发展、共享发展等新内涵，瞄准争当江苏"两个率先"排头兵、先行军的目标定位，以团结奋进的士气、蓬勃向上的朝气、敢为人先的勇气、追求卓越的志气，大胆实践、大胆改革、大胆创新，不断提升张家港市在区域竞争中的地位和优势，不断提升张家港市各项事业协调发展和全面高质量发展的水平。总体目标定位是"三标杆一率先"，即争当经济高质量标杆、城乡一体化标杆、新时代文明标杆，在全省率先基本实现现代化。

### 3. 张家港精神的动力功能

精神虽然不是万能的，但是，没有精神则是万万不能的。张家港精神是中国特色社会主义建设中涌现出来的具有鲜明时代品格和地方特色的一种精神文化现象，张家港精神既充分体现了中华民族以自强不息、厚德载物等精神文化品格为代表的民族精神，也代表了改革开放以来改革创新的时代精神，成为两者结合的精神文化现象。张家港精神自诞生之日起，就充满了在实事求是基础上解放思想、在改革创新中开拓进取的鲜明文化品格，产生了动员人民群众和激励人民群众自加压力、敢于争先的强大精神力量。张家港精神的动力功能既是对内的，又是对外的；既是当代性的，又具有持续发展的生命力；既是区域本土的，又是对外开放的。张家港精神越出了张家港市一地空间，升华为苏州的精神、江苏的精神，在全国家喻户晓，对中国改革开放起着极大的促进作用。

张家港精神的动力功能，首先体现在对张家港市人民群众干事创业的精气神的强大激励作用，是有效提振精气神并将其转化为干事创业能量的强大内驱力。张家港精神的核心是将实事求是与解放思想紧密地结合起来，充分发挥基层党组织的先进性作用和榜样的示范作用，团结带领全市人民心往一处想、劲往一处使，万众一心、其利断金，勇于挑战自我、尽力释放潜力，用足活力、鼓足动力，善于总结、敢于争先，在常人认为没有路的地方披荆斩棘地走出路来，在常人认为无法攀登的高峰上登上一个又一个峰顶。通过党组织和各级政府坚持以人民为中心的发展思想，充分反映民意、体现民情、聚集民心、鼓舞士气，敢于想别人没想到的事、敢于走别人没走过的路、敢于干别人没干成的事，形成了全市党员、干部和广大人民群众精诚合作、携手同行，想干事、能干事、干好事的强大的精气神，推动了各项事业的迅猛发展。

张家港精神铸造了"张家港"这个全国先进城市和典型城市，形成了张家港市的精神文化品牌形象,在苏州和全国都起到了巨大的示范引领作用。张家港精神推动形成了苏州"农村包围城市"的发展格局,乡镇企业异军突起,促进了县域经济发展壮大。张家港精神激活了苏州各个县城之间比学赶帮超的一池春水,推动了苏州经济社会的快速发展,并对全国各地产生巨大的辐射作用。在张家港精神激励感召下,张家港市创办了全国第一所县办大学,创设了全国第一家内河港型保税区,创出了"两个文明一起抓"的全国典型,造就了一大批高素质的现代文明人,创造了令人惊叹的张家港市发展速度和发展奇迹,在每一个发展的历史时期都标注了张家港精神镌刻的独特文化印记。昔日的"穷沙洲"如今变成了颇具实力的经济强市,综合实力一直位居全国百强县市前列。张家港市已经发展形成了以"三大两强"为特色的现代经济发展格局,"三大"即大产业、大企业、大港口,"两强"即先进制造业和现代物流业。昔日破旧的农村集镇已经变成了富有现代化气息的新港城,"工作在现代化园区、生活在花园式城市"的梦想正在逐步成为现实。昔日贫穷的传统农民正在加快向富裕文明的现代化市民转化,城乡一体文明已经成为张家港市新的城市品牌,推动张家港市的形象资源不断地保值和增值。1995年,张家港市的两个文明协调发展的成就和特色被《人民日报》誉为"伟大理论的成功实践",一跃成为全国先进典型。2005年,成为县级市中唯一的"全国文明城市"。

张家港精神得到了中央和各级政府一以贯之的倡导与弘扬,产生了巨大的知名度和美誉度。苏州市把张家港精神连同昆山之路、苏州工业园区经验列为推动苏州经济社会发展的"三大法宝"。张家港精神作为充分体现当代中国特色社会主义事业特征的时代精神、改革创新精神、团队合作精神,一经产生便得到中央和各级领导的高度关注。1995年5月13日,江泽民同志亲临张家港视察,指出,张家港的成就是"干出来的,不是说出来的",并欣然挥毫为张家港精神题词。[①] 同年10月18日,中共中央宣传部和国务院办公厅在张家港市召开全国精

---

① 陈世海:《邓小平理论滋养了张家港精神》,《光明日报》2004年8月26日。

神文明建设经验交流会,《人民日报》为此发表社论,赞扬张家港市是"伟大理论的成功实践"。1996年10月,胡锦涛同志视察张家港市后,充分肯定了"张家港市广大干部群众有良好的精神状态和扎实的工作作风,尤其发扬了张家港精神,真抓实干,争创一流,不达目的誓不罢休"。① 2001年12月,江苏省领导班子到张家港集体调研,提出在新形势下进一步弘扬张家港精神,就是要有"敢于争先"的锐气、"自加压力"的勇气、"负重奋进"的志气、"团结拼搏"的士气。2005年5月,江苏省委领导指出:"张家港是江苏创业、创新、创优的一面先锋旗帜,张家港精神是江苏'三创'精神的一个生动典型",要求江苏各地"要在'两个率先'的新实践中大力弘扬张家港精神,使创业、创新、创优在江苏大地蔚然成风"。②

从张家港精神诞生到现在,江苏、苏州、张家港的领导换了一任又一任,但是,新的领导一到任,都把弘扬和践行张家港精神作为一项修身养性、鼓舞斗志的重要任务,把到张家港市"寻宝"作为一项重要工作。正是有中央和各级领导对张家港精神的坚定弘扬和与时俱进的倡导,才使张家港精神始终闪烁着时代的光彩,始终发挥着鼓舞人们永不满足和不断开拓进取的强大精神动力的作用。

## 二 张家港精神是体现中华民族精神和时代精神的发展哲学

张家港精神蕴含的发展主体—张家港精神蕴含的发展逻辑—张家港精神蕴含的发展自信

作为改革开放浪潮中应运而生的先进发展文化,张家港精神充分体现了改革开放的国情大势,深刻表现了张家港市地方市情,表达了

---

① 陈世海:《邓小平理论滋养了张家港精神》,《光明日报》2004年8月26日。
② 《张家港,走在时代的节拍上》,《新华日报》2006年11月2日。

发展实践主体需要，彰显了发展本质、发展价值和发展目的，展现为深度契合经济社会发展规律、中国特色社会主义发展规律、自然界发展规律、人的自由而全面发展规律的世界观和方法论的发展哲学。

### 1. 张家港精神蕴含的发展主体

张家港精神首先是张家港人的精神，人是精神的主体。张家港精神作为以观念形态呈现的发展文化，其内容深刻反映了改革开放以来张家港人拼搏奋斗、敢闯敢干、敢为天下先的心理需求、价值追求和品质风貌。这一发展文化所表达的富有深刻意蕴的精神气质，充分反映了改革开放时代性品格、中国特色社会主义总体要求和张家港人发愤图强、拼搏进取的冲天干劲。张家港精神应改革开放的时代潮流而生，洋溢着催人奋进、拼搏进取的发展气息。就其本质而言，张家港精神表现为张家港市人民所具有的世界观方法论内含的科学的发展哲学。这种发展哲学是改革开放的时代浪潮在该区域集中汇聚并锻铸而成的，一种深刻反映发展的组织者和领导者、发展主体、发展目的、发展价值追求、发展成果归属、发展方式、发展模式等关键要素，又体现科学发展与人文发展相结合的哲学。张家港精神深刻地回答和诠释了"谁是发展精神的塑造者和领导者""谁是发展的主体""发展追求什么样的价值""发展依靠谁""发展为了谁""发展的成果由谁来享受"等一系列涉及发展的重大而基本的问题。

张家港精神承载主体是人，然而不是单个人、少数人，而是由党组织、人民群众以及社会各界公众所组成的发展共同体。张家港精神充分体现了在党的坚强领导下依靠人民群众自力更生、艰苦奋斗、筚路蓝缕、自强不息努力改变该区域积贫积弱局面，创造美好生活的强烈变革精神，体现了一种党群合力、上下同心、破除万难、开拓进取的发展文化。"团结拼搏、负重奋进、自加压力、敢于争先"，首先表现在党的领导和各级党组织作用的发挥上，由于充分发挥了领导干部特别是党员干部的"关键少数"的带头作用，就带动了基层党组织和政府的一班人，进而影响到了一层人，动员和激励了全市上下一群人。由于有了一大批领导干部"敢为天下先"的胆识气魄和勇于担当的责任意识，领导干部立起了鲜明的"信号塔"和"标杆尺"，发挥了吃苦在先、冲锋在前的示范作用，带动了张家港市经济发展走在了全国前列。由此可见，没有党的坚强有力的领导以及各级党组织在推动发展中发挥出来的坚强战斗堡垒作用，没有各级党组织始终走在发展前列的先进性和纯洁性，以及在推动发展中的积极性、主动性和创造性，张家港精神就会成为一句空话。因此，发扬张家港精神的过程就是坚持党的领导和加强党的领导的过程。

在张家港精神所体现的发展共同体中，人民是发展共同体的强大中坚力量。张家港精神体现了马克思主义关于人民是历史创造者的唯物史观，凸显出紧紧地依靠人民创造美好生活的团队合作、顽强拼搏精神。张家港精神的内核是以人民为中心的发展思想，是对中国共产党执政为民、发展富民的执政文化价值观的继承和发展。中国共产党始终坚持人民主体性和全心全意为人民服务的价值诉求，始终将人民摆在至高无上的地位，除了争取和实现人民的整体利益以外没有自身的任何特殊利益，始终将人民对美好生活的向往作为不懈奋斗的神圣使命、唯一目标和强大动力，将增进人民福祉和促进人的自由而全面发展全部地体现在经济建设、政治建设、文化建设、社会建设、生态文明建设和党的建设等各个方面。张家港精神彰显的发展价值观，其根本目的是人民群众的切身利益、长远利益和根本利益，出发点和落脚点都是为了着力提升人民群众的获得感、幸福感、满足感、安全感。张家港人认识到，作为一个被外界称为"苏南的苏北""苏州的一块边角料"的积贫积弱地区，抓住改革开放这个重大历史机遇从而奋力迈上后发崛起的道路十分难得，但这更需要顽强拼搏精神、自强不息精神。要将我党执政兴国的第一要务落到实处，就必须依靠全体人民群众同心协力艰苦奋斗，凭借真抓实干勇立潮头。人民的美好幸福生活既不是天上掉下来的，也不是轻轻松松、敲锣打鼓就能迎来的，而是万众一心真干、苦干、巧干的结果。正是张家港精神与党的以人民为中心发展思想的高度契合，推动了张家港市发生了历史性巨变，实现了从苏南"边角料"到现代明星城市的伟大飞跃。

农村、农民、农业问题是中国经济社会发展中的重大问题，看一个地区是否坚持以人民为中心的发展，可以通过该地区农民的获得感、幸福感、满意感如何反映出来,张家港市将提升农民的收入水平和提高城乡一体化程度作为践行张家港精神的重要表现内容。张家港市将村级集体经济发展与全社会经济发展紧密结合,根据市场需求,因村制宜,调整结构,以新增各类载体为主,审慎投资高风险实体竞争行业。探索参与公共服务业建设,按照"村建设、政府承租"的模式,通过市、区、镇统筹,建设教育、医疗、卫生、养老、体育、市政公用等各种公共服务产品设施,实行"公共服务业开放化",并享受与政府作为投资主体的项目同等政策待遇。2020年,张家港村均稳定性收入为1113万元,形成江苏省最大的强村群体。[①] 张家港居民收入总体水平位居全省县级市前三甲。从全省居民收入横向对比来看,2020年,张家港市全体居民人均可支配收入位居全省县级市前三甲,仅次于昆山市和江阴市;从增幅情况看,张家港市全体居民人均可支配收入的增幅水平在苏州大市范围内排名第二,仅次于常熟。其中,城镇居民可支配收入位列苏州四市一区第一,且连续两年领跑苏州四市一区(昆山市、张家港市、常熟市、太仓市、吴江区)。城乡居民人均可支配收入是全国城乡收入差距最小的地区之一。

## 2. 张家港精神蕴含的发展逻辑

发展逻辑是发展哲学的动态体现。张家港精神的发展哲学在于鲜明地体现了结合区域发展实际,以科学的发展理念为指导,坚持"五位一体"的总体布局,推进整体高质量发展的发展逻辑。

张家港精神在实践中的具体要求是,样样都要争第一。这个"样样都要争第一",语言十分简单朴实,但是,内涵丰富,目标明确,问题意识和对策意识结合紧密,要求十分苛刻,要达到这个目标必须付出比常人难以想象的艰难困苦。样样都要争第一,就是要在张家港的经济建设、政治建设、文化建设、社会建设、生态文明建设、党的建设、人的文明素质提升等各个方面都实现争先创优,体现了张家港追

---

① 《全国第二!张家港以高质量发展引领全面小康》,苏州新闻网,2020年12月9日。

求整体高质量发展的发展逻辑。

按照马克思的社会有机体理论，社会是一个由各种要素构成的动态发展的有机整体，构成社会有机体的经济因素、政治因素、文化因素、社会因素和生态因素都处于相互依赖、相互影响和相互作用之中，社会的发展进步就是社会有机整体均衡协调发展的结果。张家港精神积极弘扬和践行了我党在经济建设、政治建设、文化建设、社会建设、生态文明建设五位一体总体布局中推进整体高质量、高效益发展的价值理念。

我国已经处于并将长期处于社会主义初级阶段，要实现两个一百年的奋斗目标，必须稳中求进地高质量、高效益发展。发展是我党执政兴国、执政富民的第一要务，加快发展达到富民强市更是摆在张家港人面前的首要任务。为了实现中华民族的伟大复兴，为了推动张家港区域率先发展、协调发展、绿色发展、开放发展、创新发展、共享发展，必须聚精会神搞整体性建设，一心一意谋整体性、全面性高质量发展。张家港人清醒地认识到，发展作为从低级到高级的文明进步过程，必须坚持数量与质量的统一、速度与效益的统一、内涵与外延的统一、物质与人文的统一、经济理性与生态理性的统一、代内价值与代际价值的统一和国内与国际的统一，要在经济建设、政治建设、文化建设、社会建设、生态文明建设以及党的建设的有机整体中协调推进，使"样样都要争第一"落到各个领域和各项工作的实处。张家港精神富含辩证唯物主义和历史唯物主义，彰显了这些方面内在有机统一的科学精神、人文精神、卓越精神、工匠精神、开放精神和统筹协调精神。

张家港精神倡导敢于争先，具有样样都要争第一的勇气和胆识，在实践中倡导尽善尽美理念，追求要干就要干得最好的境界，紧扣经济发展高质量高效益，坚持科学发展观和坚定不移地贯彻新发展理念，坚决端正发展理念，努力转变经济发展方式，尽力按照市场经济规律，持续不断优化经济结构，加快产业转型升级步伐，推动了优质高效益的现代港城经济持续健康发展；紧扣政治发展高质量，以政治文明为导向，加强法治型党组织建设，推动了服务型学习型创新型法治型党组织发展，加强政府作风效能建设和为人民服务的能力建设，构建了务实清廉高效的服务型政府，推动了包括社会主义民主和法治等在内的政治文明进步；紧扣文化发展高质量，以社会主义先进文化营造文化氛围，提升全社会成员的文明素质，加强了文明城市建设和现代公共文化服务体系建设，以文明城市创建的成效提升了精神文明的影响力；紧扣社会发展高质量，创新了社会治理方式，开创了共建共治共享的社会治理格局，提高了社会和谐程度，将社会治理制度体系优势转化为社会治理效能，促进了社会治理体系和治理能力现代化；紧扣生态文明建设高质量，加大了生态文明建设步伐，推进生态文明体制改革，提高生态环境治理水平，坚决打赢防治污染攻坚战，大力整治散乱污企业，加大保护长江的力度，构建了绿色宜居的港城生态空间格局；紧扣人民生活高质量，坚持富民优先，推动了产业结构与就业结构同步优化、居民收入与经济总量同步增长，增强了人民群众的获得感、幸福感、安全感、满意感；紧扣党的建设高质量，坚持全面从严治党，加强以组织力提升为核心内容的基层党组织建设，推动了学习型服务型创新型法治型党组织建设，特别是法治型党组织三年行动计划取得了重大成绩，强化了党组织和广大党员的法治意识，增强了他们的法治思维，促进了基层党组织战斗堡垒作用的发挥，坚定不移地走质量强党之路，加强党建质量管理，有力地提高了基层党建的科学化、人文化、法治化、智能化水平。

　　张家港精神的发展逻辑是动态的实践逻辑。张家港精神所反映的敢于争先的高昂士气、奋发有为的磅礴志气、一往无前的勇猛锐气、奋斗不息的蓬勃朝气，是张家港市人民在面向现代化、面向世界中以宽广心胸开拓创新，推进社会整体文明进步和促进人的自由而全面发展所展示出来的一种崭新发展篇章。

　　张家港精神展示的崭新发展篇章是改革开放以来张家港市人民在党的坚强领导下，不断开拓进取，推动物质文明、政治文明、精神文明、社会文明、生态文明在有机结合和整体协调中持续健康发展的光辉篇章。张家港精神的光辉发展篇章积极弘扬和践行了我党改革创新的时代精神，坚持和发展了在经济建设、政治建设、文化建设、社会建设和生态文明建设"五位一体"总体布局中促进物质文明、政治文明、精神文明、社会文明、生态文明的全面整体性提升，又在这个过程中满足了人民对美好生活的向往,保障人民群众以满足物质利益为内容的经济权益、以积极参与民主政治建设满足政治利益为内容的政治权益、以在社会主义精神文明建设中获得文化利益为内容的文化权益、以提升社会和谐度获得社会利益为内容的社会权益、以满足人与自然和谐共生的生态需要为内容的生态权益,在高雅的精神文化熏陶下促进人的自由而全面发展。

任何精神都是时代的产物,而一定的时代又是该时代的精神文化产生和发展的摇篮。按照马克思主义唯物史观,"同样每一历史时期的观念和思想也可以极其简单地由这一时期的经济的生活条件以及由这些条件决定的社会关系和政治关系来说明"[①],张家港精神诞生的历史节点恰逢邓小平南方重要谈话发表,这绝不是偶然的巧合,而是时代发展的必然。邓小平南方重要谈话体现了马克思主义与时俱进精神,通篇充满了促进中国特色社会主义事业发展的改革创新精神,邓小平关于"要加快改革开放的步伐""不坚持社会主义,不改革开放,不发展经济,不改善人民生活,只能是死路一条""发展才是硬道理"等一系列新思想新观念新判断,极大地鼓舞着张家港人民群众解放思想和改革创新。张家港精神是继承、弘扬和践行邓小平理论的认识结晶,体现了一种不忘初心,牢记时代使命,勇于改革创新,肩负历史使命和责任担当的精神,是张家港市人民对自己创业实践的精神总结和提炼,成了推动张家港市科学发展、率先发展、协调发展、创新发展的创业创新创优之魂,由此集聚起了张家港市团结拼搏的士气、负重奋进的志气、自我加压的勇气和敢于争先的锐气,成了推动张家港市人民披荆斩棘开新路、筚路蓝缕创新业的发展之魂和发展之力,谱写了张家港市以高质量经济建设推动物质文明的新篇章,连续走在全国百强县之首,是中国综合实力最强的县级市之一;以高质量政治建设推动政治文明的新篇章,沿江党建带和党建联盟以及法治型党组织建设的经验在全国大力推广;以高质量文化建设推动精神文明发展的新篇章,自从2005年被授予首批全国文明城市(区)荣誉称号,成为江苏唯一入选的城市,也是全国唯一获此殊荣的县级市以来,张家港市已

---

① 《马克思恩格斯选集》第3卷,人民出版社1995年版,第335页。

经连续 6 次被评为全国文明城市；以高质量社会建设推动社会文明的新篇章，张家港市先后在全国首推"网格化公共文化服务"模式，有力推动了公共文化服务的普惠均等，全国首创覆盖城乡的"书香城市"建设指标体系，推进全民阅读，激发市民"阅读自觉"，构建"志愿服务伙伴计划"新模式，巧妙找到了推进志愿服务常态化的有效路径，并在全国县级市中率先推出《志愿者礼遇办法》，促进了社会和谐；以高质量生态建设推动生态文明的新篇章，2017 年，张家港市正式荣膺"国家生态园林城市"荣誉称号，全市不断加大生态文明建设力度，健全生态治理绩效评价机制，坚持"绿色 GDP"考核机制，专门制定实施了《生态文明建设绩效考核办法（试行）》，将新兴产业、腾笼换鸟、节能降耗等生态指标纳入年度绩效考核体系，持续加大了生态文明建设考核权重、定期督查通报结果，使"绿色元素"成为推进绿色发展和科学决策考量的关键因素，并在全国县域城市中首家推行镇（区）党政主要领导生态环境责任制；以张家港人的自由而全面发展的价值诉求为导向，促进城市文明迈向"以民为本、崇德向善、文化厚重、和谐宜居"的新高度，全方位地展示了港城新形象和中华民族新形象。

### 3. 张家港精神蕴含的发展自信

张家港精神是一种乐观豪迈、前瞻性、建设性的自信精神，充分地彰显了在坚定中国特色社会主义道路自信、理论自信、制度自信、文化自信中以拼搏进取的态度和行动永立时代潮头的发展自信。

张家港精神充满自信，富有底气，展示出可能性向现实性转化的唯物辩证法，体现了党的实事求是的思想路线。正如习近平总书记在庆祝改革开放 40 周年大会上的讲话中指出的那样，"在中国人民手中，不可能成为了可能"[①]。张家港精神展示出来的发展自信，彰显出对于中国特色社会主义的道路自信、理论自信、制度自信、文化自信，是一种以豪迈的气概和坚定扎实的步伐永立时代潮头的发展自信。

---

① 习近平：《在庆祝改革开放 40 周年大会上的讲话》，人民出版社 2018 年版，第 19 页。

## 第二章 张家港精神的当代解读

张家港精神的发展自信是展示对中国特色社会主义的道路自信。中国特色社会主义道路是马克思主义的科学社会主义理论逻辑和中国社会发展历史逻辑的有机结合，是适合中国国情和根植于中国广袤大地、反映中国人民的理想信念、适应当代中国走向世界舞台中央的科学社会主义道路，是建设富强民主文明和谐美丽的社会主义现代化强国，实现人民对美好生活向往和中华民族伟大复兴中国梦的必由之路。张家港市在自身的全面建成小康社会和基本实现现代化的实践中，始终坚持中国特色社会主义的道路自信，就是既坚持以经济建设为中心，又注重"一把手抓两手"，这个抓两手就是抓全局和抓整体，全面协调地推进经济建设、政治建设、文化建设、社会建设和生态文明建设；既理直气壮地坚持四项基本原则，又全面地深化改革开放；既不断解放和发展生产力，提高发展质量和效益，又不断以人民获得感为导向，大力改善人民生活，实现社会主义共享发展理念，体现了社会主义制度的优越性，不断提高市民文明素质，促进人的自由而全面发展。张家港市坚持中国特色社会主义道路自信，既不是简单地直接套用马克思主义经典作家设想的社会主义模板，也不是简单地延续我国历史传统文化的母版；既不是其他社会主义国家实践经验的再版，也不是国外现代化模式的翻版，而是将马克思主义理论与张家港实际紧密结合起来的中国特色社会主义实践经验的创新版。

张家港精神的发展自信是展示对中国特色社会主义的理论自信。张家港市改革开放的历史进程就是坚持中国特色社会主义理论的过程，并在这一过程中结合自身实践不断推进理论创新的过程。张家港精神是以爱国主义为核心的民族精神和以改革创新为核心的时代精神的重要组成部分。张家港改革开放的历史进程，就是在坚定中国特色社会主义理论自信基础上解放思想、更新观念，进行理论概括、理论总结和理论在实践中得到检验和发展的过程。张家港精神推动改革开放的理论创新的经验归结为一点，就是把马克思主义基本原理和张家港市区域发展的实践紧密地结合起来，按照实事求是的思想路线，发挥党组织的先锋模范作用，各级领导干部以实际行动走在改革开放第一线，紧紧地依靠人民群众，走切合自己区域发展实际的发展道路，建设中国特色社会主义，大力建设经济强、百姓富、环境美、社会文明程度高的现代化张家港市。

  张家港精神的发展自信是展示对中国特色社会主义的制度自信。张家港精神是对中国特色社会主义制度的反映，体现了按照张家港市的实际情况大力推进经济体制改革、政治体制改革、文化体制改革、管理体制改革、生态文明体制改革、基层党建体制改革的全面深化改革精神。张家港市在实践中深切地认识到，制度在张家港市的经济社会发展中具有根本性、全局性、长期性和稳定性的特征。张家港市的改革开放不仅要推动理论创新、实践创新，而且要推动体制机制创新。张家港市在实践中按照生产关系一定要适合生产力发展状况、上层建筑一定要适合经济基础发展状况，持续改革和完善各项体制机制，从张家港实际出发，持续调整，推出适合新环境的制度规范，构建了系统完备、科学规范、切合实际、运行有效的制度规范体系，促进各方面制度更加成熟、更加定型、更加务实管用，为张家港市各项事业的发展提供了有效的制度供给和坚实保障。在选人用人制度上，以能力实绩和人民群众的肯定性评价论英雄，通过大力"弘扬创业者，支持改革者，鞭挞空谈者，惩治腐败者，激励开拓者"，开创了"能者上、庸者下、平者让、劣者汰"的选人用人体制机制，保证了张家港精神能动性地转化为推动创先争优的强大精神动力。

  张家港精神的发展自信是展示对中国特色社会主义的文化自信。张家港精神从形态上看，就是张家港文化。张家港市坚定文化自信，加强社会主义先进文化建设，坚持以文化人、以文育人，大力促进社会主义文化繁荣兴盛。张家港市认识到文化对经济社会发展具有巨大的正向作用，文化兴则区域整体发展兴，文化强则区域综合竞争实力强。张家港市在改革开放全过程，在弘扬和践行张家港精神的实践中都坚持不断夯实文化软实力，通过抓国家文明城市、卫生城市、生态宜居城市等方面的建设，推动了社会主义核心价值观落地生根，取得了马克思主义思想理论建设的显著成效，促进了群众性精神文明创建活动和思想道德建设全面推进，以"张闻明"为代表的好人文化现象不断涌现，一大批自觉践行社会主义核心价值观的诚实守信、助人为乐、孝老爱亲、见义勇为、爱岗敬业的道德模范、身边好人，走进公众视野，他们用自己感人的故事，向全社会传递着崇德向善的精神文明正能量。文化事业和文化产业得到极大发展，全社会的文明水平显著提高，取得了以科学的理论武装人，以正确的舆论引导人，以高尚的精神塑造人，以优秀的作品鼓舞人的可喜成绩。

### 三　张家港精神是随着时代发展而不断与时俱进的开放体系

与时俱进的开放体系—与时俱进的必然性—与时俱进的丰富内容—与时俱进的重大价值

无论在历史或者当代，一种精神文化的发展，只有及时紧跟时代进步潮流和实践发展的步伐而不断与时俱进，才能成为永葆青春活力的精神文化。英国历史学家汤因比在《历史研究》中考察了人类众多文明的兴衰现象，随之提出了一个值得深入思考的问题：对一次挑战做出了成功应战的具有开拓创新性的少数人，需要经过多长时间才能获得一种精神上的重生，使自己有资格应对下一次、再下一次的更为艰巨的挑战？汤因比对此虽然没有直接给出答案，但是，汤因比之问启迪人们，只有开放的并随着时代发展而与时俱进的精神文化，才能有效应对一次又一次的严峻挑战。中国特色社会主义进入新时代，我国社会主要矛盾发生了深刻变化，张家港市经济社会发展遇到了一系列新机遇、新挑战以及新问题、新矛盾。从张家港市当年的"三超一争"激起的精神火花，到今天的"三标杆一率先"，即争当"经济高质量标杆、城乡一体化标杆、新时代文明标杆，在全省率先基本实现现代化"的总体目标定位，都为张家港精神与时俱进提出了多种多样的新课题，为张家港精神与时俱进提供了丰富厚实的新素材，为张家港精神与时俱进赋予了深刻反映人民群众热切期盼并带有时代发展轨迹的新内涵，也突出说明张家港精神是具有深刻的时代性以及不断与时俱进的开放体系。

## 1. 张家港精神与时俱进的历史必然性

张家港精神是随着中国特色社会主义伟大实践而动态发展的先进精神文化体系，张家港精神折射出中华民族精神和改革创新时代精神。张家港精神是在中国改革开放实践中诞生和发展的精神，是在中华民族伟大复兴中国梦的意识形态和先进的文化形态中发挥巨大功能的精神，张家港精神有着与中国特色社会主义道路自信、制度自信、理论自信、文化自信同频共振的发展活力，更有着在中国特色社会主义伟大实践和张家港区域实践活动中不断吸纳人民群众的心理愿望和价值诉求而发展的强大内生动力。张家港精神表现出来的与时俱进的历史必然性，是由各种因素组成的强大合力交互作用的结果。

张家港精神是在勇于直面社会主要矛盾和寻找解决矛盾的路径中与时俱进的。张家港精神既是历史发展的产物，又深深地刻上了时代发展的印记。张家港精神萌发于20世纪80年代，形成于20世纪90年代，主要是为了提振张家港人民群众干事创业的主动性、能动性、创新性，着力解决积贫积弱现象，以利于摆脱贫困，告别落后。用秦振华的话来说，太穷了，别人看不起。太穷了，也对不起老百姓。张家港市人民在实践中意识到，社会主义绝不是贫困落后的代名词，恰恰相反，社会主义就是要通过解放生产力和发展生产力，消除贫困，消除两极分化，让人民群众过上富裕幸福的好日子。"团结拼搏、负重奋进、自加压力、敢于争先"的张家港精神，价值追求的重点是发展经济和改变落后面貌，这与当时发展生产力是硬道理，经济建设是中心，把经济搞上去是矛盾的主要方面这个国内的主旋律、大环境是一致的，顺应了时代发展的潮流，响应了党中央的号召，也充分反映了人民群众的热切期盼，张家港精神深深打上了那个时代的印记。中国特色社会主义进入新时代，国内主要矛盾发生了深刻的变化，已经由人民日益增长的物质文化需要与落后的社会生产之间的矛盾，转化为人民日益增长的美好生活需要和不平衡不充分的发展之间的矛盾。由人民日益增长的物质文化需要与生产力相对落后造成的不能满足这种需要的矛盾所决定，各项工作的重点和重心必然是围绕经济建设以及附带着文化建设这两个方面所展开，考量政绩主要看经济指标，有其合理性，也有其重大的激励作用。物质财富的增长和社会不断进步以及人的不断发展，凸显出人民对美好生活需要和不平衡不充分的发展之间的矛盾，人民对美好生活的需要具有广泛而丰富的内容，不仅对物质需要、精神文化需要提出了更高的要求，而且对民主、法治、公平、正义、安全、环境等方面的需要日益得到增长，张家港精神也有着多样性价值诉求的内容。随着全面建成小康社会的目标实现，张家港精神必然要反映开启中国特色社会主义现代化新征程的新内容，必然要将经济现代化、政治现代化、文化现代化、社会现代化、生态现代化、社会治理体系和治理能力现代化、人的现代化等整合起来，将其作为整体性现代化的重大系统工程，率先在精神文化层面上体现出来，在价值认同的基础上形成价值共识，作为凝聚人心和动员民众共同奋斗的强大精神力量，并作为区域竞争力中的强大软实力。因此，张家港精神与时俱进的逻辑不是主观的，而是客观的，是具有不以人们的主观意志为转移和有着强大历史必然性的逻辑。张家港精神原初提出时表达为"团结拼搏、负重奋进、自加压力、敢于争先"。这一表述的核心和落脚点主要强调"敢于争先"，着眼于拼搏和奋斗过程的精神状态。这一精神强有力地推动着张家港人民干事创业，由穷变富，由个体努力转化为共同体齐心协力奋斗，创建全国文明城市。在新时代，张家港面临产业转型"向高向优"、文明形态"尚善尚美"的时代重任。新时代张家港精神必须要将奋斗的过程精神状态与新时代奋斗目标紧密结合起来。张家港精神要转化为巨大物质力量，发挥指导新的创新实践的指导功能，就是要大力做好"转"字的文章，即要求思想观念往"新"里转，产业结构往"高"里转，城乡建设往"优"里转。我们认为，"新时代张家港精神"就具有"团结拼搏，向高向优；负重奋进，尚善尚美"的价值诉求和价值目标。

张家港精神与时俱进的历史必然性作为一种客观逻辑，又是由张家港市在新时代区域经济社会发展格局与国家宏观发展大局中的站位、对自身角色的定位、奋发有为的进位等肩负的重大历史任务所决定的。张家港市是典型的长江边的城市，因江而名、因水而生、依港而兴，张家港市是全国拥有长江岸线最多的县级市之一。进入新时代，长三角一体化和长江经济带高质量发展以及"双循环"新发展格局中的"三铁交汇"等多重战略机遇叠加,给位于长江经济带和21世纪海上丝绸之路交汇处的张家港市又带来了重大的机遇和挑战。2020年7月1日,沪苏通铁路的开通、长江公铁大桥的启用,转瞬之间重塑了张家港市这座全国明星城市的空间坐标。放眼长江经济带和沿海经济带的交汇点,由大江、大桥、大通道全新标注的张家港市,重要性不断凸显。不仅如此,未来通苏嘉甬、南沿江两条铁路开通后,张家港市将成为连接东西、贯通南北以及公铁水联运、江海河直达的现代"硬核"枢纽。新的历史机遇催动张家港精神要按照客观形势的飞速变化实行再一次升华,赋予其更加崭新的精神文化内涵。

张家港市作为典型的长江边的城市,肩负着守住好长江这条母亲河的历史重任。"共抓大保护、不搞大开发"的新时代长江发展战略,是建设美丽中国、推动中华民族永续发展根本大计的重大举措。2016年1月5日,习近平总书记在主持召开的第一次推动长江经济带发展座谈会上强调,长江是中华民族的母亲河,也是中华民族发展的重要支撑。"推动长江经济带发展必须从中华民族长远利益考虑""要把修复长江生态环境摆在压倒性位置,共抓大保护、不搞大开发""努力把长江经济带建设成生态更优美、交通更顺畅、经济更协调、市场更统一、机制更科学的黄金经济带",走生态优先、绿色发展之路。[①] 2018年4月26日,习近平总书记在主持召开的第二次推动长江经济带发展座谈会上,他再次重申和反复强调了这一观点。[②] 张家港市在长江大保护中处于重大战略地位,必须以更高的政治站位,深刻领会和贯彻落实习近平总书记的重要指示精神,以生态政治的理念和更大的政治担当作为,以全力推动"美丽中国的张家港示范"建设为动力,争当长江大保护的排头兵和先行军。要以境内天然良港——张家港而命名实施张家港湾生态提升工程,着力推进"最美江滩、最美江堤、最美江村、最美江湾"四个"最美"建设,还绿于江,还江于民,擘画"江海交

---

[①] 《走生态优先绿色发展之路 让中华民族母亲河永葆生机活力》,《人民日报》2016年1月8日。

[②] 习近平:《在深入推动长江经济带发展座谈会上的讲话》,人民出版社2018年版。

汇第一湾"生态文明新画像。改革开放以来，张家港市充分利用区位优势，大力发展临港产业，长江边的"穷沙洲"蝶变为沿江现代港口城市。张家港市改革开放以来的高速发展，也带来了些许遗憾。在快速崛起的过程中，存在岸线过度开发和低效利用的情况，尤其是12公里长的张家港湾这一段最为典型，做好张家港湾文章，是提升张家港市核心竞争力的重要内容，是以实际行动书写长江"共抓大保护、不搞大开发"的新篇章。因此，在新的发展机遇和肩负新的历史责任的情况下，张家港精神与时俱进，加快推进美而富的美丽经济、美而文的美丽文化、美而舒的美好生活、美而久的美丽永续，建设美丽张家港，是张家港市进一步振奋精神、推陈出新，在奔腾不息的改革浪潮中破浪前行、行稳致远的重大精神文化重塑工程，不仅是以实际行动保护好绿水青山，而且是将绿水青山大力转化为金山银山。

## 2. 张家港精神与时俱进的丰富内容

新时代张家港精神深深地刻上了新时代的印记，是新时代实践的产物和推动解决新时代社会主要矛盾进而推动新时代发展的强大精神力量，与张家港精神既一脉相承又与时俱进。"团结拼搏、负重奋进、自加压力、敢于争先"的张家港精神在新时代发展的内涵必然包含着鲜明的"团结拼搏，向高向优；负重奋进，尚善尚美"价值诉求和价值目标。

"团结拼搏，向高向优；负重奋进，尚善尚美"的价值诉求和价值目标，既蕴含在原初的精神表达之内，又具有新时代的明显价值向度，是张家港市直面自己目前发展的优势和不足，直面构建未来发展新空间的重大机遇和挑战，直面社会现代化与人的现代化的双向互动的新局面，以习近平新时代中国特色社会主义思想"定向领航"的新时代精神，是一股以新时代汇聚张家港市价值共识和价值认同的强大精神力量，是促进张家港市经济社会整体性高质量发展、人的自由而全面发展的磅礴力量，也是引领张家港市开启现代化新征程的新标杆和新高地。

"团结拼搏，向高向优；负重奋进，尚善尚美"的价值诉求和价值目标，以问题为导向，主动补短板、堵缺口、强弱项，以对策为抓手，坚定不移、与时俱进，大力弘扬张家港精神，聚焦聚力"经济高质量标杆、城乡一体化标杆、新时代文明标杆，在全省率先基本实现现代化"的奋斗指向，用火热的奋斗激情助燃干事创业的火红年代，扛起高水平全面建成小康社会和"十三五"胜利收官的双重使命，全面展现"强富美高"新港城的创新形象。推动张家港精神与时俱进，就要坚决围绕一个"转"字做文章，拿出当年破旧立新、革故鼎新、背水一战、义无反顾的勇气胆量，着力推动思想观念、产业结构、城乡建设"三个转"，再创发展新辉煌，使"张家港精神"永不褪色，在新时代焕发出更加灿烂夺目的光芒。

  一是着力推动思想观念转。思路决定出路，没有思路就无法破解困局，也就找不到出路。如果身处逆境和困境中，只要有了科学的思路就能寻找到出路。如果身处顺境和坦途中，只要具备了科学的思路，就能谋划未来从而获得更大的发展空间。转思想观念，就是要不断地解放思想，并在不断解放思想中统一思想，要坚持以习近平新时代中国特色社会主义思想武装头脑，自觉践行新发展理念，继续解放思想、更新观念，围绕一系列面临的全新问题和复杂难题勇于探索，继续在没有路的地方开拓出一条又一条新路。全面小康之后路怎么走？如何变高速增长阶段的"曾经先发"为高质量发展阶段的"再度领先"？如何在推进经济现代化的同时协调推进政治现代化、文化现代化、社会现代化、生态现代化和人的现代化？如何将张家港文明城市这张名片擦得更亮，让更浓郁的好人文化扮靓德善之城？如何进一步提振全市干部群众的精气神，更加自觉地自我加压、挑战极限，在长三角一体化更为激烈的区域竞争中进一步跨越和赶超？如何进一步用高远目标来倒逼自己，用艰巨任务来激发潜能，用加倍的努力、超常的付出，把一张张美好的规划草图变成实景蓝图，把攀登高峰的绊脚石变成垫脚石，把无法想象、不可能变成可能和现实？这些重大的时代问题和实践课题，都需要张家港精神与时俱进，需要以新时代张家港精神作为永不熄灭的"精神火炬"，去点燃流淌在张家港市人民血液里的自加压力、负重奋进、不屈不挠、拼搏进取的豪迈激情，照亮张家港市发展的辉煌今天，引领张家港市发展的灿烂明天，创造出无愧于历史、无愧于时代、无愧于人民的瞩目成就。

二是着力推动产业结构转。制造业是张家港市的支柱产业，是张家港市的强项，可称为是张家港市的立市之本。张家港市具有规模企业集聚、临港产业发达、外向型经济活跃等优势，但是，张家港市作为工业强市，冶金、纺织、化工、机电等传统工业占比较大。张家港市的制造业在高速发展的同时，还存在一系列深层次矛盾和问题，如，社队工业、乡镇企业是张家港制造业发展的第一桶金，但当前，村镇工业分散、低效、高耗、污染等缺陷逐渐显现，张家港市的土地开发受到了极大限制，发展空间日趋收窄。由于创新能力的限制，张家港市制造业中的高附加值产品还不多，产业仍处于价值链中低端，未从根本上解决大而不强等问题；大量劳动密集型企业带来外来人口激增，社会管理面临突出矛盾。张家港市在全国百强县中近几年一直处于排名第三，但是，张家港市用电量超过了排名第一的昆山和排名第二的江阴，反而成为用电量最高的县级市，因为张家港市的支柱产业是冶金、纺织、机械装备和化工，都是耗电量较高的产业，与低碳发展、绿色发展、循环发展的产业方向存在较大的矛盾。由此可见，如果再依赖原有发展路径，资源环境、劳动力成本等众多制约因素将日趋弱化张家港市曾经拥有的比较优势。张家港市转型升级迫在眉睫，任务十分艰巨。张家港市的制造业必须再创"先进制造"新优势，努力成为经济高质量发展的实践典范。张家港市要牢记习近平总书记"要把实体经济特别是制造业做实做优做强"[①]的重要指示，主动顺应制造业向高端化、智能化、服务化、绿色化转型的新趋势，推动张家港制造业实现从"高速度"到"高基数"再到"高质量""高科技"的积极进取型转型，推动产业转型升级，沿江产业由以钢铁、化工等重化工产业为主，逐步转向新材料、新能源等新兴产业，加快建设临港装备、环保新材料、光学膜、精品钢材等产业基地，依托氢能产业创新中心，建设氢能燃料电池产业基地，打造"中国氢港"，当好产业转型升级和绿色发展、创新发展的排头兵和先行军。

三是着力推动城乡建设转。张家港市的城乡一体化特色非常鲜明，

---

① 《把实体经济做实做强做优》，《经济日报》2020年4月25日。

> 新时代苏州精神

呈现出城乡互补、融合发展的良好态势。但是，长期以来城乡二元结构带来的矛盾和深层次问题还没有彻底解决，在以城市的标准建农村，以市民的理念育农民，推动城乡文明的联动和有效对接，构建城乡一体文明新格局还需要假以时日，在推进人员素质城乡一体、生态文明城乡一体、发展功能城乡一体、公共服务城乡一体、社会保障城乡一体、社会治理城乡一体等方面还要狠下功夫加以做好。

着力推动城乡建设转，张家港市就要在新时代对照更高的发展标杆，努力打造城乡一体化发展新样板，成为城乡一体现代化实践的新标杆。在提升城市能级方面，张家港市即将成为三条铁路交会的重要交通枢纽型城市，迎来从"以港兴市"到"港铁联动""双轮驱动"的新港城时代，必须以长远眼光、超前意识，立足打造现代化综合交通运输体系，前瞻谋划"十四五"乃至更长时期的发展。在推动乡村振兴方面，张家港市在发展村级集体经济上有着很好的基础，要始终把实施乡村振兴战略摆在优先位置，按照产业兴旺、生态宜居、乡风文明、治理有效、生活富裕的总要求，建立健全城乡融合发展体制机制和政策体系，加快推进农业农村现代化。要积极推进"三高一美"创建，加快"农旅融合""文旅融合"步伐，实现富民强村与宜居品质同步提升。在生态环境保护方面，张家港市拥有的长江岸线占苏州的一半以上，要坚决贯彻习近平生态文明思想，坚持以"共抓大保护、不搞大开发"为导向不动摇，认真落实江苏省长江大保护现场推进会精神，把修复长江生态环境摆在压倒性位置，努力把张家港湾打造成为长江最美的"最后一道江湾"。在建设文明城市方面，张家港市作为全国唯一获得文明城市"五连冠"和文明奖项"大满贯"的县级市，要立足更高的政治站位和目标定位，充分发挥示范引领作用，持续擦亮"文明张家港"城市品牌，充分彰显张家港市"崇德向善、文化厚重、社会和谐、生态宜居"的深厚文明底蕴。

新时代张家港精神赋予"团结拼搏，向高向优；负重奋进，尚善尚美"的新内涵，进一步突出了发展的主体性和实现人的现代化的目标向度。在张家港精神鼓舞下，张家港市形成了知书达礼、崇德向善的优良风尚，尚善尚美已经成为这座城市社会文明的风向标，成为这座城市显示出刚柔相济、软硬结合的综合实力的象征。作为全国唯一荣膺文明城市"六连冠"和文明奖项"大满贯"的县级市，张家港市在未来的发展中需要进一步牢牢锁定文明城市创建"标准制定者"定位，一以贯之坚持"一把手抓两手、两手抓两手硬"的工作理念，持续擦亮"文明张家港"城市品牌，积极建设"更具向心力、更具竞争力、更具辨识度"的"文明城市策源地"，彰显尚善尚美的城市品牌形象，以最干净的城市、最善良的民风、最灿烂的笑脸、最礼貌的举止、最文明的风范，确保在新时代文明实践上处于全国领先地位。

### 3. 张家港精神与时俱进的重大价值

进入新时代，"团结拼搏、负重奋进、自加压力、敢于争先"的张家港精神凸显新的价值诉求和价值内涵，"团结拼搏，向高向优；负重奋进，尚善尚美"是张家港精神内涵的新时代标识，有助于全力推动思想观念往"新"里转，以新发展理念引领整体性高质量发展，使新时代张家港精神成为新港城持续健康发展的"强引擎"；有助于推动张家港市产业结构往"高"里转，让转型升级成为新港城的"主旋律"；有助于推动张家港市城乡建设往"优"里转，让文明和谐成为新港城的"金字招牌"，自加压力、不畏艰险、敢闯敢试、敢拼敢抢，赋予"张家港精神"新时代新价值诉求和新发展内涵，走出一条符合中国特色社会主义现代化建设规律和具有张家港市区域特色的改革创新发展之路，奋力争当经济高质量标杆、城乡一体化标杆、新时代文明标杆，在全省率先基本实现现代化。

张家港精神与时俱进的重大价值，首先在于以"团结拼搏，向高向优；负重奋进，尚善尚美"的新时代张家港精神价值追求推动思想观念往"新"里转，以新发展理念引领整体性高质量发展，使新时代张家港精神成为新港城持续健康发展的"强引擎"。总结、传承、弘扬、践行新时代张家港精神，是张家港市新时代改革创新的强大精神文化教育活动主题，也是充分发挥精神文化转化为物质力量的认识和实践相结合的活动主题，有助于通过这样的精神文化的洗礼和激励，进一步鼓舞士气和提振精气神，从而推动改革迈新步、开放走正步、发展跨大步。站在新的历史起跑线上，张家港要迈开新步伐、实现全面高质量发展,就要主动融入、全面对接大上海都市圈,在长三角一体化发展战略中大展宏图;就要从谋划新旧动能转换,进展到提升存量产业竞争力、培育增量产业新优势齐头并进;就要从巩固放大城乡一体优势,拓展到统筹构建"一核双副四中心"的城市格局;就要从着眼当前打造铁路枢纽,进展到放眼长远整体布局高铁新城;就要从长江大开发中获取红利到以铁腕手段治理环境污染,深入推进长江大保护。要把张家港市打造成为港产城深度融合的创新型城市、长三角枢纽型大城市、彰显人居典范的绿色发展标杆城市、群众获得感最强的和谐幸福城市、富有独特人文气质的标兵型文明城市,就需要以新时代张家港精神去激发港城人民永不僵化、永不停滞的创新创业创优的劲头,去展现港城人民勇于变革、勇于创新、向高向优、尚善尚美的新时代风采,去弘扬港城人民不安现状、不囿成规、持续奋斗、久久为功的顽强拼搏斗志。

张家港精神与时俱进的重大价值,还在于以"团结拼搏,向高向优;负重奋进,尚善尚美"的新时代张家港精神诉求推动产业结构往"高"里转,大力培育创新型经济,不断提升发展内涵和提高发展质量、效益,让转型升级成为新港城的"主旋律"。新时代张家港精神诉求和内涵是推动人们进一步保持定力、坚定信心的强大精神支柱,有助于张家港市继续以产业结构调整为主攻方向,以重点项目布局为重要抓手,以优质的增量投入为必然之路,加快推动经济发展质量的全面跃升。新时代张家港精神对于港城人民狠抓新兴产业的培育引进意义重大,有助于紧扣有效投入、产业招商、科技创新三大目标任务,着力推动具有战略意义、撬动性强、引领作用大的重大项目早开工、早投产、早见效。新时代张家港精神必将极大地促进张家港市的传统产业提档升级,有助于进一步端正发展的价值取向,围绕绿色化、高端化、智能化的发展方向,着力巩固提升张家港市现有的冶金、纺织、机电等传统优势产业,并推动引导企业因需定制智能化转型路线,推动存量产业结构大调整、质效大提升,极大地提升张家港在国内外产业链中的定位、在国内外创新链中的功能、在国内外价值链中的层次,力争在关键领域、关键环节形成无可替代的上游卡口优势。

张家港精神与时俱进的重大价值，更在于以"团结拼搏，向高向优；负重奋进，尚善尚美"为新时代张家港精神的新价值诉求和发展内涵推动城乡建设往"优"里转，以"样样都要争第一"的勇气和胆魄敢于争先，让文明和谐成为新港城的"金字招牌"。全国文明城市的桂冠虽然赋予张家港市以优等生的美誉，但是，文明城市创建永远在路上，文明城市只有更优，没有最优，必须围绕人的文明素质整体性提升和社会文明程度高的主题，全力开辟文明创建新境界。张家港市要以文明城市创建永远在路上的昂扬斗志，以务实创新的举措完成以后蝉联冠军的新目标，为此，要以新时代张家港精神强化文明城市长效管理机制，创新开展爱国卫生"同创共建""洁美港城"周末义务劳动等活动，深入实施"城市更新行动"，创新打造港城"益空间"系列品牌，深化拓展新时代文明实践中心建设，高标准打造全国文明城市建设展览馆，确保"社会文明程度指数"领先同类城市，探索更多具有标杆意义、富有鲜明特色的创新举措，以文明城市的深厚底蕴、文明创建的过硬实绩，推动社会文明程度的高位领跑。张家港市要全力打造城市治理新样板，以有效治理作为文明和谐的重要保障，坚持以科学治理催生文明自觉，通过组建张家港市网格学院，推进三级综治中心、网格化联动服务管理中心一体化建设运行，做好执法权下放和资源下沉工作。要通过重点打造"党建引领、村居自治、多元共治、智慧管理"的精细化社会治理架构，以"零容忍"的姿态推进安全生产专项整治和"百日攻坚"行动，达到确保公众安全感、社会治理综合绩效、城市精细化管理水平"三个全国领先"的发展目标。要通过全力营造遵纪守法、文明礼貌、和谐有序、安居乐业的社会氛围，为建设全国文明典范城市提供强有力的精神文化支撑。

　　一叶小舟成巨舰，长风破浪永向前。站在两个一百年的历史交汇点上，面对辽阔的长江上千帆竞发风正劲、百舸争流势如虹的更加激烈的竞争态势，在新时代的张家港精神价值指向下，张家港市人民必将以破浪者的勇气、逆行者的坚韧、攀登者的刚毅、奋斗者的欢欣，更加生动地诠释张家港精神的新时代文化意蕴，以更加高昂的斗志和再次创业的激情与担当，在"强富美高"新江苏建设再出发的崭新征

▶ 新时代苏州精神

程中当好排头兵和先行军,奋力当好经济高质量标杆、城乡一体化标杆、新时代文明标杆,在全省率先基本实现现代化,为建设富强民主文明和谐美丽的社会主义现代化强国并向全世界展现中国特色社会主义的光辉形象谱写新华章。

(本章撰稿人:方世南)

# 第三章　昆山之路的当代价值

像昆山这样的地方，包括苏州，现代化应该是一个可以去勾画的目标。①

——习近平

什么是路？就是从没路的地方践踏出来的，从只有荆棘的地方开辟出来的。②

——鲁迅

在当代中国，有这样一片神奇的地方。

昆山，中国的一个县级城市，位于江苏省东南、太湖下游，东邻上海国际大都市，西接中国历史文化名城苏州。昆山市域面积931平方公里，总人口近300万，其中户籍人口106.7万，下辖2个国家级开发区、2个省级开发区、8个镇和4个城市管理办事处。有6000多年的文明史和2000多年的建城史，于秦代建县，1989年撤县设市，2011年被列入江苏省直管县（市）试点。昆山是顾炎武、归有光、朱柏庐等先贤的故乡，"百戏之祖"昆曲的发源地，拥有"中国第一水乡"周庄等4个国家历史文化名镇，荣获联合国人居奖、国家卫生城市、国家生态园林城市、中国优秀旅游城市、国家环保模范城市等一系列荣誉。

---

① 转引自闫玉清、赵雁《人间天堂的小康风采》，《求是》2020年第13期。
② 《鲁迅全集·杂文集·热风·随感录61—66》，冯知明编，海南出版社2011年版。

### 新时代苏州精神

改革开放40多年来，昆山创造了诸多"第一"和"唯一"，发展成就举世瞩目。在这里诞生了江苏省第一家县级中外合资企业、江苏省第一家外商独资企业、全国第一个封关运作的出口加工区、全国唯一自费创办的国家级开发区、第一个留学人员创业园、第一条跨省运营的轨道交通线、第一张一般纳税人资格试点增值税发票……2020年，面对突如其来的新冠肺炎疫情和复杂多变的国内外经济形势，昆山在疫情防控和经济社会发展方面取得双胜利，"十三五"圆满收官，如期全面建成高水平小康社会，"强富美高"新昆山建设取得重大阶段性成果。2020年实现地区生产总值4276.76亿元，全年高新技术产业产值4288.06亿元，全市工业总产值首次突破万亿元，其中规上工业总产值突破9000亿大关，达9000.84亿元，比上年增长7.0%。2020年末拥有市场主体91.26万户，成为全省首个市场主体突破90万户的县级市。2020年完成进出口总额868.40亿美元，增长5.0%，其中出口总额573.82亿美元，增长3.0%。2020年全市国家级领军人才139人，其中含国家级重大人才引进工程128人，国家级重大人才培育工程11人，为全国县（市）之最[①]。

从曾经发展落后的苏州"小六子"到如今中国县域经济发展之冠，从自费创办中国第一个开发区起家到如今开始走出国门迈向全面高质量发展阶段……敢教日月换新天，这片沃土已经创造并正在创造一个接一个的发展传奇。

人无精神不立，国无精神不强。昆山之所以为昆山，正在于造就昆山发展传奇离不开其背后强大的精神支撑。昆山之路不仅是一条实践之路，更是一条精神成长之路。由此，我们不禁要问，昆山取得了这么多骄人的成就和奇迹，其背后究竟是什么样的精神支撑？昆山又将以怎样的新时代精神为中国特色社会主义现代化道路的探索再闯出一条新时代"昆山之路"？

---

① 引自《2020年昆山市国民经济和社会发展统计公报》，昆山市政府网址（http://www.ks.gov.cn/kss/tjfx/202104/6c486dc1996e4b968d03c2c79186bbaa.shtml）。

## 一　闯出来的昆山之路

**改革开放之前的昆山——"昆山之路"的形成和发展**

1988年7月22日,《人民日报》头版刊发《自费开发——记昆山经济技术开发区》长篇通讯,并配发《"昆山之路"三评》评论员文章,第一次提出了"昆山之路"这一概念,"昆山之路"从此声名鹊起。2008年10月,昆山被列为全国改革开放十八个典型地区之一,《人民日报》先后刊发《对全国十八个典型地区的调研综合报告》《以开放打造中国百强之首——"百强县"昆山崛起三大经验》等文章,"昆山之路"再次为世人所瞩目。

那么,昆山之路到底是怎么形成和发展的呢?

### 1. 改革开放之前的昆山

早在五六千年前,昆山就有人群居住,从后来出土的文物来看,这一区域属于新石器晚期的良渚文化阶段,这一阶段约在公元前3300—前2200年的长江中下游地区,其原始农业已经发展到较高的阶段。自秦汉以降直至明清,随着中原地区各种战乱纷争迭起,人口及其带来的先进耕作技术不断南迁,南方地区包括昆山在内,农业耕地面积不断扩大,手工业和商业进一步发展,明清之时,昆山所在的江南区域市场已成为全国四大区域市场之首。江南区域市场包括江苏、浙江,是明清经济最发达的区域,其农业生产水平、耕作技术、手工业水平都居于全国首屈一指的地位。

昆山在古代拥有十分深厚的历史文化底蕴,概括起来可以分为戏曲文化、政治哲学文化和商业、园林、饮食等文化,其中又以昆曲文化最为典型。昆曲作为昆山最具代表性的文化形式,以其独特的艺术价值展现了昆山人民的勤劳智慧。当前昆曲已成为昆山发展过程中一个亮丽的文化名片。昆山的政治哲学文化以顾炎武、朱柏庐、归有光等昆山三贤为代表。顾炎武作为明朝遗臣,深刻洞悉当时明末社会弊病，力主政治改革，其胸怀天下，"天下兴亡，匹夫有责"的思想影响深远。朱柏庐是我国古代著名的理学家、教育家，其《治家格言》对于净化社会风气起到了一定的作用。归有光是明代散文家，其在散文创作上所独具的真切感人备受世人推崇。昆山的商业文化以沈万三为典型代表的一批古代昆山人具有强烈的发展和创新精神，通江达海，汇通天下，展现了昆山深厚的商业文化底蕴和商业精神。昆山的经济发展在古代是处于比较高的一个水平之上，古代昆山的历史文化是中国古代农耕文明时代孕育的精华，以农业发展为基础，以工场手工业为生长点，一次次试图叩开现代化的大门，产生了现代性的萌芽。但是，由于中国封建统治者长期坚持重农抑商的农本思想，自南宋以来江南出现的数次资本主义的萌芽都被轻易地扼杀了，现代化道路的探索在古代的昆山历经曲折，并最终胎死腹中。

1840年鸦片战争之后，中国的自然经济被迫逐渐瓦解，专制的皇朝体制轰然倒塌，近代的中国现代化道路被迫走向一条屈辱的被动输入型的发展道路。昆山地处中国近代区域经济发展典型代表上海的周边，也毫无疑问地被裹挟到这一大的历史背景之中。近代的昆山并没有像上海那样在殖民半殖民的近代中国快速走上被动型的现代化发展道路，而是在帝国主义的侵略和自然灾害的频发下百业凋零，各方面发展的衰败成为近代昆山最让人唏嘘的画面。这一时期昆山的现代化道路探索几乎停滞不前，看不到任何希望。

中华人民共和国成立之后，由于昆山地处东南沿海，在新中国成立初期的整体发展思路中并不是经济发展的重点地区，因而自然没有被列入国家计划投资的目标区域。这一时期昆山的经济社会发展依然处于农业经济发展阶段，落后的经济基础使昆山长期处于缓慢的发展状态。昆山的经济社会发展水平严重滞后于周边县市，人称"小八子"，其后由于区县合并，又被称"小六子"。这一时期的昆山处于典型的封闭农业经济发展阶段，农业人口占据绝对主导地位，经济社会发展极其落后，自主输入型现代化几乎未曾起步。

历史一次次叩问，昆山的现代化发展何以可能？敢问发展之路在何方？

## 2. "昆山之路"的形成和发展

改革开放以后，昆山的现代化之路才算真正开启，总体来看，"昆山之路"的形成与发展可以分为五个阶段。

（1）党的十一届三中全会以后至20世纪90年代初，"昆山之路"开始了奠基阶段，实现"农转工"的历史性跨越。改革开放之初，昆山是一个典型的农业县。1978年，全县三次产业比重为51.4∶28.9∶19.7，农业在全市经济中居主导地位，工业总产值仅2.8亿元，经济总量在苏州下辖的6个县中排名末位，被人戏称为"小六子"。随着周边县市的快速发展，昆山干部群众开始觉醒。1984年元旦刚过，昆山迎来了一次堪称决定前途命运的思想大解放，县委、县政府集中县乡（镇）村三级领导干部1000余人，举行了为期10天的冬训会议，做出了实行"三个转移"的战略决策（从单一的农业经济向农副工全面发展转移；从产业经济向有计划的商品经济转移；从内向型经济向外向型经济转移，其核心就是要发展工业经济），提出了"东依上海、西托'三线'、内联乡镇、面向全国、走向世界"的发展思路，大力发展横向经济联合，推动乡镇企业迅速崛起，吸引外资企业逐步进入，为工业发展奠定了基础。在此期间，昆山成立了江苏省第一家中外合资企业（苏旺你手套）。从1984年开始，昆山自费兴办工业新区，采用"滚动开发，逐步延伸，开发一片，成功一片"的方式，由3.75平方公里起步，逐步扩展到6.18平方公里，并于1988年更名为昆山经济技术开发区，1991年被列为江苏省重点开发区。通过横向联合，昆山成功引进了一批贵州、陕西等地的军转民"三线"军工企业，并与上海的国有企业合办了500多家联营企业。上海电视一厂在昆山建立了分厂，生产家喻户晓的金星牌黑白电视机；风华机器厂是三线企业落户昆山，主要生产风华电冰箱。到1992年，昆山的工业比重上升到56.2%，农业比重下降到12.7%，表明昆山已经摆脱以农业为主的经济结构，进入了工业化发展时期。

（2）1992年邓小平南方谈话前后至20世纪90年代末亚洲金融危机之前，"昆山之路"步入开创阶段，实现"内转外"的格局性转变。

> 新时代苏州精神

1992年8月，国务院批准昆山经济技术开发区升格为国家级开发区，开创了一个县级自费开发区进入国家序列的先河。其时又适逢国务院批准浦东开发开放，昆山抢抓机遇，大力实施开放带动战略，提出与浦东实行错位发展，打时间差、空间差，依托自身的区位优势，利用已有的工业基础、设施环境、配套服务、优惠政策等全力吸引外资，掀起了新一轮招商引资高潮，平均每年引进外资增幅超过50%，迅速形成了以开发区为龙头，带动乡镇工业小区发展的开放格局。1995年，外商及港澳台工业比重达41.6%，外资开始成为昆山经济增长的主要动力。到90年代末，实际利用外资占社会固定资产投资比重达90%以上，外资已经成为昆山经济增长的主体和主力。

（3）20世纪90年代末亚洲金融危机后至党的十六大之前，"昆山之路"进入拓展阶段，实现"散转聚"的阶段性变化。90年代末，昆山经济发展面临三大难题：一是亚洲金融危机的爆发，造成外商直接投资受到冲击；二是全国各地都在借助优惠政策吸引外资，昆山的政策吸引力并不突出；三是粗放型经济增长方式逐渐受到土地资源、生态环境等因素的明显制约。对此，昆山重点从三个方面发力：在招商方向上，昆山敏锐地发现台湾产业基础较好，受金融危机冲击小，岛内IT产业有对外转移需求，因此果断做出了"主攻台资、巩固日韩、拓展欧美"的决策；在招商服务上，建立全国第一个封关运作的出口加工区等功能园区，打造"亲商、安商、富商"的"昆山服务"品牌，全面改善投资环境；在招商策略上，由招商引资变为招商选资，不仅看重投资强度、科技含量，更看重产出效益、生态效应。这一时期，在全国利用外资普遍下滑的情况下，昆山保持了一枝独秀，1997—2001年实际利用外资29亿美元，超亿美元的项目2个，千万美元项目达217个。这一阶段，昆山的经济发展呈现"三个集中"趋势：一是企业由分散发展向各类园区聚合；二是产业向电子信息、精密机械制造等重点产业门类集聚；三是土地向规模集中。

（4）党的十六大后至十八大以前，"昆山之路"处于提升阶段，呈现"低转高"的发展新态势。2007年，昆山深入开展"整体发展学新加坡、产业提升学韩国、自主创新学台湾地区"的"三学"活动。一方面，充分利用开放型经济所带来的资金、技术、人才和管理经验，大力实施"外向带动、民营赶超"战略，推动外资民资双轮驱动，培育壮大好孩子等一批原创性、地标性企业；另一方面，通过技术创新推动经济转型发展，大力实施以自主创新、自创品牌、自我创业为重点的"三自"创新战略，培育引进了龙腾光电等一大批具有自主知识产权的高新技术企业，形成了光电产业等十大特色产业基地。2010年，昆山高新区获批成为首家设在县级市的国家级高新区。同时，加快发展以生产性服务业为主导的现代服务业，促进先进制造业与现代服务业融合发展。2006年，花桥经济开发区成为全省唯一以现代服务业为主导产业的省级开发区。2011年，昆山服务业对经济增长的贡献率首次超过工业。这一阶段，昆山的经济结构进一步优化，产业布局更加合理，经济社会进入又好又快发展的轨道。

（5）党的十八大以来，"昆山之路"处于提质阶段，进入"大转强"的发展新征程。昆山认真贯彻习近平总书记对江苏工作系列重要讲话指示精神，积极适应经济发展新常态，深入践行新发展理念，昆山发展进入了全面转型、创新驱动高质量发展的新阶段。2020年，国务院批复同意扩大昆山试验区范围至全市，获批国家进口贸易促进创新示范区，获批全国首家具有两岸特色的金融改革试验区[①]。

回顾上述昆山之路的形成和发展历程，可以深切地体会到，昆山之路是"闯"出来的，是勤劳智慧的昆山人从充满荆棘的地方硬生生开辟出来的。昆山之路整体上就是昆山版的中国特色社会主义现代化探索之路。昆山作为开路先锋，以中国后发地区浓缩版的形式，立足自身尚未开启现代化的农业文明发展实际，上演了一出惊天动地的从被动发展到自主发展的现代化之路。自20世纪80年代初起，昆山充分利用自身的区位优势，东联上海，西托"三线"，广泛开展横向经济联合，大力转型发展乡镇工业，历经"农转工""内转外""散转聚""低转高""大转强"的发展阶段，无论如何概括这些转型阶段，昆山之路一以贯之的就是一条不断推进改革开放的创新发展之路、不断由外在输入型向内源辐射型转变的现代化探索之路。纵观改革开放40多

---

[①] 引自《2020年昆山市国民经济和社会发展统计公报》，昆山市政府网址（http://www.ks.gov.cn/kss/tjfx/202104/6c486dc1996e4b968d03c2c79186bbaa.shtml）。

年来昆山发展的整体历程,无不是在不断地走向"无人区",用昆山人的勤劳智慧披荆斩棘,闯出一段又一段新路,使昆山现代化之路不断向前延伸。

那么,"闯"的背后,究竟是什么精神在支撑和引领呢?

## 二 "昆山之路"的精神密码

昆山之路精神背后的昆山精神之路—"昆山之路"的精神内核—与时俱进的创新品格

"昆山之路"内在高度蕴含"昆山之路"的精神,二者内在密切关联,"昆山之路"发展的历程同时也是"昆山之路"精神涵养和成长的历程。要开启新时代昆山精神之路,首先就要再次叩问当年昆山之路背后的精神动力,只有在传承过去精神的基础上,守正创新,才有可能结合新时代昆山的发展实践实现精神层面的开放再出发,于是我们在本节要回答的关键问题就是:如何理解当年"昆山之路"背后的精神?"昆山之路"的精神内核是什么?

一座城市的繁荣与发展,离不开深厚的文化涵养和卓越的精神引领。"昆山之路"一路走来,从"唯实、扬长、奋斗"到"敢于争第一、勇于创唯一",形成了以"艰苦创业、勇于创新、争先创优"的"三创"精神为核心要义的"昆山之路"精神。

### 1. "昆山之路"精神背后的昆山精神之路

回望昆山 40 多年的风雨兼程、筚路蓝缕,这不仅是一条发展实践之路,更深刻地体现为一条精神成长之路。昆山之路内在地蕴含着"昆山之路"的精神或曰昆山精神,昆山的发展实践和发展经验形成和创造着昆山精神,昆山精神又不断发挥理论价值的先导作用,引领着昆山之路继续前进。

1988 年 7 月 22 日,《人民日报》在头版刊发报道《自费开发——

记昆山经济技术开发区》，并配发评论员文章《"昆山之路"·三评》，肯定了昆山开发区"不等、不靠、不要，自力更生，艰苦奋斗"的做法，并将昆山的经验总结为"昆山之路"。昆山作家杨守松的报告文学《昆山之路》中将"昆山之路"的内涵概括为"自力更生，艰苦奋斗，奋发图强；敢想，敢做，敢为"。《当代中国城市发展丛书·昆山》卷的序中则写道："改革开放以来，昆山以开放促改革、促发展、促创新，走出了一条以改革开放为时代特征、以'创业、创新、创优'精神为强大动力、以全面小康为显著标志、以人民幸福为不断追求的率先发展、科学发展、和谐发展的'昆山之路'。"

回顾40多年发展历程，在经济社会发展的进程中，"昆山之路"指引下的昆山人，在每一个发展阶段，不管是机遇还是危机，都能危中寻机、危中见机，抢抓机遇、善抓机遇，将昆山发展与国际国内发展大势相结合，较好地破解了发展中的难题，从而迈上了新的台阶。

"昆山之路"发展实践证明，从"唯实、扬长、奋斗"，到"艰苦创业、勇于创新、争先创优"，再到"敢于争第一、勇于创唯一"，"昆山之路"精神始终是推动昆山经济社会发展的精神支柱和内在动力，是昆山的"市魂"和传家宝。在改革开放和现代化建设伟大实践中，这种敢为人先的"首创"精神点燃了广大干部群众干事创业、勇争一流的澎湃激情，成就了昆山经济社会发展最浓墨重彩的精彩篇章，也成为广大党员干部不忘初心、牢记使命的生动写照。

（1）唯实、扬长、奋斗

20世纪80年代初，昆山还是典型的农业县，工业基础非常薄弱。昆山人唯实、扬长、奋斗，甘心做小学生，在工业发展上不断学习。在没有工业基础、没有鼓励政策的情况下，昆山自己在城东一块3.75平方公里的农田上自费搞开发，创办了全国第一个自费开发区。为办理第一家中外合资企业的审批手续，昆山不等、不靠、不要，克服许多困难俯下身子为企业搞服务，认真倾听企业意见建议，谦和的为政态度在急剧变化的时代大潮中让投资商眼前一亮，把一片小小的工业园区搞得人头攒动、热火朝天。1978年，昆山是苏南一个只生产稻麦油和鱼虾的典型纯农业县，地区生产总值2.42亿元，人均GDP为466元；工业总产值2.82亿元；全口径财政收入0.35亿元，城镇居民人均可支配收入479元，农村居民人均纯收入201元。41年后，昆山从江苏苏州排名最后的"小六子"跃居全国百强县之首；成为全国首个GDP突破4000亿元、财政收入突破400亿元的县级市。工业上经历了"从无到有""从有到大""向高新技术发展""走向核心技术""高质量发展"等阶段，闯出了一条前所未有的"昆山之路"。从1984年自费兴建开发区，到1992年盖上国家级开发区的印章，再到2005年第一次登上全国百强县（市）榜首……忆往昔峥嵘岁月，88岁高龄的昆山市委原书记吴克铨深情地说，"昆山之路"是唯实、扬长、奋斗出来的，就是在没有路的地方硬生生地"闯"出一条路来。

（2）艰苦创业、勇于创新、争先创优

昆山从自费开发起步，从一个典型的农业县跃升为全国县域经济发展领头羊，走出了一条举世瞩目的"昆山之路"，其中有血有肉、有泪有笑，凭借的就是"艰苦创业、勇于创新、争先创优"的"昆山之路"精神。

艰苦创业是自强之本。对于在苏州排名垫底的"小六子"昆山来说，要想发展，必须依靠自身内在的动力。1984年底，昆山开启了艰苦创业的"昆山之路"。当时遵循的原则是"因陋就简"，基础设施建设也是依托老城，开发新城。工业新区指挥部就设在娄江边，只有几间平房，简陋得不如农民的灶房，斜对面是金星电视机分厂，与那高大整齐的厂房办公楼相比，它就显得更加寒酸。从1984年到1989年，昆山开发区用于基础设施的投资，仅为当时其他国家级开发区平均投资额的1/8。除了富规划，穷开发，昆山利用东依上海优势主动接受上海辐射，积极"西托三线"，昆山干部多次前往大西南、江西等地山区，重庆西南游丝厂、贵州风华冰箱厂、重庆汽车厂，都是昆山干部从大山深处挖来的宝藏。昆山的创业者们是以艰苦创业的精神，筚路蓝缕，以启山林。艰苦创业时期的种种拼搏，奠定了"昆山之路"发展的基础，也是昆山自立自强之本。

勇于创新是发展之魂。创新是民族进步的灵魂，同样也是"昆山之路"的灵魂，创新已成为昆山的发展基因和鲜明特色。好孩子集团从一个濒临破产的校办工厂发展成为全球领先的母婴用品公司，"好孩子"烙上创新的鲜明烙印，透过一个个看似不起眼的小设计，"好孩子"累计创造专利9200余项，相当于竞争对手前五名的总和，主持或参与制定（修订）中国国家标准25项，美国、欧洲及日本国外标准118项。不仅是技术创新，在昆山还有很多的体制机制创新。昆山出口加工区的设立，充分展现了昆山人勇于创新的精神。20世纪90年代中期，台湾地区IT企业大规模落户昆山，电子产品更新换代快，要求生产、通关、上市这些环节能在最短的时间内完成。而当时大陆地区没有出口加工区，在迅速通关这点上，相对欠缺。1997年春天，早期来到昆山投资的沪士电子集团董事长吴礼淦先生，无意中对开发区的干部说过这么一句话："要是昆山有个像台湾新竹那样的加工出口区就好啦"。言者无意、听者有心，经过一番调研并到新竹实地考察后，时任开发区主要领导下定决心要创办出口加工区，做第一个吃螃蟹的人，从1997年正式申请到2000年4月获得批准，其间开发区的主要领导跑了84次北京，不满足、不懈怠、不停步，过程极其艰辛，最后出口加工区顺利获批，凭的就是百折不挠的拼搏创新精神，这就是昆山发展的不竭动力。

争先创优是进取之道。争先是一种动力，创优是一面旗帜。作为曾经苏州排名垫底的"小六子"，昆山争先创优主要体现在做优城市服务上。秉承"人无我有，人有我优，人优我精"理念，擦亮"昆山服务"金字招牌，注重政务服务优质高效、强化金融支撑服务作用、做好创新要素保障，最大限度地释放创新活力，在营商环境对标上力求新突破。40多年来，"亲商安商富商""亲民安民富民"的服务理念，已深植于昆山广大干部群众心中。20世纪80年代初期，为了审批第一个外资项目，时任昆山经济技术开发区主任宣炳龙跑了102次南京，后来他回忆起这段往事不无感慨地说，我们不能让外商企业觉得审批手续烦琐，我们要把具体工作做到位，把困难留给自己，把方便留给企业。为了营造良好的投资服务环境，昆山从1998年开始每年都创新服务理念，2004年开始推出机关服务品牌创建活动，先后启动了"诚信服务月""解决问题月"，设立"马上办"办公室，推出了"首问负责制，两问终结制"等特色服务，让服务具体化、精品化。同时，还出台了不见面审批"3550"模式，全面优化投资营商环境，"政府就是服务""公务员就是服务员"在昆山已成共识。用高质量的服务助推昆山迈向高质量发展之路,"昆山服务"就是"昆山之路"发展的核心竞争力和制胜法宝。

(3) 敢于争第一、勇于创唯一

昆山不仅是改革开放的参与者、受益者,更是改革开放的推动者、贡献者。1988年7月22日,《人民日报》发表了评论员文章《"昆山之路"三评》,充分肯定"昆山向自己要钱"、"干大事未必花大钱"以及"政策也会变成钱"的做法,这是对昆山干部群众的鞭策和鼓励。昆山正是凭着"第一个吃螃蟹"的精神,以踏遍"千山万水"、吃尽"千辛万苦"、说尽"千言万语"、历经"千难万险"的顽强毅力和拼搏劲头,努力开拓市场、战胜困难、渡过难关、发展经济、摆脱贫穷,敢争第一、勇创唯一,使昆山从一个典型的农业县跃升为全国县域经济发展领头羊,成为中国改革开放的成功典范和生动缩影。"昆山之路"由此在全国叫响。

20世纪80年代,苏南乡镇企业异军突起,而昆山人还守着"苏州城外半碗饭"过着穷日子。在没有工业基础、没有鼓励政策的情况下,昆山在城东一块农田上自费开发搞起了工业开发区。"昆山之路"就是率先从昆山开发区起步的,一路走来,敢为人先是"昆山之路"极为鲜明的特质而且是贯穿始终的个性特征。昆山人秉承敢为人先的精神,白手起家,自费开发建设,从此迈出了关键一步。七年的埋头苦干,渐渐"开花结果"。1991年,昆山开发区被确定为省级重点开发区,次年经国务院批准成为国家级经济技术开发区,成为沿海"14+1"国家级经济技术开发区中唯一设在县级城市的开发区。回首改革开放40余年,凭借着敢为人先的魄力和勇气,敢争第一、勇创唯一,昆山"闯"出了全国诸多个第一,诞生了江苏省第一家县级中外合资企业、江苏省第一家外商独资企业、全国第一个封关运作的出口加工区、全国唯一自费创办的国家级开发区、第一个留学人员创业园、第一条跨省运营的轨道交通线、第一张一般纳税人资格试点增值税发票……取得的骄人成绩值得欣慰,但更为重要的是渗透在昆山广大干部群众血液中的那种敢为人先的拼搏精神,让昆山在改革开放的历史长河中闪耀着时代光芒,并以此在苏南激烈的区域竞争中拔得头筹,树立起全国县域经济发展的标杆。

改革开放 40 多年,用"天翻地覆"形容昆山的变化毫不为过。昆山之变,凭什么?习近平总书记说,只有敢于走别人没有走过的路,才能收获别样的风景。"昆山之路""摸着石头过河""坚决地试,大胆地闯",就是敢于走别人没有走过的路,在无资金、无技术、无产品、无市场的背景下,昆山历届党政班子以"功成不必在我"的豪迈胸怀,以"一张蓝图画到底,一任接着一任干"的稳定性连续性的创新,带领广大人民群众脚踏实地、开拓创新,硬是凭着栉风沐雨、虽九死其犹未悔的顽强毅力和拼搏劲头,抢抓每一次发展机遇,醒得早爬得快,想在先干在前,不满足不停步,从而成就了一个个时代传奇。

## 2. "昆山之路"的精神内核

(1)"昆山之路"是一条"绝地求发展、白手打天下"的"艰苦创业"之路

《人民日报》的《"昆山之路"三评》文章指出,昆山"不等中央定什么'名分',不要国家给什么投资,就自费开发,因陋就简,建成一片被誉为'投资者乐土'的经济技术开发区",并总结出三点经验:向自己要钱,办大事未必花大钱,政策也会变成钱。昆山在创业之初,底子薄、基础弱、条件差是客观实际,但昆山的干部群众吃苦不言苦、处难不畏难,自力更生、白手起家,没有政策条件,就学习南方经济特区、比照国家优惠政策;没有资金条件,就大胆尝试以批租土地获得启动资金;没有项目条件,就主动出击招商引资。40多年来,从自费开发的艰辛,到历次金融危机的挑战,再到经受中美贸易摩擦的考验,这种"唯实、扬长、奋斗""不等、不靠、不要"的自立自强精神,让昆山人民历坎坷而勇往直前,让这座城市经风雨而顽强崛起,实现了从苏州"小六子"到华夏"第一县"的华丽逆袭。

(2)"昆山之路"是一条"改革不停顿、开放不止步"的"勇于创新"之路

昆山发展的每一次重大突破,都是解放思想、抢抓机遇、开拓创新的结果;昆山每一轮大发展的背后,都是发展理念、发展思路的创

新和转变。改革开放之初，昆山抓住上海国有企业向外拓展、"大三线"军工企业转产民品的机遇，积极开展横向经济联合，迈出了工业化发展的重要一步。20世纪80年代中期，昆山市抓住国家沿海开发开放战略机遇，在全省县市中率先走出了外向型经济发展的第一步。1992年邓小平同志南方谈话以后，昆山抓住浦东开发开放、昆山开发区国批等机遇，大力实施外向带动战略，奠定了外向型经济基本格局。亚洲金融危机期间，昆山从危机中寻找机遇，通过"台资扩张"掀起了又一轮开放发展高潮。进入21世纪，昆山顺应经济全球化大趋势，积极承接国际制造业转移，全面融入国际产业分工体系。近年来，昆山主动融入"一带一路"建设、长三角一体化发展等四大国家战略，立足雄厚的制造业基础，整合国内外科技创新资源，全面推动转型升级创新发展，实现了从"昆山加工""昆山制造"向"昆山创造""昆山智造"的转变。40多年来，正因为昆山始终坚持解放思想，始终坚持开放发展、创新发展，敏锐果敢地把握一次次重大机遇，才能够在每一个转折关头乘势而上乃至逆势而进，实现经济社会发展的一次次巨大跨越。

（3）"昆山之路"是一条"敢于争第一、勇于创唯一"的"争先创优"之路

"敢为人先、永争第一""敢想、敢闯、敢试"是"昆山之路"的鲜明标识和关键动力，"人无我有、人有我优、人优我精"是昆山发展的一贯追求和核心竞争力所在。40多年来，从第一个创办自费开发区、引进江苏省第一家中外合资企业，到成立全国第一个封关运作的出口加工区、全国县级市第一家国家级高新区，从开通全国第一条跨省轨道交通线、建成全国第一条县级环城快速路，到开出全国第一张一般纳税人资格试点增值税发票、长三角第一张跨区域通兑创新券……昆山在改革开放史中写下了许多历史性的"首创"，在县域发展史上创造了多项重量级的"第一"和"唯一"。正是靠着这种"不甘人后、争先进位"的态度、"攀高比强、勇立潮头"的劲头，昆山才能始终保持率先发展的优势，才能在日趋激烈的区域竞争中始终走在前列。

## 3. "昆山之路"精神与时俱进的创新品格

2009年4月，习近平同志在江苏调研时指出："昆山的发展现在已经处于一个标杆地位"，"像昆山这样的地方，包括苏州，现代化应该是一个可以去勾画的目标"。[①] 2014年12月，习近平总书记视察江苏，在讲话中再次回忆了对昆山提出的这一要求。昆山之路根本上就是中国特色社会主义的现代化发展之路，总书记对昆山现代化之路的殷切期望正在一步步变为现实。

发展离不开发展的主体自觉，离不开发展主体之间在物质生产实践活动的基础上不断相互建构和普遍交往。中国的现代化道路从1840年鸦片战争开始被动开启，直到新中国成立才真正开始自主输入型的现代化道路探索。我们可以把现代化的发展模式划分为三个阶段，即从被动输入型现代化、自主输入型现代化和自主辐射型现代化，也可分别称之为第一波、第二波和第三波现代化。从发展逻辑上来看，后发地区的发展起点结构决定了现代化模式的选择水平，必须从最低端的致富开始，而随着经济GDP的增长，发展主体的能量提升，自主再组织发展结构和发展方向才有可能，自主发展的再次提升又必须诉诸发展主体的交往层次的跃升和扩大，在世界经济交往中重塑自己，由此从第二波现代化走向第三波现代化是发展逻辑的必然选择。

改革开放以来，昆山经历了一个从被动发展到自主发展的过程，发展主体自觉意识不断增强。"横看成岭侧成峰，只缘身在此山中"，当我们从更高的现代化发展历史尺度，跳出昆山来看昆山发展的时候，我们就会有新的体悟和判断。前面说过，从世界范围内人类社会现代化运动的发展历程来看，主要表现为三波现代化样态，而昆山的发展就是在自身有限的区域内，以空间换时间，压缩重演了世界现代化波澜壮阔的现代化发展历程。昆山在改革开放之初，经济社会发展处于周边县市末端，当时昆山人的发展焦虑可想而知，中国有句老话"穷则思变"，问题是怎么变，昆山在开放之初的选择就意味着不能自主地

---

[①] 转引自闫玉清、赵雁《人间天堂的小康风采》，《求是》2020年第13期。

选择，而必须因地制宜、因时制宜，只能更多依据外在的发展环境来快速发展自己、壮大自己。由此，昆山从自费创办开发区开始，到走向外向型经济主导的发展模式，都在表明后发地区开启现代化之路必须从第一波即被动输入型现代化开始，这是一条必经之路。昆山通过前期的发展积累，不断提高自身的发展定位，特别是进入21世纪以来，昆山自主创新发展之路越来越清晰，第二波现代化态势逐渐成型。昆山在科创驱动、产业层次提升、城乡统筹发展、社会治理创新、生态环境保护等领域都逐渐形成了自主发展的亮点和品牌。党的十八大以来，昆山的发展更进入了快车道，进入新时代，昆山的新发展实践表明，昆山的现代化之路又在新的转型之中，即从自主输入型现代化向第三波的自主辐射型现代化转变，这是新时代昆山之路的发展趋势。

"昆山之路"作为一个具有相对完整精神生命形态的价值体系，其形成和发展同昆山之路的实践高度关联，是一个不断创新发展的过程。"昆山之路"在不断开拓中前行，昆山精神也需要不断创造。坚持解放思想、实事求是、与时俱进、勇于变革、勇于创新，永不僵化、永不停顿，不为任何风险所惧，不被任何干扰所惑，是"昆山之路"不断创新发展的基本路径。与时俱进、不断创新和发展作为"昆山之路"的内在基本价值，也是其鲜明特点。整体来看，"昆山之路"的演变历程经历了三大历史性跨越。

第一次是从传统农业文明转向工业文明的跨越。昆山走上现代化道路的第一波推进是与昆山精神的第一次转型密切相关的。任何一次转型的艰难性无不伴随着思想的撞击。没有昆山人的创新精神，就无法解释"昆山之路"一个又一个奇迹的发生。

第二次是在党的十八大之前，昆山之路的转型发展蕴含着昆山精神在从传统工业文明向以知识经济为特征的新型工业文明转型的基础上开始新的升华。在这一过程中，"昆山之路"精神在本土化与全球化的双重构造下再次获得新的生命，由于新旧全球化时代的转换和差异，"昆山之路"精神在新全球化与中国现代化的激烈碰撞中不断寻找自己的新现代化之路。昆山精神不断在创新中体现出新型现代性的价值体系。这一价值体系开始与经典现代性决裂，开始从对经济增长和GDP膜拜的幻梦中惊醒，开始闪烁着从科学发展观到新发展理念的光芒，昆山浓缩版的发展共同体主义精神得到进一步拓展。

第三次是党的十八大以来,"昆山之路"精神在新发展理念指引下,实现了新的历史性飞跃,进一步开拓出自己的新现代化之路。昆山在新时代的伟大实践中,在传承与借鉴中、在本土与全球的融合中不断丰富自己,发展自己。在创新、协调、绿色、开放、共享的发展方面都取得了新的成就,人与人、人与自然和谐而共生,生态文明、城乡一体化、自主知识产权的提升等创新发展都在不断引起全球的聚焦。

今天,我们站在新时代的历史方位上继续深入探讨"昆山之路"所蕴含的新时代精神,目的就在于为百年未有大变局之下的中国特色社会主义现代化道路探索提供"昆山2.0版"的精神动力支撑,在继承和发展当年苏州"三大法宝"之一的"昆山之路"精神基础上高能转换到新"昆山之路",推动苏州再创一个激情燃烧、干事创业、开放再出发的火红年代,并为中国和世界现代化道路提供昆山方案。我们相信,在传承和发展"昆山之路"精神的基础上,继续聚焦挖掘新时代昆山实践所蕴含的新精神、新价值,一定会让新"昆山之路"行稳致远。

路漫漫其修远兮,吾将上下而求索。进入新时代,"昆山之路"精神又当如何以其崭新的姿态引领新"昆山之路"再创辉煌?

## 三 走向新时代的"昆山之路"

新时代"昆山之路"—新时代昆山实践探索—新时代"昆山之路"的再出场—昆山精神的当代解读—新时代昆山精神出场的坐标—新时代"昆山之路"的精神实质—新时代"昆山之路"精神内涵的当代价值

党的十八大以来,中国特色社会主义现代化道路进入发展新阶段,党的十九大庄严宣告中国特色社会主义进入新时代,新时代标示我国

> 新时代苏州精神

发展新的历史方位。新时代昆山的发展实践已经向我们表明，新时代、新征程正造就着新精神，新时代昆山之路的精神内涵正在以崭新的姿态展示昆山发展的新阶段，正在以更加强大的动力推动着昆山这艘巨轮乘风破浪，向更加光辉灿烂的未来之路驶去。那么，本节要回答的问题就是，站在新时代历史方位上，如何进一步挖掘和表达新时代"昆山之路"精神内涵？如何理解新时代"昆山之路"精神内涵的当代价值？"昆山之路"是在实践中闯出来的，其背后的精神一直是强大的动力支撑，推动着昆山人战天斗地，锐意进取，创新发展。从昆山的新时代实践活动出发，深入分析和挖掘新时代"昆山之路"精神的新内涵，对于不断拓展新时代新昆山之路具有重大的理论和实践意义。

## 1. "昆山之路"的新时代实践

党的十八大以来，昆山深入学习贯彻习近平新时代中国特色社会主义思想，坚定不移贯彻新发展理念，坚持稳中求进工作总基调，统筹推进"五位一体"总体布局，协调推进"四个全面"战略布局，经济社会发展和党的建设取得积极成效。

（1）把推动高质量发展作为昆山发展的鲜明主线，确保经济行稳致远。昆山经济规模巨大，实体经济发达，尤其是制造业基础雄厚。立足新时代，昆山的动能转换任务之重，创新发展潜力之大有目共睹。昆山坚持向改革要动力，向开放要活力，加快动能转换、创新发展，推动经济在高平台上行稳致远。

一是强化企业服务优存量。"昆山服务"是昆山发展的重要法宝，也是昆山核心竞争力的重要标志。昆山牢牢树立"用户思维、客户体验"理念，创新推出"昆如意"营商服务品牌，持续擦亮"昆山服务"金字招牌。特别是新冠肺炎疫情发生以来，昆山推行"1311"服务机制，出台一系列惠企暖企政策举措，创新绘制产业链协同复工树状图，率先开通复工专列、专车、专机，开展政府专员"215"行动，全力推动复工复产，坚决守住实体经济"基本盘"。截至2020年年底，拥有市场主体91.26万户，成为全省首个市场主体突破90万户的县级市。

二是加大招商引资强增量。把招商引资作为城市发展的永恒主题，坚持"项目为王、精准招商"，通过引入优质增量来调整优化产业结构和投资结构，加快引进一批投资规模大、产业层次高、创新能力强、带动潜力足的优质项目，全力以赴推动洽谈项目早落地、签约项目早开工、建设项目早投产、竣工项目早达效。2020年，星巴克咖啡创新产业园、富士康5G毫米波连接器、三一创智云谷、迈胜质子医疗等一批行业龙头项目签约落户。2020年全年完成固定资产投资总额743.05亿元，比上年增长3.3%。2020年完成进出口总额868.40亿美元，增长5.0%，其中出口总额573.82亿美元，增长3.0%。民营企业实现进出口总额170.31亿美元，占进出口总额比重为19.6%，比上年提高2.9个百分点[①]。

三是加快创新驱动促转型。认真贯彻落实习近平总书记"发展是第一要务，人才是第一资源，创新是第一动力"的重要论断，围绕产业链部署创新链，深入实施祖冲之自主可控攻关计划，加快传统制造业智能化改造步伐，着力构建自主可控、富有竞争力的现代产业体系。全力建设创新载体，高水平运营国家超级计算昆山中心，高标准建设深时数字地球研究中心。

四是落实安全责任稳基础。昆山牢固树立安全发展理念，始终坚持"抓安全就是抓发展"，大力开展"蓝盾护航"百日行动、群租厂房综合治理，常态化开展"四不两直"安全生产检查，开展"红蓝军"对抗演练，建设城市安全管控指挥中心，持续推进企业安全生产标准化建设，全面压实企业主体责任。

（2）把建设现代化大城市作为昆山发展的基本定位，提升城乡功能品质。2018年5月22日，省政府主要领导在第一次听取昆山新版城市总规修编情况汇报时，要求昆山努力打造功能综合的上海卫星城、苏州重要板块，建设社会主义现代化大城市。围绕这一定位，昆山聚焦规划、建设、管理三大环节，大力推进城乡融合发展，全面提升城乡功能品质。

---

① 引自《2020年昆山市国民经济和社会发展统计公报》，昆山市政府网址（http://www.ks.gov.cn/kss/tjfx/202104/6c486dc1996e4b968d03c2c79186bbaa.shtml）。

一是坚持科学规划。习近平总书记强调,要坚持集约发展,树立"精明增长""紧凑城市"理念,科学划定城市开发边界,推动城市发展由外延扩张式向内涵提升式转变。昆山积极借鉴雄安新区、郑东新区等标杆典范的规划理念,落实减量发展要求,完成昆山城市总规(2017—2035)修编。一方面,坚持生态优先、绿色发展。在总规中划定11条绿色生态廊道、6个郊野公园、4片生态区,保证水面率保持16%不减少、森林覆盖率提高到26%以上,全市受保护蓝绿空间达到50%以上,推动水网、路网、绿网"三网融合",形成"田湖环城、水路林盘、湿地成群、环环相扣"的生态绿化大框架。另一方面,坚持差异化、特色化发展,在规划中将全市划分为三个片区,中部片区强化集聚发展,南部片区和西部片区聚焦生态保护、文化保护、村落保护,维护好江南水乡基底。其中,中部城市集中建设区由"一核两翼三区"6个组团组成,每个组团既实现综合发展又突出各自特点。

二是坚持高效建设。习近平总书记在中央城市工作会议上指出,要加强对城市的空间立体性、平面协调性、风貌整体性、文脉延续性等方面的规划和管控,留住城市特有的地域环境、文化特色、建筑风格等"基因"。[①] 昆山加强城市设计,加快"五区一线"建设,打造各具特色的标志性"城市客厅"。坚持问题导向,聚焦交通出行等群众关心的问题,大力构建现代化综合交通体系,系统推进老旧小区改造、农贸市场和公交候车亭标准化改造、"厕所革命"等工作。加强城市建设新理念、新标准、新技术运用,推进装配式建筑、绿色建筑、海绵城市、BIM技术应用融合发展。

三是坚持精细管理。习近平总书记强调,城市管理应该像绣花一样精细。昆山坚持问题导向,精准发力,流程再造,不断创新和改进城市治理方式。推进中心城区管理体制机制改革,成立4个城市管理办事处,初步建立起"职权明晰、责任明确、运转协调、监管有力"的城市管理新体制。实施"美丽昆山"建设三年提升工程,实施撤并乡镇"六整治三规范四提升"工程,持续推进康居乡村、特色田园乡村建设,深入实施农村人居环境整治行动,推进生活垃圾分类,大力

---

① 《中央城市工作会议在北京举行》,《人民日报》2015年12月23日。

改善城乡环境面貌。

（3）把加强生态环境保护作为昆山发展的关键环节，着力推动绿色发展。习近平总书记反复强调，绿水青山就是金山银山。经过40多年的改革开放，昆山创造了令人瞩目的经济发展成就，也感受到了资源环境承载力触底对可持续发展的严重制约。昆山实践表明，保护生态环境就是保护生产力，改善生态环境就是发展生产力。

一是加强基础设施建设。近年来，昆山每年排出"百项生态文明实事工程"，仅2018年就启动了113.75亿元的7大类83项612个工程；2019年，昆山又启动了总投资143亿元的生态文明建设工程。近5年，昆山环保投入年均超百亿元。特别是在水环境和垃圾危废方面，昆山全力补齐生态基础设施短板。

二是大力开展专项整治。大力开展"散乱污"企业整治，近3年完成"散乱污"企业整治7735家，处罚违法企业1530家。加大生态环境司法保护力度，积极开展环境公益诉讼，办理诉讼案件37起，累计追回生态修复资金近3470多万元。

三是创新环保工作机制。加大对绿色金融、技术改造的支持力度。通过对企业资源集约利用实行"ABCD"综合评价，实施差别化资源价格和绿色信贷政策。鼓励企业开展技术改造，设立15亿元技改基金，按照企业技改投资额的10%给予补助。落实提标减排奖补等激励性政策，引导企业中水回用、提标排放，企业每减排1吨废水补助10元，每天实现消减废水排放2.5万吨。

（4）把提升群众获得感作为昆山发展的根本追求，切实保障改善民生。昆山始终坚持以人民为中心的发展思想，围绕习近平总书记指出的"八个更"要求，聚焦民生领域突出问题和薄弱环节，着力解决发展不平衡不充分问题，加大投入，精准施策，不断提升群众获得感、幸福感和安全感。近年来，民生支出占财政支出比重保持在80%左右。

一是稳步提升城乡居民收入。昆山始终把富民优先作为发展第一导向，统筹推进产业富民、创业富民、就业富民、保障富民各项工作，居民人均收入连续多年跑赢GDP增长速度。2020年全市居民人均可支配收入62238元，同比增长4.2%，高于全国平均数30049元；城乡居民收入比为1.87，低于全国平均值0.69。健全社会保障体系，全民参保覆盖率提升至99%，城乡居民大病医疗保险最低支付比例提升至60%，企业退休人员养老金实现"十五连增"，城乡居民最低生活保障标准提高到995元/月。

二是着力解决"三个焦点问题"。教育、医疗、养老是群众最关心最直接最现实的利益问题，也是民生领域的难点痛点问题。昆山这样的城市人口基数大，教师、医生等编制资源少，供需矛盾突出。通过加大投入、创新机制等一系列措施，努力实现学有优教、病有良医、老有颐养。在教育方面：一手抓硬件投入，近3年昆山教育投入达185亿元，仅2019年就完成学校建设项目13个，新增学位8080个；一手抓政策创新，出台《昆山市民办教育财政奖补资金实施办法》，实施昆山新市民子女积分入学办法，创新招聘备案制教师，开展教师"置换式"轮岗交流，推行集团化办法，有效解决了教师编制不足、优质教育资源不均衡等问题。在医疗方面：加快推进东部医疗、西部医疗、公共卫生"三大中心"建设，大力创建"三甲"医院，设立15家社区卫生服务中心和142个社区卫生服务站，推进分级诊疗制度和家庭医生制度建设；引入上海优质医疗资源，委托复旦大学附属儿科医院全面管理市妇幼保健院。在养老方面：建设市级护理院和区域性养老服务中心，大力推行居家养老，推动居民小区适老化改造，建成日间照料中心130家；加大对社会力量参与养老服务的扶持力度，全市公办养老机构和日间照料中心社会化运营率达78%，拥有5个规模化养老服务品牌和5家社会化养老服务机构。

三是加强社会治理创新。昆山常住人口多、流动人口多、市场主体多，社会治理压力非常大。昆山围绕习近平总书记提出的"社会化、法治化、智能化、专业化"要求，坚持精准治理，依托"城市大脑"，推进立体化信息化社会治安防控体系建设，实现综治网格和警务网格"双网融合"，建成社会综治联动中心，切实维护社会和谐稳定。2019年"平安网格"创建达标率95.6%，群众安全感满意度98.7%。

（5）把弘扬优秀传统文化作为昆山发展的重要支撑，保护延续城市文脉。习近平总书记指出，历史文化是城市的灵魂，要像爱惜自己的生命一样保护好城市历史文化遗产。近年来，昆山围绕擦亮昆曲和顾炎武两张文化"金名片"，举办戏曲百戏（昆山）盛典，制定昆曲发展五年规划，建立当代昆剧院，打造昆曲特色小镇，设立"昆山市顾炎武日"，有力推动了城市文脉延续。

（6）把推进全面从严治党作为昆山发展的政治保证，不断加强党的建设。党的十九大报告指出，伟大的事业必须有坚强的党来领导。改革开放以来昆山所取得的成绩，归根结底在于党的领导，在于有一个团结的领导班子、有一批坚强的基层组织、有一支过硬的干部队伍。

在基层组织建设方面：昆山注重提升党建工作的实战性和实效性，切实以党建引领经济社会发展各项工作。巩固拓展"不忘初心、牢记使命"主题教育成果，建立落实"找差求进、助企惠民"常态化机制，推进党建引领助企惠民、引领乡村振兴、引领社会治理"三大工程"，深入推进党员先锋"十带头"实践活动，广泛组建攻坚克难"行动支部"，推进"红管先锋"书记项目，建设"海棠花红"三级党群服务体系，打造"15分钟"党群服务圈。

在干部队伍建设方面：昆山注重提振干部队伍精气神，旗帜鲜明鼓励干部担当作为，用足用活鼓励激励、容错纠错、能上能下"三项机制"，全面实施激励干部担当"1+N"系列文件，深入开展容错纠错深化、澄清正名聚力、政商交往规范、企业权益保障、重大项目督察"五大行动"，推出大型问政栏目《民情面对面》，建立区镇主要领导留守值夜制度，实施领导干部"一线攻坚工程"、退出领导岗位干部"助力工程"，大力推动干部"四型"交流，创新年轻干部培养"八大平台"，着力打造激情燃烧、干事创业的高素质干部队伍。

## 2. 从新时代新实践到"昆山之路"精神的再出场

新时代造就新精神，新精神推动新时代昆山之路不断延伸。昆山之路的新时代实践为新时代昆山之路精神的再出场奠定了基础，成为新精神动力之源。马克思指出："要研究精神生产和物质生产之间的联系，首先必须把这种物质生产本身不是当作一般范畴来考察，而是从一定的历史的形式来考察。例如，与资本主义生产方式相适应的精神生产，就和与中世纪生产方式相适应的精神生产不同。如果物质生产本身不从它的特殊的历史形式来看，那就不可能理解与它相适应的精神生产的特征以及这两种生产的相互作用。这样就不能超出庸俗的见解。"①

（1）从世界历史发展大势来说，当今世界正处于百年未有之大变局，这是新时代昆山精神出场的最大时代背景。在互联互通的新全球化时代，没有一个区域可以封闭发展，昆山之路的历程一再表明，只有与世界发展大势深度耦合，顺势而为，才可能获得发展重大机遇。当今世界之大变局其核心的特质在于，以美国为首的一超多霸的新帝国主义、单边主义支配的旧全球化格局正在崩塌，以新兴国家倡导的和平共赢发展、主张文明互鉴多元和合发展的新全球化时代正在来临，新旧世界秩序的转换尚未完成而处在剧烈的震荡之中。中国的和平崛起在当今世界面临着巨大的西方霸权的挑战，怀疑、打压、全方位压制无时无刻无处不在，但世界文明、文化轴心正在东移已是历史大势，中国方案正在影响世界。从产业的创新和发展来看，以新一轮科技革命、大数据和智能制造为发展方向和支撑的全球工业革命新格局正在形成，昆山的产业链发展方向必须牢牢把握这一世界发展大势。

（2）中国特色社会主义进入新时代是新时代"昆山之路"精神得以出场的最根本的地平线。党的十九大报告庄严宣告："经过长期努力，中国特色社会主义进入了新时代，这是我国发展新的历史方位。"②中国进入新时代就意味着近代以来久经苦难积贫积弱的中华民族，通过自身的艰苦奋斗，从站起来到富起来，现在就要向新的"强起来"的历史进行跨越，强国时代就是新时代的指向。习近平总书记指出，这个新时代是承前启后、继往开来、在新的历史条件下继续夺取中国特色社会主义伟大胜利的时代，是决胜全面建成小康社会、进而全面建设社会主义现代化强国的时代。这一新时代意味着中国特色社会主义现代化道路发展将更加自信，在道路、理论、制度、文化等方面不断发展，开辟后发国家走向现代化道路的新的路径。正因为如此，习近平总书记在视察江苏和在昆山调研时才明确指出："像昆山这样的地

---

① 《马克思恩格斯全集》第33卷，人民出版社2004年版，第346页。

② 习近平：《决胜全面建成小康社会　夺取新时代中国特色社会主义伟大胜利——在中国共产党第十九次全国代表大会上的报告》，人民出版社2017年版，第10页。

方，包括苏州，现代化应该是一个可以去勾画的目标。"①

这一殷殷嘱托为新时代昆山之路的创新发展指明了方向。改革开放40多年来，昆山在始终坚持以经济建设为中心、从实际出发、解放思想、实事求是、开拓创新、抢抓机遇、不断进取，经济社会保持了持续、快速、协调发展的良好态势，成为全国改革开放率先发展的典型，是全面建设小康社会的榜样，更是中国特色社会主义道路在县域发展的成功实践。在这样的新时代历史方位下，昆山作为社会主义现代化试点区域就具有了巨大的历史机遇和广阔的发展空间。

（3）中国进入新时代，长三角区域一体化发展、江苏发展、苏州发展都进入了新时代，这是新时代"昆山之路"精神出场的最现实的起跑点。以习近平新时代中国特色社会主义思想为指导，"创新、协调、绿色、开放、共享"的新发展理念贯穿于中国各区域现代化道路的新征程之中。长三角一体化已提升为国家战略，该区域正在打造全球第一增长极轴心区域发展共同体。昆山又是创建"强富美高"新江苏的县市级先行军和排头兵，也是国家改革开放的现实成果的标志性样本，更是全国乃至全世界观察中国特色社会主义制度、道路和改革开放成效的窗口。"强富美高"新江苏正在成为全国高质量发展的先行军和排头兵。苏州作为一个区域发展共同体，也已站在新的历史方位上向率先全国、全省走高质量发展道路迈进。中共也多次号召，鼓舞苏州广大干部群众再燃激情、再创辉煌。苏州之所以能成为今日之苏州，最大的成就不仅仅在于经济数据，而更在于广大干部群众在敢闯敢试、你追我赶的火热实践中形成的最可贵的精神力量。当前，全球新一轮科技革命和产业变革风起云涌，如何把握趋势、抢抓机遇，实现从高速增长转向高质量发展，是昆山必须答好的时代答卷。

（4）不断抓住当前重大机遇，突破昆山发展的瓶颈，造就发展新动力是新时代"昆山之路"精神得以出场的重大使命。"昆山之路"自从叫响全国之后，其经验被不断复制推广，已基本没有什么秘密可言。这样对于昆山自身发展来说，是压力也是动力，只有勇闯新路，

---

① 转引自闫玉清、赵雁《人间天堂的小康风采》，《求是》2020年第13期。

当好改革开放的热血尖兵才能有新作为、新发展，现在对昆山乃至苏州而言，要启动找准新精神的生长点和支撑点，必须正视当下发展实践中所面临的困境。可以看到，第一轮创新的生命周期全面结束，所有经验被全国复制，急需第二次创业创新。对于昆山来说，经过几次转型发展，从第一波到第二波，目前正处于由自主输入型现代化向自主辐射型现代化迈进征途中。在昆山之路的新征程中，昆山广大党员干部群众要准确把握新时代解放思想的本质要求，切实把思想统一到习近平新时代中国特色社会主义思想上来，以新思想定向领航，从新思想中寻策问道，切实增强"做好高质量发展榜样"的使命担当，要以永不自满、永不停步、永不懈怠的追求，改革开放再出发，继往开来创新业，以现代化建设试点为重大契机，以热血尖兵的时代担当，超越自我、挑战极限，积极抢抓"一带一路"建设、长江经济带发展、长三角一体化发展、自贸试验区等国家战略叠加机遇，争当对接大上海、融入长三角"热血尖兵"，拼出更多"第一"，闯出更多"唯一"，奋力走出新时代高质量发展的"昆山之路"。

### 3. 新时代"昆山之路"精神的当代解读

回顾当年，改革开放以来特别是党的十六大以来，昆山人始终保持着昂扬向上、争创一流的精神状态，在全面建设小康社会的实践中形成了体现艰苦创业、勇于创新、争先创优精神的时代特色。2008年，课题组当时在《苏州精神》一书中把昆山精神概括为八个字，即"开放、融合、创新、卓越"，这八个字集中体现了昆山发展中最可宝贵的精神财富，为"昆山之路"的形成和创新发展提供了强大的精神动力。今天再来重思当年的昆山精神，我们可以进一步加深理解和体悟。

（1）"开放"精神是当年昆山精神的动力，也是今天"昆山之路"背后精神的基础要素，但是必须看到进入新时代，我们对"开放"的理解需要进一步加深。邓小平同志曾经说过："对外开放具有重要意义，任何一个国家要发展，孤立起来，闭关自守是不可能的，不加强国际交往，不引进发达国家的先进经验、先进科学技术和资金，是不可能的。"[①] 改革开放近40多年，昆山从一个农业县发展成为经济比较发达、社会比较稳定、百姓比较富裕的新兴工商城市，关键在于抓住了对外开放的机遇。"昆山之路"本质上就是改革开放之路，就是率先融入经济全球化之路。分析以发展外向型经济为主导"昆山之路"的经验可以发现：抓住机遇，不断提高对外开放的水平和层次，以开放促发展、促改革，以改革促开放、促发展，以真正进入国际分工体系的方式，培育本土民营企业的竞争力，赢得长期发展，是昆山获得成功的重要途径。昆山发展开放型经济，及时抓住国际产业和资本转移的机遇，建设先进制造业，构筑承接国际产业资本转移的平台；积极发展内外配套经济，促使外资企业落地生根，促进民营企业蓬勃发展。进入新时代，伴随着一系列国家战略的实施，中国开放的力度不断向广度和深度迈进，显而易见的是，开放不再是以"请进来"为主导，而是进一步体现出了"走出去"的开放战略。这一开放的新形态就需要我们在新时代继续创新和发展昆山精神。

（2）"融合"精神是当年昆山精神的魅力，也是新时代"昆山之路"精神的基础要素，问题是需要在重塑发展主体的高度进一步提升。当年昆山在实现全面小康社会的历史阶段，既是"黄金发展期"，又是"矛盾凸显期"，这就要求在全面建设小康社会的进程中，努力构建社会主义和谐社会，实施和谐发展。昆山在率先全面建设小康的实践中，比较早地遇到了各式各样影响社会和谐的问题。在实施和谐发展过程中，昆山立足于人、围绕人做文章，坚持富民为先、亲民为本、安民为重、智民为要、益民为旨，深得要领、深得人心，民主法治、公平正义、诚信友爱、充满活力、安定有序、人与自然和谐相处在昆山得到了很好的体现。构建和谐社会的进展，更好地改善了昆山人的生存环境、生活环境、劳动环境、人文环境，促进了人的全面发展。构建和谐社会取得的进展使昆山经济社会发展更协调，经济增长方式得到转变，经济增长质量得到进一步提高，教育、科技、文化、卫生、体育等各项社会事业全面发展。在构建和谐社会的征程中，昆山市各级党委、政府进一步提高了执政能力，树立了自己在老

---

[①] 《邓小平文选》第3卷，人民出版社1993年版，第117页。

百姓心目中的形象，党和政府的威信更高，凝聚力更强。进入新时代，昆山之路也进入全面发展新阶段，以习近平新时代中国特色社会主义思想为指导，贯彻新发展理念，在百年未有之大变局中需要进一步主动作为，以高度的发展自觉，在闯的过程中才可能重塑自身新的发展主体以适应新的发展环境，从而达到新的融合发展的高度。

（3）"创新"精神是当年昆山精神的灵魂，也依然是今天新时代"昆山之路"精神的灵魂要素，问题是需要在新的历史背景下对创新的精神价值表达进一步提升。勇于创新是当年"昆山精神"的灵魂，是昆山全面建设小康社会的动力源泉。改革开放以来，昆山人做了许多别人没有做的事，做了许多别人不敢做的事，这需要勇气，更需要创新意识。昆山人在独辟蹊径中求创新，在制度创新、科技创新、管理创新等方面都找到了现实的实践路径。昆山人在全面发展中求创新，在破解难题中求创新，抓住了改革开放中一次又一次机遇，赢得了发展中一次又一次胜利。昆山的首创、原创有很多，昆山从创办自费开发区到兴办出口加工区，再到实现网上报关，以及各种服务品牌创新的举措等，都是昆山的原创，也是全国的首创。当年为了鼓励创新，昆山市政府设立了创新奖。从"外向带动"到"民营赶超"再到"服务业跨越"，从"亲商安商富商"到"亲民安民富民"，从"三有工程"到"五道保障"，从对外商的"契约式服务"到"新昆山人"工程，都是昆山全方位创新的生动体现。昆山人在破解难题中求创新。从"招商选资"到土地集约利用上的"八个度"，从实行片区规划到打造"总部经济"，都是昆山人紧扣发展中的难题，以创新促发展、以创新求突破的杰作。昆山在外来资本开始涌入之时，就以打造产业链为核心谋划"生根战略"；在国际资本集聚之时，就注重加快提高本土经济的配套创新能力；在工业经济迅猛扩张之时，就把服务业的发展提到战略高度。进入新时代，创新依然是新时代昆山精神的灵魂要素，问题是，当今处于百年未有之大变局，新一轮科技革命已经来临，新兴高科技产业如智能制造、信息产业等需要更高的创新精神，需要精准创新、协同创新、抢抓先机、事事创先。

（4）当年"卓越"精神是昆山精神的境界，追求"卓越"依然是今天新时代"昆山之路"精神追求的崇高境界，但是也需要进一步挖掘提升，体现作为发展高地的担当有为和标杆价值。当年昆山争先创优追求卓越，是昆山精神的一种境界。对成绩不满足，对弱项不回避，对困难不低头，样样工作争第一、创一流。正是有了这种追求，有了这股锐气，昆山人、昆山城、昆山情都更具时代特征，更具昆山特色。看昆山人，充满活力。领头人不分前后，目标如一。昆山领导班子换了一届又一届，但昆山领导集体的执政理念一以贯之，承前启后，薪火相传，始终咬定率先发展不动摇，始终咬定对外开放不放松，始终咬定科学发展不放松，昆山的发展始终保持了旺盛的活力和动力。昆山的各项工作之所以能不断创造出佳绩，靠的就是团队精神和争先创优的锐气。昆山人具有见贤思齐、见快思超、见强思争的争先创优的卓越精神；始终保持忧患意识，成绩面前不骄傲，始终保持进取心态，困难面前不畏惧；始终坚持富民优先、和谐发展，使改革开放成果惠及全体人民。进入新时代，卓越依然是新时代昆山精神的追求境界，所不同的是，卓越的境界得到了进一步提升，不仅仅是为了争先创优，而是通过争先创优树立一个个标杆，率先垂范，引领后来人，其境界更加致远博大。

## 4. 新时代"昆山之路"的精神内涵

（1）新时代"昆山之路"精神出场的时空坐标

从空间角度讲，新时代昆山精神内涵应在区域、国家和世界等三个方位中找准自己的坐标位置。首先，新时代"昆山之路"精神内涵应该是新时代苏州精神、长三角精神的重要承载者，新昆山精神内涵的涵养基础并不限于昆山传统文化，而是植根于深厚的苏州吴文化、长三角区域的吴越文化、上海海派文化等诸多文化细分碰撞形成的新文化，昆山不仅是昆山人的昆山，也是苏州、苏南乃至中国文化精神涵养的昆山。目前苏州、无锡、常州合作框架协议的签订从某种意义上将有力推动新苏南发展，也会进一步推动昆山精神的创新发展。其次，新时代"昆山之路"精神内涵应该自信地成为中国道路、中国精神的引领者。党的十八大以来，中国新的发展实践表明，中国的现代化道路更需要增加自己的发展主体意识，以中国道路和中国精神引领走中国特色社会主义现代化道路,这一道路是中国新现代性引领的新现代化之路,既区别于当今西方的现代化之路,也不同于过去的老路。昆山乃至苏州地区作为中国现代化道路的先行军理当引领和示范,其精神也理应成为中国精神的一个缩影和亮点。

从时间角度来讲,新时代昆山精神内涵的出场要处理好传承与发展的关系问题。一方面,昆山之路背后的精神从来都不是断裂的,而是一个精神生命共同体的不断创新发展成长,没有所谓优劣之分的新老精神,而是在历史唯物主义立场上的对处于不同发展阶段的精神进行相对的划分;另一方面,精神的生产根植于物质的生产之中并在高度关联的辩证统一中获得发展,新时代"昆山之路"精神的出场也会在不断地对过去和当下的反思中获得新的内容。

(2) 新时代"昆山之路"精神内涵的实质

新时代"昆山之路"精神内涵是习近平新时代中国特色社会主义思想和党的十九大精神在苏州昆山大地上的生根发芽和精彩华章。中国特色社会现代化道路不是纸上谈兵而是由一代又一代实践者所书写的,昆山地处中国改革开放的前沿阵地,精神血液里就流淌着探路的使命和担当。新时代新征程,不能再固守在第一轮创新的旧模式之中,要真正实现高质量发展,要成为中国乃至世界的发展典范,就必须瞄准新科技革命,重塑自主发展的价值观,在心理、行为、精神风貌上集成新的精神的模块,高度关联新昆山之路并发挥精神动力作用。新时代"昆山之路"精神是一个高度凸显自主发展的精神共同体主义。共同体有不同的层次,其核心发展要义在于共同体是一个协同发展、集成发展、持续有力的整体系统,各要素动态分工有序,共同服务并塑造发展主体参与更高层级的共同体发展。

新时代是强国时代,新时代"昆山之路"精神也是强国时代的发展精神,这就决定了其精神实质主要表现为推动发展主体的自主性,担负新使命,聚焦于从第二波现代化快速走向第三波现代化,真正形成全面的高质量自主发展。

(3) 新时代"昆山之路"精神内涵的阐释

新时代、新征程造就新精神内涵。"昆山之路"在新时代的新实践,指向着新时代"昆山之路"精神内涵,即在"昆山之路"中包含着"胸怀天下、敢为人先、勇闯新路、引领示范"新的内容。这一新内涵是对"昆山之路"的"开放、融合、创新、卓越"底蕴内容在新时代的进一步传承和发展，也更是对昆山在长期发展中所形成的"昆山之路"精神在新时代的进一步深化和解读。在传承的基础上守正创新，这是昆山在新时代推动新实践的内在要求，也是中国特色社会主义现代化道路在昆山大地上不断走向高质量创新发展的新精神彰显。

从"开放"到"胸怀天下"是昆山在新时代凸显情怀和发展动力的新表达，也是昆山之路"开放"精神境界的新提升。昆山人的"胸怀天下"、敢于担当的博大情怀思想源远流长，当年昆山三贤之一顾炎武的"天下兴亡，匹夫有责"就深刻体现了这一思想。胸怀天下是当今时代必要的开放情怀，今天中国走向世界时代来临，昆山作为全国百强县之首，应该率先成为中国走向世界的先锋。中国走向世界的历史已经开启，开放的层次已经从过去的"开门迎客"向"登门拜访""四海为家"转变。在新全球化时代，产业发展轴心也已经发生巨大的变化，昆山在推动新一轮的高质量发展、实施自主发展的新征程中，就不断展现为面向全球、"胸怀天下"的精神境界。走向全国，走向天下，双向交往，形成高度的打破空间限制的非空域发展共同体，这就是全新的开放精神。因此，在新时代，我们解读昆山之路"开放"的精神，就不能守成地依然理解为开放之初单纯为了创造条件"请进来"，而要站在如何自主可控的产业、卓越的服务引领全球经济，将"请进来""走出去"合一的意义上来理解。"放眼全球""胸怀天下"，不仅是昆山之路的新时代目标选择的需要，价值情怀的释放，更是彰显出作为全国县域经济冠军示范、"为全国探路"的标杆城市的先锋气质。

从"融合"到"敢为人先"是新时代昆山精神的新魅力。敢为人先包括"争先""率先"的含义，激荡着"敢争第一，敢创唯一"的昂扬斗志。"敢"意味着胆气，意味着敢想敢干的气魄。"先"包含着争先、率先之意。敢为人先就是要传承昆山精神中当仁不让的新英雄气概。发展不是追求低度的一团和气，而是要着力打造争先恐后基础上动态的和谐发展，敢为人先就体现为一种发展主体的自觉，通

> 新时代苏州精神

过自主先导发展、舍我其谁的气概带动整个发展共同体跃迁更高层次。昆山进入新时代，昆山人敢于争第一、事事创唯一的行为精神就是对"敢为人先"精神的生动体现。

从"创新"到"勇闯新路"是对昆山新时代精神新灵魂、新动力的更深刻表达。昆山的一字诀是"闯"，"勇闯新路"即勇持一个"闯"字，突出一个"新"字，把"敢闯敢试"的传统精神与"闯新路"的目标结合，体现新时代的要求。昆山之路一路走来，靠的就是这个"闯"字，路是不断闯出来的。昆山从当年"小六子"能走到今天连续15年位居县域经济发展实力第一位，靠的就是"闯"当先，当仁不让，不断闯出新路，不断超越过去的老路。而今进入新时代，同样要靠这个"闯"的精气神，开拓新路。闯意味着披荆斩棘，意味着自主发展，意味着敢为敢当，这都是新时代"昆山之路"能够稳健行远的精神动力所在，"闯"的阳刚身影铸就着昆山新的华章。

从"卓越"到"引领示范"是新时代"昆山之路"精神的新境界和价值指向，突出昆山作为全国标杆的自觉和不断自主率先的发展意识。"昆山之路"是改革开放以来中国特色社会主义道路成功实践的一个具有标志性意义的重要案例，其核心价值就在于作为中国现代化道路开拓的先行者具有的引领示范价值。党的十九大以来，昆山又作为社会现代化的试点，更彰显了这一价值。展望未来，引领示范的精神价值就是要在世界后疫情时代背景下为中国现代化道路踏出新路，打造中国版的高质量发展现代文明样板，走向真正的自主发展，引领第二波现代化向自主辐射型的第三波现代化迈进。

由此可见，昆山之路的"开放、融合、创新、致远"精神内涵在新时代有了新的指向、新的目标、新的内涵、新的表达。新时代昆山人"胸怀天下、敢为人先、勇闯新路、引领示范"的新精神内涵是新时代实践对于"开放、融合、创新、致远"精神内涵的最新注解。我们只有站在新时代昆山继续领跑全国、不断率先发展实践的历史方位上，才能深切地感受到这一点。

## 5. 新时代"昆山之路"精神内涵的当代价值

当前,世界正处于百年未有之大变局中,中美战略博弈加剧、新冠肺炎疫情带来的公共卫生安全威胁、国际新政治经济秩序的深刻变化、逆全球化浪潮等问题,使当今人类世界发展遭遇空前挑战。昆山作为观察中国、研究中国现代化的一个窗口,其当代价值进一步凸显。

(1) 新时代"昆山之路"精神内涵的中国价值

新时代"昆山之路"精神内涵将继续引领昆山为全国探路,成为中国迈向全面高质量发展阶段的热血尖兵。昆山地处长三角地区,一直作为中国特色社会主义现代化道路的先导示范区,为中国的未来现代化道路提供借鉴和样本价值。进入新时代,昆山已站到了历史性跨越的新起点上,身处改革攻坚关键期、转型升级换挡期、结构调整阵痛期,恰逢"一带一路"建设、长江经济带发展、长三角一体化、苏州自贸区建设等国家政策叠加实施的重大发展机遇期,在这样的发展背景下,昆山能不能继续当好改革开放、创新发展的探索者和引领者,能不能推动"低转高""大转强"全面转型升级创新发展,实现发展动能的高位转换?能不能回答好"推进高质量发展和现代化建设试点的路怎么走"等重大命题,在"两个一百年"奋斗目标中继续做出昆山贡献?等等,这些问题的回答都离不开我们对新时代"昆山之路"精神内涵的当代价值的深入理解。昆山发展就是在自身有限的区域内,以空间换时间,继而以时间换空间,压缩加速了世界现代化波澜壮阔的现代化发展历程。昆山以"第一个敢吃螃蟹"的勇气,与时俱进,在荆棘丛生的发展道路上硬生生闯出一条道路,而且在不断地勇闯新路。早在 2009 年 4 月,习近平同志在江苏调研时指出:"昆山的发展现在已经处于一个标杆地位","像昆山这样的地方,包括苏州,现代化应该是一个可以去勾画的目标"。[1] 到了 2014 年 12 月,习近平总书记视察江苏,在讲话中再次回忆了对昆山提出的这一要求。2019 年 2 月,

---

[1] 转引自闫玉清、赵雁《人间天堂的小康风采》,《求是》2020 年第 13 期。

江苏省委、省政府着眼"为全国探路"大局，做出在全省开展社会主义现代化建设试点的重大部署，并选择昆山市等6个地区作为试点。2020年3月31日，昆山召开5000人誓师大会，开启了打造社会主义现代化建设标杆城市的新征程。会上，昆山发布了《"五争五最五突破"三年行动实施方案（2020—2022年）》，提出了"2022年全市地区生产总值超5000亿元，一般公共预算收入超500亿元，工业总产值超10000亿元，居民人均可支配收入达75000元，三年实际利用外资40亿美元"等一系列硬指标。"五争五最五突破"三年行动紧扣打造社会主义现代化建设标杆城市这一主题，全面贯彻落实新发展理念，明确了五个方面的重点目标和任务：一是争新旧动能转换之先，奋力走在创新发展最前沿，在产业科创中心建设上实现新突破；二是争推动城乡融合之先，奋力走在协调发展最前沿，在城市更新、乡村振兴上实现新突破；三是争生态文明建设之先，奋力走在绿色发展最前沿，在美丽昆山建设上实现新突破；四是争融入国家战略之先，奋力走在开放发展最前沿，在扩大开放上实现新突破；五是争创造美好生活之先，奋力走在共享发展最前沿，在社会治理上实现新突破。

　　新时代"昆山之路"精神内涵将进一步引领昆山成为习近平新时代中国特色社会主义思想的伟大成功实践案例。微观区域的发展需要有优越的宏观环境的条件支撑。习近平新时代中国特色社会主义思想是当代中国发展的旗帜，是全党全国各族人民团结奋斗的旗帜。昆山经济社会发展取得的成果，同与时俱进地学习贯彻党的理论创新成果密不可分。从深刻领会"发展才是硬道理"的科学内涵，到紧紧抓住"发展这个党执政兴国的第一要务"，到树立和落实"以人为本、全面协调可持续的发展观"，再到习近平总书记提出的新发展理念，昆山人对发展重要性的认识越来越深刻，对发展思路的认识越来越清晰，对发展模式的认识越来越科学，对发展方向的认识越来越明确。昆山一路走来的成功实践证明了中国特色社会主义道路的强大生命力，发展是硬道理，发展是第一要义，必须从区域的实际出发，增强发展主体的自觉性，敢想敢干。

　　新时代"昆山之路"精神内涵将继续引领昆山成为中国改革开放不断深化的光辉典范。当前世界全球化进程虽然遭遇了重大挑战，中美战略博弈加剧，但是全球一体化的大势不会改变。在新全球化时代，国际制造业向发展中国家的大转移仍然是历史的大机遇，世界产业链发展仍然需要各国参与其中。改革开放以来，昆山人敢于开放、抢抓开放机遇就是昆山的最大优势，也是"昆山之路"的最大特点和最大动因，昆山人看在前、说在前、干在前。进入新时代，中国的改革开放已经由过去的"世界走向中国"向"中国走向世界"转变，昆山敏锐地抓住了这一点，不断增强自主发展能力，配合国家"一带一路"倡议，在非洲埃塞俄比亚等地建立园区，在国外主导发展，为新时代"昆山之路"的不断开拓奠定了坚实的实践基础。昆山始终把发展开放型经济作为全市工作的重中之重，充分发挥并不断增强自身优势，努力优化投资环境，抓住国际资本和产业转移的有利时机，大力引进国外资金、技术，加快工业化和经济国际化步伐，实现主导产业高新化、新兴产业基地化。

新时代"昆山之路"精神内涵将继续引领昆山树立为中国城市文明的一个标杆。城市文明是人类文明发展至今的精华所在，但是究竟什么样的城市发展模式才是合乎人类生存发展的，一直存在巨大争议。昆山作为中国的一个小小的县级市，围绕社会主义现代化建设，以自己的精神开启着力打造社会主义现代化城市新标杆，在城乡融合发展、城市社会治理、城市绿色发展、城市共享发展等方面所取得的成就无不引人注目。昆山较早确立了城乡统筹和可持续发展的观念，不失时机地加快城市化进程。昆山把握机遇，大力推进城市化战略的实施，积极引导工业向园区集中、人口向城镇集中、住宅向社区集中，促进产业布局、人口布局的合理调整和资源的优化配置，提升城市化水平。昆山始终把安民富民放在突出位置，着力提高城乡群众生活水平。

新时代"昆山之路"精神内涵将继续通过新时代新实践推动示范传统与现代的普遍交往的守正创新文化自信发展。昆山历史悠久、文化底蕴深厚。在这里，曾诞生了著名思想家、教育家顾炎武，孕育了"百戏之祖""人类口述和非物质遗产代表作"昆曲，还完好保存着有"中国第一水乡"美誉的千年古镇周庄。进入新时代，昆山在现代的发展中从来没有丢弃传统文化，而是守正创新，不断在传承过去优秀传统文化、不断在挖掘传统文化的新内涵中，不断体现出习近平总书记所讲的"四个自信"中的文化自信，使传统与现代在这里交相辉映，为昆山之路不断注入新的动力。昆山各级党委和政府十分尊重群众的首创精神，非常注重挖掘文化资源，开发本地文化，融汇外来文化，增强城市的亲和力、凝聚力。昆曲现在已成为了昆山的一张亮丽的城市名片，昆山三贤之一的顾炎武也被以话剧、文学、电影等多种形式进行重新打造，成为新时代昆山之路发展的一个鲜活的文化形象而发挥作用。

（2）新时代"昆山之路"精神内涵的世界价值

新时代"昆山之路"精神内涵推动下的新昆山之路的创新发展是当代中国特色社会主义道路的基层样本，是世界观察中国社会主义道路的一个窗口。党的十八大以来，昆山加快推进农村经济文化建设。截止到2020年，昆山市已经连续16年获得全国百强县综合实力第一名。习近平总书记在视察江苏和在昆山调研时明确指出："昆山的发展现在已经处于一个标杆地位，但是没有停滞不前，还提出这样一些赶超目标，难能可贵。苟日新、日日新，自强不息、止于至善，有这样一种精神，有这样的劲头，我想一定会有一个新的超越。像昆山这样的地方，包括苏州，现代化应该是一个可以去勾画的目标。"昆山，是江苏省创建"强富美高"新江苏的先行军和排头兵，也是国家改革开放现实成果的基层样本，更是全国乃至全世界观察中国，观察中国特色社会主义制度、道路和改革开放成效的窗口。

新时代"昆山之路"精神内涵引领下的新时代"昆山之路"将继续成为世界研究中国共产党领导下的中国现代化道路发展模式的一个微观样本。在当前中美经贸摩擦之中，以美国为首的西方霸权国家，对中国发展的攻击正在转向对中国共产党的攻击，从发展的意义上来讲，这也是对在中国现代化道路上起主导作用的发展主体的攻击。我们知道，对于中国特色社会主义的现代化来讲，改革开放以来中国之所以取得如此巨大成就，根本上离不开中国共产党这一坚强领导，这是历史所验证的。从昆山这一浓缩的中国发展窗口也可以看到，昆山区域现代化发展过程中各级党组织和政府聚焦发展，一心一意谋发展，主导发展，自觉增强发展主体自觉意识，无疑是昆山之路取得成功的根本原因。因此，昆山的发展历程从微观上来讲也是对西方中心论的现代化发展观的有力回击。

习近平总书记指出:"实现中国梦,是物质文明和精神文明均衡发展、相互促进的结果。没有文明的继承和发展,没有文化的弘扬和繁荣,就没有中国梦的实现。"[①] 昆山梦作为中国梦的一部分,"昆山之路"精神与时俱进,不断创新,为昆山之梦、苏州之梦乃至中国之梦的实现提供强大的精神动力支撑。回顾过去,昆山走出了一条"以改革开放为时代特征、以创业创新创优为精神动力、以人民幸福为不懈追求"的"昆山之路"。展望未来,再闯新路,我们有理由坚信:这个神奇的地方必将再书华章,再造中国发展的传奇!

(本章撰稿人:吴建厂)

---

[①] 习近平:《出席第三届核安全峰会并访问欧洲四国和联合国教科文组织总部、欧盟总部时的演讲》,人民出版社2014年版,第16—17页。

# 第四章　园区精神的新时代意义

　　世界经济长远发展的动力源自创新。总结历史经验，我们会发现，体制机制变革释放出的活力和创造力，科技进步造就的新产业和新产品，是历次重大危机后世界经济走出困境、实现复苏的根本。①

——习近平

　　苏州工业园区历经27年的实践与发展，探索并创造了具有巨大影响力的开发区实践典范，形成了独具特色的"借鉴、创新、圆融、共赢"的园区经验，在新时代又进一步凝聚、发展成"改革创新、开放包容、敢为人先、追求卓越"的"园区精神"。"园区经验"成为苏州"三大法宝"之一，对于引领苏州发展起到重要的作用，它产生于世界走向中国的时代，产生于发达国家产业向中国沿海地区大转移的20世纪90年代。工业园区抓住这一历史机遇，推动工业化快速发展，并在此过程中形成了"园区经验"。当今时代是中国走向世界的时代，在以信息化为主导的新时代，大数据、云计算、区块链、人工智能等新技术快速发展，信息化与工业化深度融合。工业园区又一次步入一个战略转型的关键期。回顾园区发展历史，重新思考"园区经验"的当代价值，并升华为新时代园区精神，在全球政治、经济与社会的大变局中，让新时代园区精神为其自主创新发展和走向世界提供一种强大的精神动力，也为苏州其他板块、其他城市乃至于响应"一带一路"倡

---

① 习近平：《创新增长路径共享发展成果》，《人民日报》2015年11月16日。

议的发展中国家提供具有重要价值的实践经验与精神财富。

## 一 "园区经验"生成的文化基因与背景

"园区经验"产生的文化根基—"园区经验"产生的时代背景—"园区经验"的出场逻辑

### 1. "园区经验"产生的文化根基

任何地域一种精神的产生都是人们在特定的历史时代背景下，受特定区域的社会空间政治、经济、制度、文化影响，形成一定的思维、行动与思想。苏州工业园区地处长三角吴文化发源地，深受吴文化影响。从"泰伯奔吴"为当地土著带来了中原农耕文化开始，这里便开启了农业文明的大门，到伍子胥以"天人合一"的思想，"相土尝水，象天法地"建立苏州古城，楚文化、越文化、齐文化在漫长的历史长河中不断地融汇、创新与发展，使得这个2500多年的古老城市在历史更迭与兴衰中形成了丰富多彩而又根脉深厚的吴文化。苏州自古不仅是"苏湖熟，天下足"的全国重要粮仓，而且从唐宋开始苏州就是江南最繁华、最富庶的经济与商业中心，在明清时达到鼎盛，成为"上有天堂，下有苏杭"的天下名城。苏州紧邻大运河这个贯通南北的大动脉，人流、物流在苏州交相融汇。千百年来，在这块有着深厚历史文化积淀的土地上，人文荟萃，英才辈出，商业繁荣，苏州特色的园林建筑、昆曲、评弹、苏绣、苏扇、核雕、玉雕、吴门医派、书画、文学艺术、特色技艺等名满天下，这些独具特色、丰富多彩的精神文化浸润着这方土地与人民。19世纪末，苏州凭借通江达海的地域与地理空间位置优势、便利的水运交通使苏州又较早受海洋文明的影响，西方工业文明和商业文明冲击，使得苏州具有融通四海的开放思维与包容格局，也使得苏州在中国长期历史发展中都占据非常特殊的经济中心地位。鸦片战争、抗日战争、解放战争等100多年的战乱灾荒虽让苏州人民历经困苦，但更锤炼了苏州人民内在的坚韧与奋进精神。这些都成为"园区经验"产生的重要文化土壤。

## 2. "园区经验"产生的时代背景

"园区经验"的产生既有厚实的文化积淀,也是与中国改革开放的伟大实践联系在一起的。1978年11月邓小平访问新加坡,同年12月党的十一届三中全会召开,开启了中国改革开放的历史新时期。1979年中国设立4个沿海经济特区,1984年设立14个港口城市,到后来的沿江和沿边的开放,标志着中国逐步建立起对外开放的大格局。在中国逐步开放的大历史背景下,苏州农村乡镇企业抓住机遇,先行先试,不断探索,很多农民迅速致富。1983年2月6日邓小平曾视察苏州,听取了社队工业与小城镇发展介绍,从中看到了中国小康社会的希望。1984年10月党的十二届三中全会提出"对内搞活,对外开放"。1991年因乡镇企业而迅速崛起的"苏南模式"在全国产生重大影响,苏州经济地位快速提升,当年苏州工业生产总值稳居全国大中城市第四位,这也为苏州工业园区的落户奠定了良好的社会环境。

1992年邓小平南方谈话掀起了中国改革开放的第二次浪潮。在南方谈话中邓小平强调,改革开放的胆子要大一些,敢于试验,看准了的,就大胆地试,大胆地闯;要提倡科学,靠科学才有希望;要坚持两手抓,一手抓改革开放,一手抓打击各种犯罪活动,两手都要硬。社会主义在与资本主义的比较中要想占据优势,就必须大胆吸收和借鉴人类社会创造的一切文明成果,吸收和借鉴当今世界各国包括资本主义发达国家的一切反映现代社会化生产规律的先进经营方式、管理方法;我国的经济发展,总是要力争隔几年上一个台阶。当然,不是鼓励不切实际的高速度,还是要扎扎实实,讲求效益,稳步协调地发展。比如广东,要上几个台阶,力争用20年的时间赶上亚洲"四小龙"。比如江苏等发展比较好的地区,就应该比全国平均速度快。邓小平在谈到两手都要抓、两手都要硬时,特别提到,新加坡的社会秩序算是好的,它们管得严,我们应当借鉴它们的经验,而且比它们管得更好。正是基于十几年的改革开放,解放思想的时代背景,才有了国家级开发区苏州工业园区的诞生与发展。苏州工业园区的辉煌成就就

第四章 园区精神的新时代意义

是得益于改革开放,开放圆融是园区经验的精髓。

### 3. "园区经验"的出场逻辑

(1) 合作探索——诞生

1992年9月30日至10月8日,时任新加坡内阁资政的李光耀和副总理王鼎昌率团访华,重点考察苏州、无锡,也到上海参观新竣工的南浦大桥。1993年5月,李光耀再次到访苏州为中新两国进一步的深层次合作做进一步考察,并出席签署合作开发苏州工业园区原则协议的仪式。1994年2月21日,国务院下发《关于开发建设苏州工业园区有关问题的批复》(国函〔1994〕9号),就园区的国土规划,开放政策、合作形式等进行了批复。1994年2月26日,在北京钓鱼台国宾馆,中新两国签署《关于合作开发建设苏州工业园区的协议书》《关于借鉴运用新加坡经济和公共管理经验的协议书》《关于合作开发苏州工业园区商务总协议书》。自此,苏州工业园区——这个由中新两国领导人精心酝酿、决策、筹备的国际合作项目诞生了。区域选址在湖荡相连、稻田密布的苏州东部金鸡湖畔5个经济落后乡镇所在地(原娄葑乡和跨塘、斜塘、唯亭、胜浦4镇)。苏州工业园区以中新苏州工业园区开发有限公司为开发主体。中方占股35%,新方占股65%,园区的行政管理由中方全权负责。借"天时,地利,人和"诞生的苏州工业园区在特定的历史机遇肩负起了新的使命,以崭新的模式启动实施开发建设。

(2) 初步建设——借鉴

1994年5月12日,园区首期开发建设正式启动,一批重大基础设施及工厂建设开始展开。1995年2月21日,中共苏州工业园区工作委员会和苏州工业园区管理委员会正式挂牌。苏州工业园区建设之初,中新两国领导人就达成共识:苏州工业园区的成功不在于引进多少项目,而在于能否把新加坡经济和公共管理经验,通过园区建设介绍给中国。

为推进园区开发建设,中央高度重视,赋予园区先行先试政策。园区启动建设主要依托中新合作机制,借鉴新加坡先进理念与经验。

159

中新双方建立了清晰的工作机构，分别为：①中新联合协调理事会。中新两国副总理分别担任中方、新方主席，两国政府有关部门、江苏省政府、苏州市政府、苏州和新加坡裕廊镇管理局的负责人参加，负责研究解决园区发展中的重大问题。②执行机构为中新双边合作联合工作委员会，由苏州市长和新加坡贸工部常任秘书长共同主持，具体协商合作项目，并向中新联合协调理事会两位主席报告工作。③联络机构为苏州工业园区借鉴新加坡经验办公室和新加坡贸工部软件项目办公室，双方密切配合，研究确定借鉴新加坡经验的具体领域和培训计划，并向中新双边合作联合工作委员会报告工作，提出建议。这种由中新两国政府合作投资建设开发区，共同对外招商引资，借鉴新加坡经济和公共管理方面经验的独特模式具有很大的吸引力。

苏州工业园区的建设不仅在"规划先行"的科学理念指导下，总体规划、产城融合、分批建设，更具有高目标定位的以高新技术为先导、现代工业为主体、第三产业和社会公益事业相配套的。1994年园区进行首期开发建设和工业地块招商，按照产城融合的理念首先完成了位于西靠苏州姑苏区、东接昆山市、南连吴中区、北隔阳澄湖与常熟相望的278平方公里的总体规划。园区先行投资建设高标准大型基础设施，并引进大量制造业资本，并以此带动其他社会需求的增长。1997年苏州工业园区邻里中心管理有限公司成立，将商业与公益事业相结合，借鉴新加坡城市建设与公共管理经验，在社区治理、公共服务、营商环境等领域进行更多的探索与实践。1997年底，首期8平方公里基础设施基本建设完成。1999年6月28日，中新两国就中新苏州工业园区开发有限公司实施股比调整达成一致，并签署《关于苏州工业园区发展有关事宜的谅解备忘录》，确定从2001年1月1日起，中新苏州工业园区开发有限公司实施股比调整，中方财团由35%调整为65%，中方成为公司的大股东。到2000年前后，园区基本完成了首期开发区中工业地块的开发，引进外资制造业，工业经济形成了一定的规模。

（3）加快发展——融合

2001年园区二、三期开发正式启动。园区进入了大动迁、大开发、大建设、大招商、大发展阶段。在2001年中国加入世贸组织的背景下，苏州更加深度参与国际经济技术合作，融入国际分工体系，服务贸易的比重逐步增加。这个阶段园区紧紧围绕产城融合、以人为本的理念，把高标准硬件建设与软件建设相结合，不仅引进外资发展外向型产业园，还坚持以产业集聚带动人的集聚、以人的集聚带动商业繁荣。苏州工业园区在高标准的基础设施规划建设上，开始建立生产、生活、生态的融合发展，并开始不断进行现代化市场管理模式与管理平台的实践探索创新。借鉴新加坡的"亲商服务"与"筑巢引凤"理念，在全球招聘引进高层次人才，并为在工业园区创业的人们提供好的软环境。除了享受优惠的政策、较高的收入外，为了让人们居住在环境优美、方便舒适的社区，园区在社区建设方面也借鉴了新加坡的社区规划，摒弃传统沿街为市的粗放式商业形态，在环境优美、居住品质高的社区，按照"有序、规范、配套"开发邻里中心的原则，以1公里左右的半径辐射范围有一个邻里中心，立足"大社区，大组团"理念，建设多元方便的"邻里中心"的商业与生活配套模式，即具有集商业、休闲、文化、体育、卫生、教育、服务等多功能于一体的邻里中心，满足人们的物质、文化和精神方面的需求。每个邻里中心服务2万—3万人。2003年全区生产总值从1994年的11亿元增至2003年的365亿元，10年来经济年均增长45%左右。2003年园区主要经济指标达到苏州市1993年的经济总量。苏州工业园区"择商选资"吸引了包括52家世界500强企业在内的1500多家外商投资企业，初步形成了以电子信息、精密机械、生物制药、新型材料为支柱的高新技术产业群体，累计实际利用外资达到72亿美元。中新合作区单个项目平均投资额为3100万美元，每平方公里工业用地投资为14.8亿美元。[①] 2004年是园区开发建设十周年，建设成就令人瞩目。一个国际化、现代化工业园初具规模。

（4）自主探索——创新

苏州工业园区建设初期主要引进以外资为主的制造业。2005年苏州工业园区相继启动制造业升级、服务业倍增和科技跨越计划，为后续转型升级奠定了基础，并确立以科技创新为突破点。自2002年

---

[①] 中国东盟研究院：《苏州工业园区的发展与转变》，2019年5月19日。

开始建立的独墅湖科教创新区以国际科技园、生物纳米园为载体平台，构建产学研合作体系，提升自主科技创新能力对区域发展的引领作用。2006年，经国务院批准，将中新合作区规划面积扩大10平方公里，为推进自主创新和现代物流等生产性服务业发展提供了更大的发展空间。2009年，苏州工业园区建立15周年，取得了地区生产总值超千亿，实际利用外资折合人民币超千亿，注册内资超千亿的成绩，经济始终保持年均30%左右的增速。2010年园区在转型升级"三大计划"基础上提出生态优化、金鸡湖双百人才、金融翻番、纳米产业双倍增、文化繁荣、幸福社区等"九大行动计划"的转型升级完整体系。

党的十八大以来，园区加快构建全面开放新格局，不断在全球范围汇聚、优化配置创新资源，着力建设以企业为主体、市场为主导，政府、企业、社会多元投入机制的区域科技创新体系。2013年园区确立争当苏南现代化建设先导区的发展目标，全面实施镇改街道，深化推进区域一体化发展。2014年，国务院批复同意苏州工业园区8个高新技术产业开发区建设苏南国家自主创新示范区。中共中央、国务院2015年9月发布《关于构建开放型经济新体制的若干意见》。2015年9月，国务院批复同意在苏州工业园区开展开放创新综合试验（国函〔2015〕151号），苏州工业园区成为首个开展开放创新综合试验区域，先行探索建立开放型经济新体制，构建创新驱动发展新模式。2015年，苏州工业园区实现地区生产总值2070亿元，进出口总额796亿美元。园区服务业增加值占GDP比重达40.8%，集聚金融机构574家。国际科技园、创意产业园、生态科技城、纳米城等创新集群基本形成。苏州工业园区成功获批"国家现代服务业综合试点""跨境电子商务试点""全国数字城市建设示范区"。

（5）高质量发展——卓越

2016年起，苏州工业园区战略性布局人工智能产业，计划用3—5年打造国内领先、国际知名的人工智能产业集聚中心、创新中心，建设产业公共服务平台。2018年5月，商务部印发《商务部办公厅关于印发苏州工业园区开放创新综合试验最佳实践案例的函》，着重宣传苏州工业园区开放创新综合试验的11项举措。2018年，苏州工业园区立足基础产业，聚焦优势产业，形成了新一代信息技术、生物医药、纳米技术、人工智能等先导产业，这四大战略性新兴产业2018年就实现产值1500亿元。园区高端服务业健康发展。园区开始走上了产业转型升级、高质量发展之路。2019年7月22日，科创板首次上市，首批25家科技公司正式挂牌上市，其中苏州工业园区就有2家。2019年8月，国务院批准设立中国（江苏）自贸试验区，2019年9月中国（江苏）自由贸易试验区苏州自贸片区挂牌成立。其中苏州片区位于园区，面积60.15平方公里，占自贸区的一半。功能定位为建设世界一流高科技产业园区，并提出着力打造"四大高地"——全方位开放高地、国际化创新高地、高端化产业高地、现代化治理高地。2019年10月，党的十九届四中全会提出"构建更高水平开放型经济新体制"，对标国际经贸规则新趋势，园区加快高水平打造对外开放新高地。2020年苏州工业园区实现地区生产总值2907.09亿元，公共财政预算收入377亿元，社会消费品零售总额934.81亿元，进出口总额941.77亿美元，城镇居民人均可支配收入超7.7万元。工业总产值5311.7亿元，高新技术产值3695.5亿元，新兴产业产值3242.2亿元。截至2020年底，科技创新性企业8000多家，有效期内的高新技术企业超1837家，累计培育独角兽企业86家。引进"国家队"科研院所15家，科技领军人才项目1954个。聚集众创空间107家，孵化创新创业项目2926个。纳米真空互联实验站一期已建成使用。2020年苏州工业园区在《建设世界一流高科技园区规划（2020—2035）》中提出，在创新药物、高端医疗器械、第三代半导体等重点领域掌握一批支撑园区未来创新发展的关键核心技术，形成一批国际先进的重大自主创新产品，成为我国重要前沿技术创新策源地。高新技术产业产值占规模以上工业产值比重达80%，生物医药、新一代信息技术、现代服务业总量规模突破万亿元，在每个产业子领域中形成2—3个进入全球价值链中高端的千亿级产业集群。

苏州工业园区在文化、体育、旅游、医疗卫生等领域也形成了完善的区域创新发展体系。园区在产业转型升级、高水平的区镇一体化、社会事业公共服务、生态环境文明方面都取得突破性进展。

▶ 新时代苏州精神

## 二 "园区经验"的成就与当代价值

"园区经验"的辉煌成就—"园区经验"的当代价值

"园区经验"在实践中生成,但同时又带有一种先天的文化基因,二者缺一不可。我们需要认真总结和概括园区发展所取得的辉煌成就,与此同时,也要挖掘其背后所存在的理念和精神支撑。发现"园区经验"的当代价值,有效传承园区经验,并根据新时代的发展,不断地丰富园区经验的时代内涵,并将其升华为新时代园区精神。

### 1. "园区经验"的辉煌成就

园区开发建设27年来,累计引进外资项目4576个,实际利用外资342亿美元,集聚各类研发机构500多家,高新技术企业数量达到1840个,累计专利申请量约19万件,各类基金管理规模超过2300亿元。"园区经验"的辉煌成就可以概括为以下六个方面。

(1) 科学的规划引领

空间是经济活动的载体,规划则是空间的蓝图。习近平总书记曾指出:"规划科学是最大的效益,规划失误是最大的浪费,规划折腾是最大的忌讳。"苏州工业园区积极贯彻空间规划的科学性。一是"无规划、不开发"是园区建设的首要原则,注重发挥规划的导向作用,推动城市发展由外延扩张式向内涵提升式转变。园区历任主要领导都坚持"一张蓝图绘到底",尊重空间发展规律,保证了园区空间规划的高水准、低浪费。二是不断完善规划编制,按照"一年一检讨、五年一修编"的原则,对总规进行修编、提升,在实践中优化。特别是2015年底中央城市工作会议召开后,园区认真贯彻"创新、协调、绿色、开放、共享"的发展理念,启动了新一版总规编制工作,进一步促进了园区空间良性发展。三是严格规划管理,突出刚性约束,制定了一系列配套衔接的规划管理制度。园区规划制定、变更都要经过"总规划师负责"和"规委会审定"两道关,规划实施管理实行"规划师—

处长—总规划师"三级审批制,各类用地都必须按用途使用,真正杜绝了开发建设的随意性和盲目性。同时园区为规则的制定保持弹性调节,在规划中预留"白地"、"灰地"和"弹性绿地"。园区聚焦发展生物医药等战略新兴产业,就是依赖科学的空间规划能够在有限的空间中配置最优资源,集中最优政策,营造最优环境,全力打造苏州世界级生物医药产业地标核心区。集中力量建好金光科技产业园、上市企业产业园、企业总部基地、现代服务产业园"四大产业园",加快形成新的项目载体支撑。得益于园区科学的空间规划,园区能在全球范围汇聚配置创新资源,构建面向全球的开放型创新体系,推进材料科学姑苏实验室、国家生物药技术创新中心、国家第三代半导体技术创新中心等一批重大平台项目建设,大力引进国内外高端人才,实施国际化人才高地建设三年行动计划,打造人才创新创业首选地。

(2) 新兴的产业集群

苏州工业园区以引进外向型经济为发展基础,如三星、西门子等世界500强企业有130多家入驻,形成电子信息、精密制造的支柱产业格局,解决了大量本地与外来务工人员的就业问题,创造了巨大的工业产值,但随着土地与劳动力成本上升,作为低附加值的生产基地园区优势不断被削弱,许多产业从园区向外开始转移。园区产业开始转型,园区通过国际比较、瞄准科技前沿,确定战略新兴产业格局,发展新产业、新技术、新业态、新模式的"四新经济",成立科技招商中心,出台一系列企业扶持政策,加大科研投入,吸引高附加值的科技创新产业,聚焦最具发展条件和比较优势的创新领域,集中力量发展生物医药、纳米技术应用、人工智能三大新兴产业,以及新一代信息技术、高端装备制造业,培育了一批具有爆发力、引领力的创新型增长点,逐渐形成"2+3"产业结构。形成了生物医药产业基地和技术创新中心的创新药研发、高端医疗器械、生物技术三大重点产业集群。形成了"创新研发、创业孵化、产业化"一条龙的创新创业载体"纳米城"。近年来,园区利用自身产业和环境优势,加大对本土人工智能创新企业的培育,还成功引进了华为、微软苏州工程院、西门子苏州研究院等一批国内外龙头企业的高端研发机构,导入国内外领先的人工智能技术研发资源,带动了上下游资源的有效集聚。新型产业在园区的集聚为未来创造了无限的可能性。

（3）合理的功能分区

2018年初，园区正式印发实施《苏州工业园区优化内部管理体制方案》，构建区域空间发展新格局。自此，园区内部空间正式分为四大主体功能区，即金鸡湖中央商务区、高端制造与国际贸易区、独墅湖科教创新区和阳澄湖半岛旅游度假区。四大功能区在园区东南西北四大方位、横跨三大湖鼎足而立又互为倚靠，有着各自明确的主体责任，相互之间却又形成竞合关系，以此促进园区均衡发展。就具体功能而言，金鸡湖中央商务区要集聚总部经济、流量经济、消费经济与城市功能要素经济，实行高端服务、高端制造双轮驱动，争取打造长三角上海金融副中心、高端商业商务中心、产城融合先导区和宜居城市核心区。高端制造与国际贸易区要对接融入上海自由贸易试验区（港）建设，积极开展政策功能先行先试，提升投资贸易便利化水平，重点发展电子信息、智能制造、健康医疗、金融贸易、电子商务、仓储物流等产业，努力打造辐射全国的智慧商贸平台、面向全球的自由贸易园区和具有国际竞争力的现代产业高地。独墅湖科教创新区要以高端人才为引领、以合作办学为特色、以协同创新为方向，加快建设成为高新产业聚集、高等教育发达、人才优势突出、环境功能和创新体系一流的科教协同创新示范区。阳澄湖半岛旅游度假区要以国家级旅游度假区和企业总部基地为核心，集聚综合型、区域型、职能型等各类企业总部，吸引国内外知名的时尚新颖运动休闲项目，提升产业高度，提靓生态环境，提优生活品质，率先打造国内一流的宜商、宜游、宜居新型旅游度假区。四大功能区的分立，有助于发展特色产业，统分结合管理，夯实基层基础，激发内部活力，是园区空间创新的又一力举。

（4）高效的政府管理

园区政府解放思想，借鉴新加坡政务管理模式进行机构管理体制改革，确立以"精简、统一、效能"为原则，转变政府管理职能及服务理念，改革园区地方政府管理模式，调整服务方式，规范服务行为，提升政务服务效能。在多年的实践探索中不断推进"大部制"机构改革探索。多年探索实践使得政府行政管理扁平化、规范化、高效化。

1995年园区率先针对落户企业开展"窗口式咨询服务",设经发、规划、组织人事3个窗口;1999年园区首创"一站式服务大厅",2000年初正式启动,实现审批事项的空间集中办理;2002年9月开创了行政许可功能的独立机构模式——"一站式服务中心"运行审批职能。它以授权模式代表管委会集中、统一实现前台受理并办结中外企业行政许可和备案核准业务,并提供部分个人事项的服务与协商。2015年园区组建省内首家国家级开发区行政审批局,以开展相对集中行政许可权改革试点,实施审批流程再造,积极推进"网上办、集中批、联合审、区域评、代办制、不见面"的审批模式,可实现不见面及见一次面审批的事项占比达100%。2015年8月21日,苏州工业园区行政审批局正式挂牌。2016年"园区一站式服务中心"创新工作模式,推进公共资源交易中心的机构调整、资源整合,提升交易服务,全面落实相对集中行政许可权改革,优化审批服务流程,提升窗口服务的质量与效率。强化了"亲商、亲民、真诚服务"的品牌效应。2018年初,园区实施"2333"改革(即开办企业2个工作日、不动产登记3个工作日、工业建设项目施工许可33个工作日内完成),将114项审批事项分批划转至行政审批局,将原来涉及的近30个处室、90多名审批人员、16枚审批印章,精简为3个处室、30多名审批人员、1枚审批印章,大幅降低了企业制度性交易成本。工业建设备案项目从立项至施工许可的审批承诺时限压缩至33个工作日,核准类项目压缩至29个工作日,达到世界银行营商环境评价指标排名前列的水平。2019年园区党工委、管委会成立推进政府职能转变和"放管服"改革领导小组,持续深化"放管服"改革举措,搭建交流平台,建立更好的沟通机制,协调解决重难点问题,最大限度地激发市场活力与社会创新力,探索形成了"大部制保障、信息化支撑、不见面审批、平台型监管和专业化服务"等五大特色。

2019年7月26日,园区发布《苏州工业园区优化营商环境行动方案》30条,包括精简企业办事环节、降低企业运营成本、优化企业对外投资服务、优化公共服务供给和优化人才服务举措5个维度,即"一减、一降、三优化",对园区现有的行政审批效率、税收环境、涉企收费、土地使用效率等方面进行全面升级,进一步优化政策环境,提高服务水平。苏州自贸片区自挂牌以来勇当制度创新的标杆,在投资贸易、科技创新、产业升级、行政审批等多个领域取得了制度创新成果,园区明确提出在2020年底形成自贸片区与开发区联动发展体制机制。园区持续优化投资贸易环境、政务服务环境、创新创业环境、城市宜居环境,统筹推进疫情防控和企业复工复产,采取了税费减免、资金保障、用工保障等一系列硬核措施。将企业开办、注销、破产、办理建筑许可证、公用事业接入、不动产登记等十多类64项任务进行了进一步优化提升,其中近70%的任务进一步压缩办理时间,缩减流程。政府效率的提高,改善了园区的营商环境,充分满足了企业和老百姓的需求。政府管理效能的提升主要依靠体制机制的创新,这是在借鉴新加坡经验基础上最大的创新,为园区在社会经济等方面的创新发展奠定了重要的制度基础。

(5) 参与式的社会治理

1997年园区引进"邻里中心",统一规划,首个邻里中心使用面积3000平方米左右,辐射3—4个社区,涵盖社区行政服务、市场商业服务、社区公益服务、社区教育培训、社区文化建设等。并逐步建立起社工委、邻里中心和社区工作站、社区居委会等新型社区服务治理体系。截至2020年底,在工业园区已有20家邻里中心。"邻里中心"都作为居民公共交往空间,集合多种功能配置,每个"邻里中心"强化"社区+公益"的社区治理模式,提高居民的归属感、满意度、聚合力及基层自治能力。每个"邻里中心"都辟出15%的面积同步规划建设"民众联络所"提供一站式公共服务,在政务服务、区域党建、工会组织联络、律师咨询、综合受理。卫生服务站为居民提供健康医疗服务,每个月推出多项社区活动,满足周边社区和企事业单位各类群体的多元需求。2011年邻里中心"民众联络所"按照"统一标准、统一风格、统一功能、统一标志"的原则规划了社区工作站、乐龄生活馆、民众俱乐部、少儿阳光吧、邻里图书馆、邻里文体站、卫生服务站,全天候免费向社会开放,在这个共享社会空间里,社区、企业组织可以召开会议、组织培训、举办活动、交流联谊等,普通居民可以进行计生、社保、民政事务咨询办理、法律援助、社情民意联系、阅读、健身、娱乐休闲、互动交流、生活体验、联络、展示等。"民众联络所"是苏州工业园区探索社区治理的创新平台,极大促进了社区建设与基层自治。

社区鼓励引导多方力量参与社会治理,设立园区社会组织培育基地,即"园区社会组织党群服务中心""园区青年社会组织孵化基地""园区女性社会组织孵化基地""园区社工成长中心""创益+"空间社会组织培育基地,服务涵盖老人关怀、青少年成长、残疾人康复等诸多领域。成立"园区企业社会责任联盟",推进社企合作。社区还通过市场化服务运营机制,引入社会资源,广泛吸收企业、社会组织及社会力量的参与,极大地调动了社会力量参与社区管理与服务,提升了社区治理效能,激发了社区活力。社区培育的社会组织又极大调动与提升了社区居民的广泛参与度。

苏州园区还积极探索"智慧社区"治理的具体有效路径,推进社区治理转型。以网格化联动机制的智慧治理作为一种新型社会治理模式,将信息技术、人工智能与社区系统化治理深度融合,"智慧社区信息系统"实现了让信息"多跑路",让企业和群众"少跑腿"。2013年,苏州工业园区入选全国首批智慧城市试点。以信息化为着力点推进工业化、城市化和园区的现代化。苏州工业园区利用日益科学化、精细化、智能化的城市社会治理体系,着力通过"大数据+网格化"的智能化工作模式,为企业与城市社区居民提供精细化服务。

(6) 生态优先的高质量发展

苏州工业园区自1994年成立以来,始终将"环境立区、生态立区"理念贯穿于园区的发展建设中。园区经过多年探索发展和设计经营,率先获评国家级首批生态工业园、生态文明示范区、国家低碳试点园区、首个"能源互联网"试点地区等荣誉资质,整体通过了国家质量、安全、管理体系等认证,环境质量和生态环保指标连续多年蝉联全国开发区首位。党的十八大以来,苏州工业园区牢固确立"保护生态环境就是保护生产力,改善生态环境就是发展生产力"的理念,大力推进"生态优化行动计划",强力开展"263"专项行动,每年实施一批生态治理项目,加快建设资源节约型、环境友好型社会。苏州工业园区高起点、高标准、高水平谋划推进生态文明建设,在经济快速发展的同时,生态环境质量协同提升。

生态治理是国家治理体系和治理能力现代化的重要部分。苏州工业园区坚持集约资源、生态环保、可持续发展理念，按照"生态宜居、紧凑集约、低碳节能、智慧智能"的要求，以生态绿色推进区域高质量发展，高度注重环境保护和生态建设，并把工作落在实处。园区着力构建以政府为主导、企业为主体，社会组织和公众共同参与的生态环境治理体系。为了让生态、环保的理念深入园区的各层面，苏州工业园区大力开展了"绿色政府、绿色社区、绿色学校、绿色乡镇、绿色建筑"系列创建活动，为加强绿色创建，以绿色家园、绿色学校为载体，在学校和社区推广"低碳、环保、生态、绿色"理念，并通过绿色结对、跳蚤市场等特色环保宣教活动让节约、环保理念深入人心。园区管委会还定期开展环保志愿者招募工作，社区自发组织开展以闲置物品交换为主题的邻里互助广场、跳蚤市场、汽车后备厢跳蚤市场等特色生态节约环保活动，形成了创建循环型生态社会治理的良好氛围。

综上所述，"园区经验"引导下的园区发展，不是单向度的经济发展，而是全面综合的高质量发展。同时，园区在借鉴新加坡经验的基础上，在制度改革和社会建设方面取得了巨大的突破，这为园区自主创新发展奠定了重要的基础。

## 2. "园区经验"的当代价值

从园区发展阶段和它所取得的辉煌成就可以看出，园区经验是在园区建设的实践过程中不断形成与发展的。我们不能从静态和孤立的角度去认识"园区经验"，应该将"园区经验"放在一个纵向的历史维度和横向的空间维度去解读。一方面，从纵向的历史角度对园区过去取得的辉煌成就寻找到一种中国传统文化、本土文化的支撑；另一方面，从横向空间向度看"园区经验"从建园到现在是一个不断开放、走向世界的阶段，是一个不断借鉴、吸收优秀文化并创新、发展和完善的过程。园区经验是一种先天本土文化基因与新加坡治理经验、管理文化的嫁接融合的伟大社会实验。在每一次关键时刻，园区都能把握住世界发展的大趋势，抓住历史机遇，实现自身发展。打通园区发展的具象层面和抽象精神层面的文化机制，寻找具象背后的精神支撑与当代价值，认真总结这些经验并赋予其时代发展的新内涵，这对于园区未来发展具有重大的意义。总结"园区经验"，至少在以下方面是我们需要借鉴和传承的。

一是继续树立更高层次的"开放圆融"的发展理念。园区是在解放思想、开放包容的环境中借鉴新加坡先进的社会管理经验与社会治理文化，在继承吴文化基因基础上，将"全球化"和"本土化"实现了完美的结合，在短短26年就吸引了大量跨国企业的集聚，创造了一种"苏州奇迹"。新时代苏州工业园区又立足本土文化的自信，以更高层次的开放包容理念，立足于"全球化"的思维和"本地化"的行动，站在全球角度去谋划转型发展和创新发展，并建立区域化的创新生态。在新冠肺炎疫情肆虐与国际环境日益复杂的背景下，新时代苏州工业园区营造巨大吸引力的"区域营商环境"，使更多优秀的创新型跨国企业、本土科创企业、高端科技人才等在园区形成高端的产业生态和创新生态体系。"开放圆融"始终应成为园区发展的最核心理念，在今天这样一个新时代，这一核心理念是一以贯之的，要继续弘扬和传承。

二是继续树立"敢闯敢试"的典型标杆。在园区发展过程中，许多党员干部发扬吃苦耐劳、敢闯敢试、勇于担当、敢为人先的精神，将"有为政府"和"有效市场"实现了很好的结合。他们筚路蓝缕、栉风沐雨地践行着共产党人的初心与使命。园区发展历史也是园区人把顾炎武"天下兴亡，匹夫有责"的精神化为具体行动实践的写照。"敢闯敢试，敢为人先"体现了敢于冲破观念束缚，激发改革开放动力，建立新的生产关系，解放生产力。在园区发展过程中，很多体制机制创新都走在了全国前列，这恰是在商务部国家级经开区综合考评中实现"五连冠"的秘密所在。

三是继续树立"改革创新"的伟大旗帜。"改革创新"是一个民族生生不息、继往开来的不竭动力，改革创新永无终点。只有创新、再创新，才能实现跨越式发展。早期过程中，园区借鉴新加坡的一些先进管理经验，但中国的国情不同，苏州区情不同，在发展过程中必然遇到很多从未有过的新问题、新情况，园区没有简单照搬新加坡的管理经验与模式，而是根据具体情况在实践中不断借鉴、摸索、探究，形成新加坡经验与园区建设实践相结合的园区建设、治理与发展模式，即新加坡的管理经验在苏州工业园区本土化的创新发展模式。尽管我们把园区发展划分为几个阶段，但总体来讲，之前相当长的时间内，在发展上我们仍然是"引进来"，在战略上我们还是一种"后发优势"，未来我们在制度模仿上的空间愈来愈小的情况下，面临着是一种靠自己去探索创新的新阶段，即自主创新阶段。创新比模仿需要更大的体制机制改革，园区需要更大的战略格局与创新智慧，未来世界的探索都是依据现有的基础，园区虽然已经取得了很多创新性成就，但园区改革创新的脚步永远在路上。

四是继续传承"精致文化"的理念。新的历史时期，园区要由"借鉴创新"转变为"自主创新"。"追求卓越"成为园区未来发展的时代主题。"追求卓越"的精神是与苏州"精致文化"一脉相承的。这种精致文化既是传统烟雨江南文化意象的综括表现，又是可视、可听、可触的传统苏州园林艺术、玉雕艺术、核雕艺术、苏绣艺术、绘画艺术、古琴艺术、昆曲评弹艺术等的具象呈现。这些艺术载体是精致艺术与苏州"工匠精神"的结合体。这种遍布苏州地域的文化意象与艺术载体营造的社会文化环境浸润着历代苏州人的心灵，使得追求精美雅致的精神已经完全渗透在苏州文化的脉络机理中。"追求卓越"自然而然成为苏州工业园区发展到一定阶段精神追求的显性特征。"追求卓越"是一种使命，也一定会成为别人学习的榜样。但是追求卓越也一定是个不断挑战自我的过程。从时空的坐标中，我们可以看到园区发展的不同阶段及不同阶段面临的不同新问题，也发现了园区经验不断完善的过程。未来我们要面临很多不确定性的因素，面临新冠肺炎疫情、中美贸易冲突等新的国际环境变化，园区要实现产业转型、科技创新，园区人不仅要在有限的空间中做精做细，而且必须要"走出去"寻找更大的发展空间，必须不断地改革创新、不断地追求卓越。

五是继续秉承"以人为本"的发展理念。科学发展观的本质和核心是"以人为本"的理念。"园区经验"充分认识到人是城市的核心，规划建设和区域高质量发展都必须紧紧围绕人这个核心来展开。园区"产城融合"规划和"邻里中心"的建设，就是把一个新的城市建设，将人居生活、生产、生态有机地结合起来。在园区发展过程中，园区制定人才引进优惠政策，吸引全球高端人才，而全球的高端人才必然会带来各地优秀的科技文化，在园区的空间中，各种科技思想与文化交流碰撞必然会产生新的思想、新的理念、新的科技创新、新的制度创新。园区政府只有提升政府公共服务能力，深化社会治理、生态治理，打造更适合人居住的社区环境，以一流的"营商的环境"作为政府效率追求的目标，以降低企业营商成本作为政府施政服务努力的方向，才会吸引更多的人才到苏州落户。

综上所述，只有从纵向的历史发展、横向的空间关联角度科学地认识"园区经验"的时代内涵以及其不断地演变、完善的过程，才能深入理解"改革创新、开放包容、敢为人先、追求卓越"的新时代园区精神，这是"园区经验"的升华，是园区再创辉煌的核心动力源。

## 三 新时代园区精神与园区之路

从"园区经验"到园区精神—从园区精神到园区之路

由"园区经验"到园区精神，在纵向的时间向度上是一以贯之的。园区精神是"园区经验"在新时代的重要发展和升华。如果说"园区经验"产生于世界走向中国的时代，是苏州工业化融入全球工业体系，大力推动工业化发展，那么园区精神则产生于新时代中国走向世界的时代，信息技术快速发展，世界已经由工业化时代开始向信息化时代过渡，园区在发展内涵、战略选择、制度创新、产业形态、创新生态等方面表现出了完全不同的特征。中国改革开放以后经济的快速发展引发全球地缘政治格局发生重大变化，中美关系出现了很大的不确定性，"逆全球化"将是重要的趋势，针对这样的全球形势，中国提出了"双循环"战略。"双循环"战略对于工业园区未来的发展意味着什么？我们认为，越是这样不利的环境，越需要一种强大的精神支撑。正如习近平总书记所说："世界经济长远发展的动力源自创新。总结历史经验，我们会发现，体制机制变革释放出的活力和创造力，科技进步造就的新产业和新产品，是历次重大危机后世界走出困境、实现复苏的根本。"在这样不利的国际环境中，中国越是需要一种强大精神力量，越是需要一种开放包容的精神，越是需要一种改革创新精神，越是需要一种战略智慧与坚强定力。所以，由"园区经验"到园区精神，是"园区经验"在新时代的升华。时代发展赋予园区进行自主创新的伟大使命，这种伟大的使命需要伟大的精神做支撑。新时代的园区精神是园区再创辉煌的强大精神动力。

## 1. 从"园区经验"到园区精神

2020年3月6日，园区发布了《建设世界一流高科技园区规划（2020—2035）》，为未来15年的发展"定目标"。园区未来5年内全社会科技投入不少于2000亿元，全方位推进世界一流园区建设；到2025年园区基本具备世界一流高科技园区功能和形态，主要创新指标达到世界创新型国家和地区先进水平，成为具有全国影响力的科技创新重要枢纽和新兴产业重要增长极；到2035年全面建成创新人才荟萃、创新主体集聚、创新成果涌流、创新活力迸发、创新环境卓越的世界一流高科技园区。有了发展规划与目标，园区将聚焦人才、平台、产业、企业、开放、生态等"六个维度"，系统推进、精准发力，构建以科技创新为引领、以全面开放为动力、以现代产业为特征、以制度创新为支撑的开放型创新经济体系。打造全球领先的技术创新发轫地，培育国家重大科技创新平台，系统布局产业技术攻关平台，加快建设新型研发机构，推动纳米真空互联实验站等重大科技基础设施加快发展。为实现把工业园区建设成为世界一流高科技园区，我们必须在发展园区经验的基础上，继续发扬"改革创新、开放包容、敢为人先、追求卓越"的新时代精神，把工业园区建设成为世界一流高科技园区。

一要高举改革创新的旗帜。创新是引领发展的第一动力，也是实现高质量发展的关键，园区引进的创新企业，成为推动高端产业发展的创新因子。园区要有超越自我的勇气，抓住机遇，群策群力谋创新，切实担负起改革开放探路者的光荣使命。科学贯彻落实市委开放再出发决策部署，坚定不移地坚持改革创新精神，勇于解放思想，勇闯"无人区"，跳出思维惯性，打破路径依赖，切实发挥好改革开放"试验田"的功能作用。制度创新是园区发展的第一动力。园区要以江苏自贸片区、社会主义现代化建设试点为契机,推动制度创新。既要借鉴发达国家现代化建设的成果和经验,又要体现中国特质和地域特色优势,展现中国特色社会主义的活力和魅力。真正实现苏州工业园区经济发展、民主法治、文化发展、社会发展、生态文明和人的现代化。

二要秉承开放包容的传统。新时代的园区,要始终树立世界眼光、全球思维,坚定不移走好"开放路",善于学习借鉴,学各地之长、补发展之短、创园区之新。以江苏自贸区苏州片区建设为契机,深层次构筑营商环境新优势,全方位融入"一带一路"交汇点建设、长三角区域一体化发展,高水平推进境内境外合作项目,积极探索"飞地经济"新模式,实现互利共赢、可持续发展,加快打造新时代改革开放新高地。进入新时代,园区开放包括"引进来"和"走出去"两个不可分割的部分,"引进来"与"走出去"也将成为打造园区特色的"双循环"战略实现的重要基础。

三要发扬敢为人先的精神。26年的开拓创新,敢为人先的精神始终伴随着园区共生长,成为园区人血液里天生而独特的文化基因。在新的征程中,园区要不断突破"过去时",前瞻把握"未来时",努力引领"进行时",努力营造"处处争第一、事事争一流"的良好氛围。勇争"第一"和"唯一",再创"领先"和"率先",不是自身固有的区位和资源、争取的优惠政策,而是在已有基础上,注重普遍性规律的探索,打破"孤岛式创新",树立系统思维,实现"集成超越"。要按照园区的功能定位,即建设世界一流高科技产业园区,着力打造"四大高地"——全方位开放高地、国际化创新高地、高端化产业高地、现代化治理高地。

四要坚持追求卓越的理念。园区始终坚持一张蓝图绘到底,把小事做精致,把大事做精彩,这才实现了后来者居上的跨越式发展。在新时代,园区更需要秉持这种精神,自我加压、攀高比强,把细致、精致、极致的理念,深深植入血脉,贯穿每项工作中。经济越发展越需要一种精致、卓越的文化,园区需要进一步把这种精致的文化融入制造业的转型和发展之中,要将"订单经济"转变为"定制经济"。注重高科技研发、产品品质,制造业发展向高端智能化、高端品牌化与精致化发展。

不断丰富弘扬"园区经验"新内涵，推动思想再解放、开放再出发、目标再攀高，努力在危机中育新机、于变局中开新局，加快建设世界一流高科技园区，打造新时代改革开放新高地。园区将发挥着苏州的战略增长极作用，如何由"园区经验"到"园区精神"再到"园区之路"，新时代园区精神将引领苏州开放再出发走向更加美好的未来。

### 2. 从园区精神到园区之路

园区精神作为一种精神层面的抽象，必须要将这种精神层面的东西转化为一种更为具象和容易把握的东西，特别是将园区精神与国家提出的"双循环"战略有机地融合起来，走出一条属于园区自身独特的"双循环"发展道路。要把园区精神与园区之路融合起来，这种精神才有意义和价值，否则也就是一种激情，缺乏一种理性的支撑。"园区经验"的形成是基于一种实践的理性，因为有了实践，"园区经验"才更富有生命力。同样，将新时代"园区精神"与"园区之路"结合起来，在实践中不断地探索，才能赋予园区精神以生命活力，它也才有意义和价值。总之，园区精神的使命在于对未来之路的探索。园区之路从不同角度看有不同看法，我们着重从战略、产业、制度、创新生态等方面提出思考，要把园区精神融入这种道路和方向的探索之中。面对不确定的国际国内环境，未来的园区之路是无人走过的。"园区经验"的生成至少还可以借鉴新加坡成功的经验，但未来所有的一切都需要自身去探索。"双循环"的园区之路，一方面表现在形成以自主创新的内部循环，另一方面是走向"一带一路"国家的产业梯度转移和"园区经验"的扩散和再创造，形成一种外部循环。这是不可分割的两个方面，是产业梯度转移规律的表现，任何一个国家和地区在发展的过程中都必须遵循这样的规律。没有旧产业向外转移，就没有新产业的发展空间，没有自主创新就难以形成新的产业，就会形成产业的空心化。

（1）"战略创新"由"后发优势"到"先发优势"

"园区之路"首先体现在战略创新上。20世纪90年代外向型经济的发展,从本质上来讲,园区是通过一种"后发优势"实现了社会经济的快速发展。我国与西方发达国家之间在经济发展水平上存在很大的梯度。园区率先开放,建立一个好的"亲商环境",通过政策优势,引进西方发达国家的直接投资,并与廉价劳动力和土地资源结合起来,充分发挥比较优势,依靠资源的优化配置,创造了园区社会经济发展的巨大成就。在这个过程中,我们更多地是通过模仿学习西方发达国家的管理经验和先进技术,这是我们在发展过程中必经的一个阶段。这种巨大的梯度所带来的"后发优势"释放了一种强大动力,推动了苏州工业园区的制度变革,也推动了其他社会经济的结构转变,更重要的是,苏州工业园区工业化进程全面融入世界工业化体系之中。但不得不承认,在发展过程中模仿成本相对较低,当我们与西方发达国家的差距和梯度越来越小的时候,可模仿的空间会越来越有限,这个时候就必然要自主创新。自主创新所付出的代价和成本必然要比模仿大很多,同时所需要的制度环境也是不一样的。因此,苏州工业园区发展必须要在苏州大市率先超越以"后发优势"为主的开放战略,要转变到以创新为第一动力的新开放战略,即"先发优势"战略。当今世界城市竞争越来越体现在创新力的竞争上,而创新力的竞争又体现为人才的竞争,人才的竞争又体现在制度环境的竞争和产业的支撑上。历史又一次把苏州工业园区推到一个时代发展的浪尖上。开放再出发,牢牢把握开放战略又一次成为统领全局的最重要战略。在新的历史阶段,面临着国际环境的不确定因素增加,特别是中美经贸摩擦更是增加了这种不确定性。国内经过长期快速发展,也步入了以转型和创新为主的新阶段。综合国内外宏观环境,如何"化危为机"?苏州工业园区唯有开放再出发,牢牢把握开放大战略,在开放中发现机遇和创造机遇,突破重围,实现园区社会经济的再跨越。

　　开放再出发就是打破现有的均衡,形成一种高质量发展的模式。按照物理学的耗散结构理论,封闭系统终究是要熵死的,没有活力的封闭企业必将灭亡,没有活力的封闭城市和区域也必将灭亡和衰败。城市和区域要保持活力,就要建立耗散结构,对内激发活力,对外开放,与外部交换物质和能量。开放性、远离平衡、非线性是耗散结构的三个重要特征。苏州工业园区经过长期的发展,在开放中获得了一种全球化的红利。但这种全球化的红利随着园区和发达国家之间梯度的缩小,园区的发展也步入了一个"均衡阶段"。这种均衡阶段表现出一些特征:经济结构转型速度减慢,社会经济发展的路径依赖加大,制度变革速度减缓,不畏艰难、敢于冒险企业家精神的缺乏。所有这些特征表现出一种均衡系统和封闭系统的特点。开放再出发,就是打破现有的均衡,将苏州工业园区发展转变为一个更加开放的"耗散结构"。苏州工业园区应该处于一个全新的竞争环境中,让外部更多的资本、人才、技术、信息等进入园区,给其一个强大的刺激,使其摆脱对旧的发展路径的依赖,开拓出一种创新发展的新路径。因此,开放再出发就是让每一个领导干部和群众拧成一股力量,众志成城,形成干事和创业的活力和激情,以及赋予开放再出发以新的内涵。不同于之前的"拿来主义"和"模仿"的"后发优势",而体现以创新和创先为主的"先发优势"的新战略。为了实现这样的新战略,在全社会倡导敢于探索和冒险的企业家精神,走上一条以创新为主的新路径。

(2)"制度创新"由"借鉴模仿"到"自主探路"

要实现"战略创新",必须要闯出一条"制度创新"之路,这是园区之路的根本。没有制度创新就不会释放生产力,也不会激发微观个人的创新活力。江苏自贸区将过半的实施范围放在苏州自贸片区,源于苏州工业园区基础较好、条件完备、机制成熟,有利于形成更多可复制可推广的经验成果。苏州片区将对标最高标准、最好水平,以制度创新为核心,大胆试、大胆闯、自主改,推出更多具有突破性和自身特色的原创性制度供给。突出中新合作、开放创新和产业转型三大特色,建设世界一流高科技园区,加快打造全方位开放高地、国际化创新高地、高端化产业高地、现代化治理高地,引领苏州建设独具魅力的国际化大都市。

推进体制机制优化调整,进一步聚焦高质量发展主责主业、深入实施"放管服"改革,优化"一网通办"政务服务功能,对标世界银行营商环境评价指标,破除制约服务效率的痛点堵点难点问题,全面落实"一减、一降、三优化"服务举措,不断增强市场主体竞争力,打造营商环境"升级版"。没有好的制度创新推动的营商环境就不可能推动产业的创新，特别是进入新的发展阶段，过去发展所依赖的廉价要素的优势已不复存在，那么产业竞争优势就必须转移到优化营商环境上，通过制度创新建立起新的竞争优势，即通过创新驱动来实现经济的发展。制度创新不是说在嘴上，更重要的是真正能够解决企业和个体发展过程中的一些需求，以提升企业办事的便利度，特别是解决依靠企业自身无法解决的难题和瓶颈，提高政府的办事效能。因此，苏州工业园区的"放管服"等改革不是一种抽象的脱离实际的"顶层设计"，它主要是围绕企业以及更高层面的产业发展的战略需求，尤其是围绕全产业链的重要环节的战略需求，聚焦痛点、堵点、难点，务实推进优化营商环境的优化。为此，园区提出"六大工程"，即便捷工程、集成工程、智慧工程、精准工程、共建工程、闭环工程，推进改革再深入、流程再精简、服务再优化、效能再提升。

在过去一年的发展过程中，园区聚焦自贸片区重点产业，比如全面梳理生物医药领域"全生命周期个性化清单"，依托"一网通办"上线金融企业。先后出台"放管服"年度工作要点、企业开办注销便利度提升行动方案、"融驿站"工作体系试点方案、在扩大试点地区实施"证照分离"改革全覆盖等一系列政策措施，为优化全区营商环境提供制度支撑。在今后的制度创新过程中，要进一步地发挥这种敢为人先的精神，但永远要自下而上满足企业的各种需求。

对标世界一流，结合自身创新发展优势和苏州自贸片区建设，园区颁布了《苏州工业园区优化营商环境创新行动2020》（以下简称"新30条"），确定了下一步营商环境改革的时间表和"施工图"，其中有100多项改革举措为全国首创或领先。围绕聚焦企业发展需求和优化政府服务两大维度，共安排了30项主要任务，并梳理细化成近200项任务清单。"关助融"是增信惠企的重要举措。园区海关提供企业海关信息给商业银行等机构，提升企业在金融机构的贷款或保函额度，帮助优质信用企业获得优惠贷款利率。参与项目的商业银行由最初的1家扩大到24家。

"新30条"是对园区营商环境的又一次集成优化，围绕聚焦企业发展需求和优化政府服务两大维度，共安排了30项主要任务，并梳理细化成近200项任务清单，着力突出"五个更加"。一是通过"减手续、降成本、优服务",重点聚焦企业设立、施工许可、水电气接入、不动产登记、清算注销等办事流程优化,更加注重提升一次性事项的办理实效。二是紧扣全生命周期,通过"搭平台、创模式、设场景",重点聚焦融资、纳税、通关、合同、投标、用工、供地等企业运营服务优化,更加注重强化经常性事项的服务质效。三是通过"一张网、一件事、一扇窗"改革,推进政务服务事项办理的业务流程革命性再造,更加注重优化集成便利的政务服务效率。四是通过"建机制、提效能、优监管",营造公平公正的市场环境和安全稳定的生产环境,保障各类市场主体合法经营,包括市场监管体系建设、社会信用体系建设、劳动力市场监管效率提升、环境综合治理水平提升、安全监管与服务水平提升等几个方面,更加注重建立诚信公平的法治环境。五是通过"重研发、聚人才、优环境",增强源头研发能力,完善知识产权保护制度,提升科技金融服务水平,营造宽容失败的创新文化环境,打造国际化创新高地,提高企业创新创业的便利性和国际性,更加注重打造接轨国际的创新生态。

(3)"产业创新"由"苏州制造"到"新苏州制造"

产业是区域发展最重要的支撑,没有强大的产业发展,区域发展就失去了强大的动力。新一代信息技术、高端装备制造、生物医药、纳米技术应用、人工智能等高端制造业和研发设计、金融服务等现代服务业快速发展,成为国际公认的最具创新活力的生物医药产业园和全球八大微纳米领域最具代表性的区域之一。这些产业都不同于20世纪90年代的一些电子信息产业。通过图4-1微笑曲线可以看到,苏州工业园区相当长时期的发展是遵循着微笑曲线的中间段,也就是说产业链中的组装环节。因此,相对来讲,附加值偏低,但与这条曲线相对应的是能耗曲线,组装环节虽然附加值不高,但其消耗的能源占据的资源却是在整个产业链环节中最高的。苏州的优势在于制造业,园区也是制造业的集聚区。未来园区的发展也要靠制造业,但必须要充分认识到,20世纪90年代,苏州通过大量招商引资,成为一个外向型经济高度发达的地区,制造业成为苏州最大的优势,但总体来看,这个制造属于旧制造的范畴。制造业的发展是以生产为中心的,是订单经济,旧制造的发展不会考虑上端的研发,也不会考虑后端的销售渠道，属于典型的代工，被锁定在附加值较低的制造环节。研发、制造、市场在空间上是分离的，这是微笑曲线所表达的内容，微笑曲线是工业化时代旧制造的形象表达。旧制造的发展主要依靠廉价生产要素的投入，依靠流水线实现生产率的提高。在发展的战略上是典型的"后发优势"。其面临的时代背景是世界走向中国的时代。

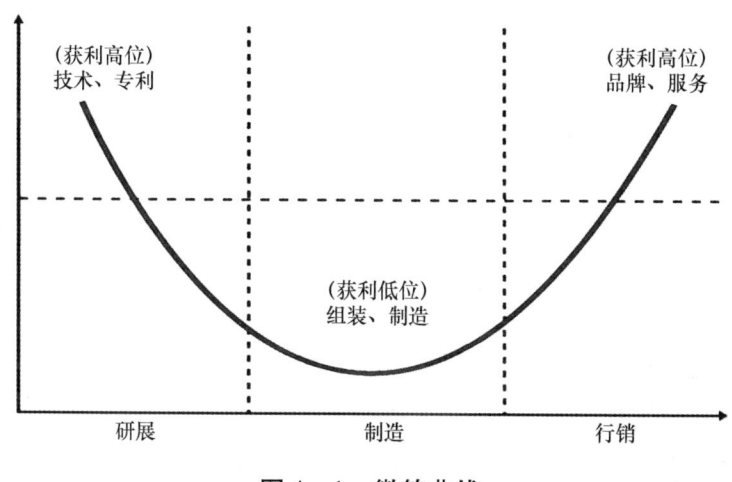

图4-1　微笑曲线

过去制造业是苏州的优势，未来仍然是苏州的优势。制造业是苏州的本，苏州发展不能放弃这个"本"，但最关键是如何理解这个"本"，制造业的内涵是随着时代在不断地变化。20世纪90年代的制造业，制造与研发、市场没有关联。但今天的制造业已经完全不同于过去。制造业型的研发和创新，制造与市场消费者互动的创新，制造与研发的互动，可以称为"灰度创新"，是苏州未来的战略方向，这个方向不能错。特别是在"工程化"能力方面以及"商业模式"创新方面要有所作为。所有的服务业要围绕着新制造的发展。在长三角一体化的背景下，苏州最大的优势在制造业，但不在于旧的制造，而在于新的制造，在于制造型的研发和制造型的创新。生产型服务业的发展，包括制造业服务化和服务型制造业的快速发展。其根本在于制造、研发、市场三者之间的相互联动和相互重叠，形成了一种"灰色创新"。三个圆重叠的灰色部分是苏州发展最重要的两个潜力点。因此，我们需要忘记"微笑模式"，牢记"兔耳朵曲线"（见图4-2）。

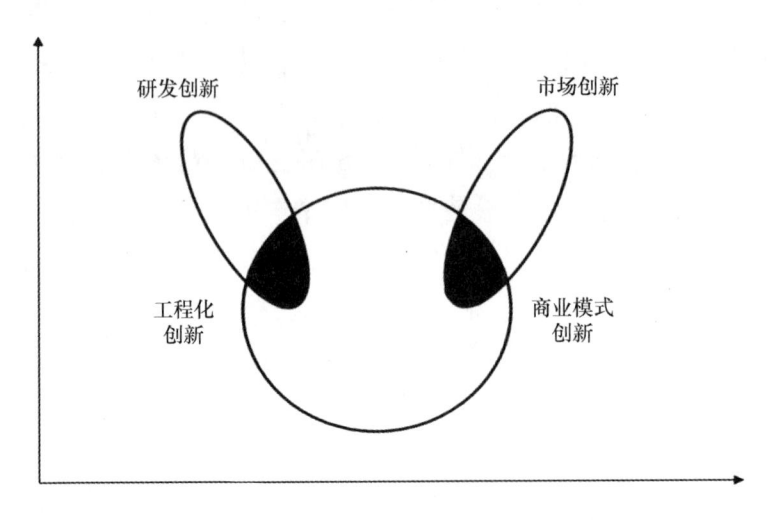

图4-2 兔耳朵曲线

"国内上海、深圳提出了两个70%，一个是服务业要占到GDP的70%，一个是生产性服务业要占到服务业的70%。"园区发展一定要突破传统制造。过去苏州依靠制造业成为全国的"标兵城市"，现在要依靠"新制造"，做高质量发展的标杆城市。苏州工业园区有雄厚的制造业基础，理应成为苏州新制造的引领者。比如生物医药产业发展，如今在园区集聚了大量做生物药、化学药和创新药的企业，在这些企业中，很多都是做新药的研发，虽然从传统意义上认为生物医药产业是制造业，但实际上却是一种研发型产业，属于典型的"新制造"。园区在新时代要引领苏州的新制造，同时，要通过大力发展现代服务业为制造业赋能。

(4)"创新之路"由"产业创新"到"基础创新"

创新的第一个阶段是"0—1"，是原始创新、基础创新、无中生有的科技创新。这是高层次专业人才在科研院所的实验室、在大专院校的工程中心、在大企业集团的研发中心搞出来的，需要的是政府科研经费、企业科研经费以及种子基金、天使基金的投入。这方面园区相对还是有很大短板：工业园区进入新阶段，在发展上也要重视基础创新和关键核心技术创新，必须要建设重大的科研创新平台。2020年6月30日，材料科学姑苏实验室成立大会在江苏省苏州市举行，姑苏实验室正式揭牌成立。姑苏实验室规划总投资200亿元，总部位于苏州工业园区，占地500亩，以材料科学领域中的国家重大战略需求、江苏经济发展重大需求以及未来科技革命的前沿技术为"三大重点"，会聚国内外技术前沿的一流科学家、学科领军人才和科研团队。按照规划，通过5年左右的一期建设，姑苏实验室可以集聚1000名以上的科研、技术及管理人才，建成具有国际一流水平的材料研发等公共平台，突破一批材料领域核心基础科学问题和关键共性技术问题；通过二期建设，到2030年，骨干人员规模达到3000名以上，涌现出一批标志性的原创成果，力争跻身世界一流材料实验室行列，成为具有全球影响力的国际化科技创新策源地。

创新的第二个阶段是"1—100"，是技术转化创新，是将基础原理转化为生产技术专利的创新，既包括小试、中试，也包括技术成果转化为产品开发形成功能性样机、确立生产工艺等。这是各种科创中心、孵化基地、加速器的主要业务。这方面就要调动各类智商高、情商高、有知识、肯下功夫钻研又接地气、了解市场的人，建立技术转移机构或者担任技术经理人。作为科技与产业的桥梁，其使命就是面向企业和产业需求、组织和整合科技力量进行深度研发，通过将科学转化为技术、以中试验证和改进技术来为企业界提供先进的技术解决方案。工业园区的独墅湖科教创新区应该朝这方面努力，园区大量的生物医药产业、生物纳米产业都属于这个阶段。这个阶段应该成为工业园区未来发展的重要方向。

创新的第三个阶段是"100—100万"，是将转化成果变成大规模生产能力的过程。比如一个手机雏形，怎么变成几百万台、几千万台，最后卖到全世界去呢？既要有大规模的生产基地，这是各种开发区、大型企业投资的结果，也要通过产业链水平整合、垂直整合，形成具有国际竞争力的产业集群。工业园区在产业发展的过程中，面临最大的瓶颈就是空间的限制。所以，在很多产业到达第三个阶段时就受到空间的限制，这就要求工业园区要加强和其他区域之间的合理分工，特别是与苏州其他几个板块之间的合作等。

工业园区的发展战略，要从传统的"E"（工程）到"T"（技术）再到"S"（科学）的路线，逐步过渡到"S"（科学）到"T"（技术）再到"E"（工程）的战略，这是工业园区发展转型和创新驱动的重大要求，无论是将姑苏实验室打造成为国家重点实验室，还是其他对基础创新型机构和创新人才的集聚，抑或是政府建设的公共科研平台，对于共性关键技术的重大突破，其实都是反映在发展战略的深刻转型。也就是说，进入新的发展阶段，园区必须要"强本"和"固根"，只有如此，方可枝繁叶茂。

## 四 "园区经验"的世界价值与意义

产业梯度大转移与"园区经验"输出——园区精神的世界意义与价值

"园区经验"的形成，不仅是苏州的宝贵财富，更重要的是其具有世界意义与价值，特别是对于"一带一路"沿线的发展中国家，更是一笔可资借鉴的宝贵财富。

### 1. 产业梯度大转移与"园区经验"输出

园区发展之所以取得巨大的成功，在于其遵循着一种"天时""地利""人和"。但天时不如地利，地利不如人和，人的因素是第一的。"人和"就是园区人的改革创新、开放包容、敢为人先、追求卓越的精神，园区人正是秉持着这种精神，才抓住了世界范围内产业梯度转移的历史机遇，并很好地利用其优越的区位条件，实现了社会经济的跨越式发展。这种精神将是引领园区未来发展的宝贵精神财富。目前，苏州工业园区发展到了一个新的阶段，一些失去竞争力的产业必须转移出去，伴随产业的转移，园区经验要同时输出。因此，在新的发展阶段，园区发展包含着内部的自主创新与外部的产业转移这两个不可分割的过程，这构成了园区发展的"双循环"战略。

在相当长的一段时间里，苏州发展属于典型的"小马拉大车"，各个县（市）板块相互竞争、快速发展，而中心城市却处于经济洼地，未能充分发挥中心城市的辐射和带动作用。但经过这些年的发展，苏州中心城市的地位和首位度得到明显增强，特别是苏州工业园区的快速发展。园区新一代信息技术、高端装备制造、生物医药、纳米技术应用、人工智能等高端制造业和研发设计、金融服务等现代服务业快速发展，成为国际公认的生物医药产业园区和全球八大微纳米领域最具代表性的区域之一。在商务部国家经开区的综合考评中实现了五连冠，跻身建设世界一流高科技园区的行列。苏州进入创新经济发展阶段以后，苏州中心城市相对于各板块在集聚创新要素方面的地位将会进一步增强，特别是对于工业园区来讲，其在全市的地位也将会进一步地增强。工业园区今后发展面临最大的瓶颈就是空间限制。工业园区发展不能违背产业梯度转移的客观规律，必须要把"引进来"与"走出去"有机地结合起来。其发展现在已经突破了自我限制，辐射到了其他区域。随着"一带一路"倡议的深入推进，工业园区的辐射范围会进一步地扩展。在向外辐射带动的同时，也要高度重视工业园区在苏州全域范围内的辐射和带动作用。要充分发挥工业园区在产业发展、创新发展和制度探索等方面的优势，打破行政区划，实现全域整体快速协调发展。

当年工业园区的中新合作是采取股份制的形式，这种合作实践证明是成功的。苏州工业园区在新的发展阶段，即过去更多是"引进来"，现在是"走出去"。"走出去"不仅仅是一个向外投资的过程，更是苏州工业园区的经营理念和发展模式整体打包"走出去"的过程，这不同于西方发达国家产业梯度转移的自发性和随意性，具有相对组织性的特点。转移不仅仅包括产业的转移，同时还包括其招商引资的政策、亲商的环境、规划和经营的理念等软件的转移。这种软件的转移更为重要。当年中新合作是采取一种股份制的形式，这是一种双赢的合作。苏州新加坡工业园区经过这些年快速发展积累了大量的经验，也可以采取类似股份制的形式，这对于工业园区和其他区域合作具有重要的参考价值。为了实现一种双赢，新时期可以大胆地探索工业园区和其他区域合作的新模式。同时，要突破域内和国内的合作，要加强与"一带一路"沿线发展中国家的合作，这些国家与当年中国开始发展的时候很相似，土地、劳动力等资源丰富，类似于当年新加坡与苏州合作时的情景，是否也可以采取股份制等政府加市场等合作模式。

只有在双赢或多赢的基础上，才能可持续地推进合作。这种新模式的探索是苏州发展进入新阶段的战略选择。事实上，工业园区这些年也是这样做的。

从2006年开始，苏州工业园区以异地合作的方式输出园区成功的开发建设与管理经验，先后与宿迁共建苏州宿迁工业园，与南通共建苏通科技产业园，与新疆伊犁哈萨克自治州共建霍尔果斯经济开发区，携手苏州相城共建苏相合作区，与安徽滁州共建苏滁高新技术产业开发区等。党的十八大以来，苏州不断深化开放战略，统筹国内外市场，"园区经验"不仅在国内推广，还往国外辐射推广，达成了中国—白俄罗斯工业园、中国—阿联酋产能合作示范园、中国哈萨克斯坦霍尔果斯国际边境合作中心等国际合作项目。到2018年底，园区推动309家中国企业到53个国家进行投资，协议投资额累计达104亿美元。依托"苏满欧""苏满俄"等国际铁路联运班列的开通，"海上丝绸之路"多条航线的开通。国际开放格局也在全面优化，以中新合作为引领的国际合作深度和广度进一步提升，重点领域开放取得突破性进展，苏州工业园区成为"一带一路"交汇点建设的先行军、自贸试验区建设的排头兵；园区也更多地与一批世界一流高科技园区、国际创新高地、顶尖创新机构建立紧密合作关系，不断地、全面地融入全球创新体系。

## 2. 园区精神的世界意义与价值

园区发展包含两个重要的组成部分。一方面是要自主创先。在新的历史背景下，园区要承担这一时代赋予的使命。作为苏州社会经济最发达的板块，作为江苏自由贸易试验区最重要的组成部分，制度创新和制度开放是其重要任务，所以必须加快建立区域创新生态系统。园区要自始至终走在全省乃至全国前列，成为全面高质量发展的领航和示范。园区经验和园区精神始终要为全国探路，成为江苏省的发展极和样板区。另一方面，园区必须要将自己可以转移出去的过剩产能和产业转移出去，园区经验也将在这一过程中向外输出。在"园区经验"向外输出的过程中，也应将园区在伟大实践中所形成的新时代精神向外输出，这是对广大发展中国家的一个伟大贡献，它远胜于单一的资本输入和经验输出。因此,在新的发展阶段,在苏州走向世界的时代,苏州工业园区"改革创新、开放包容、敢为人先、追求卓越"这种精神价值的向外输出具有重大的时代价值和意义,也符合费孝通先生提出的"美人之美,各美其美,美美与共,天下大同"思想。中国提出建设人类命运共同体这一伟大目标,在实现这一伟大目标的过程中,苏州工业园区应做出自己的贡献。工业园区伟大社会实践所凝练的新时代精神,不应仅仅是园区所独有,它理应成为人类共同的财富和价值。

(本章撰稿人:段进军 黄奕)

# 第五章　新时代苏州精神的融汇和升华

> 自然是伟大的，人类是伟大的，然而充满了崇高精神的人类的活动，乃是伟大中之尤其伟大者。
>
> ——茅盾

任何一个伟大民族的伟大精神总是由这个民族共同体所有成员认同和凝聚的结果。同样，一座城市的城市精神，是这座城市人民在长期历史活动中塑造与积淀形成的，是这一城市共同体各个成员创造精神的融汇与升华。共同体成员都是精神创造的主体，他们都有自己的相对独特的精神价值。然而，共同体的精神是各个成员在长期奋斗实践中的精神文化相互融通和升华的结果。人类的不同文化只有在实践活动中经过漫长岁月的浸润与融合，才能创造出一个伟大的共同体精神。城市精神是一座城市的灵魂，对外它代表着一座城市的形象、气质与风貌，对内它凝聚人心，引领这座城市奋勇向前。

阐释新时代苏州精神时，我们必然要深思与解答一个重要问题：存在于苏州大地的各个板块精神究竟如何超越"散装状态"深深地凝聚为一个统一整体？这一追问是因为改革开放40多年来，"群虎争雄"的苏州各县市区，奋力拼搏的苏州人民，是如何将自主创造多元精神要素融汇成为以"三大法宝"为核心的苏州精神整体样态？进入新时代、新发展阶段的历史方位，苏州下辖姑苏区、吴中区、相城区、吴江区、工业园区、高新（虎丘）区、昆山市、张家港市、常熟市、太仓市10个板块，在"敢争第一、敢创唯一""龙腾虎跃"的比学赶帮超之态势中，都有其自主创造的新精神、新风尚、新作为，新的先锋精神层出不穷，如何又强力超越"散装状态"、创造出一个以"三大法宝"为核心的整体性的苏州精神，并推动苏州精神在新时代与时俱进？其融汇与升华的机制与路径何在？

具有统一的千年吴文化整体浸润，在改革开放开拓奋进的相互激荡中形成了以"三大法宝"为核心贯穿又相互影响、相互促进的自主发展的共同体主义价值体系，这都是苏州精神形成的根本原因。但是，多元的精神要素要融汇和升华为统一的苏州发展共同体精神，在苏州各区县进入新时代重新呈现出一种"龙腾虎跃"的比学赶超之态中，让十大区域板块精神构成"一池春水"，需要梳理其融汇与升华的路径、机理和脉络。为此，我们在系统阐释"三大法宝"内涵及其新时代发展意义之后，更需要分别了解苏州各地"群虎争雄"创造新时代精神的态势，阐明各个精神要素这一融汇和升华的机制与路径，从而让我们更加深度理解新时代苏州精神自身的完美统一性和强大生命力之所在。

## 一　新时代苏州各板块精神阐释

以"三大法宝"为内核的苏州精神在各个板块中既具有共性，又各自具有个性，展现为一个互补统一、完整有机的生命体系。对于"三大法宝"前已有专章叙述，现在我们需要对其他7个板块的精神生成语境与内涵进行阐释。

### 1. 常熟精神

（1）常熟精神形成的语境

常熟位于江苏省东南、长三角腹地。东邻太仓，距上海100千米；南接昆山、苏州市区；西接无锡市区、江阴；东北濒长江黄金水道，与南通隔江相望；西北境与张家港接壤。全境东西间最长距离49千米，南北间最长距离37千米。总面积1276.32平方千米。截至2020年12月，常熟市下辖建制镇8个、街道6个，分别为梅李镇、海虞镇、古

> 新时代苏州精神

里镇、沙家浜镇、支塘镇、董浜镇、尚湖镇、辛庄镇，虞山街道、琴川街道、莫城街道、常福街道、东南街道、碧溪新区（街道）。

常熟是吴文化的重要发祥地之一，1986 年被国务院公布为第二批国家历史文化名城。先贤仲雍让国南来，奠定了吴国基业；言子拜师孔门，开启江南文化。"道启东南，文开吴会"形成常熟最显著的文化基因——崇文厚德。文化基因在望虞河、尚湖、昆承湖、长江的物理空间环境扎根。60 年前，常熟人民以"双手劈开千层土，定叫长江通太湖"的气魄挖出了望虞河，是一种敢想敢干的奋斗精神。20 世纪 80 年代，碧溪人民的"碧溪之路"是一种改革争先，大胆实践的创业、创新、创造精神。20 世纪 80 年代初，常熟碧溪农民领风气之先创办乡镇企业，走出了一条"离土不离乡，进厂不进城"的"碧溪之路"，经过《人民日报》报道后叫响全国，成为"苏南模式"的代表。此后，"碧溪之路"不断开拓创新，越走越宽广，最终融入苏州大地上奔腾不息的时代洪流，共同催生出闻名遐迩的苏州改革开放"三大法宝"。从常熟人开挖望虞河，到"碧溪之路"的创新探索，蒋巷村的奋力拼搏成"全国文明村"，再到现在常熟的砥砺前行，都体现了常熟人搏浪奋进的价值诉求，彰显着常熟人民自强不息、敢想敢干、攻坚克难、奋勇争先、拼搏奋进的人文精神，这种精神特质渗入常熟人的血脉，塑造了这座城市独特的精神文化气质，并薪火相传，成为这座城市不断创新发展的不竭动力源泉。并形成了"崇文厚德，搏浪奋进"的常熟精神特质。

（2）新时代常熟精神的实践使命

党的十九大以来，在习近平新时代中国特色社会主义思想的指引下，常熟人民上下同欲，砥砺奋进，围绕空间美图、时尚美城、创新美业、清新美景、精品美游、文明美德，徐徐展开"六美集大美幸福新常熟"的新画卷。"美丽常熟"建设既是常熟推进"五位一体"高质量发展的主轴主线，更是经济社会发展适应新发展阶段的重要举措；是常熟作为苏州群虎争雄重要板块共同谱写"四高城市"新篇章的自觉担当，更是打造社会主义现代化"最美窗口"的时代要求，是新时代常熟精神的完美诠释和生动实践。

①构建集约高效的空间美图，"三生空间"布局优化。近年来，常

熟市加快构建形成以五大片区为主的空间形态，重点打造琴湖小镇、高铁新城等城市标识，"331整治""千村美居工程"等重点举措加速形成高品质城乡空间格局。实施要素集聚、功能完善、产业更新、生态修复等专项行动，按照"空间集约、功能集成"的要求，科学布局生产、生活、生态三大空间，精细雕琢城市更新，悉心呵护美丽乡愁，匠心营造魅力城市。

②建设功能完备的时尚美城，城市能级显著提升。坚持"建新+更新"并重，加快高端城市载体建设，以"六大更新"（农民住房翻建更新、农村基础设施完善更新、城中村自主改造更新、既有建筑改造更新、老旧工业区改造更新和历史街区整理更新）为抓手盘活存量资源。进一步完善城乡功能配套，畅通市域交通循环，加快"两个一小时、四个半小时"通道建设；不断提升政务服务优质、生活成本适中的营商环境比较优势，不断提升城市能级，为新业态、新人才集聚创造更好的城市环境。

③壮大绿色发展的创新美业，产业结构转新变强。瞄准"354"产业布局，做强优势传统产业，围绕汽车及零部件、装备制造和纺织服装"三大支柱产业"，牢牢把握数字化转型的大趋势，利用互联网新技术、新应用对传统产业进行智能化改造；做大战略性新兴产业，以新一代信息技术、生命健康、物流物贸、数字经济、氢燃料电池"五大重点产业"为突破口，通过打造一批高成长性、高附加值、高回报率的新兴产业为常熟经济赋能助力；做活新经济模式，引导智能货架、现代氟材料、高端无纺、玻璃模具等"四大特色产业"，通过技术升级、联合创新、并购重组等模式，提升品牌价值、拓宽产业链条，打造结构更优、市场更大、质量更高的细分领域生态圈。

④打造安全环保的清新美景，城乡环境宜居宜业。得天独厚的自然禀赋条件和高效能的社会治理水平使得常熟成为宜居宜业的长三角最具竞争力的创新创业之城。统筹发展与安全、经济与生态、城市与农村，从虞山生态步道建设还山于民，到铁黄沙生态岛的共抓大保护，从沙家浜的生态湿地到铜官山的田园风情，常熟市不断优化城市环境承载能力，不断提升城市本质安全水平。坚持以优质生态资源为依托，用好用足城市治理效能的领先优势，打造宜居宜业的城乡环境。

### 新时代苏州精神

⑤推出非凡体验的精品美游,城市魅力更加凸显。全面加强历史文化名城的保护利用水平,健全公共文化服务体系,提升优秀传统文化影响力。近年来,常熟着力打造"四色游"品牌,推动文体旅深度融合,常态化举办马拉松、铁人三项、水上帆船等各类文旅赛事,山水同城的城市格局、积淀深厚的人文底蕴、精致舒适的旅行体验让常熟的美誉度、吸引力不断提升。

⑥彰显小城大爱的文明美德,社会大局和谐稳定。言子故里弦歌不辍,全国文明城市的荣誉彰显了江南小城的文明美德。常熟不仅将文明作为一道亮丽风景,更将文明作为城市的自觉追求,将文明转化为城市发展的坚实力量。通过创新社会治理水平提升城市文明水平,形成了共建共治共享的治理新格局,市民文明素质、城市文明程度全面提升,人民精神文化生活水平不断迈上新台阶。

进入新时代,踏上新征程。青山十里将见证常熟人民在全面建设现代化新征程上谱写的华美乐章,而美丽常熟的时代音符也必将镌刻在常熟人民的心灵深处。

（3）新时代常熟精神发展的新特色

"江南福地,百强头阵"的常熟在砥砺奋进中精练出"高标奋进、实干为民、开放融合、与时偕行"的新时代精神内涵,转化为常熟人的精神基因,并不断融汇进新时代苏州精神的血脉。

"高标奋进"的精神内核催生着常熟走出"发展舒适区",立足新阶段,推动"双循环",始终保持以奋进的姿态推进美丽常熟建设。"高标奋进"就是逆势勇进,在高原上立高峰,在千帆竞进的长三角城市竞争格局中勇猛精进。不断推进自我革命,扫除阻碍改革发展稳定的制度观念和利益羁绊,持续优化营商环境,加快构建创新生态,破除影响高质量发展的体制机制障碍。"实干为民"就是实事求是不骛虚声,务实内敛稳中求进。直面发展现实,"清零"化解历史难题;聚力富民优先,扎实推进共同富裕。从常熟服装城的富民产业链到蒋巷村的人间新天堂,从城区"退田还湖""退二进三"的绿色发展实践到全域旅游示范区建设的推进,从城乡一体化协调发展的试验田到"千村美居""乡村振兴"的精彩开局,无不浸润着人民至上的发展观、造福一方的政绩观。"开放融合"就是要在通江达海中擘画好长三角一体发展的新蓝图，在海纳百川中呈现出国内国际双循环的新气象。从80年代"周末工程师"的"请进来"，到新时代接轨沪杭、拓疆海外"一带一路"的"走出去"，从90年代沿江港区新城的开发开放到现如今高新产业新城、高铁数字新城的拔地而起，不仅蕴含着一代又一代接续奋斗者自力更生的常熟梦，更凝结着无数新常熟人、常熟友人在这方热土、这片山川挥洒的汗水与辛劳。"与时偕行"就是常熟人始终保持自我加压、追求卓越；始终坚持贯彻新发展理念，加快构建新发展格局，立足新阶段，攀登新目标；是日进日新，是踏浪而行，以"美丽常熟"建设为主轴主线育先机开新局，在全面建设社会主义现代化新征程上，争当表率、争做示范，始终走在时代前列。

## 2. 太仓精神

### （1）太仓精神形成的语境

太仓位于江苏省东南部，长江口南岸。东濒长江，与崇明岛隔江相望，南临上海市宝山区、嘉定区，西连昆山市，北接常熟市。总面积为809.93平方公里，其中陆域面积665.96平方公里。辖国家级太仓港经济技术开发区、省级高新区、长江口旅游度假区、科教新城、城厢镇、沙溪镇、浏河镇、浮桥镇、璜泾镇、双凤镇、娄东街道、陆渡街道。2020年全市户籍人口51.05万人。

太仓距今已有4500多年历史。春秋时期吴王在此设置粮仓，早在元明时期，太仓就是重要的海港和商埠，史称"六国码头"，明代著名航海家郑和七下西洋由此扬帆起锚，率领2.7万多人的船队，历经千辛万苦，遍访亚非36个国家和地区，成就了海上丝绸之路的巅峰时期。明弘治十年（1497）建太仓州。民国元年（1912）定名太仓县。1993年3月，撤县建太仓市。清代诸家轩在《坚瓠集》里这样做过比较："苏辖一州七县，金太仓、银嘉定、铜常熟、铁崇明。""锦绣江南金太仓"因此而得名。太仓因处娄江之东，古亦称娄东。太仓自古人文荟萃，教泽绵长，文化艺术科学大家灿若群星，是娄东文化发祥地，又是江南丝竹的发源地。太仓特色文化体育生活精彩纷呈，被誉为"百戏之祖"的昆曲也起源于太仓，有全国桥牌之乡、武术之乡、龙狮之乡、丝竹之乡、民乐之乡、舞蹈之乡等称号。太仓拥有38.8公里长江岸线，天然良港优势明显，是长江水运集散中心、集装箱干线港，也是上海国际航运中心的重要组成部分。

改革开放以来，太仓逐渐成为长三角最具发展活力的地区之一，综合实力连续多年位列全国百强县（市）前十名，获评全国文明城市、国家生态文明建设示范市、全国综治工作最高奖"长安杯"、全国双拥模范城、国家生态园林城市、国家卫生城市、国家环境保护模范城市、中国人居环境奖、中国优秀旅游城等各类国家级荣誉称号200余项。大病医保、政社互动、公共法律服务、养老服务等经验示范全国，连续五年获评中国最具幸福感城市。

（2）新时代太仓精神的实践使命

坚持思想再解放、开放再出发、目标再攀高，加强前瞻性思考、全局性谋划，明确"现代田园城、幸福金太仓"总目标，践行做亮特色、提升能级、补齐短板的工作路径，高质量建设"两地两城"，即高质量建设临沪科创产业高地、临江现代物贸基地、现代田园城市样板、中德合作城市典范，结合阶段性特征和形势任务变化，提出"四大两提一进""两个高于"和打造苏州对接上海重要枢纽门户城市等目标抓手，全力构筑最优营商环境、最强比较优势，努力成为临沪综合性价比最高地，在具备条件的领域率先实现与上海的同城化，把"上海下一站"的空间优势转化为"下一站上海"的目标追求，引领太仓始终沿着高质量发展方向不断前进。

坚定不移推进创新转型。坚守实体经济不动摇，深化以创新转型为引领的发展模式，推动经济体量、质效全面跃升。着力构建"11155"产业矩阵，巩固提升高端装备制造、新材料和物贸总部经济三个千亿级产业，不断优化结构、提高层次；坚持把生物医药、航空产业作为500亿级别的重点产业进行培育，建优建强航空产业园、生物医药产业园等载体平台，努力打造未来发展的新增长极。深入实施"大院大所"战略，用好"两校多院"创新资源，建优建强西工大太仓长三角研究院、中国科学院上海硅酸盐研究所苏州研究院，更大力度、更广范围集聚高端创新资源要素，不断提升产学研协同创新水平，为转型发展注入强劲动能。把"用户思维"和"客户理念"融入服务全链条，增强"马上就办"的服务意识，持续深化"放管服"改革，完善"互联网+政务服务"体系，全面优化审批流程、提高审批效率。

大力促进开发开放。深入研究对接上海城市总体规划和发展战略，突出对接"大虹桥"这个重点，切实找准合作共建切入点与突破口，加大各层面交流互访与宣传推介力度，争取更多"溢出效应"。加快融入嘉昆太协同创新核心圈建设，着力构建与上海协同配套、互为促进的产业、研发和人才引育体系，建设上海科创产业重要功能区。做优"以港强市"文章。坚持港口、港区、港城三位一体，用好空间、平台、产业三大优势，在更高起点上增强太仓港综合实力和辐射带动能力，加快建设港口型国家物流枢纽，推动港口"流量"转变为经济"增量"，形成了全球第二大集装箱标准箱制造基地、亚洲最大的高级润滑油生产基地、长三角地区最大的化工品中转基地。集装箱吞吐量达521万标箱，排名位列全省第一位、全国第九位。深化对德合作，围绕打造国家级层面品牌平台，认真梳理总结已有合作成果，持续放大"德企之乡"对外知名度和影响力。聚焦智能制造等重点领域，更大力度引进一批规模型、旗舰型德企，德企总数超360家。鼓励优势企业增资扩股，不断做大德资规模，推动德企与本土企业融合创新发展，放大技术溢出和带动效应。

坚持做亮幸福品牌。围绕群众关心关注的热点难点问题，不断提升就业、教育、医疗、文化等公共服务供给水平，抓紧抓好老旧小区改造、农贸市场提档升级等群众身边的"关键小事"，把过硬的"发展指数"转换为满满的"幸福指数"。全市域推进长江大保护，认真抓好沿江"三化五治"等专项行动，强化大气、水、土壤综合治理，推动环境质量持续好转。持续完善"一心两湖三环四园"城市生态体系，不断彰显现代田园城市生态底色。深化"政社互动""三社联动"创新实践，加强网格化社会治理联动机制建设，深入开展安全生产大排查大整治，纵深推进"331"专项整治与扫黑除恶专项斗争，认真做好矛盾纠纷化解、风险隐患排查等工作，筑牢社会和谐稳定基石。

（3）新时代太仓精神发展的新特色

太仓历史悠久绵延，连江通海，历经长江流域文化洗练、苏南吴文化的滋润，浸染着大都市海派文化，风气开通，文化汇融，文风精致，透出灵秀气质。城市风采雅致，太仓人才辈出，文采风流，娄东文化璀璨。太仓民俗文化、民间文化根深枝茂，太仓城市精神源于太仓历史，在娄东原创性精神文化滋润中浑然天成，其核心精神是"精致、和谐、务实、创新"。"通江达海，有容乃大"，太仓位居长江入海口，内连长江经济带沿线腹地，借助太仓港通达全球。太仓正紧紧抓住新时代长三角一体化发展和长江经济带建设的国家战略机遇，展现开放包容的胸怀和格局。

"精致"是太仓城市自然、人文和社会环境的融合特征，饱含着精胆与精魄的文脉与文气。这种文脉化育出理念精切、思虑精鉴、行为精敏、辨识精审和制工精造的文化审美伦理，传递着特色鲜明的文化行为观。

"和谐"是太仓人对自然、文化的包容、均衡、灵性、智慧精髓，和谐是太仓文化的生命力。

"务实"本质上刻画着太仓人心理与稳健的行为动力。太仓历来丰裕殷实，在作为上太仓人注重实际，精诚专一，心志至诚，惠顾兼爱。

"创新"是太仓更互变动的实践力与城市活力，是太仓城市发展的动力源泉。太仓川泽纳容的博大胸襟和勇于创新的开拓精神，孕育了"开放+创新"互融并进的非凡特质。

这四大精神范畴相互依存、共同耦合，构造了太仓城市的内在精神特质气质和城市哲学。太仓精神成为太仓发展的不竭源泉，内化为引领太仓人的行为价值规范。太仓以独有的自觉性、自制性、果断性和坚毅性，创造了港口经济、沿江沿沪经济，不断创新资源经济、优势经济、品牌经济等无形社会资本，提升太仓影响力指数，在超越中进行深度创新。

### 3. 吴江精神

（1）吴江精神形成的语境

吴江是江苏省的"南大门"，东邻上海，西濒太湖，南连浙江，北依苏州主城区。总面积1237.44平方公里，常住人口154.50万人，户籍人口87.67万人，下辖7个镇、4个街道，拥有1个国家级开发区、

2个省级高新区、1个省级旅游度假区。吴江是苏州城区的最大板块和发展的最大战略纵深，在新华网发布的"2020城市市辖区高质量发展100强"榜单中排名全国第三。2019年5月，中共中央、国务院印发《长江三角洲区域一体化发展规划纲要》，吴江全域纳入长三角生态绿色一体化发展示范区，正全力以"整体性"和"高质量"为抓手打造"创新湖区"，建设"乐居之城"。

吴江历史文化底蕴深厚，于公元909年建县，1992年撤县设市，2012年撤市设区，是享誉全国的"鱼米之乡""丝绸之府"。全境拥有湖泊300多个，坐拥太湖岸线47公里，水域面积占比23%，自然湿地保护率达72.6%，是典型的以水为脉、城水相依的"江南水乡"。作为吴文化发祥地之一，源远流长、平和温润的江南文化，造就了同里、黎里、震泽3个中国历史文化名镇；敦厚善良、勤勉诚朴的乡俗民风，孕育了爱国诗人柳亚子、社会学家费孝通、"两弹一星"功勋科学家程开甲等一大批社会英才。

吴江是苏州民营经济发展最早和势头最好的板块。明代中后期的盛泽黄家溪，已经出现了中国最早的资本主义商品经济和丝绸工业的萌芽。20世纪20年代末，费孝通的姐姐费达生在开弦弓村办起了中国最早的村办股份制企业，农民变工人、村民变股东，至今保存的股单见证了吴江人的勇敢探索。改革开放以来，吴江人民解放思想、敢闯敢干，对发展乡镇工业、民营企业一如既往，吴江成为了"苏南模式"的代表区域之一。20世纪八九十年代的"一镇一品"战略，奠定了吴江民营经济发展的基础。随着市场经济的发展，在90年代末，吴江又率先提出"大力引进外资、积极启动民资、加快企业改制"的"三资（制）"发展思路，改制之后的吴江民营经济，在"敢为人先、实干拼搏"的企业领导者带领下，一跃成为全省民营经济的"领头羊"。如今，在吴江这片热土上，民营企业总数已超8.4万家，注册资本超4900亿元，丝绸纺织、电子信息、装备制造、光电通信等四大主导产业稳步发展，新一代信息技术、新型半导体、生物医药等新兴产业和现代服务业成为新的增长点。涌现出了恒力、盛虹、亨通、通鼎、永鼎等优秀的民营企业，恒力集团、盛虹集团更是跻身世界500强之列。

发展乡镇企业是希望过上比一般农民更好的生活；发展民营经济

是期盼过上小康生活；今天更是追求生活富足、环境优美的美好生活。改革开放以来，吴江始终以人民为中心，打破城乡二元结构，推动城乡保障"三大并轨"，补齐农村发展短板，缩小城乡差距，使小康的实现程度与人民的获得感、幸福感、安全感同步提升。吴江人共创美好、共享美好的不懈追求是费孝通"各美其美，美人之美，美美与共，天下大同"理念的最佳诠释，也是费孝通"志在富民"思想的集中体现。

自古有"吴头越尾""吴根越角"之称的吴江，在吴越文化千年浸润中兼收并蓄，融汇了吴文化崇文重教、尚德爱智、灵秀聪慧、坚韧儒雅之特质，吸纳了越文化的宽容豁达、开放进取、勤劳精明、敏锐灵活之个性，形成了兼具"吴风越韵"的文化特质。在改革开放的时代潮流中，吴江人更是将"吴风越韵"这一文化特质传承发扬，走出了一条以市场化改革为方向、产业转型升级为引擎、城乡一体化发展为载体的创新发展之路。在长三角一体化发展的新时代背景下，吴江对标习近平总书记赋予江苏"争当表率、争做示范、走在前列"更高要求，努力在示范区打造"世界级水乡人居文明典范"、在苏州打造向世界展示社会主义现代化"最美窗口"中探路先行、作出示范。历史、现实、未来交汇交织，也逐渐形成了"创新融合、美美与共"的新时代吴江精神。

（2）新时代吴江精神的实践使命

新时代吴江精神的实践使命是要聚焦吴江当前发展面临的重大机遇、重大挑战，切实把思想统一起来、把力量凝聚起来、把责任担当起来，推动全区高质量发展始终沿着总书记指引的方向奋勇前行，坚定走在沪苏同城化前列，加快推进长三角生态绿色一体化发展示范区建设，打造"创新湖区"，建设"乐居之城"。具体包括：

第一，扛起使命担当，探索新发展格局路径。

主动拉长长板、贡献长板，以更高质量的一体化发展做强长三角区域循环，为"加快形成以国内大循环为主体、国内国际双循环相互促进的新发展格局"探索路径。

一是以更加完善的产业链条畅通循环。全面融入苏州建立"链长制"推进产业链高质量发展的总体布局，推进传统产业再造提升和新兴产业集聚壮大，优化提升生物医药、光通信、高端纺织等优势产业链，全面布局半导体和集成电路、智能制造装备、工业互联网等新兴产业链，增强产业链控制力和话语权。加强长三角及全国范围内关联产品的配套协作和高效率替代，打通循环中的关键节点。大力推动数字经济和数字化发展，巩固提升智能工业先发优势，争当长三角世界级产业链"核心链"上的重要节点和关键一环，坚定走在打响"苏州制造"品牌前列。

二是以更大力度的项目建设融入循环。聚焦示范区融合型数字经济、前沿型创新经济、功能型总部经济、特色型服务经济、生态型湖区经济发展方向，加强开放创新合作热力图推广应用，加快布局战略性新兴产业和未来产业，力争在十亿级、百亿级龙头型项目上实现新突破。加速推进长三角科大亨芯研究院、中车交通绿色协同创新产业示范区、英诺赛科等重点项目建设。以重大项目的落地见效，优化产业总体布局和发展生态，更好融入长三角一体化和沪苏同城化。

三是以更高水平的对外开放促进循环。坚持以"开放再出发"提升开放能级和水平，对标国际一流标准改善营商环境，深入实施"最舒心"营商环境创新行动，吸引更多海内外人才和企业安家落户，在长三角区域循环中发挥枢纽节点作用，形成链接全国乃至全球资源要素的"引力场"。通过更高水平的对外开放，使国内市场和国际市场更好联通，国内大循环与国际循环更好互动，实现更加强劲可持续的发展。

第二，勇当开路先锋，打造世界级创新湖区。

切实发挥创新对高质量发展的"原动力"作用，在一体化示范区建设中放大协同创新效应，提供高水平科技供给，勇当科技和产业创新的开路先锋。

一是打造科技创新策源地。主动融入上海科创中心建设，积极参与材料科学姑苏实验室建设，持续导入国内外科研机构、大院大所等平台载体，增强国家先进功能纤维创新中心创新策源功能，协同打造示范区创新共同体。推进产业链与创新链深度融合，全力开展科技联合攻关，加快突破"卡脖子"关键共性技术，着力打造长三角科技创新的重要策源地和科技成果转化的最佳承载地，牢牢将创新主动权、发展主动权掌握在自己手中。

> 新时代苏州精神

二是打造制度创新试验田。坚持以制度机制突破行政壁垒、提高政策协同，聚焦规划管理、生态保护、要素流动、财税分享等重点领域，协同青浦、嘉善探索跨区域制度创新，加快在一体化发展制度创新上取得更大更多突破。总结梳理一批具有吴江创新标识的优秀改革案例，尽快形成一批首创性、变革性的重大改革成果，更好发挥示范引领效应。

三是打造人才创新集聚区。坚持人才优先发展战略，把人才作为一体化示范区建设的强大动力和鲜明标志，深化示范区人才发展合作共同体建设，推进资源共享、政策协调、制度衔接、服务贯通，打造更具吸引力的人才发展环境。在一体化合作框架下优化人才"招、引、用"模式，全面升级优秀人才"生根计划"，大力促进区域人才有序有效流动，共同打造面向世界、引领未来、辐射长三角的人才创新集聚区。

第三，延续生态机理，塑造新江南水乡风貌。

深入践行"两山"理念，坚持生态优先、绿色发展，深化美丽吴江建设，打造烟雨诗画的"新鱼米之乡"，让江南韵更足、小镇味更浓、现代风更强、百姓脸上笑容更美。

一是彰显水韵之美。健全生态环境协同保护机制，完善生态环境"三统一"制度，推动跨区域生态补偿机制创新。统筹推进太浦河、元荡、汾湖等周边及沿岸地区综合整治和品质提升，大力实施太浦河"沪湖蓝带"计划，高品质打造太湖百里风光带、大运河文化带、美丽生态湖泊群。持续深化"三水同治""河（湖）长制"，坚决完成重点流域禁捕退捕任务，打造全域美丽生态河湖。

二是彰显田园之美。大力实施乡村振兴战略，落实苏州市率先基本实现农业农村现代化三年行动计划，稳步推进特色田园乡村建设和农村人居环境整治提升，精心打造乡村振兴美丽吴江元荡样板区、开弦弓村综合提升项目，打响以"一带一区一群"为重点的"中国·江村"乡村振兴示范区品牌，创建让城市更向往的美丽田园乡村。

三是彰显古镇之美。加强对全区古镇资源的统筹和谋划，展现多元化古镇特色，高品质打造连通上海、浙江的江南古镇带。主动融入江南水乡古镇生态文化旅游圈建设，优化提升同里、黎里、震泽3个中国历史文化名镇，加快推进古镇联合申遗工作。加强对古建老宅和历史街区的保护性开发，不断提升古镇魅力，丰富古镇内涵，呈现"最江南"画卷。

四是彰显人文之美。加强江南文化保护开发，联动共建具有世界影响力的江南文化标杆区，展现"美人之美、美美与共"的新时代内涵。深入挖掘培育蚕桑丝绸、千年运河、莼鲈诗词等独特文旅资源，促进文化、旅游、传统技艺等业态深度融合。大力弘扬和践行社会主义核心价值观，培育传承优良家风，不断提升社会文明程度，让人成为吴江最亮丽的风景。

第四，促进协同共享，建设高品质乐居新城。

以满足人民群众对美好生活的向往为目标，多谋民生之利、多解民生之忧，在融入一体化发展中补齐民生短板、建设乐居新城。

一是突出城市发展相融。全面衔接示范区国土空间规划和苏州现代国际大都市建设，按照"多中心、网络化、融合式"发展模式，统筹推进城市和产业双优融合更新，落实苏州产业用地更新"双百"行动，持续做好"三治""三优""三保"等工作，进一步优化全域空间格局。加快沪苏湖、通苏嘉甬铁路建设，探索站城一体的苏州南站综合枢纽建设模式，持续推进与青浦、嘉善公交互联互通，构建高效多样的综合交通系统。

二是突出公共服务相融。加大优质公共服务资源的跨区域流动，让有限的资源发挥出最高效率，扩大一体化公共服务圈。深化青浦、吴江、嘉善疫情联防联控的经验措施，建立公共卫生等重大突发事件应急体系，强化医疗卫生物资储备。加快示范区集团化办学和医疗联合体建设，全力招引一批高水平院校、医疗机构。高水平建设苏州大学未来校区、苏州中学苏州湾校区等项目。加快推进医疗保障一体化建设，探索以社会保障卡为载体建立居民服务"一卡通"，努力实现同城化生活。

三是突出社会治理相融。加强跨区域社会治理协同创新，推动数据、信息共享共通，以高质量的平安法治一体化打响示范区"C位长安"品牌。深化综合网格建设试点工作，促进网格化联动机制提质增效，形成网格化管理2.0版。严密筑牢安全防线，纵深推进安全生产专项整治，探索示范区"危险管控、执法标准、信息管理、应急指挥"一体化，协同推进本质安全水平显著提升。

(3) 新时代吴江精神发展的新特色

改革开放以来，吴江也曾提炼过吴江精神，在20世纪90年代吴江精神曾被总结为"团结至诚、拼搏开拓、务实创新、勇攀高峰"，在21世纪初，凝练出"吴风越韵、精诚致远"的城市精神，这些关键词都反映出当时阶段吴江发展的时代特色。进入新时代，特别是面临长三角一体化发展上升为国家战略这一千载难逢的历史机遇，新时代吴江精神应运而生，"创新融合、美美与共"将激励吴江人民全力打造"创新湖区"，建设"乐居之城"，坚定走在一体化示范区建设最前列，在跨行政区域共建共享、生态文明与经济社会发展相得益彰上打造更多"吴江场景""吴江样板"，在示范区打造"世界级水乡人居文明典范"、在苏州打造向世界展示社会主义现代化"最美窗口"的历史进程中探路先行、作出示范。

"创新融合"是吴江发展的内核动力。改革开放40多年来，吴江取得的辉煌成绩就是在不断地创新求变后实现的，例如"一镇一品""三资（制）"改革、全国首创土地换保障、全省首创行政审批中心、亨通研发光棒打破国际垄断、盛虹创建全省首个国家级制造业创新中心等，为吴江的发展提供源源不断的动力源泉。创新求变是吴江不断超越自己、实现跨越式发展的内核动力之一。融合既是吴江发展的文化基因，也是吴江发展的内核动力之一。吴江地处江苏、上海、浙江交界的地方，吴江的文化也融合了吴文化、越文化，还受海派文化的影响，既有吴文化的务实谦逊，又有越文化的奋发图强，兼具海派文化的海纳百川，文化的融合使得吴江的发展博采众长，总是能找到最优的发展路径。现如今，长三角一体化示范区建设更是要求吴江加快融合，在融合中找到示范引领的新发展方式。

"美美与共"是吴江发展的目标追求。吴江籍社会学家费孝通先生一生志在富民，先后26次访问开弦弓村，立足江村、走出江村，孕育出"各美其美，美人之美，美美与共，天下大同"的思想理念，成为吴江人民不断追求美好生活的精神指引。习近平总书记指出："人民对美好生活的向往就是我们的奋斗目标。"总书记的话语与费孝通先生提出的"美美与共"理念有着异曲同工之妙。共创美好生活是吴江人民发展的永恒追求。吴江人之所以不像有的地方小富即安、不再进取，正是因为有共创美好、共享美好、美美与共的追求。吴江始终坚持以人民为中心，使小康的实现程度与人民的获得感、幸福感、安全感和法治建设满意度同步提升。统筹城乡基础设施和社会事业发展，打破城乡二元结构，推动城乡保障"三大并轨"，补齐农村发展短板，缩小城乡差距。大力推进公共服务均等化、标准化建设，城乡居民享有共同的教育、就业、医疗和养老保障等公共产品和服务，努力实现美丽吴江的愿景和人民对美好生活的向往。

## 4. 吴中精神

（1）吴中精神形成的语境

吴中区位于历史文化名城苏州的地理中心，北与苏州古城、苏州工业园区、苏州高新区接壤，南临苏州吴江区，东接昆山市，西衔太湖，与无锡市、浙江省湖州市隔湖相望。全境东西长92.95公里，南北宽48.1公里。全区总面积2231平方公里，其中陆地面积745平方公里，太湖水域面积1486平方公里，吴中约占太湖总面积的3/5，在苏州是非常独特的地域分布。吴中区是古吴文化的重要发祥地之一，约1万年前已有先民生息繁衍。5000年前创造了先进的"良渚文化"，公元前221年秦始皇统一中国，设置"吴县"。1995年6月8日，撤销吴县市，2000年底撤吴县市，分设吴中区与相城区。吴中区一直是苏州的"水缸子、菜篮子、米袋子"。截至2020年12月，吴中区下辖1个国家级太湖旅游度假区、1个国家级经济技术开发区、1个国家级农业园区、7个镇、7个街道和穹窿山风景管理区。

"太湖风光美，精华在吴中""山水苏州、人文吴中"成为吴中区最大的特色。有着2500多年历史的吴中区深厚文化底蕴的土地上，人文荟萃，英才辈出，兵圣孙武、草圣张旭、塑圣杨惠之、绣圣沈寿、文学家范仲淹、建筑大师蒯祥等历史名人形成独特的人文精神，正是这种人文精神的引领，这里形成了辉煌灿烂的吴中文化，激励着吴中人与时俱进，开拓奋进。改革开放以来，吴中人在继承优秀传统人文精神的基础上,将之融入现代化建设的洪流中,在实践中反复锤炼,在探索中不断升华,终使其成为饱含时代特色和富有区域特征的时代精神。在这种精神的激励感召下,吴中实现了历史性的跨越式发展,铸就了新的辉煌。

文明传承、历史积淀与系统总结、升华提炼,吴中人厚积薄发,形成了当代富有特色的吴中精神特质,这就是传承千年文明,开创时代风范,建设和谐吴中。传承千年文明是吴中精神的文脉所在,开创时代风范是吴中精神的灵魂所系,建设和谐吴中是吴中精神的内蕴之美。同时,这也生动地诠释了"传承千年历史根系,弘扬吴地文化脉搏,创新发展再铸辉煌"这一时代命题。

(2)新时代吴中精神的实践使命

近年来,吴中区始终秉持吴中精神内核,坚持"山水苏州、人文吴中"发展定位,传承"发展保护两相宜、质量效益双提升"发展理念,明确"根植吴文化、建设新吴中"发展导向,推动经济社会发展实践。

"核轴带"三大布局,夯实产业发展根基。坚持"一盘棋"思想,打破行政区概念,引导功能区发展,确定并优化了"中心城市核、先进制造轴、生态文旅带"生产力布局。中心城市核以吴中中心城区(吴中高新区)和太湖新城为核心,提升城市首位度和产业承载力,加快推进产城深度融合。先进制造轴以国家级经开区为主体,以角直、胥口为东西两端,培育壮大机器人与智能制造、生物医疗及大健康两大主导产业,加快发展检验检测、研发设计等优势产业,持续提升信息技术和装备制造等支柱产业。其中,机器人与智能制造产业集聚了汇川技术、绿的谐波、科沃斯机器人等200余家相关企业,覆盖了从关键零部件、本体制造、系统集成、智能装备到终端产品的完整产业链;生物医疗及大健康产业汇聚了葛兰素史克—辉瑞、东瑞制药、吴中医药、药明康德等一批行业领军企业。生态文旅带依托国家级太湖旅游度假区和5A级景区,以180余公里秀美太湖岸线为纽带,串联沿线古镇古村,推动农文体旅深度融合和现代服务业集聚发展。

生态优先创新实践,彰显区域绿色发展。在市委、市政府的支持下,编制了《苏州生态涵养发展实验区规划》,以东山、金庭两镇为主体，规划总面积约 285 平方公里，排定 2019—2023 年计划重点实施的生态保育、生态治理、民生保障和产业发展等 4 大类 216 个项目，总投资约 105.6 亿元。[①] 每年将预算内可用财力的 10% 左右用于太湖保护，率先在省内推行太湖水环境"五位一体"综合治理，水污染防治工作获全国人大常委会执法检查组充分肯定。创新实施环太湖"加减法"，鼓励环太湖地区利用"三优三保"、增减挂钩等政策，大力推进土地复垦、生态修复、高标准农田建设，将腾出的各类指标有偿调剂给区内重点板块，解决环太湖区域存量建设用地难以高效开发利用、区内部分重点项目因指标紧缺难以落地等问题。一方面统筹全区资源按照功能区布局集聚集约高效利用；另一方面加强生态敏感区有效保护，提升环太湖地区内生发展动力。2018 年以来，通过实施环太湖"加减法"，共腾出各类指标 8602.6 亩，实现以建设"减法"，换生态"加法"、效益"加法"。

重点聚焦城乡协调，深耕吴中融合发展。吴中区厚植"山水苏州、人文吴中"底蕴，以高水平全面建成小康社会的实践成效践行初心使命，把老百姓的获得感和幸福感作为衡量工作的标准。近 3 年累计投入 272.6 亿元用于民生事业，民生支出占比 74.3%。[②] 努力让吴中城乡更有温度、更有质感。对标苏州国际化大都市定位，发挥地处苏州市区地理中心的区位优势，把地铁、大运河文化带和重要交通路网建设等机遇转化为提升吴中城市能级的有力抓手，加快把中心城区建设成匹配苏州城市形象的苏州主城南中心，加快推进太湖新城医院、学校等重点民生项目建设，全力打造"精致城市"，把太湖新城建设成彰显苏州未来城市高度的新增长极。

圆满完成集体股份权能改革国家级试点，先后创造了农村股份合作改革省级以上 10 个第一，全区村级集体净资产 98 亿元，村均稳定收入 1341 万元。2019 年以来完成拆迁 179.5 万平方米，在建安置小区 37 个、404.4 万平方米、25731 套。[③] 在全省率先实施重大疾病救助政策，

---

① 数据来源：苏州市统计局 2021 年版《苏州市情市力》。
② 数据来源：苏州市统计局 2021 年版《苏州市情市力》。
③ 数据来源：苏州市统计局 2021 年版《苏州市情市力》。

在全市率先建立失地农民保障制度,创新薄弱村"四个一"帮扶机制。抓好全国农民专业合作社质量提升整县推进试点和国家级农村产业融合发展示范园创建。深入实施乡村振兴战略,坚持特色田园美丽乡村建设与农村人居环境整治有机结合,做好古镇古村保护,全力打造"精美乡村"。

做大做强"苏作天工、根植吴中"文化品牌,加强大运河文化带、吴中博物馆等标志性文化品牌创建,推进农文体旅融合发展。深入开展文明城市创建,加快智慧吴中建设。坚持自治、德治、法治并举,让人文、法治精神扎根吴中。努力实现城市让生活更美好,乡村让城市更向往。吴中区在新时代新征程不断创新和发展的实践中形成了新的精神内涵:"树立新标杆,锻造新优势,植根吴文化,建设新吴中。"

(3) 新时代吴中精神发展的新特色

"山水吴中、人文吴中",在新时代不仅要打造最美家园和最佳宜业的新天堂。其新时代吴中精神的发展特色如下。

"树立新标杆"就是根据吴中区发展现状,明确发展新目标,打造率先引领标杆,进一步营造主动作为、竞相发展、干事创业的良好氛围,努力让"高颜值"成为吴中美丽乡村的"代名词",让"高品质"成为吴中高技术产业发展的"强磁场"。在美丽吴中建设和科技吴中发展方面走在前面,绘就新时代最美太湖画卷。

"锻造新优势",在发挥吴中区原有优势的基础上,打造率先基本实现农业农村现代化的先发优势。涵养最优山水生态,让自然禀赋成为经济优势;构建最优产业质态,让创新集聚成为特色优势;打造最优城乡形态,让融合发展成为承载优势,突出以创新链、人才链优化推动产业链集成和价值链提升,在社会治理、城乡一体化、高质量发展等方面再闯新路子、形成新优势。

"植根吴文化,建设新吴中",就是要传承千年历史根系,继承吴地文脉,创新发展再铸辉煌,这是吴中区党代会、区"十三五"规划提出的发展目标,就是要求吴中区广大干部群众进一步树立闯的勇气、干的锐气、赶的志气,克服"小富即安""小胜即满""小打小闹"等落后观念,努力在实践中抢抓机遇、用好机遇,变压力为动力,负重奋进,再创辉煌,这已经成为吴中区干部群众的发展共识和干事创业的精气神，成为汇聚强大建设力量、迈向更高境界的目标愿景。面向"十四五"，抱负太湖、面对苏州深度融入长三角一体化的国家战略新机遇，肩负2022年率先基本实现现代化的重大使命，植根吴文化，建设新吴中，就要做到大处看规划，小处看细节，把吴中区城乡建设得更精致、更细腻、更美丽、更宜居，有格局、有品位，让苏州在全国率先走向现代化进程中成为永葆"看得见真山真水、记得住乡愁、有深邃的吴文化韵味"系列特色的标杆性城市。

## 5. 相城精神

（1）新时代相城担当精神形成的语境

相城因公元前514年吴国大臣伍子胥在阳澄湖畔"相土尝水，象天法地""相其地，欲筑城于斯"而得名。相城区面积489.96平方公里，水域面积占比近40%，下辖4个镇、7个街道、1个国家级经开区、1个省级高新区、1个高铁新城和1个省级旅游度假区，常住人口98.8万余人、户籍人口47.2万人。

勇于担当是相城人与生俱来的精神禀赋，它镌刻在御窑金砖的铭文中，留在巧生炉的印章里。这里不仅孕育了吴门画派代表人物沈周、通俗文学之父冯梦龙等，还煅烧出专供皇家建筑的御窑金砖，织造出紫禁城里的龙袍御衣。是兵圣孙武的终老归隐地、商圣范蠡的隐居地，更与草鞋山毗邻，拥有稻作文化的诸多印记。区内建有苏州御窑金砖博物馆、孙武纪念园等一批文化地标建筑。相城水乡特色鲜明，东拥阳澄湖、西临太湖，拥有超过一半的阳澄湖水面，还有盛泽湖、漕湖、春申湖等9个湖泊，1101条大小河流，建成了虎丘湿地公园、荷塘月色湿地公园、中国花卉植物园、盛泽湖月季公园等10个特色公园，规划建设中的相城中央公园总面积达21.7平方公里，是国内平原陆地最大的城市公园。这里自然物产丰富，阳澄湖大闸蟹扬名海内外，素有"中国清水大闸蟹之乡"的美誉，荣获"中国民间文艺之乡""中国曲艺之乡""全国文化先进区""国家生态区"等称号。

相城交通区位优势突出。相城东西两翼分布两座具有同城效应的国际机场，从这里开车20分钟到苏南硕放国际机场、50分钟到上海虹桥国际机场。沪宁高速、苏嘉杭高速、苏州绕城高速贯穿相城，区内有8个高速公路道口，任意地点10分钟左右可上高速。苏州轨交2号线、4号线，已开工建设的7号线、8号线，以及人民路、广济路、312国道、524国道、228省道和正在建设的春申湖快速路等实现了相城与苏州古城、工业园区的无缝对接。

（2）新时代相城担当精神的实践使命

抢抓长三角一体化发展战略，打造长三角C位。相城区位于苏州市域地理中心，处在沪苏浙三地联动发展的核心地带，是长三角一体化国家战略和上海大都市圈、苏锡常都市圈等区域战略的叠加要地。从全国经济版图看，相城是京津冀、长三角、珠三角和长江经济带"三圈一带"的重要节点区域。2018年，随着长三角一体化发展上升为国家战略，相城也迎来了重大发展机遇。坐落于该区的高铁苏州北站是千里京沪线必经之处、长三角区域重要综合交通枢纽。未来，京沪高铁和即将建设的通苏嘉甬高铁、苏锡常城铁和如苏湖城铁将穿越高铁苏州北站，在相城交会形成铁路轴线"双十字"枢纽。以此为契机，相城积极抢抓机遇，主动作为，全面对接上海，全力打造"苏州市域新中心"和"产城融合样板区、长三角一体化创新发展先导区"。2020年，全区经济发展实现逆势上扬，上半年全市高质量发展龙虎榜上榜数列全市前三。全年实现地区生产总值935.66亿元，增长3.5%；一般公共预算收入136.3亿元，增长13.5%，是苏州唯一实现两位数增长的板块，增速连续四年保持全市第一。全社会固定资产投资454.19亿元，增长8.1%，其中，工业投资完成96.1亿元，增长42.9%；规上工业总产值1343.9亿元，增长7.3%；实际利用外资4.04亿美元，增长74.5%。新增税收超亿元企业7家，总数达17家；新增上市企业3家，总数达10家，科创板实现"零突破"；净增高新技术企业302家，总数达853家，荣获2020年度苏州市综合考核第一等次。①

当前，相城发展迎来了新一轮国家战略机遇，《虹桥国际开放枢纽建设总体方案》明确把相城列入北向拓展带，聚力推动打造中央商务协作区、国际贸易协同发展区、综合交通枢纽功能拓展区。相城把综

---

① 数据来源：苏州市统计局2021年版《苏州市情市力》。

合交通枢纽优势作为融入长三角一体化发展的撬动支点，把推动虹桥国际开放枢纽建设作为实现高质量、跨越式发展的现实路径，全面确立枢纽经济战略地位，以"交通圈"融入"经济圈"，传导集聚更多优质资源，加快推动相城从"综合交通枢纽中心"向"经济中心"不断提升。相城按照"以研发产业为主，配套部分高端制造业"的产业定位，编制实施"3+2"主导产业发展规划；面向2035年，聚力发展"大研发、大文化、大健康"三大产业，明确打造数字金融、智能车联网、工业互联网、先进材料、区块链、生物医药"六大新经济"产业高地。获批江苏省唯一数字金融产业集聚区、省首个数字交通示范区、省唯一区块链产业发展集聚区、省唯一区块链产业产学研协同创新基地，实现全省县域金融生态环境综合评估"三连冠"，在苏州新一轮转型发展中赢得了先机。

相城围绕建设"苏州市域新中心"，坚持以苏州乃至全国最高的标准规划城市，加快形成以高铁新城为引领、产城人融合发展的城市构架，城市设计水平和城市形象快速提升，全面打造最能代表苏州全新发展形象的现代化国际化新城区。全面规划"十四五"建设蓝图，确立"12345"战略思路、"三超一高"赶超目标。面向2035，构建战略规划、产业规划、城市规划、专项规划深度融合体系，推动相城打造生态宜居中心、科技创新中心、城市枢纽中心、未来活力中心。实施"五大功能片区"战略规划，强化阳澄国际生态新区（高铁新城）片区核心功能，更好发挥国家级经开区、省级高新区、省级生态旅游度假区与周边区域联动互促效应。在相城的核心区——阳澄国际生态新区（高铁新城）片区，占地10平方公里的长三角国际研发社区已经启动建设，致力于建成一个以人为本、国际顶级的研发社区，推动相城打造产城融合样板区、长三角一体化创新发展先导区。

进入新时代，相城紧盯五个着力点：主要指标翻番、战略优势转化、新动能激发、高质民生建设、党建引领带动，聚焦成为"创新发展"新标杆、"同城融合"新标杆、"高端产业"新标杆、"活力新城"新标杆、"幸福民生"新标杆，把握新发展阶段，践行新发展理念，构建新发展格局，立起潮头、脚踏实地、闯出新路，全力打造高质量发展标杆地区。

### （3）新时代相城担当精神发展的内涵

20年来，不甘平庸的相城人以自我革新的勇气接续奋斗，创造了令相城人民骄傲自豪的"相城奇迹"，积累了生动鲜活、激发斗志的相城经验，凝聚了蓬勃昂扬的新时代相城精神，表现出"立潮头"的担当气质、"闯新路"的担当品格、"勇争先"的担当姿态、"当表率"的担当作为。

立潮头。相城从发展实际出发，摒弃"小相城、弱相城"的原有思维，确立"大相城、强相城"的思想意识，坚持在全市、全省乃至长三角、全国的坐标系中谋划新一轮发展，在多维的坐标和综合的体系中提升自我，不断解放思想，跳出"县区概念"，在更大格局中找准相城定位、增强相城作为，让争先进位、比学赶超在相城蔚然成风。坚持用未来5年甚至10年、15年的前瞻视野审视相城发展，让高目标、高质量、高追求始终引领相城发展实践。

闯新路。相城坚持以特色见长、以项目取胜，充分发挥叠加优势，做到差异化竞争、个性化超越，走一条体现时代特征、彰显相城特点的创新发展之路。充分发挥中日（苏州）地方发展合作示范区成功获批、法定数字货币试点领跑全国、国际铁路枢纽加快打造、虹桥—相城同城化加速推进等四大国家级战略优势，推动全区主导产业在全域集聚发展，在"平原地带"中形成"高原高峰"，在"高原高峰"中做到"群峰耸立"。汇聚方方面面的力量，最大程度激发政府效能、市场效率与创新效益，推动经济工作方式由传统的"给优惠、给政策"向"给场景、给机会"提升，全力打造"城市场景"乃至"场景城市"。

勇争先。从城市到田园，从阳澄湖畔到太湖之滨，勇于争先渗透在每一位相城人的骨子里，流淌在每一位相城人的血液中。相城人始终以自我革新、奋勇争先、接续奋斗的精神状态，更加彻底地用新思想解放思想，破除在对标找差中小胜即喜、坐井观天的狭隘思维，破除习惯于用老办法解决新问题的路径依赖，破除滞后于时代发展的思维定式，努力在视野格局、思维理念、工作方法上适应新时代、引领新征程，增强不进则退、慢进也是退的危机感，提振敢于比拼、不甘人后的精气神，激发时不我待、舍我其谁的责任心，在现代化建设新征程上跑出"相城加速度"。

当表率。"相城担当"表现为"舍我其谁"的大气魄、大情怀，就是在发展过程中找准"相城定位"，落实"相城行动"，发出"相城声音"，贡献"相城力量"，确立一年好于一年的目标追求、一年快于一年的发展速度、一年高于一年的工作标准，在高质量发展的接力赛中跑起来、赶在前，奋力扛起"争当表率、争做示范、走在前列"的时代使命。

新时代相城担当精神创新苏州精神中"争先创优"，其核心要义是敢闯、敢拼、敢干的冲劲；争位、抢位、进位的意识；提标、提质、提速的追求。这是一种勇于探路的精神，不破路障不松手，不达目标不罢休，不跨大步不甘心；这是一种只争朝夕的追求，有披星戴月的奔波，有不分寒暑的忙碌，有不甘居后的拼抢；这是一种以苦为乐的情怀，千难万苦淡然一笑，千钧压力泰然处之，千回百转无怨无悔。

## 6. 姑苏精神

（1）姑苏精神形成的语境

姑苏区成立于2012年10月26日，由苏州原平江、沧浪、金阊三个老城区合并而成，总面积83.42平方公里，包含14.2平方公里古城全部，户籍人口73.5万人，常住人口92.41万人。姑苏区是苏州的政治、教育、文化、旅游中心，是全国首个也是唯一一个国家历史文化名城保护区。作为最为悠久、历史文化底蕴积淀最为深厚的中心城区，姑苏区是吴文化的重要发源地，有2500多年的悠久历史，完好保存了"前街后河、水陆并行、河街相邻"的双棋盘古城规划格局，和"小桥流水、粉墙黛瓦、古迹名园"的独特城市风貌。有平江路、山塘街等历史文化名街，沧浪亭、狮子林等8处园林和大运河等5个核心点的世界文化遗产。各级文物保护单位184处，控保建筑254处和古建筑物865处。现有松鹤楼等"中华老字号"17家，昆曲、苏绣、苏扇、玉雕、桃花坞木刻年画等各类非物质文化遗产代表性项目80项，其中世界级1项、国家级2项、省级8项。

"一核四城"的"核"就是姑苏区，姑苏区城市核心功能完备，社会民生事业扎实。姑苏区以独具特色的稀缺文化资源、优越的区位优势、便捷的交通、深厚的教育文脉,在医疗、养老等公共服务领域追求精益求精的精神,留古出新,把古代文化元素与现代人、产业、环境融为一体,形成具有深厚内涵又彰显时代风尚的苏州韵味。在这样一个独特社会空间中形成"熔古铸今,崇文尚德,和合致远"这一独具特色的精神特质。

"熔古铸今",诠释了新时期历史文化名城保护区的使命、担当与时代挑战。姑苏作为历史文化名城,不仅是物质建筑的传承,也是文化精神的传承资源。重教崇文、睿智尚德、精致卓越、争创一流的精神正转化为新时期姑苏区发展的精神资源。

"崇文尚德",体现了姑苏人民的价值追求。"崇文"是姑苏最大的特色。姑苏区是名副其实的人文荟萃之地,"状元群""院士群"是苏州特有的文化现象。新时期姑苏区大力倡导崇文精神,以文化人,以文育人,不断提升文化软实力。而"尚德"体现了社会主义核心价值观的基本理念,凸显了姑苏人的文明素养和价值取向。

"和合致远",展现了姑苏人民的远大抱负。"致远"出自诸葛亮的《诫子篇》:"夫君子之行:静以修身,俭以养德。非淡泊无以明志,非宁静无以致远。"新时期倡导致远精神,就是要胸怀远大理想,践行奋斗目标的精神追求。

(2)新时代姑苏精神的实践内涵

姑苏人坚持在实践中不断探索,并不断赋予"姑苏精神"新的内涵。近年来姑苏区就是凭借这种精神日益夯实基础,创新破难。新时代姑苏区的定位非常明确,在经济发展、古城保护、文化创新、城市建设、民生改善等方面不断推进,着力打造苏州历史文化名城这个"硬核"。如今,在各个方面工作都取得了新突破。

推动经济发展取得新突破。一是不断优化功能布局。深化构建历史城区古城旅游和文化新经济产业功能区、西部科技创新产业功能区、南部现代文创设计产业功能区以及北部现代商务商贸产业功能区等四大产业功能区,有效推进资源向对应功能区集中。培育一批专业化、特色化楼宇;加强科技型项目的引资和高成长性企业的培育;加快推动观前、石路、南门商圈提档升级,营造充满活力的营商环境。二是调优产业结构。加快落实优化营商环境实施方案，聚焦总部企业、行业龙头，提高境内外招商活动质量；全力推进中电软件园建设，加快将平江新城协苏科创园打造为总部经济特色集聚区；加强金融机构合作，探索成立区产业引导基金，培育优质企业向IPO冲刺。三是增强经济定力。优化经济运行监测分析，对支撑全区经济发展的重要指标做到日监控、旬跟踪、月分析，不断增强打"逆风球"的本领。聚焦高效税源强化攻坚，搭建审批、企业咨询、融资支持等服务平台，着力保障企业发展资源要素。强化外资外贸指导服务，准确把握我区外贸出口走势变化，积极落实各级扶持政策，精准有效应对各种矛盾摩擦。

推动古城保护再升级。一是完善制度体系。围绕公房出租交易管理、地下空间利用、古建老宅修缮等问题，探索建立突破性的配套政策和制度。深入实施片区规划师等专家咨询制度，着力引进专业人才、团队，不断充实古城保护力量。融合物联网、大数据等新一代信息技术优势，构建立体式的数字化保护体系。二是在整体保护中织补古城肌理。加快平江重点功能区建设进度，不断优化完善基础设施和公建配套，为古城整体保护提供更为成熟的工作样本。按照"苏式生活体验区"定位，深入实施虎丘综改、桃花坞、渔家村等重点项目，有序推进山塘四期、道前片区改造等工程。不断加快古城整体保护、有机更新和活化利用的步伐，要重点完成一批历史遗存展示、环境综合提升、传统民居保护修缮、功能地块改造利用项目，推动城市建管再加速。首先是以"精品"思维推进提质改造。编制完善《姑苏区分区规划暨城市更新规划（2019—2035）》，提高规划的系统性、国际性和标识性。深入实施老旧片区"优+"工程，对老旧小区和街巷开展"两小"环境美化提升综合整治，积极推进既有多层住宅增设电梯工作，切实改善人居环境。其次是以"景区"标准强化长效管理。立足"大景区"定位，完善城市管理法规、标准、责任、奖惩四大体系，推动执法力量有效下沉，依托科技化手段推广"非接触性执法"，实现全方位、全时段的即时管控。推动"四类行业"后续监管长效化、规范化，启动市容环卫责任区制度规范提升专项行动，确保沿街（巷）单位100%纳入，提高城市环境卫生水平。深化火车站地区管理，全面实施

> 新时代苏州精神

"一站式、全时段"便民服务,着力解决"三小车"、非法营运、"黄牛"拉客等难点问题。探索古城交通分区域差别化管理模式,完善步行道设施建设,增设"行人友善空间",打造以轨道为主、公交为辅、慢行为补充的交通结构。最后是以"决战"姿态落实扫尾清零。深化"督办、领办、协办、帮办"四大机制,制定实施项目化专项督查方案狠抓落实,以决战决胜姿态力争实现54个5年以上项目100%清零,以扫尾攻坚积极拓宽发展空间,抢占发展先机。

推动民生福祉再提升。一是以更多实招兜住民生底线。落实好就业优先政策,研究完善援企稳岗举措,深入实施"创响姑苏"双创双育计划,坚决守住就业基本盘。逐步完善社会救助体系,加强救助供养、大病救治、医疗互助、困难群众生活兜底等保障,重视解决支出型贫困家庭现实困难,构建覆盖全民的分层救助框架。加大对口帮扶地区的资金扶持力度,推动"精准扶贫"取得更多成效。二是提升社区治理与服务。继续大力实施"社区治理与服务创新发展五大行动",即社区服务提升行动、美好社区创建行动、社会组织扶持发展行动、社区民主协商推进行动、社工增能提升行动。以务实管用为准则,深入实施"343"网格化社会治理建设工作,细化完善街道联动中心、社区基础网格、联动工作站运行机制,实现问题"第一时间发现,最快速度解决"。新建、改造一批养老机构、综合为老服务中心、日间照料中心和社区助餐点,实现助餐服务高质量全覆盖。三是加强环境治理长效。深入推进"蓝天、碧水、净土"保卫战,落实"散乱污"企业(作坊),加强污水处理、危废处置、生态环境监测等环保基础设施建设,持续巩固黑臭水体整治成果,控制PM2.5浓度和提升城区空气优良率,确保生态环境质量得到明显改善。稳步推进垃圾转运站改建升级,推行生活垃圾定时定点分类投放制度,加快配套设施建设,全面推广生活垃圾分类管理。

(3) 新时代姑苏精神发展的新特色

在原有姑苏精神的基础上,站在新时代历史方位上,原初的姑苏精神在新时代的内涵将凸显出"强本创先"的内容。"本"就表明姑苏精神在吴文化中的"核动力"地位。吴文化在姑苏具有最丰厚的历史积淀,因而在新时代呈现"核动力",要突出姑苏区作为文化高地的核心位置，以文化引领创新争先。姑苏区是苏州历史文化的核心承载和传承发展所在，文脉的延续与创新发展是重中之重和作为一个发展共同体的发展要义所在。"熔古铸今、崇文尚德、强本创先、和合致远"将成为对新时代姑苏精神内涵的新解读。"熔古铸今"体现为新时代姑苏精神的视野气魄。"崇文尚德"体现为新时代姑苏精神的文脉传承。而"强本创先"体现为新时代姑苏精神的灵魂、新的发展方向和动力。"和合致远"体现为新时代姑苏精神发展的博大胸怀与高远境界。新时代姑苏区在熔古铸今的基础上以更加开放包容的心态，以国际化视野不断开拓创新，突出了新时期姑苏区在人与自然和谐、人与社会和谐以及人与人和谐中迈向更高境界的目标愿景。这一拓展，正是对"熔古铸今、崇文尚德、强本创先、和合致远"这样的姑苏精神特质在新时代的深度传承和最新解读，也是走向未来的精神追求。

## 7. 苏高新（虎丘区）精神

（1）苏高新（虎丘区）精神形成的语境

苏州高新区（虎丘区）西临烟波浩渺的万顷太湖，东依苏州古城，素有"真山真水园中城、科技人文新天堂"美誉，是全国首批国家级高新区。区域行政区域面积332平方公里，其中太湖水域109平方公里。苏州高新区诞生于全国形成立体全面开放格局的时代。以1992年获批国家级高新区为标志，走过了"快速发展、奠定基础"的10年；以2002年区划调整成立苏州高新区（虎丘区）为标志，走过了"扩面发展、再次创业"的10年；以2012年区行政中心西移为标志，进入以"创新驱动、再创辉煌"为重点的发展新时期。2020年底，全区常住人口83.25万人，其中户籍人口45.19万人；下辖浒墅关、通安2个镇，狮山、横塘、枫桥、东渚4个街道和浒墅关国家经济技术开发区、苏州科技城、苏州西部生态旅游度假区、苏州高新区综合保税区。

开发建设以来，苏州高新区从无到有、从小到大，不仅成为苏州经济的重要增长极、自主创新的示范区和全市高新技术产业基地，而且成为苏州现代化都市的有机组成部分和最繁华的金融商贸区之一。近30年来，创新开放的高新区始终围绕"发展高科技，实现产业化"

目标，把科技引领、创新驱动作为加快转变经济发展方式的核心环节，着力发展创新型经济，走出了一条以提高经济运行质量和效益为中心的内涵式发展道路，成为苏州市经济发展的有力引擎、开放创新的先进典范，是全国高新区的一面旗帜和重要战略力量。从而形成"艰苦奋斗、自强不息、敢闯敢试、勇争一流"的虎丘区精神内核。

（2）新时代苏高新（虎丘区）精神的实践使命

站在新的历史起点上，全面对标习近平总书记提出的"争当表率、争做示范、走在前列"重要指示精神，牢固树立发展是硬道理的理念，始终秉承"发展高科技、实现产业化"的初心使命，知重负重敢争先，勇担使命不畏难，进一步弘扬高新区精神，强化担当作为，全力打造创新驱动发展示范区、高质量发展先行区，奋力走在国内做示范的创新型科技园区建设前列，努力为苏州建设社会主义现代化强市做出新的更大贡献。

①产业转型升级。苏州高新区围绕创新链、产业链，着力构建以创新为引领和支撑的现代化经济体系和发展模式，发展壮大战略性新兴产业，加快传统制造业转型升级，打造先导产业创新集聚区，加速"高新制造"向"高新智造""高新创造"跨越，增强区域工业经济核心竞争力和可持续发展新动能的战略举措。全力发展以集成电路芯片设计、制造和应用为重点的新一代信息技术产业，以新能源汽车为代表的新能源产业，以智能制造为主的高端制造业，以大数据、云计算、工业互联网为重点的大数据产业，以医疗器械为主的大健康产业等五大先导产业，力争到2022年，高新技术产业产值、战略性新兴产业产值占规上工业总产值比重分别达60%、62%，努力打造具有地方标志、领跑全省乃至全国的产业标杆。

②要素高度集聚。从2010年开始，高新区把人力资源服务产业园作为推动转型升级、实施人才战略的重要载体，积极构建基础、中端、高端等多层次人力资源以及职业培训、人才社区服务等"一园五区"多元化功能平台。2013年，以高新区人力资源服务产业园为核心区的"中国（苏州）人力资源服务产业园"获国家批准，一条集招聘培训、外包测评、咨询信息，涵盖政府公共人力资源服务及中高端人力资源产业等多位一体的现代人力资源服务产业链形成。苏州高新区用十多

年时间先后引进100余家"大院大所"。南京大学苏州校区开工建设、太湖科学城总体概念正式发布,全社会研发投入占GDP比重达4.23%,万人有效发明专利拥有量达133件、增长8%,高新区正在成为全市自主创新的战略高地。苏州科技城,方圆25平方公里内,中科院苏州医工所、清华苏州环境创新研究院、北航苏州创新研究院、东南大学苏州医疗器械研究院、中国移动软件技术创新集聚基地、中科院声学所苏州产业化平台、中科院生物物理所等百余家"中字头""国字号"院所平台和研发基地在此落户,形成了优质资源的"强磁场"。目前,百余家"大院大所"培育了国家高新技术企业500多家,形成了一批创新能力强、发展速度快、市场潜力大的高科技企业,涌现出了一批潜在独角兽、瞪羚和上市企业,许多企业拥有领先的核心技术,为苏州高新区积累了厚实的创新家底。

③环境绿色生态。苏州高新区牢固树立"绿水青山就是金山银山"的理念,坚持以生态文明建设贯穿于经济社会发展的各个领域,用生态理念建设美丽高新区。一方面,全力解决环境污染突出问题。截至2019年,已关停淘汰低端低效企业140家,关停取缔"散乱污"企业1160家、整治提升713家,"退二优二""退二进三"腾退土地7800多亩。建立工业企业资源集约利用平台,提升土地产出率,坚决清理一批低效、低质的工业企业。建成区内工业废水和生活污水100%集中处理,危险废物和生活垃圾100%集中收集转运,居民气化率达100%,全区自然湿地保护率达60.3%、林木覆盖率超过26.1%、绿化覆盖率达44%、人均公共绿地面积12.8平方米,成为全国首批绿色园区。另一方面,全力美化自然生态环境。围绕"山水灵秀,美丽宜居"目标,全方位推进山水林田湖建设,通过开展"四大美化行动",打通彼此间的"关节"与"经脉",把好山好水好风光融入城市。开展山体美化行动,围绕东部地区的狮山、何山、横山,中部地区的大阳山、白马涧、华山,科技城地区的小茅山、青山、五龙山,全面提升山体林相,因地制宜打造居民身边的山体公园。开展水体美化行动,围绕构建水生态、保护水资源、营造水文化、保障水安全,做好"水文章",建好"水景观",让"观水、近水、亲水、傍水"元素更多融入城市规划系统。加强防洪排涝设施建设,真正把25公里太湖岸线打造成沿太湖地

区最亮丽的风景线,让21公里京杭运河成为最富内涵特色、最具观赏价值的文化观光带,使300多条大小河道成为河畅、水清、岸绿、景美的生态河道。开展村庄美化行动,深入实施村庄环境整治和美丽城镇建设,切实保护好古镇古村、古迹古韵、鱼米之乡等特有资源,彰显江南水乡、美丽乡村独特风貌。开展田园美化行动,通过农业景观、绿地景观、景观小品等景观要素,创造有乡土内涵的景观内容和形态。依托山水脉络等独特风光,让城市融入大自然,让居民望得见山、看得见水、记得住乡愁。

④改革激发活力。苏州高新区系统推进9项集成式改革,稳妥推进4项国家级改革试点,其中土地承包经营权有偿退出试点提前两年完成国家下达的试点任务,顺利通过农业农村部验收,改革经验在全国推广。深入推进"放管服"改革,不见面审批(服务)事项占比达100%。"政经分开"经验被编入国家《深化农村改革综合性实施方案》并在全国推广。首创的"涉刑党员停权机制"被编录进新修订的《中国共产党纪律处分条例》。区非公党建"三项工程"和"周新民党建工作室"创新实践受到中组部充分肯定,并作为基层党建典型经验在全国推广。

"先有浒墅关、后有苏州城",浒墅关在历史上有着千年古镇的繁华,现在也面临着资源分散、发展空间受限等瓶颈制约。2020年初,浒墅关经开区和浒墅关镇实施一体化发展正式迈开步伐。实施一体化发展,就是按照高质量发展的新要求,发挥国家级经开区的辐射带动作用,推进优势互补,有效统筹空间规划、项目建设、空间腾挪等,实现城市能级的整体提升。同时,苏州高新区还加大政府自身改革力度,围绕权力清单"瘦身"、责任清单"强身"、政务服务网功能提升,着力提高行政效能,以政府权力的减法甚至除法来换取市场活力的加法和乘法。大道至简,有权不可任性。简政放权,给企业松绑,为创业提供便利,营造公平友好的竞争环境。

⑤城市品质提升。2012年11月19日,苏州高新区党政机关全部入驻位于太湖之滨的科技大厦。这是高新区按照苏州市"一核四城"发展定位,深入推进西部重点突破战略的一项重要举措,也是苏州高新区从"运河时代"向"太湖时代"跨越具有里程碑意义的一件大事,

是从传统城市向低碳、绿色、智慧城市全面提升的一个体现。2016年，在苏州高新区核心地区经营发展了21年的苏州乐园正式搬离狮子山，实现还山于民、还景于民、还利于民。在苏州乐园原址，包括科技馆、博物馆、艺术剧院等在内的一系列重要文化场馆和商业建筑的狮山广场正在如火如荼建设。苏州高新区致力于将"狮山广场"打造成苏州城市新地标、苏州城市中心客厅，最终要形成"东有金鸡湖，西有狮子山"的苏州城市开放空间发展结构。建设狮山广场，是苏州高新区展示高品位城市形态的重要内容之一。就整体城市发展而言，苏州高新区全力打造既具有高度现代化特征，又延续区域自然特征、历史特征和人文特征的国际化现代都市，展现了一种"科技和生态齐飞，山水与城市一色"的独特魅力。

⑥民生福祉增强。近5年，苏州高新区累计投入超43亿元新建和改扩建30所中小学、幼儿园，全区义务教育段学校100%创建为市教育现代化学校，成为全市首家四星级高中全覆盖地区。苏州科技城医院建成投用，全市最大合资医院明基医院形成3个外资总部或功能性机构，公立医疗机构实现一体化管理。每千名老年人拥有机构床位数达48.2张，万人拥有全科医生数达3人，日间康复站实现各镇（街道）全覆盖。苏州市妇女儿童中心、区文体中心建成投用，全区人均公共文化设施面积0.4平方米、人均体育场地面积2.8平方米，获评省公共体育示范区。强化社会治理创新。建立社区四级管理服务网络体系，社区网格化管理模式、交通事故"四方联动"模式在全国推广。狮山街道、横塘街道石湖社区分别获评全国和谐社区建设示范街道和示范社区，枫桥街道加强动迁社区管理的经验入选"中国幸福城市社会管理创新最佳实践案例"。高新区获评省"社会治安安全区""江苏省科技强警示范区""全省社会管理综合治理先进区"。

（3）新时代苏高新（虎丘区）精神发展的新特色

2021年是高新区开启全面建设社会主义现代化国家新征程的起步之年，也是高新区"第四个10年"扬帆起航的开局之年。苏州高新区建区之初确立的新区精神"团结拼搏、务实争先"也是苏州伟大前行中的一个生动缩影。在改革开放40多年的征程中，高新区的标杆形象始终以"新苏州"来体现、来引领、来创造。进入新时代新征程，苏

### 新时代苏州精神

高新的"新"不仅有了实践的新目标、新使命,也因此有了精神上的新追求、新发展、新指向。百舸争流,奋楫者先;千帆竞渡,勇进者胜。在新时代,作为"新苏州"的高新区之"新"在继续发扬"拓荒牛"精神,奋力开拓创新驱动的新路径,构建开放平台的新功能,布局城市发展的新空间,大力发展开放型创新经济。作为苏州市的新城区,积极对接苏州市2035发展规划,打造生态宜居最佳都市区,建设"创新人才的向往之地",高新区自觉以"开拓创新、自强不息、敢闯敢试、勇争一流"的新时代精神为引领,以海纳百川的胸怀、水滴石穿的韧劲、奔腾不息的力量,在"强富美高"征途上不断开辟苏州高新区高质量发展的新天地!再创一个火红奋斗的辉煌年代!

"开拓创新"是高新区自加压力、求新求变、永葆"新"色的精神底蕴。高新区创造产业新高地、人居新家园、苏州新模式、生态新样板,都在"新"上保持活力、鲜度、强力,都在为苏州也为全国探索新时代高新区发展之路,成为高新区发展标杆和先锋样板。走进高新区大数据和人工智能产业集群区,走进医工产业研发区,走进太湖新城,走进山水优美、人文集聚的树山村,让人处处感受到开拓的勇气、创"新"的特色。

"自强不息"是高新区在新时代接续奋斗、永葆领跑者先锋气质的响亮口号,更是内在的不断追求卓越、自主争先精神的鲜明体现。如果说改革开放以来苏州的腾飞就像是一列高速飞逝的高铁,那么工业园区就可以说是自主引进海外软件而创造的"洋苏州",而高新区始终自觉将自己当作是这一列高铁本土自主发力的强劲引擎和动力,用自己的每一个创新在努力引领苏州奔跑,在全国跻身于标杆高新区的行列。

"敢闯敢试"是先锋探路的行为方式。正如中国的改革开放是"前无古人"的事业、"率先发展必然率先遇坎"一样,攻坚克难、破障前行必然要"敢闯敢试",要自主探索、永创新路。从依托老城区做西延开端,进一步做河西新区,再进展到太湖新城,三个大的发展阶段,每一个几乎都是从零起步,都是滚动开发、"边规划、边开发、边发展",典型地展现了中国改革开放从零起步的历史缩影。为苏州探路、为全国探路的重大责任,要求先行者决不能"等、靠、要",而必须要肩负"敢闯敢试"的精神使命。

"勇争一流"既是追求卓越的坚定目标,更是检验高新区发展成败的客观标准。开拓创新、自强不息、敢闯敢试,是为了勇争一流。"争第一、创唯一"是以"三大法宝"为核心的苏州精神的基本要求,也是为苏州探路、为全国创样板的高新区的必然要求。新时代高新区继续走在苏州前列,走在全国高新区前列,成为全国样板,正是源于这一内在的追求。

## 二 新时代苏州精神的融汇

新时代苏州各板块精神的融汇—融汇的基础—共性基础—树状谱系的生命共同体—阴阳化合的有机共同体—循环内生的发展共同体

进入新时代,"群虎争雄"中各板块自主创新的时代精神要素如何融汇与升华为整体的新时代苏州精神样态?这需要反思和考察其中的机制与路径。融汇和升华的可能性当然首先因为贯穿着共同体内部成员精神的共性支撑,同时,又由于在各个精神要素之间存在相互影响、相互渗透、互帮互学、比学赶帮超的机制和路径。其中,包括新时代苏州精神本身有着树状谱系的生命共同体机理,以及受到太极阴阳化合的有机系统的作用,形成了循环内生的发展共同体的强大生命体系。

1. 苏州各板块精神的共性

苏州精神作为共同体价值体系,一定有许多共性要素作为支撑。概言之,无外乎包括三个层次。

第一,千年吴文化的共同熏陶,构成了苏州精神的历史文化底蕴。苏州精神的根脉源于古老的吴文化。吴文化的特点表现在以下几个方面。一是水的柔性与灵性。"柔性"表现为苏州人的变通性和灵活性,表现在不怕失败，敢闯敢试，在多次"闯"与试中寻找解决问题的办法；"灵性"表现在苏州人融合古今，善于吸纳与创新。把优秀的经验、技术等借鉴过来，不照搬照抄，而是结合自己的实际情况，融入自己的思考加以本土化的改造创新，寻找到适合自己的更好途径与办法。二是思维的开放融通性。吴越文化与海洋文明的融合，决定了苏州通江达海、开放包容、融汇中西、格局高远、因地制宜、善于借鉴、创新发展，这也是苏州人具有"敢为天下先"的胆略基础。三是使命的担当性。苏州历来人文荟萃，如范仲淹、顾炎武等。苏州崇文尚德的文脉支持一种"后来居上，敢为天下先"的责任担当与行为理念，这种精神扎根于姑苏区这座千年古城。

第二，一座城市的强大，不仅表现在经济的腾飞，更重要的是经济腾飞背后的软实力——城市精神。改革开放以来，苏州人民整体奋斗创造的精神相互影响、相互借鉴、相互激荡，形成了共同体认同的发展的共同体主义价值观，成为苏州精神的丰厚内涵。其中，"三大法宝"作为这一共同体认同、推崇、引领的精神，得到了全体干事创业苏州人民的共同崇尚。今天，新时代苏州人民创造的"自主发展精神"就是"不等不靠不要""自加压力""敢争第一、敢创唯一"的精神，就是自主探索全面高质量发展之路、创造苏州新发展格局的精神。新时代的"发展的共同体主义价值观"就是让苏州水文化体现的"柔性、灵性"彰显为一种具有超级时代智慧的创新探索和内外包容性胸怀的发展格局。这一精神贯通着十大板块，成为共性存在。显然，正因为有这一共性存在，苏州精神才能展现为一个与其他发展文化不一样的整体风貌。苏州精神具有自主发展精神，这是新时代"中国精神"的苏州示范，因而与那种因贫守旧、依赖"等、靠、要"援助的懒惰精神完全对立；苏州精神是创新、敢拼、敢于争先的发展精神，这与传统的保守主义、守成既往、不思进取的那种"共同体主义"价值完全不同；苏州精神也强调在发展中的共同体主义价值，这又与那些完全将发展当作离散的个人主义、原子主义的发展文化截然不同。因此，苏州精神的内质具有的"发展的共同体主义价值"，在进入新时代之所以与时俱进地发展为"自主发展的共同体主义价值"，是由深厚的历史传统和共性基质所决定的。

第三，进入新时代、新发展阶段，"为全国探路"的共同发展使命与要求使苏州人民展现为一种共同的精神追求。苏州历来是为全国探路的先锋城市。苏州之所以连续多年成为全国地级市经济发展领跑冠军，是因为其下辖的 10 个板块每一个都是在创造令人瞩目的奋斗奇迹，都在成为探路先锋和全国标杆。其中包括连续 16 年成为冠军、领跑全国县市榜的昆山，"张家港精神"的诞生地张家港市，以及创造园区经验的苏州工业园区。进入新时代，特别是进入新发展阶段，苏州率先全国基本实现现代化，在全面高质量发展、长三角一体化战略实施中当好标杆城市，共同的使命让苏州各个板块都要心往一处想、劲往一处使，精神风貌在共同实践中趋向一致。

## 2. 苏州各板块精神的差异性

苏州每个板块都有自己的特色。每个板块精神的产生都来源于自身独特的社会经济实践，同时板块精神一旦产生又会指导其社会经济的实践。板块精神的个性、差异和特色，究其原因，一是因为原初的区域和发展基础有差异，因而在奋斗精神上体现出不同的文化价值重点、向度和特点。改革开放初期，苏州板块的发展基础大致可分为两个类型。第一种类型是原初鱼米之乡、富庶之地，其中吴文化中的崇文睿智、绣娘工匠精神、包容性特色在这些地方相对彰显。姑苏、吴中、吴江、常熟、太仓等地区，都体现出这一文化向度和精神特色。可以说，在苏州"发展的共同体主义价值"体系中，上述板块原初更加体现出"共同体主义"价值。第二种类型则是原初发展基础相对薄弱，要改变面貌，奋斗、创新、发展的精神价值相对彰显。"三大法宝"创造地原初都是属于这一类地区。原初落后地区强烈的"自加压力、敢于争先"的拼命发展精神让苏州的"自主发展精神"得以彰显。改革开放后，依靠张家港精神、昆山之路和园区经验这"三大法宝"，苏州再度强势崛起。二是发展道路有差异，因而精神表达也就不同。苏州"三大法宝"，是改革开放后的板块实践成果，是苏州的"智慧之花"。"三大法宝"之所以各具特色，是因为承载创造"三大法宝"的张家港市、昆山市、工业园区的发展道路不尽相同，因而其精神价值着力点也具有差异。其他板块如姑苏区始终成为吴文化的主要承载地，而具有"核"动力地位，而吴中、吴江依山傍水、地处太湖之滨，生态自然风貌绝佳，因而其发展始终在山水生态、诗意栖居的精神表达上居于苏州前列。常熟、太仓鱼米之乡、富庶之地，因而多年来其稳中求进、务实求优的发展理念深入人心。三是板块精神是历史与现实、传统与创新、开放与包容、东方文明与西方文明融合的结晶，各板块的精神文化在开放中与外来文化相互融合的对象差异和影响不同，精神风貌也就不同。沿沪、沿江、沿湖文化就各有差异，与新加坡保持紧密合作交流的苏州工业园区的文化与苏州高新区文化风格也有不同。等等。

可见，各个板块的精神差异是客观存在的。我们强调以"三大法宝"为核心的苏州精神的整体性和统一性，但并不排斥各个板块精神的多样性和多元性。相反，有差异才有创新的活力，有差异才有竞争的动力。正因为有群虎争雄、你追我赶的多元精神比拼，恰好成为推动新时代苏州精神发展的强大活力和强大动力。问题在于，多样、多元的板块精神之间，是通过何种路径而成为一个具有强大生命力的整体形态的呢？这就需要我们深度考察它们之间的相互融会贯通的机制和路径。

## 3. 新时代苏州精神的融汇

要揭示苏州精神的内在实质，就必须要深刻意识到以下几点。其一，十大板块精神不是一种离散状态，彼此之间不是互不关联形成封闭结构，而是相互融汇形成一种整体有机的结构。共同的吴文化的全身滋养，共同为全国创新探路的实践，共同"争第一、创唯一"的追求，必然会打破板块彼此的精神壁垒，融通、融汇各方价值，逐渐凝聚形成共识，构成共同思想和精神基础，进而产生十大板块统一的苏州精神。苏州精神同根同源，在差异中具有特质上的共性，它们的产生是共性和个性的辩证统一。其二，以"三大法宝"为代表的苏州精神，是苏州在过去特定时代地域精神的代表和典范，但苏州精神，特别是新时代苏州精神是在群虎争雄、你追我赶的竞争热潮中涌现出来的，群虎争雄都虎虎有生气，都有自己不屈不挠的精神追求，因而都对新时代苏州精神的崛起有重大贡献。因而，新时代苏州精神源于整体，并不仅仅限于"三大法宝"。挖掘"三大法宝"的当代价值具有重大的现实意义，但也不能忽视其他板块精神的重要价值，它们共同融汇形成新时代的苏州精神。其三，不能仅限于从抽象角度去理解新时代苏州精神，要从丰富和鲜活的实践案例中去理解，以及从未来苏州发展所面临的时代问题中去认识苏州精神的当代价值，这样才能更加科学地揭示新时代苏州精神的时代内涵。苏州精神具有一种"融"与"合"的力量，这种内部"融"与"合"的力量促成苏州精神有机体结构的形成和不断地成长。

一是苏州精神呈现出根深叶茂的精神之树形谱系。如果将新时代苏州精神比喻为一棵大树，它的旺盛的生命体系包括着三个部分：根系、树干和枝叶。根深才能枝繁叶茂，"干"壮大树才能挺拔昂扬。这棵大树的根脉就是吴文化，姑苏区是吴文化的发源地，深厚的历史文脉滋养了这颗参天大树。几千年来吴文化造就了苏州独特的文化意象，形成了苏南文化的鲜明特色。站在新时代的历史方位上，对姑苏区来说，其最大发展优势就是做好文化这篇锦绣华章，使老树开新花，推陈出新，以文化之核打造文化高地引领苏州市的创新发展，使姑苏作为苏州区域发展共同体的强大灵魂内核，散发出新时代苏州精神的巨大"核"动力。根深才能枝盛，"三大法宝"就是主干，所包含的敢"闯"的"昆山之路"，"拼"的"张家港精神"，"融"的"苏州工业园区之路"就是这个大树的三大主干枝杈，这三个主干枝杈支撑着枝繁叶茂并不断向外延伸，呈现出勃勃生机。"三大法宝"引领、影响与促进着其他各板块竞相发展。其他板块的精神就是这一充满生命活力、昂扬向上的大树的繁枝茂叶。进入新时代，在群虎争雄的火热苏州，其他板块精神也毫不示弱，在新实践中立足于当地区情，也创造了时代的辉煌，它们形成良性发展格局，最终形成一个葱茏高大的精神有机生命体之树。相城区在利用其自身区位优势的基础上创造了"相城速度"，大力发展区块链、车联网、大数据等新一代战略型新兴产业。吴江区、吴中区、常熟市等也都立足自身区（市）情，社会经济取得了巨大的成就。需要挖掘这些板块背后的城市精神来更好地指导各板块新时代的社会实践。当苏州发展进入了高质量发展时期，这种立足于各区域的优势，因地制宜，形成发展的差异性，就是高质量发展的强大动力和必然要求。这种同根同源的区域精神所表现出来的差异化特性，恰是苏州整体精神不断发展和丰富的动力源泉。十大板块互为一体，和而不同，既相互竞争又相互依存，既有共性又有差异性，相生相依，互补融汇，多元共生，使得苏州发展更加具有生命力，也更加丰富多彩。

二是苏州精神如同阴阳太极的苏绣图，呈现出阳刚与阴柔互为依存的两面。源于长江文化的道家主张宇宙之间"太极生两仪"，由阴阳两极互相循环、刚柔相济、生生不息构成一幅完整的太极图谱，一个充满辩证张力的生命体系。作为苏州精神的原生态资源，吴文化也是深深汲取中国道家文化精华的发展文化，进而将这一文化内质传递给了苏州精神。苏州精神刚柔相济，表现在地理空间中，是现代化的城市与河流、湖泊、美丽乡村等交相辉映，城乡不断融合发展。表现在区域经济发展上，在苏州这个有限的空间里，高端产业、人才、技术不断集聚，产业结构不断调整优化，政府的社会服务、社会治理力度、营商环境、生态环境治理不断提升，社会建设不断增强。表现在精神空间上，各种文化艺术展览、创意空间、知识专利、新产品等优秀的文学艺术作品不断涌现。表现在苏州市各板块，4个全国十强县（市）、2个全国经开区前五。原初相对贫困、底子薄，只能用"自加压力、敢于争先"的奋斗激情，用"敢争第一、敢创唯一"的精神改变命运、创造奇迹的地区，如张家港市、昆山市和工业园区、相城区以及高新区等，其弘扬和发展的精神呈现积极进取、刚强拼搏的"阳"的一面。"三大法宝"价值观就是这一精神向度的杰出代表。这一精神突出地强调自主创新、敢拼敢闯、敢于争先的先进发展文化，贯穿融汇于整个苏州精神，成为占主导地位、支配地位的精神，因而也成为苏州精神的核心价值。而原初经济相对富裕、山水生态、小桥流水、鱼米之乡风貌浓郁的姑吴、吴中、吴江、常熟、太仓等地，则呈柔性、灵性、弹性等"阴"的一面，包容性、精细化、巧雅性等文化特征得以彰显，内在地倾向于包容发展、开放气质、精致巧雅、共同体主义等价值观，把精致的整体园林艺术转换为包容发展的共同体主义、传统文化与现代文明经济的版图。阴阳相生，和合共赢。两者共同构成了既具有刚强的创新开拓的自主发展精神，又具有开放包容、和合共生的共同体主义。因而，两者合一，成为"发展的共同体主义价值"。各板块相互补充、互为依托，共同构成完整的苏州精神。这一两仪生态的精神循环，在"文化＋科技＋生态"之城的发展模式中得以充分彰显。张家港市是全国最早实现"物质文明与精神文明"一起抓的成功典范，也是新时代"五位一体"发展的先锋典范。"山水苏州、人文吴中"也是注重科技硬实力与生态文化软实力的完美统一。苏州如同在高雅优美的空间里展现的一幅动态的苏绣版太极图。水域为阴，陆地为阳。古城为阴，新城为阳。文化为阴，科技为阳。新农业为阴，新制造为阳。乡村为阴，城市为阳。古代文化为阴，现代科技为阳。阴阳相依，相融相通，不断发展，合力奋斗，让文化滋养科技，让科技助力文化，生态建设优美的苏州一定会成为一个高质量的创新生态体。

三是经过"三大法宝"核心价值的贯穿而滋润生长为完满的系统。任何一个完整的文化，都有其核心价值支配。正如复杂事物中矛盾的主要方面决定矛盾性质一样，核心价值之所以称为核心价值，就在于它是文化精神的主要灵魂，决定这一文化精神的性质。构成苏州精神的核心价值就是"三大法宝"。虽然"三大法宝"源于各个不同板块，然而一旦被整体接纳之后，就会迅速扩散及渗透于文化精神的每一个板块、每一个细胞，成为支配和影响文化精神全局的存在。苏州精神的整体品格，在相当大的意义上就是"三大法宝"精神的放量扩大。然而，"三大法宝"在发展中不断创新，而其他板块精神在你追我赶、"群虎争雄"中不断创造新的精神、新的文化，不断刷新着苏州精神。因此，各个板块精神又源源不断地在新时代、新征程中为新时代苏州精神的风貌变化和创新发展提供源头活水。"问渠那得清如许？为有源头活水来。"苏州精神是动态发展、开放包容的。创新性带来差异性、发展性，核心价值、主导灵魂带来新的竞争、动力和激情。这就是活的精神形态，具有强大发展生命力的所在。许多板块的精神正在创造第四个、第五个法宝，为苏州精神整体结构的变化增添新的内在动力。苏州各板块精神正是在复杂多变的矛盾关系中寻求并建立相应的沟通与协调促进机制，在开放的环境中保持系统的稳定平衡与弹性。而这种共性与差异性正是苏州发展的强大动力。苏州精神也因此不断创新，与时俱进，从原初的苏州精神发展为新时代苏州精神。2013年5月，进入新时代，苏州市委56次常委会在原苏州精神"崇文、融合、创新、致远"基础上确定为新的"苏州精神"——"崇文睿智、开放包容、争先创优、和谐致远"。党的十九大以来，新时代苏州精神又进一步创新发展出新的发展特色，"自主创先、融合致远"与崇文睿智、开放包容、争先创先创优、和谐致远精神一致，又富有新时代的表达。

四是苏州各板块精神能吸纳和兼容一切外来文化的精华，博采众长。它借鉴吸收世界先进文化，又持续不断地与本土化结合，生成、创新与转化，融合发展，争先创优，不断创造美好价值。沿沪、沿湖、沿江、沿海等向周边和全球开放的语境，使各个板块精神也发生着相互融汇的变化，呈现多元整合的态势。园区精神与新加坡精神，太仓精神与上海精神、德国精神，苏高新精神与美国文化、日韩文化等都在发生着与日俱增的交流、日新月异的变化。新的时代苏州这幅太极图不断旋转，刚柔相济，天人合一，自强不息，融合升华，既保持自己的独立性，又海纳百川、理想高远、雍容大度、紧贴实际、科学理性又充满人文关怀等鲜明特点感染人、滋养人、引领人，并形成更加积极的作为与贡献。苏州各板块各具特色、协同发展、交相辉映，在时代激荡中携手奋进拼搏，富有生命活力地不断演进、发展繁荣。不断实现更高质量的人与自然和谐、人与社会和谐、人与人和谐的高质量发展，从而融汇成整体上的新时代苏州精神。

总之，苏州十大板块精神的融汇路径和有机整合，形成整体的苏州精神的机制是其既保持生命活力又具有系统功能的主要原因。各个板块区情不同，有共性也有差异性，一方面各板块根据自己的实际情况与优势特色，继续解放思想、自主创新、实事求是、拼搏奋进，找到自己发展的战略方向和属于自己特色化的道路；另一方面以苏州各板块的多样性、协同性、差异性及互补性激发苏州发展内在的巨大活力、弹性空间，使苏州未来走得更远。

## 三　新时代苏州精神的升华

> 新时代苏州精神的生命有机体—精神升华—与时俱进的动力机制—自主探索的实践基础—苏州精神是一种文化现象

作为生命有机体，新时代苏州精神的生成不仅需要在各板块精神要素之间相互融汇，更需要超越各个板块精神的升华。首先，"升华"意味着新时代苏州精神提升境界、提升品质、提升功能，意味着在融汇中发生了上升性变化。之所以能够升华，是因为新时代苏州精神是一个系统，作为一个由各个板块精神要素有机构成的系统，系统的整体品质不等于各个要素的简单加和，而是超越了各个要素的规定界限，创造出一个具有更高境界、更好品质与更强功能的存在。系统来源于要素又高于要素，这就是升华。其次，升华还意味着发展、创新、变革。一种精神绝不是一经产生就永恒不变的。实践在发展，时代在变革，作为实践和时代的精神表达也会与时俱进。如果说"融汇"一词着力揭示各个板块精神之间相对静态的一体化状态，那么"升华"则在融汇基础上更着力强调相对动态发展着的一体化趋势。研究升华路径、把握升华形态，就成为我们深度把握新时代苏州精神出场机制的必要内容。

### 1. 新时代苏州精神的升华路径

要深度把握新时代苏州精神的出场路径，我们不但要考察各个板块精神"融汇"的机制和路径，更要考察其"升华"的机制和路径。马克思曾说："人们自己创造自己的历史，但是他们并不是随心所欲地创造，并不是在他们自己选定的条件下创造，而是在直接碰到的、既定的、从过去继承下来的条件下创造。"[1] 这是对苏州历史实践发展的

---

[1] 《马克思恩格斯选集》第 1 卷，人民出版社 1995 年版，第 585 页。

最好解释。新时代苏州精神是从新时代苏州之路的实践中抽象、演化与升华出来的，我们需要从理论层面揭示出新时代苏州精神有机体升华的动力学机制与主要路径，这样才能深刻地认识到苏州精神生生不息、不断成长和发展的深层机制。

新时代苏州精神升华路径之一，就在于各个板块精神融汇中的树形谱系内在的层次、结构排列有序催生了精神升华。一般来说，事物性质、品质的提升，通常有两种路径：一是"量变引起质变"；二是"构变引起质变"。就后者而言，"构变"就是指层次结构排列不同，事物的性质就可能发生根本变化。水晶与石墨要素相同而结构不同，因而质量和品质完全相异。同样，如果一种精神要素相同而结构不同，则会产生不同的精神品质。多元要素结合或者产生"1+1>2"的增值效果，或者相反。在各个板块精神之间的融汇中，以吴文化为"核"动力，以"三大法宝"为主要枝干，以其他板块精神为云端枝叶的树形谱系，形成了一个庞大的、排列有序的生命结构体系，因而产生了增值效果，即内在的文化基因的整合优化。树形谱系的生命结构体系的精神运行是从"核"到"三大法宝"放射到精神形态全貌，同样，树形枝叶全貌经过与周边环境的光合雨露作用而又源源不断地滋养着、丰富着"三大法宝"，最终又返本强壮于"核"基，形成强基固本的生命系统。

新时代苏州精神升华路径之二，就在于有差异的板块精神融汇进程之构成"阴阳"太极图谱中呈现出辩证的"对立统一"机制。原初在千年吴文化养育中生长出来的苏州精神，存在"阳刚之气"和"阴柔之气"两个相互对立的侧面。不同板块精神侧重于不同的两者。然而，对立的两者又恰好是相反相成、对立统一的整体。正是因为这一阴阳互补、有机循环的整体，苏州文化、苏州精神才具有强大的生命力，才有生生不息、自强不息的功能，使之伴随着时代变迁而变迁，随着时代发展而发展。进入新时代，聚焦全面高质量发展、成为基本实现现代化标杆城市、继续当好"为全国探路"热血尖兵的苏州既要大力发扬自主发展、"敢争第一、敢创唯一"的阳刚之气，更要拓展开放包容、融合和谐的共同体主义价值情怀。两者完美地和谐统一，不是在各个同质性的精神元素之间融合而成，而就是在这一辩证的对立

## 第五章　新时代苏州精神的融汇和升华

统一关系中升华发展而成。无论是由多元板块精神构成的"统一中的对立"还是"对立中的统一",都是有力促进精神升华的辩证机制。升华就是对立面的斗争。对立面的差异、斗争形成发展和升华的活力。"三大法宝"的阳刚之气如果不能战胜阴柔之气,就无法取得在新时代苏州精神中的主导地位。升华也是对立面的统一。对立面的统一形成稳固性共同体。这是无法拆分的整体机制。最强大的文化基因就是在开放中"融"与"合"的力量。正是因为"融"与"合"才生成了新时代苏州精神的内在结构,这种结构是建立在"融"与"合"动力的基础上,同时一旦形成了这种精神结构,又会进一步推动"融"与"合"的开放过程。"融"与"合"形成的结构是开放的、流动的、包容的、创新的,不断生长的内部结构,正是因为这种结构的存在才能支撑"融"与"合"的过程,从而形成更新的结构,支撑更新的"融"与"合"过程。这种动态开放的精神结构与"融"与"合"之间的辩证关系构成了新时代苏州精神升华的动力学机制,可以表示为"融"与"合"的过程—苏州精神结构形成与完善—进一步推动新的"融"与"合"的过程—推动苏州精神新结构的形成……这样一个螺旋式上升过程构成了苏州精神演化发展的动力学基础。这种"融"与"合"的动态过程不是抽象的脱离实践的,它是立足于每一个时代的特有的社会地理空间。

如果以树状结构和太极图的结构寓意苏州精神结构的形成,那么"融"与"合"就是苏州精神演化的动力之源,也是苏州文化和精神结构形成的动力机制。新时代苏州精神内部不同板块的精神既有差异性也有共性,才形成内部不同板块一种"融"的力量,一种开放的结构。改革开放后的"三大法宝"所蕴含的精神财富也被其他板块创造性地吸收。进入新时代,苏州工业园区自贸区的制度创新,也为其他板块制度创新起到很好的示范效应,并同时还被其他板块所借鉴。因此,这种板块之间相互"融"的力量构成新时代苏州精神演化和发展强大的内部动力。内部开放的结构使得苏州也具有一种开放包容的特质,呈现出与外部世界一种"融"的力量。无论在什么样的环境下,苏州都能够利用外部机遇,推动自身发展。所以,这种外融合内融的精神特质,是苏州精神不断演化、生生不息的动力学基础。

> 新时代苏州精神

新时代苏州精神升华路径之三,就是在开放中形成的精神完满体系存在内与外、思与行的相互作用和相互促进。新时代苏州精神与周边、全国、全球的文化精神的对话、交往、借鉴、结合过程,就是升华过程。创造新时代苏州精神是习近平新时代中国特色社会主义思想在苏州实践中形成的具体精神表达,也源源不断地为中国精神构成提供丰富内涵。新时代苏州精神既为全国各地城市分享,同时也在源源不断地汲取全国各个先进发展文化的滋养成分。作为全方位开放城市的新时代苏州精神既是中国的,更对全球产生重要影响,同时也在深度学习融汇全球先进发展文化。内与外交汇交融,是精神升华的动力机制。同样,新时代苏州精神是干事创业的精神动力,精神发展与创业实践在新时代新征程中相互作用、相互促进关系紧密,切合深刻。新时代苏州精神强力激励推动新时代苏州实践,而新时代苏州实践又强力推动新时代苏州精神与时俱进。

## 2. 新时代苏州精神的升华形态

考察和阐释新时代苏州精神的升华路径是为了进一步明确升华形态。研究新时代苏州精神的升华形态,就是研究苏州的文化变迁、文化传播、文化融汇和文化演进,总结提炼新时代苏州精神,如此既要回顾总结苏州发展的建设成就、历史文化和精神积淀,体现苏州成就、苏州形象、苏州精神特色,为广大市民和社会认可;同时,也要注入新时代元素体现苏州发展方向,具有号召力、引导力、鼓舞力,成为苏州人民再燃激情、再创辉煌的强大精神动力。

新时代苏州精神的升华形态与新时代、新发展阶段的历史方位上苏州肩负的"为全国探路"的使命紧密相关。这一使命就是争当全面高质量发展的先锋、开启自主创先道路的尖兵、率先融入长三角一体化格局的标杆、率先实现基本现代化的典范。在全球工业4.0布局的时代,苏州科技产业创新创业走在全球前列,成为全球科技产业创新节点城市。这一系列使命,必须要苏州再充分弘扬"自主创先""敢争第一、敢创唯一"的新时代精神,做自主创先、自主可控、构建新发展格局的排头兵。

## 第五章　新时代苏州精神的融汇和升华

新时代苏州精神的升华形态建立在以"三大法宝"为代表的板块精神全面创新、与时俱进的基础之上。与时俱进的"三大法宝"新内涵对新时代苏州精神的升华形态具有创新作用。从工业化和开放经济早期走来的"三大法宝"以及板块精神，在进入新时代、新发展阶段后日用日新、不断创新、与时俱进。"自加压力、敢于争先"的张家港精神"向善向高"，瞄准新时代产业质量全面提升、社会治理与文明程度全面进步等新时代目标，精神风貌发生重大变化。推动"不等不靠不要""敢想敢做敢为""自主创新"的"昆山之路"光荣传统与时俱进地化为"昆山精神"，让人耳目一新。原初"借鉴、创新、圆融、共赢"的"园区经验"在新时代创新中发展为"改革创新、开放包容、敢为人先、追求卓越"的新时代园区精神。新时代"三大法宝"的创新整体带动着新时代苏州精神的出场。同样，群虎争雄格局下，其他板块精神的创新驱动，也在不同程度上催动着新时代苏州精神的跃迁。

新时代苏州精神的升华形态具有开放包容、兼收并蓄和融合再造的特点，"用古典园林的技巧，构造出现代经济的版图，用双面绣的绝活，实现中西方的对接"是对改革开放后苏州发展的形象描述。进入新时代，苏州精神的有机生命体在与时俱进中大力升华，成为新时代苏州精神。板块精神的融汇机制和路径，也在新时代升华中创新布展。"苏工苏作"一直秉承和发扬着工匠精神，并与现代先进的管理理念、科学技术再次结合与融汇，从苏州品牌认可发展到苏州文化认可，体现着苏州人沉稳、内敛、干事勤奋，刚毅灵动，崇文致远，注重内涵提升，具有文化自信和精神自豪的人文情怀与素养，并形成特有的苏州地域社会人文环境、人文精神与苏州文化自信，这是苏州历史传承与现实融合发展的巨大精神财富，也是苏州精神生生不息的文化基因。并且，苏州各板块的精神文化在苏州不同的地域空间中相互流动、交互作用，相互影响促进，形成新时代苏州精神，它引领未来，激励斗志，凝聚人心，在全社会确立共同的价值目标追求，倡导科学发展的良好风尚，形成共建美好家园的精神合力有机体。进入新时代，踏上新征程，迎接新挑战。习近平总书记强调的中华民族伟大复兴，绝不是轻轻松松、敲锣打鼓就能实现的，必须付出更艰辛的努力。站在历史交汇期的新起点，苏州使命在肩、任重道远。进入新时代，外部环

### 新时代苏州精神

境的重大变化,特别是"逆全球化"将成为未来一段时期的重要趋势,中国提出了"双循环"战略。这样不确定性的国际环境与苏州发展的阶段性叠加在一起,即过去是世界走向苏州的时代,今天是苏州走向世界的时代,过去是大规模的工业化快速发展时代,现在进入到了信息时代,这样新的时代方位要求苏州必须自主创先,必须具有"自主、创先、融合、致远"的新时代精神特质。在新发展阶段,国家提出了长江经济带、长三角一体化战略、"一带一路"倡议、长三角示范区战略、中国(江苏)自由贸易试验区等一系列国家战略在此叠加,苏州面临前所未有的历史机遇。回顾苏州发展历史,这种"融"与"合"的过程立足于开放的空间格局,立足于流动空间和网络空间的"战略节点"。苏州只有成为全球空间的战略节点,才能更好地"融"与"合",也才能更好地集聚全球高端的创新要素。因此,一定要把新时代苏州精神特质"自主、创先、融合、致远"放在一个新的开放的社会空间中去思考,放在一个历史、地理和社会三元辩证法的角度去体察才能更深刻地理解新时代苏州精神特质。同时,根据上面提到的"'融'与'合'的动力—苏州精神结构形成与完善—进一步推动新的'融'与'合'—推动苏州精神新结构的形成"的内在机制,需要将这样一个苏州精神的内在机制置身在新的社会空间中。国家提出"双循环"战略,这种"双循环"战略是与苏州精神的"内融"与"外融"统一的。"内循环"体现在自主创先推动下自主可控的经济体系的建立,"外循环"体现着进一步地对外开放,进一步地融入全球经济体系之中。总之,苏州进入新时代,面临前所未有的新挑战,要更加发挥"融"与"合"的精神力量,推动苏州自主可控现代经济体系的建立,同时,自主可控的现代经济体系伟大社会实践,又会进一步推动苏州精神有机体结构的进一步完善和发展。

(本章撰稿人:段进军 黄奕)

# 第六章　新时代苏州精神的内在灵魂与价值体系

> 任何真正的哲学都是自己时代精神的精华，是文化的活的灵魂。[①]
>
> ——马克思

苏州精神基于多元板块的精神而又融汇升华为一个整体，并且让多元板块精神与苏州精神整体一同与时俱进，迈向新时代。从中我们不仅要科学分析和全面梳理多元板块精神何以超越"散装状态"而呈现为苏州精神整体所采取的一定的路径、机理和脉络，更要从本质上深刻把握新时代苏州精神的本体内容。理解和领悟新时代苏州精神当然要抓住根本。这一根本首先就是新时代，新时代苏州精神之根就深深扎在新时代创新开拓的苏州实践之中，苏州精神就是表现时代的价值体系和文化体系。德国哲学家黑格尔曾经这样阐释：一个时代的精神都构成一个生命体系。马克思也说过，任何真正的哲学都是自己时代精神的精华，是文化的活的灵魂。同时，理解和领悟新时代苏州精神需要把握其内在灵魂。新时代苏州精神的生命体系具有内在灵魂，将统一的核心价值和意义本体构建为精彩纷呈、丰富多样的存在，多层次、多样化、系统化地实现着核心价值体系。

新时代"三大法宝"与新时代苏州精神互为表里。首先，新时代"三大法宝"为新时代苏州精神的构建提供了一以贯之的内在灵魂和核

---

[①] 《马克思恩格斯全集》第 1 卷，人民出版社 1995 年版，第 220 页。

心价值。"三大法宝"决定了新时代苏州精神的价值取向、本体意义和生命之魂，没有"三大法宝"这一核心价值的引领和主导，新时代苏州精神就会失去基础和依托。只有深刻认识和正确把握"三大法宝"，才能抓住新时代苏州精神的实质和灵魂，也才能在新时代苏州精神建设中突出重点、抓住根本。新时代苏州精神则以生命体系的形态系统而全面展示了"三大法宝"所凝聚、贯穿的自主发展共同体主义这一核心价值。其次，"三大法宝"提出了新时代苏州精神的原初基础和主体部分，因而也是新时代苏州精神的典范。"三大法宝"的每一个重要因素，都鲜活地表现了新时代苏州精神的特征；"三大法宝"的产生与发展过程，也集中地代表了新时代苏州精神的发展过程。最后，新时代苏州精神是"三大法宝"这一核心价值的升华、展开和完成形态。在这里，我们一方面要看到"三大法宝"是新时代苏州精神的核心价值与内在灵魂，它产生和决定着新时代苏州精神的实质，两者之间在本质上具有内在贯通性、对应性和一致性；但是，另一方面，我们也要看到，新时代苏州精神的最终确立并不仅仅是"三大法宝"的直接复制与简单平移，而是在"三大法宝"与苏州其他地区精神之间的相互学习、相互影响、相互渗透、相互作用过程中产生的，因此，在表述形式、形态特征上具有一定的差异性。"三大法宝"作为核心价值和内在灵魂，在升华和扩展为新时代苏州精神过程中必然有所增补、发展、丰富和变化，使之更加丰满、全面、完善、系统。当然，升华过程就是提高过程，同时也是在更深刻更全面的意义上理解、把握"三大法宝"精神实质的过程。

## 一　审视新时代苏州精神的多元视野

解读作为生命体系的新时代苏州精神的方法论—发展实践、发展经验、发展科学、发展文化—深层解读与创新把握—全球视野

## 1. 深层解读新时代苏州精神的视野

地方经验的普世意义不被认同就毫无价值。但是，对新时代苏州精神的高度认同和广泛共识只能来自对其意义的科学认识和深刻理解。其意义是多方面的，解读也可以选择多种角度。

人们谈论苏州作为一种区域发展的主观表达一般有三个层次。受发展实践的推动，最基本的层次首先是一种苏州发展经验和发展策略。在这一层面上，苏州可谓经验丰富，都为人所熟知、所称道。但是，由于发展经验仍停留在感性层次上，有着区位的、个性化的边界条件的限制，有难以重复和模仿的局限性，既缺乏深刻的穿透性和洞见力，也极易消逝。经验是重要的，无可替代的，但是囿于经验、不及时提升眼界和层次，就不能在根本上抓住发展的本质和关键。理论要彻底，必须抓住事物的根本。追问发展的内在逻辑需要提炼发展经验，上升到发展科学，即第二层次——分门别类的发展科学，如考察经济增长的发展经济学，研究社会转型的发展社会学，研究政治发展的发展政治学等，都在某一方面、某一角度深刻揭示了总体发展实践的内在逻辑和特殊规律。然而，这是"片面的深刻和深刻的片面"，将总体的和综合的发展撕成碎片，难以真正把握发展的总体图景和总体精神。因此，在发展科学之上，需要有第三个层次，即发展哲学。这是对发展实践的总体结构、本质和一般规律的考察，是关于发展观的理论体系，是对发展的人文关怀和发展理念的深层透视，也是更深刻、更全面地把握整体对象的理论框架。例如，"以人民为中心的发展思想"的提出不是作为一种发展经验，而是作为一种发展哲学。它构成了发展实践的灵魂，指明了发展目标、思路和基本价值观。我们深知，创新时代的人一定有创新的观念。没有率先的观念，就没有率先发展的实践。思想走在行动之前，就像闪电走在雷鸣之前一样。苏州人在长期发展实践中，不仅形成了一系列发展经验和发展战略，而且已经形成了更高境界的理论，需要我们以发展哲学的视域去科学地把握。

深层解读新时代苏州精神，需要追问其本质性的统一内涵。理解一种文化精神的本质需要两个基本条件。其一，在对象上，我们应当穿越文化精神表面而直达其深处，领悟精神的根本。对任何文化精神本体的追问都是一种理解，而理解和解读新时代苏州精神，需要透过文化精神的现象形态而直达本底，抓住内在的灵魂，这是理解新时代苏州精神的关键环节。其二，在主体上，需要一种创新的理解视野。当人们深度解读以"三大法宝"为主体所构成的新时代苏州精神的内在本体时，必然要追问的一个问题是，我们应当通过何种视野来准确地理解新时代苏州精神的内在灵魂和核心价值？

　　法国著名文化符号学者罗兰·巴尔特说过，当我们去理解、体认一个客观存在的文化精神背后的"核心"、本质和灵魂，我们实际上就在指涉一种独特的文化精神类型。从时代的、全球的和自我的三重视野出发，体认和把握作为新时代苏州精神内在灵魂的"三大法宝"的精神实质，需要我们以时代的眼光看待，以创新的头脑体悟，以开放的心灵包容。创新的时代、全球的语境、主体的实践追求熔铸了新时代苏州精神的核心价值和内在灵魂，凸显了新时代苏州精神的内在气质。因此，对于这一内在灵魂的领悟，我们需要时代的、全球的和主体自我的三重视野，它们共同指认新时代苏州精神的本质意义。

　　新时代苏州精神的意义本体是在历史与当代的视域融合中所产生的效果史，时代性是我们理解的历史地平线。文化精神的时代性就是反映时代要求、体现时代特点、凸显时代品质的精神，表明苏州更具有当代的科学发展的精神、创新精神。新时代苏州精神是在当代苏州发展实践中所形成的一种当代价值与发展精神，与传统的苏州文化之间既有历史的承续，又有一个明显的历史间距。以"三大法宝"为主体的新时代苏州精神是在改革开放的历史过程中形成的，具有历史过程的优秀传统；新时代苏州精神正在重写历史的苏州经验，也使我们获得了一种重新理解以"三大法宝"为主体的新时代苏州精神的核心价值和内在灵魂的新地平线。因此，表现新时代苏州精神的文化符号既高度凝聚着悠久隽永的历史意象，更着力体现着新时代苏州精神的时代精华，不断创新活的灵魂。我们称新时代苏州精神是时代的，不仅仅指认其精神存在的样式。每一个时代造就自己的精神与文化样式，但是更造就其内在的灵魂。正如鲍曼所说，"现代性是流动的"。苏州在走向世界、走向现代化的进程中一直在变，苏州之路就是不断创新、发展之路。在这一征途上，历史性地形成的各种模式（如苏南模式、外向型经济模式、城乡一体化模式、高质量发展模式等）不过是苏州之路的路标；与此相关，在苏州之路上形成的苏州经验、苏州精神也是不断变化的，苏州人从不僵化，从不将某种精神看作一成不变、自我束缚的僵化牢笼。在改革开放进程中形成的"三大法宝"也需要在发展中不断获得新的意义和价值。

## 2. 解读新时代苏州精神的全球视野与创新视野

所谓全球视野，既需要在新全球化时代通过不断融汇世界思想、不断与文明对话而成就苏州精神自身，更需要在全球视野中反观苏州精神，特别是其内在灵魂的个性与特色。新时代苏州精神是在高度开放，国际资本、科技、人才、文化大量聚集的区域条件下形成的，因而自主积极汲取全球创新先进文化的精神，是形成"三大法宝"，进而形成新时代苏州精神的重要支撑条件。无论是张家港精神，还是园区经验，抑或是昆山之路，都体现了"海纳百川、有容乃大"的新境界。但是，开放更是创造，具有文化独特个性的创造。以特色视域观全球、融天下文化而自成一家，这就是新时代苏州精神。千年传统需要现代转换才能成为时代精神，地方知识只有通过全球解读才能具有世界意义。苏州本土传统的寒山、拾得的"和合精神"，在北京大学教授杜维明的视野中就转变成一种支配现代全球交往关系的行动准则——"和谐文化"，从而使传统知识转化为现代精神，使地方知识转化为全球知识。因此在一个新全球化时代，关注中国经验、重视"中国道路"的人绝不可能忽略苏州精神。当我们感悟了"三大法宝"以及领略了苏州全域的文化价值后，仍然可以在本质层次上再次追问：在令世人瞩目的苏州现象背后，蕴含着怎样的独特而强大的文化精神和价值体系、道德情怀和伦理指向，能够支撑苏州持续发展？作为本质统一的新时代苏州精神究竟是什么？

新时代苏州精神融古而出新、深邃而多彩、细腻博雅、神形完美、特色鲜明。山秀水美、人间天堂的环境，数千年吴文化的熏陶和积淀，养成了苏州人的文化精神，那种既内蕴、细腻、巧雅，又彰显开放、

### 新时代苏州精神

创新的品质。苏州人善于将文化传承与现代创新、道德守成与开拓进取天然合一,可以用巧夺天工的苏州园林技巧布局出现代经济的版图;苏州人的文化品格既是内敛的,又是开放的,可以用双面绣的绝活对接东西方文化。苏州人既鼓励个性创造,又推崇共同发展,可以用山水意境和吴侬软语化解社会发展的种种矛盾,以寒山、拾得的"和合文化",唱响新时代苏州精神。以水文化为魂的新时代苏州精神,既蕴含柔美和顺的高雅之思,可以布展现代城乡发展精美的版图,又包容着通达求变的开放精神,可以使苏州变为国际产业汇聚与不断创新的福地。新时代苏州精神,犹如江南水乡的夏日芙蓉,从丰润而和谐的传统文化土壤中脱颖而出,虽历经沧桑风雨,但出落得更鲜艳水灵。

所谓主体自我的视野,就是理解核心价值体系绝不应当有理解的自我遗忘。任何理解首先是自我理解,因为主体自我的生存方式既是创造的,同时又是不断对这一创造意义的领悟、理解和谋划。新时代苏州精神是苏州人民在改革开放的伟大实践中展现的精神风貌,是苏州当代文化人格的自我创造和自我出场。苏州人民是改天换地、创造伟业、走出苏州之路的主体,他们不仅是自己物质家园的创造者,而且是自己精神家园的创造者,更是对这一伟大创造价值的理解者、领悟者和谋划者。在创造中形成了一种独特的、包含有自己存在方式和生活方式的价值体系。当然,在反思自己的行动方式与历史轨迹中,有自己的文化立场和理解模式。这一立场和偏好不仅与苏州人民的知识状况相关,而且也与其生存状况有关。他们就置身于这一文化精神之中,他们是站在苏州文化中解释文化。他们与自己文化的视域之间有内在的融合。新时代苏州精神的创造与解读的主体也首先就是他们自身。他们既是苏州之路的创造者,也是享受者;同样,他们既是苏州精神的"作者",也是"读者"。新时代苏州精神首先是苏州人民在创造苏州之路的历史进程中的自我理解、自我领悟、自我谋划和超越。在开辟苏州之路的伟大实践征程中,苏州人民不仅一再改变周围感性世界,而且也不断改变和锻造人格自我,使苏州之路的伟大成果不仅表现在对象客体上,更表现在自我主体上。创新也是一场人的革命。苏州人在开创苏州之路、变革对象世界的同时就在变革自我,成就一个又一个新的"现实自我"。但是,苏州人始终在创新中形成更高的追求、更新的愿景和价值观，而包容这些追求、愿景和价值观的自我，就是"价值自我"。价值自我是不断理解、领悟现实意义的主体，更是超越的主体。一方面，他们既来源于、基于现实，他们的思想、心理、行为和存在也都由现实锻造；但另一方面，价值自我又不满足于现实，不断追求卓越，向着未来更高境界做永恒的追求和谋划。正因为有着谋划未来的价值自我，新时代苏州精神才具有那种永不满足、永不安宁、不断超越、不断创新、敢于争先、追求卓越的超群品质和先锋气质。只有谋划未来，才能理解现在，只有不断超越自我，才能真正把握现实的意义。因此，价值自我是理解现实意义不可或缺的地平线。

苏州的"三大法宝"是时代的产物，随着时代和实践的发展将会日益获得更多的认同，并成长为具有强大感召力和凝聚力的精神力量，而这一精神力量也将再创新时代苏州的"火红年代"。

## 二 新时代苏州精神的内在灵魂：自主发展的共同体主义

自主发展的共同体主义：生成和"出场"——自主发展的共同体主义的框架、内容和特点

### 1. 自主发展的共同体主义：生成和"出场"

"三大法宝"构成了一个怎样的内在灵魂？从它们形成的现实历史来看，它们既包含着对实践进程的现实描述、对实践经验的总结，更包含着精神的概括，可以说是一个"三合一"的系统存在体。或者说，它们不仅是对苏州发展进程的客观描述，也是对苏州发展逻辑的经验概括和总结，更是一种体现苏州人奋进创新发展的精神境界和价值观：它高度融合了"发展主义"与"共同体主义"价值观，成为新时代苏州精神的价值本色。"三大法宝"乃至新时代苏州精神一直相伴于苏州人的当代发展进程。在艰苦创业中"敢于争先"的张家港精神，在突

### ▶ 新时代苏州精神

破围城而"追求卓越"的昆山精神品质和"开放共赢"的园区精神特质，都鲜明体现了"敢争第一""敢创唯一"的精神，"为全国探路"的精神，从这一意义上来看，新时代苏州精神就是自主发展的精神，就是贯穿于苏州发展中的核心价值观。离开了自主发展这一时代主题，就没有新时代苏州精神，就没有苏州的核心价值观。"自主性"就是肩负"为全国探路"重大责任的必然选择，就是率先发展的独立创新精神。苏州始终在攻坚克难的自主探索中为全国创新招、探新路，为全国积累自己独有的经验。如果说，在中国共产党领导下，中国人民创造了中国式现代化新道路，具有"新"方向、"新"特点、"新"品格，那么，肩负"为全国探路"先锋使命的苏州正是成为榜样和示范，在独立自主发展实践中形成高起点、高平台的自主发展之路，创造了自主发展精神。苏州之路就是自主创新之路；苏州精神就是自主创新精神。她绝不是照抄照搬别国、他地经验的产物，而是自己闯出来、干出来的。今天，当中国进入全面建设社会主义现代化国家的新发展阶段，新发展理念指导下正需要走自主发展之路，大力弘扬自主发展精神，更需要自主可控地建立新发展格局。发展是世界主题。然而在对待发展这一人类命运共同主题的态度上，作为中国创造的示范和先锋，苏州人有一整套与世不同的独特价值观，因此形成了新时代苏州精神。从"三大法宝"来看，苏州的发展是负重奋进、敢于创新、敢于争先、追求卓越的，体现出强烈的"自主性"；同时又是谋求共同发展、和谐发展和全面发展的。与此对应，精神的核心价值与内在灵魂，就是在敢于争先、开拓开放的进程中谋求自主发展的共同体主义。这一核心价值支撑着苏州人创造了一个又一个奇迹。

作为苏州发展的核心理念，自主发展的共同体主义是在苏州改革开放 40 多年的发展进程中日渐成熟的一种全面性、整体性、协调性和可持续性的发展精神，是中国思想、中国精神的苏州形态，是具有极其强大的生命力和竞争力的"苏州精神"。这一精神的深层理念存在于 20 世纪 80 年代异军突起的乡镇企业和小城镇建设浪潮之中，存在于外向带动的中外经济融合和城乡一体化发展中，存在于持续推进的高质量发展中。在苏州市域，城乡共同发展、经济社会共同繁荣、政府与市场互补互促、国际国内协调共进、人与自然共生共荣，达到了一种和谐共生的发展境界。

苏州的自主发展共同体主义的形成绝非偶然,而是萌芽于悠久的发展传统,并在多年发展实践中产生、成长和不断形成的。具体来说,这一发展理念既有着深厚而优秀的传统根基,又汇聚着苏州人40多年改革开放伟大实践的集体智慧,是苏州人民在改革开放和现代化建设的伟大实践中培育、塑造的一种时代精神。

为什么苏州能够先于全国而产生出自主发展的共同体主义?首先应当看到,自主发展的共同体主义深受悠久的历史传统和浓郁的地域文化特色影响。"发展是社会灵魂的觉醒。"苏南是吴文化的中心。一方水土养一方人,一片乡情造就一方英杰。千年文脉的传承造就了苏州的繁荣,也为苏州的不断发展和跃升积蓄着深沉的力量。苏州的人文精神洋溢着一种固有情怀:包容、革新、和谐。传统的儒学倡导的"亲缘伦理"和"乡缘伦理"使江南人不舍乡情、兼济天下。独特的区域优势、率先开放的人文环境既造就了苏州人通达善变、刻意求新的品格,也造就了苏州人立足乡里、带动本土、共谋发展的情怀和文化。著名社会学家费孝通先生在其成名作《江村经济》中所着力描写的,正是20世纪30年代的江南农村,一批为民族振兴和共谋发展的有识之士以乡村为单位领办乡村工业"合作社",建立发展共同体实验的情形。这一发展传统绵延不绝,虽经战乱而不息,虽经变迁而不殆。鸦片战争以来,苏州一直处在中国对外开放的前哨。如果说,遭受西方武力"坚船利炮"压迫下的中国曾经企图通过努力学习西方之路以求民族自强但是屡遭惨痛失败的话,那么苏州遭受的深入骨髓的失败、痛苦、磨难和教训比国内其他任何地区都来得更加彻底、深刻。痛定思痛,要自主地走出独特中国道路的动力更加强劲。苏州人自主发展的精神,其实就是中华民族走自己独特道路的探索精神。团结一心、共谋大局,使苏州人在探索中形成了"自主发展的共同体主义",这也是中华民族伟大精神的标杆和楷模。在近代历史发展中,苏州人从照搬照抄西方模式的失败中早就体悟到:中华民族伟大复兴决不能走西方道路,现代化不等于西方化,中国道路前无古人,只有依靠自主探索、自主发展,才能成功。改革开放以来,苏州依靠自主发展的精神,从乡镇企业异军突起,到义无反顾地实现开放经济,再到自费建开发

> 新时代苏州精神

区以及科技创新引领,都在不断走自主发展的道路,以自主的"敢闯敢试"精神打造出一片新天地,创造"人间新天堂",成为领跑全国的标杆城市和样板城市。

其次,自主发展的共同体主义得益于"敢为天下先"的前沿意识和率先实践精神。苏州改革开放40多年来的巨大变化堪称奇迹。而创造奇迹的根本原因就是苏州人民立足当下,敢为人先,大刀阔斧地走上变革创新之路,最重要的是有着强大的精神力量支撑。改革开放以来,苏州自主发展的共同体主义是在率先实践"发展是硬道理",着力探索率先发展、加快发展的道路上形成和发展的。在工业资源缺乏、空间相对狭小、人口密集而又滨江沿湖的苏州,要想超过资源丰富的地区而成为先进发达地区,就必须早起床、早起步、早探索、早改革、早发展,一句话,要具有强烈的"率先意识"。然而,率先的实践不仅仅意味着抢占先导地位,更意味着比全国甚至比世界大多数地区率先遭遇各种新情况、新难题、新矛盾。解决这些难题,需要苏州人不断增强自己的力量,这不仅是个体的力量,而且是协调的共同体的力量;充分发挥人的聪明才智,这不仅是个人的智慧,更为重要的是群体的智慧、共同体的智慧;需要分工和协作,需要相互支持,需要一个稳固的共同体的优化结构。这就是自主发展的共同体主义产生的基本逻辑。只有更团结、更合作,凝心聚力,才能破解发展中的难题、率先中的问题、创新中的障碍。只有集共同体之本之力,才能补资源之不足,越过发展的难关。率先的实践不断呼唤共同体的实践,需要苏州率先在理论上探索,在实践中解决,因此,必然先于全国而形成经验,继而创新理论。

苏州的自主发展共同体主义起步于20世纪80年代。应当看到,在全国改革的初期,各地区由于具体民情民风和路径不同,造就的计划体制外生产方式从一开始就出现了重大差异。以"南风窗"外向型经济起步的广东、福建沿海,一开始就受港台经济的影响,继而发展成为基于血缘和地缘的同乡跨境投资发展模式。这一模式是以亲缘和乡缘为纽带,以外向型经济为主线,各自单线联系,投资主体彼此之间缺乏有机联系。以个私民企为主的浙江温州经济,离散而富有活力。而苏南既没有广东的"南风窗"资源优势,也没有民间资本优势,而

## 第六章　新时代苏州精神的内在灵魂与价值体系

有的是相对强有力的地方政府和政权组织。因此，发展从一开始就选择了共同体模式——著名的"苏南模式"。在计划经济造就的体制内已经孕育着异军突起的乡镇企业，以及被邓小平敏锐发现到"小康社会"初期形态。过去"一大二公"的"虚幻共同体"——人民公社在改革实践中被瓦解之后，如果说乡村扮演了第一个共同体的角色，那么，乡镇企业就成为共同体的经济机制。邓小平视察苏州后提出的"小康社会"理论，在某种意义上，正是对初期的共同体形态的一种概括。"苏南模式"的"以工补农"和"以工建农"，在共同体内着力解决工农、城乡差别问题，建立小城镇，农民"离土不离乡、进厂不进城"，着力解决城乡一体化结构问题；建立农村医疗保障体系和教育、文化保障体系，着力解决农村社会资源共享问题，这一切构成了"苏南模式"的基本框架。这是苏州自主发展的共同体主义的初级阶段和初级形态。尽管这一时期的发展有其体制上、阶段上的重大缺陷，因而必然会被更高级的形式所扬弃，但是，这一自主发展的共同体主义的价值观是极其宝贵的精神财富，它在后来的发展中不断转换新的创新形式而成为苏州版发展观的核心理念。

苏州的自主发展共同体主义成长于20世纪90年代至21世纪初。在全球化背景下，在中国改革进入攻坚阶段、发展进入关键时期，苏州的自主发展共同体主义初级形式一方面受到严重挑战，另一方面又在应对挑战、转换体制和机制中发展到一个更高阶段。由于以政府为主导、以集体经济为主体的乡镇企业逐渐不适应日趋激烈的市场竞争环境，乡镇企业被迫"改制"，乡村原来的发展共同体形态被解构。传统乡镇企业因为资源占有分散、污染环境而逐渐被集中化的开发区建设所替代。"离土不离乡"的农村就业模式和在一个乡村共同体内"以工补农""以工促农"的协调发展模式被打破，开发区建设不仅造就新的城乡分离、工农分离的二元结构，同时，在更大的范围内，提出了工农关系与城乡关系的协调问题。在全球化产业大转移过程中，苏州抓住上海浦东开发开放的契机，以其独特的区位优势，迅速成为国际制造业投资的热土，中国与新加坡合作的苏州工业园区、苏州高新技术开发区、昆山开发区等一大批国家级开发区，如雨后春笋般，蓬勃发展。从以乡镇经济为主体进入以外向型经济为特征的新发展阶段，外资企业比重急剧膨胀，又凸显了内外发展主体的矛盾。然而，正是这些矛盾引发了新一轮对发展共同体建设的探索：加速推进城市化，解决城乡发展的共同体问题；以外向带动和经济国际化的战略，解决内外发展的协调问题；以城市环保、卫生城市和生态城市建设，弥合人与自然的矛盾和冲突；等等。一个新的、动态化的自主发展共同体应运而生。

苏州的自主发展共同体主义形成于2012年党的十八大以来的新探索。党的十八大以来，中国特色社会主义进入新时代，世界面临百年未有之大变局，在以人民为中心的发展思想和新发展理念的引领下，城乡一体化发展、高质量发展成为苏州自主发展共同体主义的新主线、新境界。以人民为中心的发展思想和新发展理念高度凝聚了苏州自主发展共同体主义的科学内涵，而苏州自主发展共同体主义也为以人民为中心的发展思想和新发展理念提供了坚实的经验基础，并将助力苏州在改革再出发的历史阶段跃上新台阶。在改革再出发的新形势下，再创"火红年代"，产业转型升级无疑扮演着核心与关键的角色。突出创新驱动，以优异成绩回答高质量发展时代命题，这是时代的呼唤，现实的要求，也是人民的期盼。进入2020年，面对复杂严峻的发展环境，苏州和全国一样，既面临新的发展机遇，又面临新的严峻挑战。苏州推出的一系列改革开放创新举措，正是有优秀传统的"三大法宝"精神的引领，敢为人先做好排头兵、勇于担当改革再出发，创新发展高质量，在新时代将构成苏州未来的新面貌、新气象。

## 2. 自主发展共同体主义的框架、内容和特点

概括地说，苏州的自主发展共同体主义的基本框架是以苏州浓郁的水文化、园林文化与"和合"文化为底蕴，以率先、创新、"第一"、"唯一"等自主性为鲜明特色，以经济共同发展和富民优先为基础，以社会共同进步为主干，以发展的共同体价值为导向，以城乡、区域、内外、经济与社会、人与自然和谐共进为目标，所形成的全面、协调、和谐、共进的发展观。

苏州的自主发展共同体主义的基本内容有以下几方面。

其一，对发展的高度认同，形成发展的共识主义。当代发展共同体与传统共同体之间最大的差异，就在于是否能够促进发展，走向现代化。发展共同体，必须是在创新发展中求得共识的群体，是聚精会神搞建设、一心一意谋发展的群体。到苏州走一走、看一看，任何人都不难看出从各级政府官员到平民百姓，从城市到农村，发展意识深入人心，这是全球少有的发展热土。发展是共同体凝聚的基础，是目标和意义一以贯之的红线。从这一意义上说，苏州人是率先实践发展意识的共同觉醒的群体，是千方百计、千言万语、千辛万苦、千难万险谋发展的群体，更是共闯发展之路、共克发展难关、共求发展之策的群体。小到一村、一乡，大到一县、一市，到处都是发展的汹涌热潮，到处都是发展的成功实践。苏州全市上下普遍具有超强的发展意识、率先意识和机遇意识，这奠定了苏州自主发展共同体主义的价值标准与合法性基础。

其二，以发展的公正性为基础，以公正促进发展目标的实现。效率与公平的关系，一直是全球各界人士高度关注的焦点。中国根据自己的国情，提出"效率优先、兼顾公平"的方针，但允许各地在自己的发展模式中尽可能地扩大公平的比重。苏州作为经济社会发达地区，实际上一直将发展的公正性作为基础，强调发展的有机性、协调性、全面性，以公正促进效率的提高。

其三，以共同体发展为价值导向，促进差异性个体发展目标的实现。确立共同发展的价值目标，是多年来苏州历届领导的主要工作导向。市场化的作用必然导致两极化现象。苏州不回避矛盾，总是率先在全国施行各种保障公正性的措施，来实现协调发展。苏州实施"以工补农""以工建农"，进而实现产业间、城乡间、地区间、社会阶层间互促并进，实现人与自然友好相处以及融汇中外经济要素、促进内外资共同发展的经济国际化。公正的培育促进了效率的实现，也使各个差异化个体的发展各得其所。竞争、合作和融合三个环节是构建其发展共同体的必要环节。在建立社会主义市场经济的今天，竞争是不可避免的，但是，苏州始终抓住共同体发展这一价值导向，对竞争做到机制有序性、法治化、合理化，扩大合作博弈和融合博弈的比重，从而让错位竞争、合作竞争、融合竞争成为苏州打造发展板块、构建发展共同体的关键。

其四,以共同体整体和谐共进为目标,促进协调发展的实现。苏州十分注意打造领头雁、领航舰,但是,苏州更加注重将先导与整体发展有机结合,在共同体内迅速扩展先进经验,促进全面发展的实现。为此,苏州在共同体内的学习机制、知识扩展机制上动足了脑筋,并将"三大法宝"作为苏州人的共同精神财富。正因为如此,苏州人从城乡经济发展共同体起步经过社会发展共同体,并通过知识经验的共享而建立知识共同体,进而实现生态共同体的历史建构。

深挖苏州自主发展共同体主义的基本特点,进而凝聚成以"三大法宝"为指代的三大精神。

第一,"敢于争先"的自主发展精神。是否坚信"发展是硬道理",是否具有强烈的自主意识、发展共识,是决定地区能否发展的关键性的主体条件。而是否有张家港那样的"敢于争先"的率先发展意识、昆山的"追求卓越"的先锋发展意识、园区的"大胆借鉴,开放创新"的开放发展意识,是决定一个地区能否成为全国第一、全国唯一的主体条件。发展是问答逻辑。自主率先发展就不怕率先遇坎,这个"坎",无非是改革开放中前无古人的难题,是新全球化时代典型的中国问题。对于这些难题,老祖宗书本里无答案,国外无先例。如果没有一种敢为天下先、率先领跑的强烈自主发展意识,就不可能闯出一条路。在这里,对新时代苏州精神的考验先于对实践能力的考验。只有率先自主发展,苏州才能在率先发展中破除一个又一个典型的中国难题,才能率先形成一个又一个苏州经验,走出率先自主发展不同阶段的苏州之路。当然,每个地区都有它独特的发展难题,如何破题,率先自主发展就成为考验这一地区的驾驭区域发展大局能力的关键。

第二,思想解放再解放的创新发展精神。苏州之路是创新之路,新时代苏州精神更是创新的精神。"三大法宝"集中地体现了思想解放再解放的创新发展精神。自主率先发展没有现成的经验可循,就意味着需要探索,意味着需要率先破除传统观念障碍、制度障碍、行为障碍和心理障碍,不断探索创新发展之路。创新发展有两个关键节点:一是不断创新、持续创新,建立创新发展的长效机制。一个地区破除一两个传统障碍,成功地完成一两个创新并不难,难就难在不断创新、持续创新，永远不要"打盹儿"或者将创新得来的经验僵化。苏州人不断创造经验，但是从不将创新的经验模式僵化，束缚自己。苏州及其所属各县市区的书记、市长换了再换，但是创新发展这一根筋从不懈怠，这就是因为具有创新的长效机制。苏州发展的实践说明：任何创新的产物也会僵化，走向反面，只有在持续不断的创新中才能永葆生命活力；解放思想的成果只有在持续思想解放中才能实现可持续发展。一切模式都不过是苏州发展之路中的一个路标。二是综合创新。一两个环节、方面的创新之举容易，难就难在作为一种发展模式转换的创新。苏州的成功关键之一，在于它始终在发展模式的整体创新上下功夫，不断探索新路子，这是非常关键的。因此，创新发展贵在持续，贵在全面。

第三，互促并进的和谐发展精神。互促并进的精神就是自主的又是和谐发展价值观。所有的自主发展精神，都是为了人民，为了人民这一共同体的根本利益。中国共产党开创中国式现代化新道路，就是为了人民、依靠人民，让人民站起来、富起来、强起来。人民大众的共同体是发展的摇篮，也是发展的出发点和归属点，更是发展的强大动力和支撑平台。一个地方如苏州如果没有当地人民共同体需要的推动，就没有苏州发展的强大动力和价值归属。苏州的自主发展就是为了人民、依靠人民、发展成果为人民共享。苏州人的发展精神与人民共同体价值观本来就是高度合一、高度融合的。而高度凝聚苏州人的思想和情感、构成苏州广大百姓的愿景、引领苏州人民建设的"共同理想"，正是以和谐发展的共同体主义所构成的"苏州共识"。这一共识体现着社会主义的根本方向和苏州特色，具有极其耀眼的先锋气质和夺目光芒。苏州是和合精神的一个重要发源地，既崇尚发展，又强调共同体主义的价值观，这是苏州精神当中最具有魅力的闪光点。正是在这个思想影响下，才有乡镇企业和苏南模式的异军突起，才有城乡一体化发展模式，才有包容共同发展的广大心胸，才有走向世界、合作共赢和构建人类命运共同体的价值支撑。今天，我们要继续发扬这一精神，满足人民群众对于新时代的新期盼。新时代苏州精神所蕴含的和谐发展精神是我们党践行初心与担当使命的最好体现。人民幸福、民族复兴，初心如磐、使命在肩，这一内在力量，在改革开放的

> 新时代苏州精神

历史洪流中必将为苏州谱写出新时代的壮丽华章。

## 三 新时代苏州精神的价值体系

新时代苏州精神的价值体系—自主精神—创先精神—融合精神—致远精神

在改革开放进程中,苏州形成了以"张家港精神"、"昆山之路"、"园区经验"和"崇文、融合、创新、致远"8个字的"苏州城市精神"为代表的宝贵精神财富。2013年5月6日,在广泛征集和论证基础上,苏州市委常委会研究确定了"崇文睿智,开放包容,争先创优,和谐致远"16个字的"苏州精神"。新实践呼唤新精神,新精神助推新发展。进入新时代,苏州需要有"升级版"的精神引领。新时代苏州精神就是苏州精神的2.0版,"崇文睿智,开放包容,争先创优,和谐致远"16个字的"苏州精神"在新时代的精神实质,用文字可简述为"自主、创先、融合、致远"。

新时代苏州精神的实质在于,这就是习近平新时代中国特色社会主义思想和党的十九大精神在苏州大地的生动展现和壮丽篇章;是新时代新征程中,高智慧闯出第二轮自主创新之路,带头实现高质量发展使命,成为中国和世界新典范的苏州新英雄们的心理、行为、价值观和精神风貌的总称;是永不停滞、敢为天下先、敢破敢立、持续领跑的苏州英雄们弘扬"自主发展的共同体主义"价值观创造新时代伟业的精神表达;是走向强国时代强吴精神伟大复兴并走向世界舞台中央的精神彰显。

新时代苏州精神的特征在于,它与新时代、新使命、新要求高度匹配,成为新时代攻坚克难获得成功的精神利器;鲜明地展现了新一轮创新中新英雄们具有的心理、情怀、文化、境界、价值观和精神风貌;成为新时代鼓舞苏州人敢闯敢干、勇立潮头、善立潮头、夺取第二轮创新胜利的强大精神动力;是高智慧与高激情的统一,高境界与强实干的统一,善创新与敢创新的统一;它带有鲜明的苏州文化精神特质，将自主发展的共同体主义价值观与善作善成相统一；它必定要打破上一轮创新遗留下来的旧格局及其思想禁锢，因而需要思想解放、敢破敢立和善破善立；它要超前谋划未来之路、砥砺奋进，因而需要有高境界、高智慧而不能满足于上一轮创业创新时"大胆试、大胆闯""摸着石头过河""杀出一条血路"的经验主义逻辑，而是要有全盘整体的理性自觉、远见卓识和顶层设计；它也不能仅仅"崇文"而不作为，而是"英"（明见、智慧）与"雄"（敢干、能干）的统一，"想干事、会干事、干成事、不出事"的杰出代表；持续创新才能持续领跑，不是仅仅一次创新才是真英雄；它必定成为辐射全国、影响世界的江南文化的新核心。

苏州精神不仅仅是一个感受时代生命节律、充满活力和睿智的灵魂，而且是灵魂引领下的生命存在体系。

## 1. 崇文睿智与自主发展精神

"敢争第一、敢创唯一"的自主发展精神是苏州广大干部群众强烈要求突破旧格局、创造敢闯敢干的新精神，是负重奋进、敢于争先的自主发展精神，也是"崇文睿智"在新时代的突出表现。崇文睿智，既体现了崇尚知识、弘扬文化的精神制高点，更体现了精神的自主发展和自觉。"张家港精神"中"自加压力、敢于争先"，"昆山之路"中"不等、不靠、不要"，自主闯路，"园区经验"中"追求卓越"都充分展现了苏州精神的自主发展性。苏州人懂得，中国共产党领导的改革开放伟大实践所开辟的中国式现代化新道路，"新"就新在中国共产党领导、走中国特色社会主义道路，超越了西方以资本逻辑为中心的旧现代化道路，也超越了苏联僵化的社会主义现代化老路，因而是前无古人的事业，没有现成经验和本本教条可以照搬照抄，一切必须要在实践中"大胆试、大胆闯"，依靠自主探索，"杀出一条血路"。的确，改革开放40多年来，苏州一路敢闯敢试的一个基本精神前提，就是在发展的每一个关键点上体现自主发展性。乡镇企业异军突起是如此，大开放带来大发展是如此，走自主创新的高质量发展之路更是如此。"为全国探路"的始终是苏州肩负的崇高使命，也因此始终要求苏

> 新时代苏州精神

州率先在前无古人的荆棘中自主探索和开辟道路,由此必须充分发挥"崇文睿智"的自觉精神。当然,因为在"世界走向中国"的时代开放型经济是跟着世界跑,必须要强调引进、借鉴、消化、吸收从国外输入的一切资本、先进技术、先进知识、先进理念和管理艺术。"请进来"、跟跑、虚心向世界学习,持"学徒状态"是早期改革开放必要的环节。在今天,当我们的发展需要转向以"内循环为主体""双循环为支撑"的新发展格局,走"自主可控"的高质量发展之路,那么,摆脱"学徒状态"的自主精神就是新时代的最强音。这是自主创新时代和"中国走向世界"的时代,领跑者必须自主创新、实现自主可控产业升级结构,将来率先走自主辐射型现代化之路。自主性就是民族自觉而不盲从跟着别人走,如园区过去经验那样;就是自主发展、自主创新而不单纯学走别人的路,体现发展的主体性。这是一次发展主体上的大转折:从尾随别人到自主创新和发展,准备率先成为自主辐射型现代化的先锋地区。今天提创先,就不是别人先有一个标准,然后我们去争,那还是别人的标准支配着我们的选择。创先,意味着我们在创造前无古人的标准,在成为领跑者和标准制定者。只有这样的地区,才有资格将来成为自主辐射型现代化的地区,辐射也是为了人类命运共同体,也是融合的,这才能长久致远。

自主发展精神是中国从"自主输入型现代化"向"自主辐射型现代化"的转变、从"请进来"到"走出去"最为重要的立场和态度的转变。自主发展精神是我们时代的呼唤,是苏州在新时代"为全国探路"必然的要求。当年异军突起的乡镇企业,大大繁荣了农村经济,可以说中国农村改革有两大标志,第一是安徽的小岗村,第二就是苏州异军突起的乡镇企业。今天,面对城市竞争群雄并起、你追我赶的新格局,我们不能迷失自我,我们需要有标杆,需要在与别的城市对标找差的基础之上来学习别人好的经验,但我们千万不能够简单地"跟跑",在精神上一定要有一个准确的定位。在追求高质量发展之路的新时代,苏州充分展现自主发展精神,就是在习近平新时代中国特色社会主义思想旗帜指引下,全面贯彻五大新发展理念,自主探索走全面高质量发展之路。

## 2. 争先创优与创先精神

"创先"是新时代苏州精神基本品质之一，也是"争先创优"精神在新时代新征程的集中体现，张扬了核心价值的内在活力。创先意味着自主性选择。从"第一个吃螃蟹"的昆山巴解，到主张"先天下之忧而忧，后天下之乐而乐"的范仲淹，再到"天下兴亡，匹夫有责"的顾炎武等众多苏州古代名贤身上，我们都看到了这一精神。今天，苏州之所以始终成为自主创新的主体，之所以永远不完全照搬别人的模式，也不将某种模式僵化，就是因为苏州人有这一骨子里的创先精神。从"争第一""创唯一"中，苏州人就有了这一精神基因。自主创新只有达到一定的境界，才能"创先"。始终领先、领跑、率先，这是自主创新达到的最佳境界。这一境界意味着不断打破旧观念、创造新观念；不断打破旧格局、创造新格局；不断开辟新道路，实现发展的跃迁和转轨，始终自觉地成为开创新思路、新格局、新路径、新发展的领跑者。

创先是一种动力，一种品格。苏州人敢于做前人没有做过的事，敢于走前人没有走过的路，在改革和发展的每一个关键时刻，总是力求比别人醒得早、赶得快、干得实。面对率先发展中率先碰到的新情况和新问题，苏州人总能在另辟蹊径中抢抓先机。"创先"必须敢于争先、敢于率先，率先凸显苏州创新之气质。敢于争先、敢于率先就是一种先锋气质、一面旗帜、一种先进品质。在强手如林的世界民族竞争者面前，敢不敢争先、能不能争先，表现和考验着一个地区、一个城市人民是否有超群的胆识、气魄和品质。发展是硬道理。具有强烈的发展意识、发展精神是一个地区发展的主体条件、精神条件。没有强烈的发展意识，就肯定不能发展。但是，更进一步，有没有争先发展的"第一意识"，敢不敢去追求第一、追求卓越，这是争取全国发展的先锋队、先导和示范的精神条件、主体条件。创先意味着自主开辟着发展的方向、道路，创造着中国方案，意味着变跟跑为领跑，从跟进式发展到领跑式发展，从学徒状态到示范状态，把发展速度上的英雄变成高质量发展上的英雄，变成创造世界发展模式上的英雄。这是

> 新时代苏州精神

新时代中国要求，也是苏州作为标杆城市的内在要求。

"创先"追求"卓越"，"卓越"树立苏州创新的愿景。卓越是一种理想、一种追求。自强不息，追求卓越是苏州人的优秀品质，同时也是苏州活力之所在。苏州人总把目光投向远方，不仅要在全省领跑，而且要在全国领先。追求卓越在苏州，要的是全面发展、协调发展、可持续发展；追求卓越在苏州是实实在在的行动；追求卓越在苏州是历任领导的承前启后、薪火相传。苏州的领导班子换了又换，但对发展品质的追求始终没有变，变的只是适应发展要求的工作思路和工作举措。正是依靠这种追求卓越的勇气，苏州人创造出众多的全省第一、全国第一。另外，"卓越"这一主题词还抒发了苏州锐意进取、励精图治，开创城市未来的雄心与胆魄。一方面，要以更为宽广的发展视角和更为宽阔的胸襟审时度势，确定前进的标杆；另一方面，要牢牢把握自身的优势，抓住机遇、自强不息、迎接挑战，为实现城市的未来发展目标，为把美丽的苏州打造成特色鲜明、有影响力的名牌城市而不懈追求。

"创先"需有开放包容、四海为家的天下情怀。苏州一直是个开放的城市，时至今日，苏州对开放应当有更高的要求，这涉及苏州向世界辐射什么和怎样辐射的问题。在开放的大格局中，苏州要把握好国际、国内两个市场，利用好两种资源和两个大局，着力思考创新开放模式。我们能否整合政府、金融机构、企业、高校以及其他社会资源，建立联合公司，共同"走出去"。比如，高校负责对于对象国家和地区的政策环境、投资风险进行评估及进行可行性的智库研究，政府负责与对象国家就公共政策和安全等公共产品供给进行联络和谈判，金融机构负责具体投资项目和有关金融业务的开拓，社会组织负责企业和对方文化机构方面的沟通，实体经济负责产业发展，如果把这样一些问题解决好，苏州就能够结合"一带一路"倡议，创造出一种"走出去"的新模式。

"创先"体现的是求新变革、自强不息的进取精神。行进在新的历史征程上，苏州该如何保持和发展求新变革、自强不息的进取精神呢？人们常说虎丘在某种意义上代表苏州，这是从文化名胜的意义上来说的，其实在更深意义上，虎丘精神就是改革创新精神。这一意义上的虎丘对于苏州的代表性意义不亚于寒山寺的和合精神对于苏州的意义，这是苏州的两大文化圣地，一个主张变革创新，一个主张和合，两者结合，才能使苏州文化形象更加完美。

### 3. 开放包容与融合精神

"融合"体现着苏州精神蕴含的和合文化的历史风骨，也是"开放包容"精神的最高境界。苏州是"融合"精神的重要发源地，"融合"精神源远流长。"融合"是苏州水乡文化的特色。"君到姑苏见，人家尽枕河"，作为江南水乡的苏州，水域面积占全域8657平方公里的36.6%。江河湖泊，流水潺潺；相通相容，柔美和顺。水文化本质上既是开放的，又是包容的，更是和谐的。融合精神表现了苏州人具有兼容并蓄、"有容乃大"的开放气度，又体现了苏州人那种对圆融、和谐、共同发展的价值观的追求。"融合"精神在历史中积淀为"和合文化"。唐朝诗人张继《枫桥夜泊》中所写的"姑苏城外寒山寺"，之所以享誉中外，就是由于寒山、拾得两位高僧所代表的"和合文化"，漂洋过海，进入日本、韩国，进入美国和欧洲，影响全世界。"融合"精神一脉相承，成为苏州优秀文化传统与历史风骨。从寒山、拾得远播海外的"和合文化"，到宋代大思想家范仲淹的"先天下之忧而忧，后天下之乐而乐"，从明三宝太监郑和由苏州浏河港出发远航世界，到明末清初苏州思想家顾炎武倡言的"天下兴亡、匹夫有责"，苏州人具有的开放胸襟和天下眼光，为"融合"精神奠定了历史的底蕴。"融合"精神的文化包容性也体现在儒、道、佛、基督、伊斯兰等各宗教文化同处一城、多元共生，更体现在开放型经济带来的五湖四海的经济、文化、观念的大交融、大汇聚。今日构建社会主义和谐社会、和谐文化，也饱含着苏州和合文化的思想资源。这一精神风骨也内化为苏州人当代的行为品格。在开放中，苏州精神也融汇全球的优秀文化，不断发展和创新；但是，苏州人在和谐发展中有自家一脉相承的文化底蕴，始终贯穿着自己绵延不绝的优秀传统。

"融合"凸显了苏州开放共赢、包容共生的气度和品格。"融合"在开放中展现为一种时代精神。开放是"融合"的前提。开放是一种气度、品质，更是一种面向世界、"海纳百川"的博大胸襟。苏州之路是开放之路，"三大法宝"是开放的成果。但是，苏州的开放、开发具有自己的特点，因而具有自己的魅力，这就是"开放共赢、包容共生"，就是"融合"精神。在苏州工业园区，"圆融"不仅仅是一座雕塑，而且就是园区的基本经验，更是核心价值和精神支柱。园区的领导者精心谋划圆融，以开拓的精神推动开放，以开阔的胸襟调控合作；园区的管理者善于实践圆融，视外企、外资、外地人才及外来打工者为上帝，承诺服务，全心全意；园区的老百姓乐于接受圆融，以博大胸怀交融各种文化，接纳四海宾朋。正是圆融的磁力吸引了世界500强外企、高水平人才和多元文化入驻园区，成为中国开放的一面旗帜；圆融精神倡导"三结合"；在大开放中将高起点借鉴学习与创新结合起来，将资本、人才、科技合作与各方共赢结合起来，将经济发展与社会共同体发展结合起来，从而成为"融合"精神的典范。昆山自开放至今，走出了一条以发展开放型经济为主要特色的经济之路，即昆山之路，经济社会保持了多年持续、快速、健康发展的良好态势。昆山也一直在努力地"走出去"，走向全国各地，走向世界各地，寻找一切可利用的机会，使昆山的能量和触角延伸到全世界，从而使昆山城市发展获得更广阔的空间和舞台。这些都鲜明地体现了"融合"精神。他们把"三学"与"三自"（自主创新、自创品牌、自我创业）结合起来，把"招商选资"与城乡统筹、生态建设、科技创新、产业升级结合起来，把经济国际化与民营跨越、服务业赶超战略结合起来，全面、协调、统筹兼顾，在高质量发展中达到了开放共赢、"融合"精神的更高境界。可以说，开放的融合成就了苏州的今天，融合的开放推动苏州走向更加灿烂的明天。苏州人正是以这种开放的胸襟、博爱的胸怀，接纳四方来客，交融多元文化，保持了这座城市蓬勃向上的朝气和活力。

"融合"鲜明地体现了苏州自主发展的共同体价值理想。毫无疑问，从以对抗性矛盾为主导的阶级社会走向共产主义大同社会，必然要经过一个长期存在的根本利益一致、具体利益分门别类的差异性社会。这一根本利益完全一致，就集中表现在发展的共同理想上，共同奋斗、共同富裕、共同发展成为发展的共同体价值。根本利益一致的共建共享为和谐社会打下最坚实的基础。而所谓利益矛盾，就存在于局部利益与整体利益之间、眼前利益与长远利益之间，这一社会的这一部分人利益与另一部分人利益之间、当代人利益与后代人利益之间、人与自然环境之间。只有和谐，才能根本解决问题。只有和谐，才能实现可持续发展，才能"致远"。没有人与自然、自我群体与他者群体、当代人与后代人的和谐，就不可能有可持续发展的条件。苏州的和合文化经过千年吴风古韵的熏陶与积淀、近代实业求强实践的磨炼，更是在苏州改革开放伟大实践中成长和不断完善，"融合精神"成为自主发展的共同体主义的象征。"融合"体现的自主发展的共同体主义价值观伴随着苏州改革开放和现代化建设的全过程，凝聚着苏州人几十年率先探索建设中国特色社会主义之路的心血。"融合"是一种风格，更是一种发展理想、一种境界。"融合"充分体现出苏州拥有开放兼容的精神风貌。积淀深厚的文化底蕴、优美文明的城市环境、高效廉洁的服务政府和充满活力的多元经济，寓意着苏州注重师法自然，以自然、社会和人的相互融合为目标，把城市的规划、建设、发展与城市的自然景观、人文特点、地理风貌有机地结合在一起，努力做到人与自然的和谐相处，把苏州建设成人人向往、人人赞誉的人间天堂城市。苏州人在创新发展中十分注重"五融同和"：人与自然的融合产生的生态力、城乡融合产生的凝聚力、新老苏州人融合产生的亲和力、亲商为民的融合政策环境产生的公共力、创新发展的共同体融合产生的向心力，这些都使得苏州人谋发展凝心聚力，创事业万众一心。面对各种机遇与挑战时，苏州人能够以团队合作，和衷共济，在高质量发展中从一个辉煌走向另一个辉煌。

在决胜高水平全面建成小康社会之后，按照党的十九届五中全会提出的关于"十四五"规划和2035年发展目标建议要求，苏州要在2022年率先全国基本实现现代化，继续以自己的方式"为全国探路"，将自己领跑的新经验继续让全国各个城市分享，以形成中国发展"一马当先、万马奔腾"的壮阔态势。秉持"融合"精神，苏州要积极融入长三角一体化进程，成为以自主发展的方式在长三角一体化的伟大战略中发挥重要的支柱作用。融合精神，就是苏州精神原初的开放包容精神在新时代的表达，就必然与长三角一体化的"江南文化"融合，共同成为推动长三角一体化战略进程的文化精神。

### 4. 和谐创新与致远精神

"致远"体现着苏州精神具有的可持续创先发展、不断超越的秉性。"致远"就是指向可持续发展的未来。持续创新而不停步，改革开放永远在路上，持续创新才能不断超越现存而致远。"致远精神"就是超越精神，就是可持续创新和发展的精神。苏州人充满着探索、创新精神，而且善于将苏州经验、苏州精神化为可复制、可推广的战略性、全局性的成果，让全国甚至让世界发展中国家的城市共享。改革开放40多年来，已经有无数的苏州经验被其他城市不断地"对标找差"，复制推广。但是，苏州人永远不自满，永远不会把别人的经验也不会把自己的经验当作僵化的教条，不会自满于某一事、某一时的成功经验而故步自封，永远会不断超越自我、持续创新、与时俱进。苏州文化犹如潺潺流水，看似波澜不惊但却通江达海，温和宁静而志在千里。苏州人说着吴侬软语却胸怀一颗永不满足的心，唱着幽雅的昆曲却流淌着永不安宁的血。苏州精神就是不断超越自我的精神。思想解放再解放、创新再创新，才能使苏州精神引领苏州之路不断创新、不断超越。在这一意义上，我们深切地体会到，"三大法宝"的价值追求，苏州的创先发展，都指向一个精神特点：不断超越自我，不断创新发展，永不停顿，更不能僵化，只有这样，才能保持发展的长久性和永恒性。从改革开放之初的率先发展乡镇企业，到21世纪之初的重新转轨定向，集中力量发展以高新技术为主体的特色产业，苏州人所走的始终都是一条探索之路和创新之路，这个过程充满了不寻常的艰辛、胆识与勇气。在现在的苏州，已经看不见"乡镇企业遍地开花，十里八村处处冒烟"的粗放型生产景象了，也看不见"'星期日工程师'出出进进，打工仔成群结队"的低层次加工模式了，它已经彻底告别了以牺牲资源环境为代价而引资办厂的"房东经济"和由于缺少自己的核心技术而只能通过受制于人的"贴牌"加工赚取微弱利润的"打工经济"。他们的誓言是："我们的产品不仅要中国制造，还要中国发明、中国设计、中国创造！"这意味着什么呢？它明白无误地告诉人们：苏

## 第六章　新时代苏州精神的内在灵魂与价值体系

州人正是要通过自主创新而形成完全属于自己的高新科技产品和世界知名品牌，并以此塑造自己矗立于国际经济竞争之潮头与世界高新科技之前沿的巨人形象。

苏州人确确实实是这样做的，他们始终都以不懈怠、不疲倦的创新精神，寻找和开拓着自己在世界新型经济领域中的立足地与起跑点。也许十年前他们还是双腿沾满泥巴的农民，还是小型乡镇企业的作坊主，但现在他们却是高新科技和现代管理的拥有者和驾驭者了。因为他们永远在学习，永远在进步，永远在创造。也正是在这个过程中，他们不断地优化和提升着自己的技能与产品。以往，苏州的工业项目主要是传统纺织业和机械加工业，而现在却主要转换为以现代化管理为载体和以高新科技为支撑的先进制造业与现代服务业。其服务业的现代性，主要表现在对工业园和开发区的成功创立。其实，苏州的每一个发展时期都曾经产生过影响全国的精神，但是从不因循守旧，加以僵化。相反，苏州人总是善于及时烧掉自己身上过时的旧羽毛，经历一次又一次"凤凰涅槃"，以获得新生。苏州人懂得：任何解放思想的产物只有在继续解放思想中才能获得新生。苏南模式是如此，外向型经济模式也是如此，它们都不过是苏州之路上某个阶段的路标，一个历史的环节而已。正如歌德的一句名言："理论是灰色的，生活之树是常青的。"苏州人在原有的实践基础上，积极反思，大胆探索，求真务实，开拓创新，在经济发展的高平台上再一次创造了快速发展的奇迹。

"致远"是苏州精神追求自主发展的共同体主义这一核心价值的必然产物。改革开放以来的苏州实践表明："致远"当然需要理性、科学地掌握事物发展规律而成为自觉行动者。崇文睿智的苏州人总是崇尚理性、知识和预测未来，总是用科学把握事物发展的规律、用靠谱的攻坚克难的路径和方法来实现创新。善于用双面绣和核雕的精致细腻布展经济版图的苏州人将把握事物发展的"细节"达到了令人赞叹的极致。当然，"致远"更需要"融合"与和谐，和谐是致远的前提与保障。只有社会和谐，才能宁静而致远。社会和谐的根基在于发展的共同体价值。只有存在共同利益追求，共建、共享和共同发展，才能有稳固的社会和谐现实基础；只有对共同体价值的高度认同和普遍共识，

> 新时代苏州精神

才可能有凝聚人心的和谐文化。"致远"的目标在于追求和谐社会，就是自主发展的共同体社会，在那里，虽然人们的眼前利益、局部利益有各种差异，因而他们还仅仅是"有差异"的发展共同体而不是"同质的共同体"；但既然他们作为一个发展的共同体，其根本利益是完全一致的。他们是在根本利益一致基础上的有差异的发展共同体，只有在追求这一远大的根本利益时，他们的目标才趋向一致，因而发展共同体就越和谐，他们彼此之间的利益、情感、文化的差异就越小。这一构筑共同体根本一致的利益成为他们"致远"追求的目标，也是他们彼此和谐、团结、融合的现实基础。因此。对苏州人来说，"致远"就是自主发展的共同体主义的精神彰显，"致远"的过程就是和谐发展目标的实现过程。如上文所说，自主发展的共同体主义源于历史悠久的吴地"和合"文化传统，扎根于苏南模式之中，扩展于外向型经济模式，成熟于高质量发展新阶段。自主发展的共同体主义作为苏州精神的核心价值，始终成为苏州"致远"发展的前提、保障和远大目标。

"致远"体现着苏州精神追求可持续发展的远大目标。"致远"是苏州人的一种追求、一种目标，更是一种高远的精神境界。40多年改革开放的历程表明：苏州人的创新精神是可持续的，发展目标是可持续的，共同体主义是可持续的，胸怀更是远大的。所谓可持续，是指苏州人心中惦念的不仅有今天的繁荣，更有明天的辉煌。为此，苏州人善于以"致远"精神筹划未来，实现可持续发展。所谓远大，是指苏州人的致远精神具有高度的理论自觉，具有深远的洞察力，因而苏州人的发展思路深谋远虑，发展规划目光远大，发展战略远见卓识。在以人民为中心的发展思想和新发展理念的时代背景下，苏州的自主发展共同体主义需要注入新的时代内涵，要求苏州人立足新时代，瞄准新目标，开启新征程，进一步解放思想，突破旧观念的束缚，实现发展观念的新转变。

第一，敢于破除经典现代性的发展观念的束缚，走中国式现代化新道路。2006年以来，苏州在率先达到省定全面建设小康社会指标、巩固建设成果基础上完成了高水平全面建成小康社会的重任，正在率先向社会主义现代化强市目标迈进。苏州人清醒地认识到，江苏省定全面小康建设阶段在如"富民"、产业结构调整、生态、社会和谐等一系列问题上还不令人满意，需要追求更高目标，实现可持续发展。高水平全面建成小康社会不再追求以单纯GDP为中心、城乡分隔、两极分化、人与自然对立、片面追求效率的经典现代化，而是要实现以新型工业化、新型城镇化为支撑的新型现代化模式。这一模式是以老百姓的幸福为发展的根本宗旨，以生产发展、生活富裕、生态良好为标志，以自主创新、经济增长方式转变为基础，以深化改革和扩大开放为动力，以自然—经济—社会全面协调共进为目标，以和谐发展的共同体价值为核心的现代化。

第二，敢于破除以牺牲资源环境为代价的发展观念，走可持续发展之路。主题就是以"山水与共"的生态价值共识为基础，建立环境保护、环境友好、环境支持"三位一体"的可持续发展社会。苏州的思考是对全球问题的解答，堪称中国经验的典范。"可持续发展"在全球范围内的扩展过程遮蔽了内在的分歧。由于国情的差异，中国可持续发展虽然属于全球，但是必须具有"中国特色"。它的形成需要两个基本条件：中国发展具有人口多、底子薄、人均生态资源缺乏、人口与环境高度融合的实际特点，需要解决中国发展特有的问题，才能形成中国特色的可持续发展理论；充分吸收中国特有的生态文化，构成具有民族特色、中国文化气派的可持续发展观。就前者而言，中国决不能照搬某些发达国家"环境保护+经济零增长"的模式。中国是一个发展中大国，解决贫穷落后问题还需要依靠发展。可持续发展决不意味着放弃发展权。中国也是一个人口大国，人均资源相对贫乏，尤其是东部地区人口与环境融合度高，很难援用国外简单的"封山""封水"、将人与自然完全隔离的方法实行消极环境保护，而更需要将环境保护与生态建设结合起来，实行人与自然在优化建设中的"共生共荣"。这就是环境支持的观念。在这一方面，地处长江三角洲，实现率先发展、高速发展的苏州就首先面临挑战：苏州是国际制造业高度集聚地，全国知名的工业大市，面临产业结构太重、太硬的问题。如何建立人与自然生态友好型社会，实现苏州可持续发展，就成为苏州人关注的一个焦点。从建设环境友好型社会的目标出发，必须痛下决心，将产业结构"调轻""调软""调优"。因此，苏州更需要将环境保护、

### 新时代苏州精神

环境友好与环境支持相结合,形成中国特色的可持续发展理论与战略。此外,苏州人具有自己的"山水与共"的生态文化传统,也为苏州的可持续发展提供了文化基础。人与自然建立生态发展共同体,不仅是可持续发展的迫切需要,也是苏州人"山水与共"情怀的当代弘扬。苏州人谋发展、求致富始终与"山水"相伴,不仅喜欢"真山真水"(太湖、阳澄湖等)的湖光山色,而且以高雅文趣造就"假山假水"(如苏州园林),将生态自然引入城市,引进家园,保持"山水与共""天人合一"的境地。

第三,敢于破除那种经济对海外高依存度、高风险的外资偏重的发展模式,走全面高质量发展之路。苏州人的智慧在于能够自觉地、客观地评价自20世纪90年代以来"外向型经济"发展模式的利弊得失。应当说,抓住以上海浦东开放开发为龙头的中国第二轮开放的重大机遇,苏州在原有乡镇企业走向衰败的基础上再创新的辉煌。大量的外资企业投资苏州,使苏州的经济总量、制造业水平、城市面貌、就业结构、开放水平、财政收入、人口素质都发生了巨大变化,居于全国前列,造就了今日的辉煌。但是,这一"外资独大"的模式也不可避免地带来了对国际经济高依存度、高风险性、富民效果有限、资源消耗量过大、人口集聚度过大等一系列严重问题。一个没有自主创新体系支撑的产业体系是没有保障和不可持续的;一个单纯依赖外资、没有民族产业匹配的产业经济链条是充满风险的;一个研发、销售两头在外的单纯装配线工厂形成价值链的"微笑曲线"是低富民效果的;一个过度开发区化的城市是畸形的。因此,必须按照建构新发展格局的总体要求,以打造自主可控的科技和产业体系为主干,坚定不移地走全面高质量发展之路。

第四,敢于破除传统城乡二元结构的社会发展模式,走城乡一体化发展之路。苏州在城乡统筹的把握上一直处在全国前列,对全国产生积极影响,但是,城乡二元结构依然存在。进入21世纪,特别是2008年作为江苏省城乡一体化综合改革试点以来,苏州人开始思考在城乡总体规划和建设过程中逐步消灭城乡社会差别,同时保留城乡产业和某些乡村自然景观的风貌,让"城市更像城市,农村更像农村"。在苏州决策者看来,我们既不能借口城乡差别是长期历史形成的,就不积极推进消灭城乡收入差别、社会保障和公共产品供给上的统一步伐；同时，我们更不能借口消灭城乡二元结构，就轻率地言说"让村庄成为历史"，放弃新农村建设的责任，不去努力打造现代农业和现代意义上的村庄。江南乡村风貌的保留水平和建设水平，可能正是检验政府眼光和水平的一个尺度。

第五，敢于破除经济发展与社会发展两元对立的观念模式，走经济社会协调发展之路。长期以来，社会进步、社会事业、社会保障、社会和谐建设远滞后于经济发展速度，这也是"只快不好"或"先快后好"的发展模式。在世界范围内，任何国家都在早期发展（数量经济时代）中经历过这样的阶段。但是，当经济发展到一定阶段，特别是在高质量发展时代，社会发展如果长期滞后于经济发展水平，那么，社会就会由于缺乏社会资本、信任、社会公正和社会共识资源而难以再前进，发展本身也就偏离了发展初衷。因此，就需要改弦更张，将社会公正、社会发展、社会和谐作为拉动整个高质量发展的一个主要杠杆。人们追求生活品质、生活幸福和公平的生活方式就成为社会主导价值目标，因而为经济质量和品质的提升设定了方向。"公平基础上的效率"原则就代替了"效率优先、兼顾公平"的原则；生活品质的追求代替了单纯的经济利益追求；基于环保意识的节约型社会就取代了消费社会；社会资本、社会保障和社会责任就成为整个和谐社会建设的基础。

## 四 新时代苏州精神的价值与意义

新时代苏州精神的时代价值—苏州地方经验的全国意义—新时代苏州精神的全球价值

### 1. 新时代苏州精神的时代价值

在《哲学史讲演录》中，黑格尔提出"哲学作为时代的思想"：

## ▶ 新时代苏州精神

"所以哲学并不站在它的时代以外,它就是对它的时代的实质的知识。"[①] 马克思接过黑格尔点燃的思想火种,进一步确证道:"任何真正的哲学都是自己时代的精神上的精华。"[②] 的确,一种真正的精神总是时代的心声,能够正确指认时代本性,把握时代脉搏,解答时代问题,成为时代精神。苏州人是中国改革开放的时代骄子,苏州是中国改革开放的先导与示范,新时代苏州精神是这一时代的精神典范,是苏州版的时代精神。精神变革是时代变革的先导,精神创新是时代创新的引领,精神发展是时代发展的探索,精神文明是时代文明的结晶。在一个大变革、大开放、大发展的时代,我们从新时代苏州精神中可以找到这个时代精神的一切辉煌与梦想。改革与创新的精神,解放思想与大胆探索的精神,顽强拼搏敢于争先的精神,高起点高标准高目标追求卓越的精神,开放共赢和合共生的精神,共同体价值精神,公平正义的精神,法治与民主的精神,都为这一时代留下太多的炫目耀眼的光辉。

苏州精神的时代价值在于它是我们这一时代精神的真实记录。苏州精神是一部时代精神的教科书,苏州人在改革开放中的艰辛探索和顽强拼搏,被真实地记录在这一教科书中,每一个重大事件、每一个成就、每一个重要阶段,都以精神的方式凝聚起来,被重新书写。苏州人顽强拼搏、锐意进取的身影,敢于争先、追求卓越的情怀,并不仅仅是苏州人的,它也是江苏的和全国的。苏州人前进道路上曾经遭遇的问题,全国各地或早或迟总要面对;苏州人在探索中曾经拥有的困惑、痛苦和迷惘,解答问题、取得成果后的喜悦,其他地区的人都将重新经历。从这一意义上说,作为先导,苏州之路就是中国之路,苏州精神就是民族精神。苏州精神并不仅仅是苏州人的精神成果和财富,它也属于我们的时代、整个民族甚至整个人类。

苏州精神的时代价值,还在于它是我们这一时代精神的典范。苏州精神是时代精神的典范。率先发展遭遇的问题是最多的,从而解答

---

[①] [德] 黑格尔:《哲学史讲演录》第 1 卷,贺麟、王太庆译,商务印书馆 1982 年版,第 55—56 页。

[②] 《马克思恩格斯全集》第 1 卷,人民出版社 1995 年版,第 220 页。

## 第六章 新时代苏州精神的内在灵魂与价值体系

问题也最为全面,形成的经验和精神也最典型。典范的创造也是一种精神追求的结果。昆山成为全国百强县之首,个中原因很多,其中最重要的一点就是昆山人"追求卓越"的精神。发展没有强烈的发展意识不行。没有发展意识,就必然是一个被动的主体、懒惰的主体、虚假的主体。"等、靠、要"换不来一个发展的结果。发展不仅是物质文明,更是人们的精神状态,是人们的心理、行为、思想、价值观。但是,在发展中追求超前发展,没有"敢于争先"的意识不行。没有这一意识,虽然能够发展,但是决然不可能超前发展、率先发展。在率先发展中追求第一、成为典范,没有追求卓越的精神状态不行。没有追求卓越的精神,虽然能够成就率先发展的伟业,但是不可能成为全国第一、世界第一,不可能成为全国发展的典范。典范,这一沉甸甸的称号凝聚着苏州精神那种耀眼的先锋气质和夺目光芒,它体现在苏州各级政府、全体苏州人民的思想、行动和价值追求上,体现在苏州之路上,成为一个闪光的标志。

苏州精神的时代价值更在于它作为社会主义核心价值体系的地区模式,引领我们这一时代精神的前行,代表了先进文化的前进方向。在新全球化时代,文化已成为核心竞争力。文化比拼成为民族比拼和全球竞争的焦点。先进文化是决定一个国家未来发展命运的核心力量。先进文化中的各种因素都需要创新和发展。中国特色社会主义是马克思主义中国化的最新成果。苏州之路是中国特色社会主义这一中国化马克思主义在苏南区域化的最新成果。马克思主义的中国化与区域化双向对应、相互支撑。实践是文化思想创新之根。实践首先在区域然后在全国范围内形成本土的成果。因此,区域化是中国化的实践基础。时代价值、先进文化、社会主义核心价值体系客观上总是首先从基层、从区域发生开始的。没有区域价值,就没有全民族的价值;没有区域精神,就没有更大范围的精神。因此,倡导区域价值和精神,就是在为民族精神和先进文化启航。先导的文化探索引领时代精神的前行。当然,全国的先进文化在更高、更全面、更准确的形态上融汇着区域精神,指导区域文化的建设与提升。

## 2. 苏州地方经验的全国意义

世界范围内有着不同的发展模式，具体的道路不同，结果也大不一样。改革开放以来，源于中国的快速发展，学术界提出了诸如"北京共识""中国模式""中国经验""中国道路"等相关概念。约瑟夫·斯蒂格利茨指出，中国经济发展形成"中国模式"，堪称很好的经济学教材。"中国模式"已成为发展中国家在全球化背景下实现现代化的一种选择方案。作为中国改革开放先导区的苏州，其发展的实践，作为重点实验室，展现了"中国模式"的主要特征。

第一，市场化与强政府并重。1978年以后，中国经济体制改革首先解决高度集中与计划经济的问题。不该管的不管，人们就有了活力，就走向了市场。发展乡镇企业，是苏州第一次创业的主要内容。在计划经济条件下，这是一个"灰色的过程"。乡镇企业没有计划指标，原材料、商品销售等都要自找门路。乡镇基层干部带领农民找市场，千辛万苦没有难倒他们，"不正之风"的指责也没有压倒他们。苏州之所以出现经济奇迹，是因为苏州的干部特别是基层干部具有带头坚持市场取向的勇气。苏州人首先以集体为主闯市场，温州人首先以个体为主闯市场，二者在坚持市场取向方面是一致的，当年都需要勇气。1992年以后，中国开始建构市场经济体制。搞市场经济不是意味着取消宏观调控，而是要减少国家对经济的过度干预，改善政府管理方式。这是中国经济体制改革的理论基础。人们议论，苏州是强政府；国外也有人说，中国政府力量强大。是不是构建市场经济体制不需要"强政府"？不能一概而论。在认识市场运行实际与规律的基础上，政府加强与改善宏观调控对于培育市场具有不可或缺的作用。

第二，国际化与本土化并重。进入新全球化时代，世界经济发展出现了两个基本特征："世界经济进退同步"和"亚洲出现经济增长方式转变及区域经济合作加强"。尤其是随着我国综合国力的不断增强，我国正在迅速崛起为世界经济大国，国际经济地位正在发生根本性的变化。面对世界百年未有之大变局和日益复杂的外部环境，在加快形成以国内大循环为主体、国内国际双循环相互促进的新发展格局的新阶段，谋划苏州发展仍须统筹好本土经济发展主体与国外有关经济发展主体之间的关系，建立起外向型经济、国有规模经济、民营经济三者协调发展的利益共同体和生存共同体，形成国资、民资、外资"三足鼎立"和公有经济与非公有经济"比翼双飞"的发展格局，从而不断增强利用国内外两种资源、两个市场的能力。

第三，城市与乡村并重。我国原来是一个农业国，工业化是必由之路。工业化有两条途径：一是只发展城市工业，农村衰败；二是发展乡村工业，城市工业和农村工业联动，促进小城镇和农业农村共同繁荣。苏州选择了第二条道路，率先大办农村工业。1983年，费孝通指出，在苏南地区，城市工业、乡镇工业和农副业这三种不同层次的生产力浑然一体，构成了一个区域经济的大系统。这是一个在社会主义制度下农村实现工业化的发展系统，展现了"大鱼帮小鱼，小鱼帮虾米"的中国工业化的新模式。这种模式是中国农民的一个伟大创造，是中国经济发展的一条重要途径，具有重大的意义。农村工业化、农村城镇化、城乡一体化的实质，是城乡协调发展，是二元社会结构的转变。农村非农产业的发展，改变了传统的城市工业、农村农业的区域经济和社会发展的格局。日益增长的农村非农产业不仅成为区域经济发展的主要动力，而且逐步发展成为区域经济的主体。在农村经济的快速发展中，城乡之间加强了资本、人力、技术等要素的流动，城乡之间的经济横向联合得到了空前的发展。

第四，经济发展与社会发展并重。综观各发达国家的发展轨迹，一个国家或地区要实现现代化，主要取决于两大方面：一是经济要繁荣发展，二是社会要全面进步。就经济发展和社会发展的关系来说，首先，经济发展是社会发展的前提和基础，也是社会发展的根本保证；其次，社会发展是经济发展的目的，也为经济发展提供精神动力、智力支持和其他必要条件。从一个国家或地区实现现代化的全过程看，经济发展与社会发展的关系是随着生产力水平变化而变化的。大致可以分为三个阶段：以经济发展为主的阶段；经济发展和社会发展并重也即协调发展阶段；经济高速发展以后，社会发展的内容日益丰富，人们对全面发展提出了越来越高的要求，经济发展将服从、服务于社会发展，实现社会全面进步。社会发展包括科、教、文、卫、体等社会事业的发展,也包括社会就业、社会保障、社会公正、社会秩序、社会管理、社会和谐等方面的发展,还包括社会结构、社会领域体制和机制的完善等。改革开放以来,苏州的经济发展取得了重大的历史性成就。与此同时,苏州的社会发展也有了很大的进步,科、教、文、卫、体等各项社会事业取得了可喜成绩。具体表现在:把科技作为第一生产力,科技事业得到优先发展;把人才作为第一资源,教育事业名列全国前茅;把文化作为第一品牌,文化事业在城乡各具特色;把健康作为第一财富,卫生体育事业硕果累累。

第五,效率与公平并重。让少数人与少数地区先富裕起来,是中国改革开放与发展的一条重要经验。邓小平同志指出:"鼓励一部分地区、一部分人先富裕起来,也正是为了带动越来越多的人富裕起来,达到共同富裕的目的。""效率优先,兼顾公平"的口号对于克服"大锅饭"与平均主义分配的弊病起到了重要的历史作用,但不是市场经济永恒的原则。效率与公平并重,富民优先、共同富裕,从总体小康走向全面小康,才是"中国模式"的重要特征。共同富裕在苏州体现得比较充分,社会保障也率先发展,城乡居民收入差距较小,没有导致"拉美化"的结局。究其原因,发展共同体主义有效解决了库兹涅茨难题,科学、和谐的发展模式避免了"拉美陷阱"。转型社会变化曲线到 U 形底点最为脆弱,但是苏州也在深化改革中闯过难关,其经验十分可贵。福山在《信任》和阿马蒂亚·森在《以自由看待发展》中指出的经济发展型社会向自由发展和全面建设型社会转变的语境中,苏州的地方经验成为最具有创新价值的优值逻辑。

具有 2500 年历史传统的"天堂"苏州,曾经是小康理想视域中传统和谐社会的典范。今天,作为发达地区和开放地区并具有创新和灵活多样的探索精神的苏州,其经验一如既往地构成"中国经验"最可宝贵的财富。苏州的发展共同体主义在全球化语境中具有突出的意义。正如资本主义制度下也存在发展的共同体主义与非共同体主义一样,苏州的发展共同体主义是建设中国特色社会主义的一种具有普遍价值的重要模式。

苏州经验的特色和亮点不仅在于它曾经是中国小康社会总设计师邓小平提出这一设想的故乡,更重要的是,它所走的道路,它的特色经过长期积淀，成为一种模式，成为具有深邃内涵的经验资源。

### 3. 新时代苏州精神的全球价值

在新全球化时代下追问苏州精神具有极其重要的意义。首先，文化精神是一个民族发展持续而强大的动力，优秀的地方精神又是民族精神的价值底蕴和坚实基础。自马克斯·韦伯提出"新教伦理"观念以来，作为一个民族发展创新动力之一的核心价值体系逐渐被人们所关注。今天，在新全球化时代，在新科技革命和知识经济强力推动下，全球核心竞争领域已经逐步从物质生产力的角逐渐次转向文化力的比拼，民族的文化精神与核心价值从竞争的边缘走向核心。在全球思想大碰撞、价值观大比拼、文明大交融的时代，一个国家的先进文化、一个民族的现代精神、一个地区的先进价值体系总是最重要的发展资源之一，总是国家核心竞争力与关键的"软实力"。一个先进的民族和国家精神是由优秀的地方精神构成的。不仅如此，地方知识、地方经验、地方价值往往具有世界意义。恩格斯说过，一个优秀的民族是不可能没有理论思维的。发现、培育和完善一个民族、一个国家、一个地区的优秀的思想观念、文化精神和价值体系，成为各个民族、国家和地区自立、自强、自为于世界民族之林的重要路径和精神保障。其次，苏州精神可以成为社会主义核心价值体系与和谐文化的先导和示范。社会主义核心价值体系是社会主义制度的内在精神和生命之魂，它决定着社会主义的发展模式、制度体制和目标任务，在所有社会主义价值目标中处于统摄和支配的地位。没有社会主义核心价值体系的引领和主导，构建和谐社会、建设和谐文化就会迷失方向。只有深刻认识和正确把握社会主义核心价值体系，才能保证社会主义的正确方向，才能抓住社会主义价值需要、价值创造和价值实现的关键，也才能在文化建设和意识形态建设中突出重点、抓住根本。而在苏州之路中所展现的苏州精神，具有强大的精神感召力，多方面展现了社会主义核心价值体系的先导因素。最后，苏州精神所包含的发展共同体主义是世界社会主义发展史上的一个独特探索。发展共同体主义不仅仅是中国特色的，而且具有全球背景。苏州和谐发展的共同体主义探索不仅是自己精神的财富，而且具有世界的意义。

发展共同体主义作为世界性思想资源的发展模式，主要来源于发展经济学、社会发展和政治哲学。总的来看，中外共同体主义思想的形式是多样化的，有经济共同体主义、社会共同体主义、政治共同体主义、福利共同体主义、社区共同体主义、文化共同体主义、生态共同体主义等。可见，发展的共同体主义是世界范围内着力探索的一种发展模式和发展理论。

应当指出，在西方资本主义制度条件下，由于其市场模式和政治体制的差异出现了发展的共同体主义和非共同体主义之分。一般来说，新自由主义主张发展的原子主义和离散主义，主张自由竞争的市场主义和个人权利至上主义，以美国最为典型。而在欧洲大陆，特别是一些所谓社会民主党和工党统治下的福利国家，其发展共同体主义特别盛行。它们普遍强调发展的共同体利益制约性，强调各种共同体的价值观，强调共同体对个人权利的基础作用和决定作用。

在苏州创造一种中国特色社会主义条件下的发展共同体主义，原本是其题中应有之义。在中国历史上，小康社会、大同理想、族类、社稷等话语都是指认不同形态的共同体。建立一个自由人的共同体原本就是马克思的最高理想之一。社会主义原本就是强调共同体价值观的社会。建设中国特色社会主义，就是探索在中国的历史境遇中，如何建立和谐、协调和互进的发展共同体，而小康社会、现代化社会都是对这一发展共同体不同阶段、不同形态的称谓。20 世纪 80 年代初期，邓小平同志为探索在中国究竟谋划一种怎样的发展模式而来到苏州考察，当他看到苏州乡镇企业异军突起，带来了农民脱贫、城乡协调发展的勃勃生机时，他也看到了一个为全国发展理念建立榜样的发展模式：小康社会。这就是苏州发展共同体的早期形态。我们认为，正像在资本主义制度下有共同体模式和非共同体模式一样，在建设中国特色社会主义进程中，客观上会形成发展的共同体主义和非共同体主义等不同模式。

（本章撰稿人：高峰）

# 第七章　新时代苏州精神与全面高质量发展之路

> 批判的武器当然不能代替武器的批判，物质力量只能用物质力量来摧毁；但是理论一经掌握群众，也会变成物质力量。理论只要说服人，就能掌握群众；而理论只要彻底，就能说服人。所谓彻底，就是抓住事物的根本。而人的根本就是人本身。[①]
>
> ——马克思

> 实现高质量发展，是保持经济社会持续健康发展的必然要求，是适应我国社会主要矛盾变化和全面建设社会主义现代化国家的必然要求。高质量发展是我们当前和今后一个时期确定发展思路、制定经济政策、实施宏观调控的根本要求，必须深刻认识、全面领会、真正落实。[②]
>
> ——习近平

## 一　新时代苏州精神契合全面高质量发展

新时代苏州精神与全面高质量发展的高度契合—紧扣全面高质量发展—创新全面高质量发展—助推全面高质量发展

习近平总书记在党的十九大报告中第一次提出了"高质量发展"

---

[①]《马克思恩格斯文集》第1卷，人民出版社2009年版，第11页。
[②]《中共中央召开党外人士座谈会》，《人民日报》2017年12月9日。

> 新时代苏州精神

一词,做出了"我国经济已由高速增长阶段转向高质量发展阶段"[①] 这一重大判断,这是走向新时代发展的根本要求、工作主线、重要目标,也为新时代苏州的发展指明了方向、确立了任务、提供了动力。高质量发展是适应我国社会主要矛盾变化所做出的必然选择,作为地方经济社会发展排头兵的苏州必须扛起重大的历史责任,以先行者的担当和奋斗者的自觉开启高质量发展新征程。新时代苏州精神与高质量发展有着不可分割的内在联系,从本质上看是相互促进、相互协调、相辅相成的有机统一体。苏州广大干部群众立足于打造新时代苏州全面高质量发展新标杆,直面新时代苏州经济社会发展新情况、新矛盾、新问题,坚持以人民为中心的发展思想,牢牢把握稳中求进工作总基调,以供给侧结构性改革为主线,紧紧瞄准全面高质量发展"靶子",自觉践行新发展理念,抓住发展新机遇,催生发展新动能,争创先发新优势,形成"自主、创先、融合、致远"的新时代苏州精神内涵,鲜明展现出新时代苏州精神的自主发展的共同体主义价值,为新时代苏州全面高质量发展提供思想基础和精神引领,让创新奋斗、接续奋斗、奉献奋斗、不懈奋斗精神成为新时代苏州最激昂的旋律,让全面高质量发展成为新时代苏州最动人的乐章。

### 1. 新时代苏州精神紧扣全面高质量发展

高质量发展是当代中国经济社会发展的重中之重,是坚持以人民为中心的发展思想的根本要求,也是苏州新时代发展的最鲜明导向。苏州目前经济总量位列全国大中城市"第一方阵",是全国工业总产值名列前茅的城市,实现全面高质量发展是大势所趋,更是自主理性抉择。以"自主、创先、融合、致远"为特质,新时代苏州精神是新时代苏州发展的独特精神文化优势,既是苏州人民进入新时代继续奋勇创先的风向标,又是苏州广大干部群众"思想再解放、开放再出发、目标再攀高"的动力源。推动苏州全面高质量发展走在全省乃至全国前列,必须有效解决发展不平衡不充分问题,建设高标准市场体系,

---

① 《习近平谈治国理政》第 3 卷,外文出版社 2020 年版,第 237 页。

第七章　新时代苏州精神与全面高质量发展之路

完善公平竞争制度,激发全市上下干事创业精气神,再创一个新的"火红年代",探索全面高质量发展新路子,创造全面高质量发展新奇迹,为全面高质量发展提供强大精神支撑。

实现全面高质量发展,是贯彻新发展理念的核心要义,是打造新发展格局的必然要求。苏州贯彻落实新发展理念,不仅要看经济增长的数量,更要看经济发展的质量,使相同的增长速度拥有更多高质量的内涵。习近平总书记指出:"高质量发展,就是能够很好满足人民日益增长的美好生活需要的发展,是体现新发展理念的发展。"① 苏州在新时代抓发展就是要按照高质量发展的要求,坚定不移贯彻"创新、协调、绿色、开放、共享"的新发展理念,将创新发展作为第一动力、协调发展作为内生特点、绿色发展作为普遍形态、开放发展作为必由之路、共享发展作为根本目的,把新发展理念贯穿于经济社会发展全过程。苏州紧紧牵住新发展理念这个"牛鼻子",将新发展理念真正落到实处,创造条件更好地满足人民日益增长的美好生活需要。

推进全面高质量发展,必须明确抓创新就是抓发展,谋创新就是谋未来。苏州紧紧抓住"一带一路"倡议和长江经济带、长三角一体化和自贸试验区建设等国家重大战略叠加实施带来的重大历史机遇,大力实施创新驱动战略,抢先一步赢得发展先机,把发展基点放在创新上,聚焦聚力高端制造业,牢牢掌握关键领域核心技术的自主权,走上通过创新培育发展新动力、塑造更多发挥先发优势的引领型发展道路。面对新一轮科技革命和产业变革正在重构经济版图,新一轮以高质量发展为导向的区域竞争已全面起势,苏州坚持"跳出苏州看苏州,立足中国看苏州,放眼全球看苏州",既有强烈的危机感、现实的紧迫感,又看到发展中的机遇与挑战,以振奋精神不畏难的姿态,主动构建全面高质量发展的苏州"坐标系",激活创新元素,补齐创新短板,强化创新优势,以创新的广度和改革的深度织密经济高质量发展的密度,提升创新型经济的浓度,为产业结构转型升级插上腾飞的翅膀。在新时代伟大实践中,苏州人民深深懂得,要彻底摆脱对外部创新技术的依赖,就必须坚持以"自主、创先、融合、致远"为特质的

---

① 《习近平谈治国理政》第 3 卷,外文出版社 2020 年版,第 238 页。

### 新时代苏州精神

新时代苏州精神,同更强的对手去竞争、去比拼、去较量,实现动能转换,推动新技术、新产业、新业态蓬勃发展。只有始终保持一股子冲劲、拼劲和韧劲,才能向着全面高质量发展的目标奋进。

追求全面高质量发展需要紧紧依靠创新驱动。创新是撬动发展的第一杠杆,关键核心技术必须牢牢掌握在自己手里,否则在发展中就会被人"掐脖子"。唯有实施创新驱动战略,才能推进经济发展转型升级,推动经济加快迈向高质量、产业发展加速转向中高端。"新一代信息技术、生物医药、纳米技术、人工智能四大先导产业实现产值8718.2亿元,比上年增长11.5%,占规模以上工业总产值比重达25.0%,比上年提高3.2个百分点。"[1] 苏州的主要做法是:加大科技创新投入,鼓励企业进行技术研发,全社会研究与试验发展经费支出660亿元左右,推进工业强基工程项目,提升关键材料、核心零部件、先进工艺等工业基础能力;建设高端创新平台,加快推进纳米真空互联试验装置、细胞研究与应用科学设施、国家生物医药技术创新中心、第三代半导体技术创新中心、国家先进功能纤维创新中心等重大创新平台建设;深化与国内外知名高校和科研院所交流合作,引进共建一批重大项目载体;积极培育一流创新企业,实施姑苏创业天使计划,提升众创空间孵化水平,壮大中小科技企业群体,以更高级的产业基础、更现代的产业链条撑起发展质量的"脊梁";营造优质创新生态,加大力度推进创新优惠政策落实,创新开展瞪羚企业和核心技术产品遴选,扩充科创板上市企业后备军,加大高新技术企业培育力度,先后认定的国家高新技术企业3000家、市级高新技术企业1000家。[2]

经济发展方式转变是实现全面高质量发展的重要前提。苏州作为我国工业体量最大的城市之一,需要从传统的粗放型经济转向中高端经济,打造先进制造业集群。"工业互联网看苏州",这是苏州全面赋能实体经济的战略抉择。2020年6月24日,苏州召开全市工业互联网工作推进大会,亨通集团等高新技术企业作为"工业互联网看苏州"十大最佳实践单位受到表彰。苏州积极拓展工业互联网,一批软硬件

---

[1] 数据来源:苏州市统计局2021年版《苏州市情市力》。
[2] 《苏州市政府工作报告》,2020年。

## 第七章　新时代苏州精神与全面高质量发展之路

配套、数字基础设施国内领先、国家十大工业互联网双跨平台落户；开展全球化"铁人三项大赛"，"平台赛"比谁的平台高、节点多，"应用赛"比谁的应用全、覆盖广，"服务赛"比谁的服务好、支撑强；力争到 2022 年，苏州将选树 500 个工业互联网典型应用案例，建成 3.5 万个 5G 基站，实现市域范围 5G 全覆盖，争创国家级"5G+工业互联网"融合应用先导区。亨通集团作为全国通信行业领先企业、苏州市地标型企业，在智能三化企业、智慧城市、水生态感知、工控安全等领域的发展具有独特优势，在抢抓"工业互联网看苏州"的发展机遇中，以科技创新为发展战略，持续加大数字化、网络化、柔性化、定制化的全生命周期智能工厂建设；立足国际国内产业"双循环"，加快工业云平台和应用载体的创新突破，以工业互联网打通产业生态圈上下游链条，构建工业互联网发展新高地，打造产业链、供应链、创新链发展的新优势。

苏州高度重视人工智能产业发展，积极抢抓智能制造发展新机遇。"苏州将紧盯新一轮科技革命和产业变革前沿，全力打造新一代信息技术、人工智能产业地标，着力在'卡脖子'技术、自主可控产业等方面取得关键性突破，推动'智能+'引领社会发展。"[1] 经过创新培育，苏州人工智能产业已经形成规模，2019 年实现产值 685 亿元，较上年增长 20%；2020 年上半年，新增人工智能和大数据企业 383 家，累计达到 906 家。为推进新一代人工智能技术和产业协同创新发展，2020 年 8 月 16 日，苏州举办了全球人工智能产品应用博览会。在开幕式上，进行中国人工智能年度十大风云人物、年度十大创新企业、全球人工智能产品应用博览会"产品金奖"三大奖集中颁奖，充分展示人工智能"头雁"效应，发挥 AI 对产业发展的"点亮"效应，加快推进科技能级、产品升级、创新提级发展。为助力智能制造产业集群高质量发展，苏州提出，要进一步优化功能布局、突出应用实效，把智能制造融合发展中心建设成为一流展示、服务平台，不断打响"工业互联网看苏州"品牌，助力苏州打造生产性服务业标杆城市，赋能

---

[1]《苏州：引领人工智能应用创新　扩大智能经济版图》，2020 年 8 月 12 日，新华网（http：//www.js.xinhuanet.com/2020-08/12/c_1126358767.htm）。

> 新时代苏州精神

"新苏州制造"行稳致远。

新时代苏州精神对实现全面高质量发展的要义在于,落实好全面高质量发展的各项举措,走出一条以"自主、创先、融合、致远"为精神特质的全面高质量发展之路。从实际情况看,对标北京、上海、广州、深圳等创新资源高度集聚的一线城市,苏州的创新实力、创新能力、创新活力仍有一定差距;与南京、杭州、武汉、西安等高教科研资源丰富的省会城市相比,苏州高教科研资源明显偏少,培育本土领军人才、高端科研人才、创新团队的能力远远不足,满足不了苏州自主创新和高科技产业发展的需要。富有"自主、创先、融合、致远"精神的苏州人,从2008年起举全市之力开展"国际精英创业周活动"。如今,这一活动已成为苏州招才引智的"金字招牌",已累计有5773个项目落户苏州,引进、培养国家级重大人才占全市总量一半以上,入选独角兽培育企业占到全市近四成,成为苏州集聚高端人才、创新团队的主渠道、主阵地。

"聚天下英才而用之、让人才成为新时代苏州'开放再出发'的最强动力和最亮标识,目前已成为苏州全市上下的'超强共识'。"[①] 2020年4月27日,苏州市人大常委会决定,将每年苏州国际精英创业周开幕日7月10日确定为"苏州科学家日",这在全国开了先河。2020年7月10日,第十二届苏州国际精英创业周暨首届苏州科学家日活动举行。在开幕式上,首届"苏州科学家勋章"正式颁发,为第六届"苏州杰出人才奖"获得者颁奖,苏州人才新政4.0版、苏州"人才创新合作专享图"和总额超81亿元的科技攻关"干将铸剑榜"发布。2020年的苏州科学家日活动,共有60余名两院院士及海外院士通过各种形式参与,其中40名院士前来苏州参加活动。苏州对做出重大贡献的两位杰出科学家——中国工程院院士钱七虎、中国工程院院士阮长耿颁发首届"苏州科学家勋章"。为择天下英才而用之,苏州愿以一座城的名义给各路英才献上最"高"的礼遇,以一座城的家底给各路英才开辟最"广"的天地,以一座城的未来给各路英才点燃最"亮"

---

① 《首届"苏州科学家日"活动举行》,2020年7月11日,中国江苏网(http://js news js china com cn/jsyw/202007/t20200711_2590672.shtml)。

第七章　新时代苏州精神与全面高质量发展之路

的人生。①

在全面高质量发展中，人才资源是第一资源，是自主创新中最活跃、最为积极的要素。没有人才优势，就不可能有产业优势，更不会有创新优势、科技优势、发展优势。苏州不断优化人才市场环境，让人才要素能够更便捷、更自由地流动，为各类人才创造干事创业搭建平台，实现人才资源与产业升级之间的正循环；充分开发苏州高质量发展所需要的各类人力富矿，打造人才政策"升级版"，设立人才基金，创新"人才号"金融产品，切实解决人才企业"首贷难""首投难"等问题，努力为人才提供良好保障服务；激发人才创新创业创造活力，激活人才资源中蕴藏着的巨大潜能与潜力，加快大数据、区块链、人工智能、"互联网+"提速技术赋能，努力形成与高质量发展相匹配的人才结构，打造人才资源对产业转型升级的更有力支撑；充分释放"人才红利"，发挥人才在产业发展、城市发展、文化发展、社会发展、生态发展中的积极作用，形成了一系列有利于创新创业创造活动开展的制度安排、社会环境和文化氛围，为高质量发展提供强大的智力支撑。

以自主创新作为引领发展的第一动力，苏州全面高质量发展的内生动力在不断增强。苏州加快转变经济发展方式，抓紧布局人工智能、数字经济、生命健康、纳米技术等战略性新兴产业，形成促进全面高质量发展的新动能；点燃创新驱动发展引擎，解决好无序低效竞争、产业同构，把重点放在推动产业结构转型升级上，从以增量扩能为主转向调整存量、做优增量并举；加大力度调整优化科技投入和产出结构，强化发展动力从主要依靠资源和低成本劳动力等要素投入转向主要依靠创新驱动，打造规模更大、质量更高、实力更强的产业集群，让产业在原有基础上加快转型升级，让企业在原有基础上做大做强，把实体经济特别是制造业做实做强做优；大力推进5G、物联网、人工智能、工业互联网等新型基建投资，加大交通、水利、能源等领域投资力度，补齐农村基础设施、生态环境建设和公共服务短板，着力解

---

① 《首届"苏州科学家日"活动举行》，2020年7月11日，中国江苏网（http：//js news js china com cn/jsyw/202007/t20200711_2590672.shtml）。

决发展不平衡不充分问题。

大力推进科技创新，建设现代化经济体系。苏州注重高科技引领实体经济发展，积极破除旧动能、培育新动能，促进经济提质增效升级，围绕产业链部署创新链、围绕创新链布局产业链，推动产业链再造和价值链提升，推动经济向高质量发展迈出更大步伐；实现企业、高校、科研院所"优势叠加"，产业链、资金链、技术创新链"多重融合"，打通政产学研用各方合作通道，着力破解核心关键技术瓶颈。在推进科技创新过程中，苏州加快推动重大科技创新成果向现实生产力转化，运用新技术改造提升传统产业，使产业结构变得更"高"，实现存量变革；打造新一代信息技术、生物医药、纳米技术、人工智能等新兴产业集群，使产业发展变得更"新"，实现增量崛起；加快现代服务业创新发展，推动生产性服务业向专业化和价值链高端延伸，生活性服务业向精细化和高品质方向拓展，使产业层次变得更"轻"，实现扩量提质；瞄准世界科技前沿，加快建设纳米真空互联实验室等国家重大科技基础设施，开展原创性、系统性科学研究，加强产业技术研发平台建设，提高产业科技创新组织程度及效率，不断打造优势品牌、特色品牌、国际知名品牌，使产业平台更"优"，实现自主创新。2020年末，苏州全年研究与试验发展（R&D）经费支出达740亿元。财政性科技投入219.6亿元，比上年增长21.0%，占一般公共预算支出的9.7%。全年实现高新技术产业产值17735.8亿元，占规模以上工业总产值比重达50.9%[①]，继续保持全国大中城市第一，努力将苏州打造成我国高质量发展的重要创新高地。

自主创新是企业的生命，是企业爬坡过坎、发展壮大的根本，也是苏州全面高质量发展最鲜明的特色。近年来，苏州高新技术产业和制造服务业增长明显快于整体工业，新旧动能加速转换，质量效益稳步提升。作为制造业之都的苏州，在挑战极限中争先争优争一流，2020年上半年交出了一份不同寻常、十分亮丽的成绩单。苏州医药制造业产值同比增长44.1%，集成电路产业产值增长24.9%，生物药品制造产值同比增长603%。生物医药制造、新一代信息技术、纳米技

---

① 数据来源：苏州市统计局2021年版《苏州市情市力》。

术、人工智能等核心产业实现爆发式增长，已占 1/5 以上的规模以上工业产值，新能源、新材料等八大战略性新兴产业占比达 53.9%。从苏州工业发展看，正在加快向高新技术产业过渡。2020 年上半年的工业数据说明了苏州不只是首战告捷，更是发展趋势向好。2019 年苏州市有效发明专利拥有量达 6.3 万件。2020 年末有效发明专利拥有量 74008 件，比上年增加 10946 件。[①] 苏州加强知识产权保护，设立全国地级市中唯一的知识产权运营引导基金，中国（苏州）知识产权保护中心建成运行。

苏州走科技创新引领产业转型升级、全面高质量发展之路，就是要回应好"如何引领创新、怎么追求原创性成果、怎样打造标志性品牌、怎样打造开放包容的创新生态"新时代创新之问，抢抓新一轮科技和产业革命的重大机遇，赢得创新发展的主动权，走出一条由高速增长转向高质量发展的道路。今日之苏州所取得的成就，不仅仅在于亮丽的经济数据，更在于广大干部群众在敢闯敢试、你追我赶的火热实践中形成的精神力量。当下苏州正处在"量转质"发展的关键跃升期，多重国家战略在苏州叠加。我们要看到，长三角一体化、高质量发展是苏州最具优势、最具特色的发展机遇，是苏州推动开放再出发、最能够借势提升国际形象的平台，同时，更是苏州探索行政区和经济区分离，形成双赢、多赢、共赢发展优势的契机。当前，苏州上下正摩拳擦掌，提振精气神，锤炼硬作风，不断完善生产要素市场化配置，着力解决经济结构性矛盾，加快构建全面开放新格局，进一步打造接轨国际的一流营商环境，凝聚改革再出发的强大力量，致力于再创一个艰苦奋斗、顽强拼搏的"火红年代"，全力放大高质量发展的示范标杆作用。

## 2. 新时代苏州精神创新全面高质量发展

新时代苏州精神是奋斗精神和推进动力，全面高质量发展是主攻方向和内在诉求。苏州把实现全面高质量发展看作新时代最鲜明的风向标，把新时代精神作为凝聚干事创业的强大精神动力。新时代苏州

---

[①] 数据来源：苏州市统计局 2021 年版《苏州市情市力》。

### 新时代苏州精神

精神在于在社会发展中把敏锐地发现问题、科学地分析问题、采取得力措施着力解决问题,作为推动高质量发展的动力之源,作为苏州广大干群持续激发干事创业的强大动力支撑。以习近平同志为核心的党中央基于当前和今后一个时期国内外形势、着眼高质量发展做出新的重大战略部署,提出了"要逐步形成以国内大循环为主体、国内国际双循环相互促进的新发展格局"①。高质量发展的实力、能力和动力决定着高质量发展的速度、效能和可持续性。苏州积极提高自身站位,努力在危机中育新机、于变局中开新局,打造特色标识、特色产业和特色品牌,将新时代苏州精神化作强大的创新动力,为全面高质量发展提供有力支持、动力支撑。

高质量发展就是协调发展成为内生特点的发展,协调发展是苏州全面高质量发展的制胜要诀。习近平总书记指出:"协调既是发展手段又是发展目标,同时还是评价发展的标准和尺度。"② 在高质量发展中,任何一个方面的发展都能够为其他方面的发展提供条件,同时,任何一个方面的发展也都少不了其他方面的发展。苏州牢牢把握中国特色社会主义事业总体布局,自觉践行协调发展理念,更好地发挥政府统筹协调作用,从一产到三产,从经济建设到社会治理,从政府服务到营商环境,从城乡均衡发展到人民普遍富裕,苏州各个领域、各个方面的发展成长均匀,体现高质量的协调发展,没有出现太多或太长的短板。把握协调发展这一高质量发展的内生特点,近年来苏州在补缺补短补软上下功夫,坚持扬长补短、优长治短,注重提高发展的科学性、整体性和协调性。

在推进全面高质量发展道路上,苏州着力补生态短板,深入实施"263"专项行动,统筹山水林田湖草,统筹各方力量,落实好治水、治气、治土任务,确保环境改善取得明显成效。习近平总书记指出:"经济发展要设定前提,首先要保护好生态环境。高质量发展的基础,就是生态环境。生态环境保护不好,最终将葬送经济发展前景。"③ 绿

---

① 习近平:《在企业家座谈会上的讲话》,《人民日报》2020 年 7 月 22 日。
② 《习近平谈治国理政》第 2 卷,外文出版社 2017 年版,第 205 页。
③ 《下好先手棋,开创发展新局面——记习近平总书记在安徽考察》,《人民日报》2020 年 8 月 24 日。

色发展可以"逼"出高质量发展,绿色发展本身就是高质量发展的必由之路。苏州坚持"生态优先、绿色发展"理念,深入推动绿色低碳循环发展,实施"两减六治三提升"专项行动,全面落实生活垃圾分类管理条例,实现生活垃圾源头分类全覆盖,坚决打好水、气、土治理攻坚战,让苏州环境更美、更优、更宜人。生态优先、绿色发展不再是口号,而是苏州追求高质量发展的生动实践。苏州全面推进国家循环经济示范城市建设,2019年,苏州建成投运常熟生活垃圾焚烧二厂扩建项目,完成七子山焚烧提标改造二阶段主体工程,开工建设张家港、太仓、昆山、吴江再生资源综合利用项目,提升餐厨及厨余垃圾、装修垃圾、绿化垃圾处置能力;实施长江保护修复攻坚战行动计划,落实长江经济带发展负面清单指南,整治长江经济带生态环境突出问题,确保长江苏州段和入江支流水质稳定达到Ⅲ类及以上;高质量推进城乡生活污水治理,完善河湖长制、断面长制,打造全国、全省生态美丽河湖样板。

在推进全面高质量发展道路上,苏州着力补齐民生短板,在民生热点痛点难点上精准施策,在关键要害处靶向发力,对就业、教育、医疗、养老、城市管理、公共服务等方面的突出问题,采取切实有效措施,力求尽快见到变化、见到实际效果;着力补好基础设施短板,坚持以我为主、自主发展,推动高速公路、高铁、机场、港口等资源整合利用,抓好既定项目的开工和建设,探索高铁新城自主规划建设运营模式,不断强化基础设施支撑作用;着力加快构建以苏州地域城市群为主体、大中小城市和小城镇协调发展的现代城镇体系,促进优势互补、错位发展,把追求人与人、人与社会、人与自然之间协调发展作为苏州高质量发展的价值诉求;大力实施空间优化战略,推动区域联动发展,进行区域发展布局、基础设施布局、产业体系布局、城乡建设布局的重构,将更多改革成果与老百姓分享,更好地满足人民群众日益呈现个性化、多样化、不断升级的消费需求,形成优质、高效、多样化的供给体系,提供更多优质产品和服务;重点促进城乡区域协调发展,促进经济社会协调发展,促进新型工业化、信息化、城镇化、农业现代化同步发展,推动硬实力和软实力同步提升,使苏州人民获得感、幸福感、安全感更加充实、更有保障、更可持续。

▶ 新时代苏州精神

在推进全面高质量发展的道路上，苏州坚持对内对外发展相统一。苏州坚持内外需协调、进出口平衡、更高水平"引进来"和更大步伐"走出去"并重、引资和引技引智并举，积极应对复杂多变的国际经贸形势，鼓励企业实施市场多元化、"互联网+外贸"、出口品牌等经济国际化战略，多措并举稳定外资外经外贸规模。苏州积极优化外商投资环境，提高一般贸易比重，推动维修维护、服务外包、知识产权等重点行业服务贸易创新发展；深化国际贸易"单一窗口"跨部门业务和通关一体化建设，促进跨境贸易便利化，提升外资使用规模质量，完善国有企业法人治理结构；更高标准开展开放创新先行先试，设立自贸片区专项发展资金，率先落实中新自由贸易协定升级议定书，创新监管方式，优化营商环境，积极打造自贸区建设"苏州样板"。在开放再出发中，苏州注重提高开放水平和提升城市能级相结合，就是要用开放促创新、促转型、促投资、促环境优化、促城市功能提升，坚持走输入型和输出型双向互动的对外开放之路。苏州通过丰富开放内涵，提高开放水平，提升国际影响力、感召力、塑造力，夯实苏州综合竞争力，打造一个整体高质量发展、实力雄厚的新苏州。

在推进全面高质量发展的道路上，苏州注重产业协同发展。苏州依托人才密集的优势，培育世界级产业集群，不断激发创新活力与挖掘创新潜能，以更加开阔的国际视野，集聚整合全球创新要素，打造各类高端载体平台，让苏州的创新发展既有高原又有高峰。以开放包容的人文情怀，进一步擦亮苏州工业园区中新合作、昆山海峡两岸合作、太仓中德合作三张名片。2020年上半年苏州实际使用外资累计增长151.6%，作为我国开放型经济的高地，目前苏州已积聚了1.7万家外资企业，世界500强中156家在苏投资了400多家企业。2020年7月，全球领先的科技创新型投资集团丹纳赫集团与苏州工业园区管委会签署合作协议，宣布将投资上亿美元建设丹纳赫诊断平台中国研发制造基地项目。继美国商超巨头开市客（Costco）落户苏州后，全球高端会员制零售品牌山姆会员店也落子苏州。越来越多的跨国公司、研发机构、产业龙头、创新人才正在向苏州集聚，苏州比以往任何时候都更有基础、更有条件助力各类企业、各方人才成就各自事业。

在推进全面高质量发展的道路上，苏州无论是各级政府和领导干部,还是各类企业和普通民众,都自觉把新发展理念作为引领发展的"红绿灯""指挥棒",在高质量发展道路上迈出新的更大步伐,努力回答好"全面小康之后的路怎么走"的重大命题,积极开启基本实现现代化建设新征程,推动高质量发展成果加快呈现、更多惠及全市人民。在抗击新冠肺炎疫情的紧急关头,苏州在江苏率先推出通行服务码"苏城码",利用"过滤规则""校验算法"等 AI 技术,实现快速、准确校验,并在全国率先实现规上企业复工复产,为经济逆势上扬赢得宝贵的时间。[①] 面对新时代高质量发展的重任,苏州各级干部尤其是领导干部带头"跑起来"担当实干、"坐不住"紧张快干、"躺不下"创新巧干,将新发展理念渗透到经济社会发展的各领域、各方面、各环节,主动作为,狠抓落实,注重实效,以刀刃向内的无畏勇气,深化"放管服"改革,切实转变政府职能,打造更加透明、便利、公平的营商环境,让各类企业创业的激情竞相迸发;切实提高民生服务的精准性、普惠性、先导性,解决好就业、教育、医疗、养老、公共服务等群众最关切、最现实的问题,促进居民收入多元化,织密社会保障安全网,提升公共服务含金量,让苏州百姓口袋更鼓、内心更踏实、日子更红火。

### 3. 新时代苏州精神助推全面高质量发展

新时代苏州精神是强大动力,全面高质量发展是实现目标。新时代全面高质量发展对苏州来说是一项极具难度、极具开创性的探索,需要在高质量发展上迈出新的更大步伐。坚持新时代苏州精神,就是要扛起高质量发展的苏州责任,适应高质量发展的更高要求,成为高质量发展的强大内生动力。以全面高质量发展作为追求目标,将新时代苏州精神融入高质量发展,就是要各部门、各领域、各方面通力合作,依靠苦干实干加巧干的行动,将新时代苏州精神作为高质量发展的助推器。以新时代苏州精神作为内生动力,实际上就是以开放的姿

---

[①] 《苏州:引领人工智能应用创新 扩大智能经济版图》,新华网,2020 年 8 月 12 日。

态和海纳百川的胸怀博采众长，积极主动投入高质量发展，进一步扩大开放，有效配置全球高端资源，为高质量发展提供不竭动力。加快高质量发展是新时代苏州精神的集中指向，迸发出前所未有的磅礴力量。2019年3月7日，国家工信部授予苏州市"中国软件特色名城"称号，这是苏州获得的又一国家级荣誉。数据显示，2018年，苏州全市软件业务实现收入2431.27亿元，位居全国第九；工业软件销售收入超100亿元，约占华东地区的1/3。企业投资实际上是投发展空间和发展趋势，不仅是对营商环境的肯定，也是对未来苏州发展的肯定，走出一条符合自身特点的高质量发展之路。

习近平总书记指出："现在，我们已到了必须加大生态环境保护建设力度的时候了，也到了有能力做好这件事情的时候了。"[①] 在人与自然和谐发展中，苏州迈向更高境界的目标愿景，突出城乡一体化绿色发展，加快建设全面高质量发展的美丽宜居名城。苏州过去3年关闭了3.2万家在环保、安全、消防有隐患的企业，尽管这会对经济总量和就业构成一定压力，但势在必行、非关不可。传统产业要提升，就要真正让它脱胎换骨、涅槃重生。苏州构建领先全国的可持续发展新格局，精心编制《苏州市城市总体规划（2035）》，推进重大基础设施建设，让苏州城乡发展更加协调、更加融合，在全国率先建成"国家生态园林城市群"，使苏州高质量发展颜值更高、气质更佳、效益更好。

苏州依靠山水相融的生态本底优势，在全面高质量发展中发挥江南水乡的空间优势和发展潜力，彰显以绿色发展为先导的高质量发展最优路径。以国家低碳试点城市、循环经济示范城市建设为契机，苏州以最严格的生态保护制度为准绳，以转型升级、节能减排为抓手，着力建立发展度、协调度、持续度相统一的绿色发展体系，以绿色宜居为导向打造"环境美"，推动生产方式和生活方式向绿色化、低碳化转变，加快形成与生态文明主导发展阶段相适应的生态系统全面发展格局。苏州牢牢守住环境容量底线，单位生产总值能耗大幅下降，主要污染物排放总量得到有效控制，空气、水和土壤污染治理成效明显，

---

① 《习近平关于社会主义生态文明建设论述摘编》，中央文献出版社2017年版，第13—14页。

资源利用效率显著提高，城乡生态环境和人居环境不断优化。苏州积极推进绿色工厂、绿色产品、绿色供应链和绿色家园创建，加强能耗"双控"目标责任评价考核，精心打造长三角生态绿色一体化发展示范区，让清新的空气优化百姓工作和生活环境，使良好的生态环境成为最普惠的民生福祉，努力建设"望得见山，看得见水，记得住乡愁的美丽苏州"。新时代苏州精神是苏州全面高质量发展最有力的助推器，优美的生态环境已经成为苏州人民生活中不可或缺、不可替代的生活必需品。

全面高质量发展需要农业产业化高质量发展，苏州大力提升现代农业颜值，筑牢农业发展"根基"，使现代农业成为融合一、二、三产业的新业态，绽放绚丽的现代农业高质量、高效益、高业态之花。2020年5月28日，中国农业科学院与苏州市政府在北京联合发布《苏州市率先基本实现农业农村现代化评价考核指标体系（试行）》，这是全国首个农业农村现代化的评价考核体系，迈出了探索中国特色社会主义乡村振兴道路新征程的重要一步，对于推动和引领全国的农业农村现代化有着重要示范意义和样本价值。苏州加快推进示范镇建设，持续深化农村改革，加大制度供给，强化实绩监测考核，推进农业全面升级、农村全面进步、农民全面发展和城乡融合走在前列，为实现乡村振兴战略和农业农村高质量发展提供示范样本。

高质量发展是人民对美好生活需要的落脚点，没有高质量发展就不可能创造人民群众美好生活的需要。习近平总书记指出："我们的人民热爱生活，期盼有更好的教育、更稳定的工作、更满意的收入、更可靠的社会保障、更高水平的医疗卫生服务、更舒适的居住条件、更优美的环境，期盼孩子们能成长得更好、工作得更好、生活得更好。"[①] 在发展经济、优化生态的同时，苏州深入推进民生改善，着力办好各项民生实事，更好满足人民群众对美好生活的向往。苏州的主要做法有：大力促进就业创业，稳步提高人民群众收入水平，全面落实就业优先政策，加强高校毕业生、就业困难群众等重点群体就业创业服务，确保零就业家庭动态清零；加快劳动力调剂平台和人力资源服务产业

---

① 《习近平谈治国理政》，外文出版社2014年版，第4页。

> 新时代苏州精神

园建设,实施全民技能提升行动,落实纾困惠企政策,更大力度为企业营造良好用工条件;不断完善社会保障体系,稳步推进企业职工基本养老保险市区统筹,提高各类群体养老保险待遇,加强基本医疗保险、生育保险市级统筹,启动长期护理保险第二阶段试点,深化异地就医改革和医保支付方式改革;构建良好营商环境、人文环境、生活环境、生态环境,着力营造高质量发展的苏州环境,打造一个整体高质量发展活力四射的新苏州。

苏州大力推进新时代文明实践中心建设,实施"苏州时代新人"培育工程,力争太仓、昆山进入全国文明城市行列,实现文明城市"满堂红"。"爱卫有我,文明同行",作为全国新时代文明实践工作首批试点城市,张家港充分发挥行业部门优势,积极调动社会志愿力量,融合运用线上线下手段,全方位立体化推动爱国卫生运动落细落实。从健身到健"心",这是一座老牌全国文明城市的"自我进化",更是对人民群众健康负责的使命担当。张家港把爱国卫生运动作为文明城市创建的重要内容,从人居环境改善、餐饮礼仪、社会心理健康、公共卫生设施等多个方面着力,提倡文明健康、绿色环保的生活方式,这是爱国卫生运动的核心,更是创建文明城市的底层逻辑。目前,张家港市共有环保志愿者协会、心理关爱志愿者团队、"河小志"志愿服务队、"绿山军"志愿服务队、"美湖使者"志愿服务队等爱国卫生志愿服务队伍156支约8500人,2020年以来已开展爱国卫生志愿服务活动2700余次,丰富了爱国卫生运动新内涵,托起了人民群众对幸福生活的美好向往。[①]

党员志愿显担当,人居环境齐动手。2020年是太仓市创建全国文明城市的冲刺之年,太仓市城厢镇东林村党委积极探索"党建+环境"乡村治理新模式,推行"东林村'十不规范'",开展多项人居环境整治工作,号召全体党员弘扬文明新风,带领广大群众争做文明城市创建的参与者、推动者、监督者,切实凝聚起"文明创建、群众响应"的强大合力,奋力打造生态东林、美丽东林、文明东林新样板。学习新思想、弘扬新风尚、严格新标准,是党员先行的具体内容和实际要

---

① 《"五连冠"之后张家港在做什么》,《光明日报》2020年5月13日。

求。太仓市坚持以点带面，构建以"红色激情"为核心的三级联动"树状"落实机制，由党员带动网格楼道长，再辐射到各个乡村，打造推行文明新风尚的良好氛围。太仓以红色先锋力量结合网格精细化管理，党员模范带头行为，在广大市（村）民中形成了一股无形而强大的驱动力，将难以解决的问题转化为广大群众共同参与的自觉行动，以往不理解的市（村）也表示理解，共同参与绘好党群携手文明创建"同心圆"。

相城区建设乡风文明，把它作为人民群众文明素质提升工程，作为文明养成的实践活动。相城区积极推进农村人居环境整治，对农村垃圾、污水治理、村容村貌改善，实施"厕所革命"，都列出具体计划和实施项目，确保如期见效，有效改善农村群众生活。相城区北桥街道盛南社区以党建为龙头，以为民服务为核心，积极构建自治、法治、德治"三治相融"的城乡治理体系，打造共建共治共享的社区治理新格局，引导人民群众遵纪守法、崇德向善，遵守村规民约，激发人民群众参与基层治理的积极性和创造性，推动社区成员从个体的"我"转变为群体的"我们"，从单一的"个体成员"转变为社区中的"共同体成员"，促进了家风、民风、党风的"三风联动"，形成了产业兴旺、生态宜居、乡风文明、治理有效、生活富裕的乡村治理新格局。以肖泾村、冯梦龙村等为代表的"文明银行"，通过自我管理、自我考核、自我监督、自我纠错和自我完善，提升了民主管理水平，促进了广大村民道德素质的提高，自觉地养成文明习惯，培育了文明家风和文明乡风，有力促进了乡风民风持续向好发展。

苏州大力度深化"放管服"改革，全面推进市场准入清单制度，出台营商环境3.0版政策，努力打造市场化、法治化、国际化的一流营商环境，建设"苏州最舒心"营商服务品牌。苏州对标国内外营商环境一流水平，压缩行政许可事项承诺时限，大幅度压缩工程建设项目审批时间，健全以"双随机、一公开"为基本手段、以重点监管为补充、以信用监管为基础的新型监管机制，深入推进"3550"改革和"不见面审批"工作，着力营造审批最少、程序最简、速度最快的政务服务环境。苏州实现了企业服务"一张网"上线运营，完善"12345"咨询投诉"一号答"服务体系，推广应用"电话专席+大厅窗口"联

> 新时代苏州精神

动模式；扩大"证照分离"改革成果，探索更多审批事项实行"先证后核""告知承诺"制，拓展电子证照应用范围；加快长三角"一网通办"试点城市建设，推动更多政务服务事项实现线上"一地认证、全网通办"、线下"收受分离、异地可办"；创建自贸片区联动创新区，放大自贸片区的溢出效应；拓展昆山深化两岸产业合作试验区建设，打造中德（太仓）创新合作园，创建中日绿色产业创新示范区和智能制造协同创新区，建设张家港综合保税区升级版，争创中国新时代对外开放示范区；稳定外贸外资规模，更好利用"苏州开放创新合作热力图"，吸引更多优质全球产业链领军企业和供应链、产业链、价值链关键节点项目落户苏州。

## 二 新时代苏州精神引领全面高质量发展

点燃奋斗之火促进高质量发展—当好热血尖兵推动高质量发展—汇聚高质量发展强大力量—摁下高质量发展快车键

新时代苏州精神深度契合全面高质量发展，其关键在于苏州精神的价值引领性。全面高质量发展走在最前列是贯穿苏州发展的鲜明主线，新时代苏州精神是源源不竭、常用常新的精神引擎。新时代苏州精神是新时代全面高质量发展苏州实践的动力和引领。有了新时代苏州精神的引领，就能汇聚高质量发展磅礴之力，创造苏州全面高质量发展新的奇迹。苏州广大干群坚持真抓实干，深化改革创新，拓展苏州高质量发展好势头，依托新时代苏州精神新传承、新塑造、新引领，为苏州高质量发展提供新的平台，汇聚推动高质量发展的磅礴力量，力求使苏州高质量发展走在全国前列，齐心共奏新时代苏州精神与全面高质量发展相融合的奋斗交响曲。

第七章 新时代苏州精神与全面高质量发展之路

## 1. 在促进全面高质量发展中点燃奋斗之火

弘扬新时代苏州精神,就是要将强大的精神力量变成推动全面高质量发展的伟大物质力量。新时代苏州精神可以转化为推动高质量发展的硬实力,抓住了精神文化,就抓住了高质量发展的根本。践行新发展理念,全力推动高质量发展,深刻认识苏州发展所处的历史方位,特别是把"短板"在哪里、制约有哪些分析清楚,把如何突破制约、需要赋能什么真正弄明白,切实回应好"如何引领创新、怎么追求原创性成果、怎样打造标志性品牌、怎样打造开放包容的创新生态"创新之问,努力回答好"全面小康之后的路怎么走"重大命题,积极开启基本实现现代化建设新征程,推动全面高质量发展成果加快呈现、更多惠及全市人民。

苏州不仅是远近闻名的人间天堂、梦里水乡,而且是举足轻重的经济大市、开放大市。2020年面对新冠肺炎疫情在全球暴发、中美经贸摩擦加剧以及全球百年未有之大变局带来的挑战,苏州以创新推动经济发展、促进产业转型、强化有效投入、优化营商环境、塑造城市品质。苏州大力发展以技术、服务、质量为核心竞争优势的高端产业,形成高效运作、集成创新的产业链。在新一轮技术革命和产业变革的浪潮中,苏州选定"积极进取型"的转型路径,以优质增量带动存量、优化存量、改造存量,向全球价值链中高端不断攀升,努力成为高质量发展中的"领跑者"。苏州在坚持更高质量"引进来",更大步伐"走出去",以国际化企业、国际化产业造就国际化城市的同时,全力以赴积极做好长三角一体化发展的内核与各项配套工作,实现"市域一体化、沪苏同城化",努力建设可以为上海做出协同增强效应的现代国际大都市。

推进高质量发展就要实现经济资源配置方式的根本转变。苏州通过深化产业链、供应链、创新链协同,合力打好产业基础高级化和产业链现代化攻坚战,强化创新突破和高端引领,形成更多创新性的成果、关键性的技术、引领性的产业,以"强功能"的思路服务和助力江苏、长三角和全国的高质量发展。在新基建、新技术、新材料、新装备、新产品、新业态上不断取得新突破是苏州高质量发展的当务之急。一段时间以来，苏州经济产业基础和产业链的现代化，存在"大而不强""连而不紧"等问题。2020年上半年突如其来的新冠肺炎疫情，对苏州传统产业优势的巩固、优势产业领先地位的强化，特别是未来战略性新兴产业的布局，提出了更高更紧迫的要求。苏州将提升产业链、创新链、价值链水平作为重要抓手，促进正向激励和优胜劣汰，鼓励鞭策更多优质企业，注重利用技术创新和规模效应形成新的竞争优势，加快培育和发展新的产业集群。在新基建驱动下，苏州新技术、新产品、新业态更新迭代加速，催生了众多新的产业形态，有力提升了苏州经济发展质量、推动了产业结构优化升级。苏州广大干部群众认识到，只有加强科技创新和技术攻关，强化关键环节、领域和产品保障能力，才能把实体经济特别是制造业做强做大做优，让新型举国体制优势充分释放出来，也才能以更高层次的产业基础、更现代的产业链条挺起高质量发展的"脊梁"，成为3万多亿产业体量的制造业重镇迈向新一轮高质量发展的坚定抉择。

在推进全面高质量发展的道路上，苏州自觉扛起"打先锋"旗帜，走在全面高质量发展的最前列。一方面，注重集聚高端要素、提升产业层次、推动"两化融合"、加快智能化步伐，把强化科技创新策源功能作为主攻方向；另一方面，加强科技体制机制创新，全面打造更好的创新创业创优环境，努力在突破关键核心技术、培育世界级新兴产业集群上取得更大进展。在实践中，保持清醒的苏州，敏锐感到世界经济深度调整、新技术革命方兴未艾、国际产能合作加快推进，尤其是百年未有之大变局带来的"新机遇"，稍纵即逝，不容迟疑。2019年5月16日，习近平总书记在致第三届世界智能大会的贺信中指出："在移动互联网、大数据、超级计算、传感网、脑科学等新理论新技术驱动下，人工智能呈现深度学习、跨界融合、人机协同、群智开放、自主操控等新特征，正在对经济发展、社会进步、全球治理等方面产生重大而深远的影响。中国高度重视创新发展，把新一代人工智能作为推动科技跨越发展、产业优化升级、生产力整体跃升的驱动力量，努力实现高质量发展。"① 苏州牢固树立抓发展的紧迫意识、抓机遇的拼抢意识、抓落实的责任意识，知难而进、迎难而上，实施创新驱动发展战略，着力建设创新引领、协同发展的产业体系，实现实体经济、科技创新、现代金融、人力资源协同发展。

在推进全面高质量发展中，苏州主动抓好富民增收各项目标任务分解落实，大力促进就业创业，合理提高社会保险待遇水平，强化社会救助托底功能，加快推进城乡基本公共服务均等化，为苏州经济高质量发展按下"快进键"。苏州各级干部勤于担当作为，勇于探索创新，善于追求卓越，冲锋在前、狠抓落实，在发展中破解矛盾，在发展中解决问题，全力打造高质量发展的新高地。苏州广大干群认识到，要解放思想不停步，对标对表中央和省委对苏州发展的最新要求，以高质量项目建设推动高质量发展，在新时代更大力度解放思想、除旧布新、积极探索，让苏州敢为人先敢拼闯的时代标识更加鲜明；要强化责任担使命，提升高质量发展的能力，把转型升级作为主攻方向，把改革创新作为第一动力，把绿色发展作为鲜明底色，把改善民生作为根本目的，当好全省乃至全国全面高质量发展的排头兵、领头羊。

在推进全面高质量发展实践中，苏州取得了一批走在全省、全国前列的标志性成果：建设人民满意的服务型政府，搭好"12345"大数据平台，加快实施"互联网+政务服务"，大力提高政务服务便利化水平；建立用足用好月度沙龙、微信群联系、信息直报等"三项制度"，让企业家的声音、意见、诉求能被市委、市政府主要领导"听得到""看得到""办得到"；建成市级网格化社会治理大数据中心，市（区）、镇（街道）、村（社区）三级网格化联动平台基本建成，苏州网格维稳经验在全国推广；创建成为全国首个地级市公交都市，实现古城区新能源公交车全覆盖；强化考核导向，以高质量发展为主要内容，制定高质量发展的指标体系和评价体系，完善干部干事创业考核机制，在全省率先构建年度综合考核体系，建立完善"鼓励激励、容错纠错、能上能下"三项机制，提振党员干部推动高质量发展的精

---

① 《推动新一代人工智能健康发展　更好造福世界各国人民》，《人民日报》2019年5月17日。

气神。

教育是一座城市公共服务软硬实力的标志，也是一座城市宜居、引才的魅力源泉。近年来，苏州始终将"办好人民满意的教育"作为高质量发展的重要考量指标。国家市场监督管理总局2020年发布"2019年全国公共服务质量监测结果"：江苏省公共服务质量满意度位居全国第一，其中苏州市公共教育领域满意度得分在全省排名第一、全国排名第三，居GDP达到万亿以上的15个城市首位，这不仅是苏州教育高质量发展的最好注脚，更是打造"苏州最舒心"营商环境的信心所在、底气所在。苏州坚持对标找差、再攀高峰，明确提出让学生就读更多好学校、让学生遇到更多好老师、让学生发展更多好素养、让学生享有更多好服务，全面推进教育均衡、优质发展，努力让每个孩子享有公平而有质量的教育，为推动苏州高质量发展走在前列提供坚实的教育支撑。

在全面高质量发展实践中，苏州牢固树立"全国一盘棋"的务实奉献精神。在全国脱贫攻坚战中，苏州勇挑重担，以高度的政治自觉和使命担当做好扶贫协作各项工作，交出了一份亮丽的精准扶贫答卷。按照中央统一部署，2010年新一轮对口支援工作开展以来，苏州扶贫协作和对口支援工作涉及6个省、7个地级市、16个县。从青藏高原、天山南北到江苏省内，都活跃着苏州一大批援外干部的身影。苏州援外干部彰显出"自主、创先、融合、致远"的新时代苏州精神并以其强大的感召力闪耀在脱贫攻坚战第一线。苏州在1995年就开始帮扶西藏拉萨市林周县。苏州的援藏干部来了之后，从构思规划到推进实施，一项项产业发展初具规模，一批批基础设施相继建成，推动林周县的发展进入了"快车道"，农牧民人均可支配收入增长了几十倍，成了美丽的"拉萨后花园"。苏州2016年起对口帮扶新疆阿图什市，实施援疆项目62个，助力2200多名贫困人口脱贫。2018年8月，苏州市共选派85名优秀教师对口支援新疆阿图什市，支教时间为一年半，这是苏州教育史上选派人数最多、支教时间最长、行程最远的一次支教任务。现在，阿图什市城乡环境美了、百姓生活便利了、学龄教育优化了、家家户户收入上去了，扶贫帮困的实效让当地百姓过上了幸福新生活。在援疆工作中，昆山援疆工作组组长沈立新因工作出色，被新疆维吾尔自治区授予"开发建设新疆奖章"荣誉称号。吴江区自觉把对口帮扶贵州铜仁市印江土家族苗族自治县作为一项光荣的政治任务，积极向印江长期投入真金白银、倾注真情实意、持续真帮实扶，高位推动有力有序、资金支持力度很大、产业合作成效明显、人才交流和支持不断深化、劳务协作持续加强，为印江脱贫攻坚和经济社会发展提供了大力帮助和有力支持。"铜仁·苏州产业园"园区借鉴苏州对外共建园区规划发展理念，成为东西部产业合作及产城融合示范区。在"携手奔小康"镇村结对共建行动中，苏州各个区（市）均与铜仁对口帮扶县（区）结对，在产业发展、脱贫攻坚、党建工作、基层基础建设等多方面深度对接，实现了96个乡镇与铜仁116个乡镇单向结对的"全覆盖"，村村结对248个，学校结对221个，医院结对48个，率先探索"整村推进结对帮扶"新模式，苏州的结对工作举措走在了全国前列。

苏州拥有全国名列前茅的工业制造业，产业体系完整，产业结构先进，高新技术、纳米技术、生物制造、高端纺织、钢铁制造都处于世界一流水平。苏州以拼劲抓发展、以冲劲抓机遇、以韧劲抓落实，最终要体现到实实在在的高质量发展成效上、体现到可量化的高质量发展目标上。近年来，常熟的产业层次不断提升，但转型升级的任务仍然比较重，需要坚定信心、保持定力，打通"产业转型瓶颈"，推动结构调整取得更大成效。常熟把握好数字经济和氢燃料电池汽车产业发展"风口"，切实加大发展力度，做出最好的产业生态、产业创新体系、产业公共平台和产业关联度；拿出当年拿下"两辆汽车"项目的劲头，去服务和支持汽车产业项目，制定政策、提供服务，从"需求端"着眼，从"供给侧"发力，树立"用户思维"、注重"客户体验"，真正让企业"解渴""合身""有感"。

苏州充分发挥地方特色优势，凸显全面高质量发展的原创性、唯一性，全力放大高质量发展的示范标杆作用，努力展现"自主、创先、融合、致远"新时代苏州精神的创新性、探索性、引领性。苏州积极保护好、传承好文脉资源，打造辨识度、知名度、美誉度高的文化品牌，把苏州地域文化符号勾勒出来，把苏州独特文化优势充分彰显出来。苏州践行以人民为中心的发展思想，把人民生活高质量作为苏州

### 新时代苏州精神

高质量发展的重要内容，聚焦高水平全面建成小康社会的薄弱环节，有效解决重大民生关切、民生福祉和历史遗留问题，扎实做好"六稳"工作，全面落实"六保"任务，确保高质量发展对标先进，求真务实，开拓创新，使各项工作举措更贴实际、更合民意，公共服务成为最大民生普惠，公共安全成为最大民生底线，生态环境成为最大民生关切。新时代苏州精神是推动苏州全面高质量发展的精神支柱和内在动力，是激发苏州广大干群干事创业的强大动力。苏州广大干群在新时代形成的精神品格和精神态度，是实现高质量发展的精神凝结，以奋斗的姿态全力推动高质量发展走在全省乃至全国最前列。

### 2. 在推进全面高质量发展中当好热血尖兵

新时代是奋斗者的时代，新时代是拼搏者的时代。苏州以坚持高质量发展为工作导向，以先行者的担当和奋斗者的自觉，勇当高质量发展走在前列的热血尖兵，开启全面高质量发展新的征程。在实践中，苏州广大干群认识到，全面高质量发展需要加强党的领导，必须强化党员领导干部的新时代苏州精神，将高质量发展放到更高坐标系中去审视、去谋划、去对标，进一步解放思想、敢为人先，凝聚起推动高质量发展的强大力量。中国共产党是团结带领最广大人民共同奋斗的领导核心。坚持全面从严治党，就是要紧紧抓住理想信念这个根本、领导干部这个"关键少数"，坚持严管与厚爱结合、激励与约束并重，用好鼓励激励、容错纠错、能上能下"三项机制"，着力构建亲清新型政商关系，形成以担当为荣、以发展为重、以奋斗为乐的浓厚氛围。在全面高质量发展实践中，苏州广大干部群众从新时代苏州精神中汲取源源不断的精神动力，把握发展新动能，打造竞争新优势，创造了许多"不敢想""不可能"的发展奇迹和辉煌成就。面对爬坡过坎的关键期，苏州能不能继续当好全省乃至全国高质量发展的探索者、先行军，能不能推动"低转高""量转质""大转强"，实现发展动能"高位切换"？面对经济下行压力增大、中美经贸摩擦、新冠肺炎疫情等重大风险挑战，苏州能不能时时保持加压奋进的"精气神"，处处体现创先领先争先率先的"加速度"，在推进高质量发展的目标中做出苏州新的贡献？这需要苏州党员、党员领导干部进行深入思考，需要一大批高素质党员干部的示范引领，鼓足奋勇争先的干劲，争做勇立潮头的搏击者，为人民群众树立向我看齐的榜样。

要想推进全面高质量发展，最关键的是有一支政治过硬、敢于担当的高素质干部队伍。苏州市委十分重视年轻干部的教育培养、锻炼打磨、作用发挥。新时代苏州年轻干部要革命理想高于天、千古风流在担当、咬定青山不放松、一枝一叶总关情、只留清气满乾坤，不负青春韶华，书写时代答卷，争做再创火红年代的新一代"后浪"。要激发年轻干部"开放再出发"的奋斗激情，就是要让年轻干部成为苏州再攀新高的开路先锋、热血尖兵，就是要释放市委高度重视年轻干部工作的鲜明态度和强烈信号，充分激发广大党员干部干事创业的积极性、主动性、创造性。要充分发挥年轻人的特有优势，在高质量发展中意气风发、奋勇争先，敢于"打倒自己"、超越自我，敢于打破坛坛罐罐、固有思维，勇当"第一个吃螃蟹的人"。努力把寻常工作做成超常、把普通工作做成特色、把优势工作做成精品。做好年轻干部工作，要更多地把好苗子"选"出来，更好地把千里马"练"出来，更快地把实干家"用"起来，以舍我其谁、时不我待的进取精神奋发有为、主动作为，凝聚推动高质量发展的强大正能量，为苏州高质量发展走在前列提供坚强有力的组织保障。

高质量的党员干部队伍建设是推进苏州高质量发展的基本保障。作为改革开放先行先试地区，苏州较之其他地方更早地遇到了发展中的矛盾和问题，也能够较其他地方更主动、更有效地提出解决问题的对策。在推进高质量党建工作中，苏州高度重视加强党员干部队伍政德建设，教育和引导党员干部筑牢理想信念、强化宗旨意识，组织党员干部赴全省首家干部政德教育基地况公祠开展政德教育，透过各种新颖的声光电多媒体技术，跨越时空对话况公，详细了解况钟的生平事迹，从况公治苏十三载"三离三留"的青史佳话中，感受其重民爱民、安民保民、务实、勤勉、清廉的高贵品质。作为新时代的党员干部，必须把"立政德"作为信仰追求，带头做到"明大德、守公德、严私德"，牢记初心使命，全心为民服务，为苏州奋力夺取疫情防控和经济社会发展"双胜利"，再创一个新的火红年代砥砺奋进、再立新功。苏州市委要求,各级党员干部要以人民为"本",主动深入人民群众中,牢固树立为民服务意识,从人民群众最期盼、最紧迫、最需要的事情做起,多做些雪中送炭的实事,少做些花上垒花的虚功;要"沉住心气",自觉把岗位变成展示才华的舞台,知责尽责、拼搏进取;要"涵养正气",慎独慎初慎微慎欲,在大是大非面前经得住考验,在日常小事上守得住操守,不为喧嚣而迷惑,不为名利而心动;要"坚守骨气",在成长道路上将纪律规矩作为必备的人生导航,主动在思想上筑牢防线、在行为上明确界限,特别是要严格执行政治规矩和组织纪律。

近年来,姑苏区平江街道党工委致力打造"领雁人才计划",科学挖掘和培养可承担"领头雁"作用的核心人才队伍,为姑苏区高质量发展提供基层一线的人才支持。平江街道的具体做法有以下几个方面。一是加强组织培训。围绕"政治能力、务实能力、服务群众能力、心理素养能力、计划执行能力、创新管理能力"六个模块,设计课程、组织活动,在个性化、精准化上不断探索。二是开展"知行合一践使命"活动。开展访谈沙龙、"假如我在某岗位上"演讲比赛、"征收一线破难题"原创情景剧表演等互动型活动,举办市、区、街道三级青干访谈交流会,提高"看群众现状、听群众声音、问群众困难、解群众问题"能力。三是组建围绕中心工作、推进重点项目的行动突击队。在观前社区"文心书房",青年党员追忆初心、共话担当;在"百日行动"中,青干突击队向小巷卫生死角宣战,深入一线清扫;在四类行业整治中,青干班学员有效引导关停商户,实现业态转型;在平江路上,青干班学员参加环保夜跑,让垃圾分类意识深入人心;在观前商圈改造升级中,青干班学员穿梭"四横一纵",持续输出"硬核姑苏"。四是搭建青年干部凝心聚力、干事创业的平台,引导青年干部"立志、立德、立才、立行",成长为组织放心、事业需要、群众认可的"领头雁"。[①]

习近平总书记指出:"牢固确立人才引领发展的战略地位,全面聚

---

① 《姑苏区平江街道青年干部培训扩能增效》,《苏州日报》2019年9月27日。

集人才，着力夯实创新发展人才基础。"① 经济竞争、科技竞争说到底就是人才竞争，谁拥有了一流的创新人才，谁就拥有了高质量发展创新的优势，谁就享有高质量发展的主导权。苏州围绕"金字塔""全链式""国际范"三个关键词，推出"苏州人才新政4.0版"，谋求人才政策体系的再巩固，人才发展模式的再健全，创新创业人才生态环境的再优化。经济结构的转换、经济动能的升级，离不开人才的创新作用。重视人才资源的价值，发挥人才资源的优势，开发人才资源的潜能，苏州从来没有像今天这样重视人才，加快迈向高质量发展从来没有像今天这样重视人才。"引进一批人才、带动一个产业、激活一座城市"给苏州带来了前所未有的活力，推进苏州经济加速转向中高端产业结构。在推进全面高质量发展中，苏州不断完善人才工作体制机制，提升产品技术含量和精细化水平，形成与高质量发展和创新型国家建设相匹配的人才结构，努力为人才提供良好保障服务，解决好他们的后顾之忧，使各类优秀才俊蜂拥而至，使"人才红利"得到最大限度释放，为高质量发展提供强大的人才支持、智力支撑。

透过高速发展的镜头，可以看到苏州另一份"漂亮"：一分钟，苏州人民创造工业产值620多万元，实现外贸进出口额440多万元，创造制造业新兴产业产值320多万元，生产智能手机85台，科技企业研发投入8万元；一分钟，28万元财政资金投向公共服务，6.66平方米新绿扮靓城市，66位市民走进影院观赏大片，17名游客迈进拙政园感受江南雅韵。② 苏州以只争朝夕、时不我待的紧迫感、危机感，立足改革开放形成的良好发展基础，抓住用好国家战略叠加带来的重大机遇，积极打造自贸区建设"苏州样板"，进一步拓展对外开放新空间、增创对外开放新优势。习近平总书记强调："长三角区域要发挥人才富集、科技水平高、制造业发达、产业链供应链相对完备和市场潜力大等诸多优势，积极探索形成新发展格局的路径。"③ 苏州紧紧抓住长三角区

---

① 《习近平谈治国理政》第3卷，外文出版社2020年版，第253页。
② 苏鲍平：《思想再解放 开放再出发 目标再攀高 再创一个激情燃烧干事创业的火红年代》，《苏州日报》2019年9月27日。
③ 《紧扣一体化和高质量抓好重点工作 推动长三角一体化发展不断取得成效》，《人民日报》2020年8月23日。

域一体化发展上升为国家战略的重大机遇，坚定做长三角区域一体化发展的积极倡导者、有力推动者、坚决执行者，全面对接落实国家《长江三角洲区域一体化发展规划纲要》和《江苏实施方案》"60条"，积极主动融入长三角世界级城市群建设，加大历史文化名城保护与发展力度，打造独具魅力的国际化大都市，其体现出的主动性、创造性、持久性是新时代苏州精神的真实写照，不仅推动苏州高质量发展迈出了新步伐、取得了新进展，而且为苏州向长三角一体化、高质量发展更新要求、更高目标迈进中奠定了新基础、做出了新贡献。

### 3. 在推动全面高质量发展中汇聚强大力量

苏州广大干部群众的奋进态势充分表明，苏州加快推进全面高质量发展其时已至、其势渐成。推动经济发展质量变革、效率变革、动力变革，苏州坚持以新时代苏州精神为引领，积极探索适应高质量发展要求的实招、新招、硬招，深入开展高质量发展监测评价，完善制度设计，优化指标体系，进一步突出考核的系统性、牵引性、精准性，认真落实有效投入、创新发展、产业招商三项考核。在推动全面高质量发展中，苏州围绕更好满足"人民日益增长的美好生活需要"，注重发挥"三大法宝"的精神优势，致力于创新新时代苏州精神的重要法宝，统筹协调社会治理工作机制，形成新型的社会协同关系，打通网上网下合作通道，提升社会治理能力，打造更高效、更文明、更有序的社会治理格局，奋力开创苏州高质量发展新局面。

张家港市打造综治联动中心"最强大脑"，正式上线社会综合治理网格化联动指挥平台，启用"联动张家港"App，构建起智能化、网格化、大联动的"三位一体"治理体系，创新答好社会治理的"试卷"。发挥社会治理网格化平台、新时代文明实践中心和融媒体中心联动作用，大力推行"大数据＋网格化＋铁脚板"实战机制，创新使用"动态 AI 视频分析"技术，将社会现有的高清视频设备与人工智能技术相结合，整个平台系统可对视频信息主动抓取和智能分析，增强对城市管理中的重点路段、重点区域的有效监管及时发现城市治理问题并推送至系统，由联动平台受理、派遣、处置和反馈。截至 2020 年 5 月底，张家港共采集上报各类问题171万余件，办结率99.78%，为推进社会综合治理网格化树立了标杆。

依靠改革应对变局、开拓新局，是苏州推进全面高质量发展的重要方法。外部环境越是严峻复杂，越要坚定不移深化改革、扩大开放，苏州把"开放再出发"一系列部署要求落到实处，积极探索更多深层次、撬动性、首创性改革举措，在全面深化改革中不断破局开路、克难前行。苏州坚持以改革先导引领发展，以改革利剑破解难题，聚焦营商环境、公共医疗卫生、人民群众现实诉求等重点领域矛盾问题，有针对性地部署推进关键性改革，依靠改革破解难题、闯出新路。在工作中，苏州更加注重制度和治理体系建设，加快推进基本公共服务均等化，深化社会信用体系建设，提升价格公共服务水平，更多解决深层次体制机制问题，通过改革攻坚克难、推动高质量发展；更加注重运用互联网技术和信息化手段，以高水平工作推动高质量发展，以改革源泉激发活力，健全完善考核激励机制，进一步调动基层改革创新的积极性、主动性，打造一批在全省全国立得住、叫得响、过得硬的改革创新典型。

苏州民营企业依靠拼劲、闯劲、韧劲撑起了民营经济的半壁江山。苏州民企主动作为，打造创新高地。2020年民营工业企业实现产值13404.5亿元，民营工业企业产值占规模以上工业总产值比重达38.5%。28家企业入围"2020中国制造民营企业500强"。[①] 苏州恒力集团和沙钢集团两家民企进入全球企业500强。在高质量发展新目标的指引下，苏州民营企业主动创新求变，引领转型升级，成为经济保持中高速增长、迈向中高端水平的强大力量。苏州民营企业的发展主要靠创新驱动，瞄准世界前沿技术，掌握自主可控的核心技术和自主知识产权，打造了民营经济推进高质量发展的一片天地。习近平总书记指出："我们要不断为民营经济营造更好发展环境，帮助民营经济解决发展中的困难，支持民营企业改革发展，变压力为动力，让民营经济创新源泉充分涌流，让民营经济创造活力

---

① 数据来源：苏州市统计局2021年版《苏州市情市力》。

充分迸发。"①

苏州精心打造加速科技创新的产业环境，为民营企业实现腾笼换鸟、凤凰涅槃创造更多更好条件，使得任何一个企业家或科技人才的创新灵感、创业场所都会在姑苏大地找到合适发展的实验室和小试、中试试验田。

2018年，苏州市政府启动全国首个"独角兽"培育计划，目标是构建"独角兽"企业的成长培育机制，打造一批创新发展的标杆型企业，形成苏州创新创业创造的新的高峰。经过两年培育，苏州市"独角兽"培育企业达到61家。"独角兽"培育企业成为苏州市上市企业的主要来源。2020年6月18日，苏州市"独角兽"企业发展大会在苏州工业园区举行。苏州康乃德生物医药有限公司等46家公司被评定为苏州市"独角兽"培育企业。2019年度苏州市"独角兽"培育企业中，人工智能企查查、清睿教育、智慧芽、跃盟信息、江苏北人等企业的智能终端、产品已进入商业化阶段，智加科技、魔门塔、知行汽车等企业的核心技术也已启动测试验证。

苏州把区块链作为核心技术自主创新重要突破口，加快推动区块链技术和产业创新发展。2016年12月，苏州相城区与同济大学签约共建苏州同济区块链研究院，这是国内第一个校地合作的区块链研究院，也是苏州率先建设国内首个区块链技术的试验场。经过4年的发展，苏州同济区块链研究院一步步发展壮大，实现了自主研发项目在各行各业的"开花结果"，打造了苏州国际化社区"链谷"。苏州同济区块链研究院依托同济大学人才、研发和品牌优势，结合苏州区域经济与产业发展优势，提供区块链技术与应用研发、测评、人才培养以及产业孵化等综合性服务平台，致力于建设有国际影响力的、国内领先的区块链研究院，助力苏州高铁新城成为国内领先的金融科技—区块链产业聚集高地。截至2020年4月底，相城区共培育和引进36家区块链技术和应用相关企业，涵盖区块链底层技术研发、中层平台、上层应用的全产业链体系，形成较高的区块链产业集聚度。苏州以相城区为主体，创建江苏省区块链产业发展集聚区，这是目前江苏唯一的一个

---

① 《习近平谈治国理政》第3卷，外文出版社2020年版，第264页。

区块链产业发展集聚区，标志着相城区块链产业发展进入新阶段、迎来新机遇、获得新发展。

## 三 新时代苏州精神助推全面高质量发展

> 榜样的力量是无穷的——"吃第一只螃蟹"独领风骚——打造一块绚丽多彩的金牌

新时代苏州精神就是具有中国特色、时代特征和苏州特点的新的精神象征和价值符号，是苏州精神在新时代的必然延伸和超越发展。新时代苏州精神是新时代苏州全面高质量发展的强大精神动力，是苏州引领率先走高质量发展之路的价值追求。用榜样力量"搅活一池春水"，领风气之先"第一个吃螃蟹"，添绚丽色彩"打造一块金字招牌"，不仅生动展现了苏州广大干部群众在高质量发展的进程中"勇于争第一、善于创唯一"的豪迈志气和拼搏精神，而且集中昭示了新时代苏州精神是伴随着全面高质量发展的历程而逐步显现并不断增强的。

### 1. 用榜样力量"搅活一池春水"

新时代苏州精神体现的理想目标和价值追求，在自身精神境界升华的同时，也展现了新时代社会发展的生机活力。作为全球领先的工业制造强市，苏州勇立潮头争创一流，穿过时间的长廊，"自主、创先、融合、致远"的新时代苏州精神的回响总是能抵达人心、焕发出干事创业的强大力量。1993年12月15日，《人民日报》曾发表题为《一下跃起六只虎》的文章，惊奇于苏州所属6个县（市）顽强拼搏、奋勇争先，将姑苏大地这"一池春水"搅得波澜起伏；2018年10月13日，《人民日报》又发表题为《敢为人先敢拼闯》的文章，惊喜于苏州在经济社会高质量发展中表现出的"一往无前"、勇于开拓进取的精气神。苏州以占全国0.09%的土地面积和0.88%的人口，创造了全国 2% 的地区生产总值，外贸进出口值占全国的比重达 6%，居全国城市第四位，引育了国家级重大人才引进工程 14% 的创业类人才。苏州下辖 4 个县级市均位居全国百强县前十名，是全国当之无愧的发展"优等生"。[1]

"火车跑得快，全靠车头带。"领导班子是一个地方、一个单位的"火车头"，建设好领导班子是夯实我们执政党组织基础的关键，也是抓好全面高质量发展工作的关键。中共苏州市委始终把抓好党建作为领导班子的主责主业和"最大政绩"，认真履行管党治党主体责任，以高质量党建引领高质量发展；加强党员领导干部队伍建设，教育引导党员干部讲责任不推诿、讲担当不回避、讲实效不务虚，真正把心思和精力用在为民办实事上；全面从严治党坚持重心下移，夯实基层党建基础，开展基层党建质量体系建设，分领域制定基层党组织工作标准；汇聚党员骨干、劳动模范、中国好人等各种先锋力量立标杆、做榜样，示范带动，形成"示范集成"，更好地为人民群众服务，为全面高质量发展服务。

走好新时代长征路，苏州而今迈步从头越。习近平总书记强调指出："任何时候我们都要不忘初心、牢记使命，都不能忘了人民这个根，永远做忠诚的人民服务员。"[2] 苏州坚持把"不忘初心、牢记使命"作为全体党员和党员干部的终身课题，倡导发扬斗争精神，增强标杆意识，把握标杆内涵，拿出标杆作为，体现标杆担当，让不作为成为"过去式"，让马上办成为"新常态"。在抗击新冠肺炎疫情阻击战打响后，防控一线就成为苏州淬炼干部、检验干部、识别干部、选拔干部的重要阵地。各级党组织按照党中央的指令，将疫情防控工作细化到各个系统、各个条块、各个环节，发挥党员领导干部的先锋模范作用。在抗"疫"一线涌现出了一大批表现突出、尽职尽责、群众认可的党员干部，集中展示了苏州广大党员干部的责任担当之勇、科学防控之智、统筹兼顾之谋、组织实施之能，勇做"冲锋在前我先上，

---

[1] 苏鲍平：《思想再解放　开放再出发　目标再攀高　再创一个激情燃烧干事创业的火红年代》，《苏州日报》2019 年 9 月 27 日。

[2] 《下好先手棋，开创发展新局面——记习近平总书记在安徽考察》，《人民日报》2020 年 8 月 24 日。

责任担当让我上,团结互助跟我上,履职尽责马上上"的先锋模范,打造成为站在人们面前的是一个个有血有肉、有胆有识、有情有义的英雄典范。

2020年在抗击新冠肺炎疫情期间,昆山全市征调1000多名党员干部,组建13支党员先锋队驰援一线,1415人火线递交入党申请书,确定发展对象146名,发展新党员98名。为培养造就高素质、专业化、开放型干部队伍,推动昆山全力打造社会主义现代化建设标杆城市,昆山市激励担当作为,用足用活"三项机制",深化干部政治素质考察,做实任前和日常政治体检,大力推动干部"四型"交流,创新年轻干部培养"八大平台"。昆山为建强干部队伍,出台了干部教育培训"1+4"文件(即1个总规和党性教育、师资课程教材建设、基地建设、考核管理办法4个配套实施文件),搭建起昆山干部教育培训的顶层设计和"四梁八柱",推进党性教育和能力的实战实效培训,创新开展年轻干部"半月谈",启动高素质专业化公务员队伍建设"五大工程",锻造激情燃烧、干事创业的高素质干部队伍。昆山积极推进党建引领助企惠民、引领乡村振兴、引领社会治理"三大工程",深入推进党员先锋"十带头"实践活动,广泛组建攻坚克难"行动支部",推进"红管先锋"书记项目,建设"海棠花红"三级党群服务体系,打造"15分钟"党群服务圈,为新时代加强党的建设伟大工程树立了标杆。

苏州作为我国开放型经济转型先行者,已经成为全国开放载体最为密集、功能最全、发展水平最高的地区。自1994年中国和新加坡合作建设苏州工业园区以来,已累计实施了130多项重点改革,其中24项为国家级先行先试任务,19项改革经验在全国推广,10项在江苏推广,成为中外合作的成功典范和中国改革开放的标杆。作为我国开放型经济转型先行者,"开放",就是全球意识、世界胸襟,就是海纳百川、兼容并蓄,以我为主,为我所用。"开放",就要开拓发展新空间,进一步树立开放理念和兼容胸怀,积极打造自贸区"苏州样板",继续深化中新合作,让自贸区苏州片区成为中新两国合作的新平台,为推进全面高质量开放发展提供新的示范样本。

## 2. 领风气之先"吃第一只螃蟹"

苏州全面高质量发展离不开新时代苏州精神力量的支撑和鞭策。苏州一批骨干企业积极开拓进取，勇于"吃第一只螃蟹"。吴江汾湖高新区是苏州长三角一体化战略核心区的核心。英诺赛科公司坐落于吴江汾湖高新区，是苏州融入长三角一体化中项目引领的典范。这家半导体公司在2020年疫情之后是苏州最早一批全面复工复产的企业，寄托着苏州抢抓第三代半导体发展机遇的产业升级之梦。英诺赛科氮化镓作为首批长三角示范区重大项目，第一期投资60亿元，占地368亩。该项目有望在5年之内形成百亿级规模的第三代宽禁带半导体材料器件产业基地。英诺赛科力争2020年底前实现项目试产。预计全线投产后年产值突破100亿元，并为吴江当地创造超过2000个就业岗位。到2025年，吴江将成为世界上第一个真正的第三代半导体大规模生产中心，为5G基站、无人驾驶、无线充电、数据中心、新型电网和太阳能等产业的自主创新发展提供核心电子元器件，填补我国高端半导体器件的产业空白。[1]

苏州高铁新城是苏州"一核四城"发展战略的北部核心板块。近年来，高铁新城以培育智能车联网产业为着力点，打造全国领先的智能驾驶产业高地，引进了一批覆盖智能驾驶产业链、信息交互、基础支撑三大类，涉及了30余个产业链的细分领域代表企业。苏州高铁新城致力于培育和支持研发型企业，加快前沿技术突破和模式创新，促进"5G+车联网"的协同发展，构筑优质产业生态，在新一轮的赛道上实力领跑。2020年5月14日，3万平方米的科创载体"苏州·中关村信息谷创新中心"项目正式签约。北京中关村信息谷总经理石七林提出："我们将在苏州高铁新城构建类似于中关村的创新生态体系，建设长三角新兴产业创新示范新高地。"[2] 打造"长三角名片"是苏州相

---

[1] 顾善闻：《竞速长三角一体化！苏州的"王炸"，在哪？》，苏州新闻网，2020年4月10日。

[2] 《苏州高铁新城：高铁枢纽"交汇点"创新创业"新天堂"》，《中国青年报》2020年5月26日。

城区近年来定下的小目标：长三角国际研发社区、长三角先进材料研究院、长三角数字货币研究院……此外，还有长三角G60科创走廊智能驾驶产业联盟等长三角合作载体都将在这里建成。近年来，相城区着力打造全国领先的大数据、工业互联网、科技金融、智能驾驶、先进材料、生物医药"六大未来产业"创新高地，已集聚相关企业超千家。这些新经济企业的快速崛起，也为区块链技术研究、场景应用和产业化发展提供了强有力的协同支撑。在高铁新城的区位优势和优异的营商环境下，共建共享共谋发展新未来！

朝着创建国家级车联网先导区的目标，营造最优产业发展生态。2020年3月，相城区出台了《相城区智能网联汽车示范应用第三方机构管理办法（试行）》，进一步提速智能驾驶产业商业化落地进程。苏州高铁新城人工智能运营服务有限公司董事长陈国平说："借力第三方机构，相城将为落地智能驾驶车辆提供更为多样化的道路测试条件与场景，同时围绕智能驾驶相关企业产品展示、业务拓展、基础研发、融资等需求提供相应支持与服务。"[①] 相城区举办了国际（苏州）智能驾驶技术创新大赛、全球智能驾驶峰会暨长三角G60科创走廊智能驾驶产业峰会，具有影响力、竞争力和创新力的智能驾驶产业生态正在逐步构筑形成。一期智能驾驶公共服务平台、"长三角智能网联汽车产业示范区智控中心"先后建成启用，促进场景应用互联互通；长三角G60科创走廊智能驾驶产业联盟、相城区智能网联汽车产业联合会先后成立，加速推动上下游企业融通合作；同济大学大数据车联网（相城）创新中心、相城（武汉）智能网联汽车产业创新创业中心、中意汽车技术（苏州）创新基地、中奥智能驾驶创新中心等平台先后落地，助力产业成果转化。重点培育新兴研发型企业，加快车联网前沿技术突破和模式创新，推进测试道路建设和物流、环卫等多场景应用，促进"5G+车联网"协同发展……相城立足创建国家级车联网先导区，打造全国领先、世界一流的"智能驾驶产业创新高地"。

---

[①] 《苏州：引领人工智能应用创新 扩大智能经济版图》，新华网，2020年8月12日。

▶ 新时代苏州精神

　　生物医药产业是关系国计民生的重要产业，是现代产业体系中成长性最好、发展最为活跃的领域之一，也是苏州经济发展的龙头。苏州生命健康小镇位于苏州高新区枫桥街道，用地面积为1.03平方公里，小镇围绕生命健康产业进行布局，以"三生融合"规划理念为引领，将生产、生活、生态三大圈层紧密相连，旨在打造长三角基因特色产业生态高地、精准医疗和智慧科技研发示范区、产业升级和城市更新形象展示区。2020年6月13日，由上市公司苏州高新区打造的苏州生命健康小镇产业园首期正式开园，坤力生物、速迈医疗、迈哈德、国科均豪、格格医疗等一批高精尖项目签约入驻，为高新区医疗器械及生物医药产业再添新引擎新动力。在将生物医药作为"一号产业"来打造的背景下，这不但是苏州首个5G智慧生物产业园，还标配金融、人才、药监三大专业服务平台，堪称新一代专业园区的样本。建设银行、华为和中国电信为小镇打造的"5G+智慧"生物医药产业园区正式启动建设，这将是苏州首个5G智慧生物产业园，为企业发展提供优质的载体空间，助力招商引资。苏州生命健康小镇将初步实现以生物医药、高端医疗器械、健康管理为核心的产业聚集和人才聚集。

　　"中国免疫疗法看苏州，苏州免疫疗法看园区。"在中国生物医药领域，流传着这样一句话。它道出了肿瘤免疫治疗时代，园区在抗体药产业链端的地位。过去十年，园区在抗体药领域布局了一批企业，不管在资本市场还是在新药领域，它们都取得了不俗的成绩。苏州生物医药产业园作为最具典型的代表，现有的400多家企业已在新药创制、医疗器械（含体外诊断）、生物技术等方面形成了产业集群。当前，基因编辑技术是免疫细胞治疗领域的前沿阵地之一，也是苏州生物医药产业园配合园区今后布局的重点领域。接下来，围绕基因治疗产业链的打造，苏州生物医药产业园一方面将重点引进重大龙头型项目和主要相关的治疗领域的创新创业团队；另一方面，将聚焦相关产品从研发、生产到上市的全流程，引进、培育上下游服务企业，让产业链"一通到底"。2020年内，产业规模将突破1000亿元；到2025年，规模将达到2500亿元，拥有上市企业50家，产业竞争力在全国高新区保持第一。①

### 3. 添绚丽色彩"打造一块金字招牌"

新时代苏州精神为苏州全面高质量发展创先率先领先发展注入强大活力。开放再出发就是要用好开放"金钥匙",推进开放加创新、开放加转型、开放加投资、开放加环境、开放加功能。苏州为推进高水平开放走在最前沿、全面高质量发展走在最前列,积极推进建设法治化、国际化、便利化的营商环境,全力塑造"苏州最舒心"营商服务品牌,原创"苏州开放创新合作热力图"。热力图包括六个部分,分别为投资考察线路图、平台载体导引图、产业用地供应图、投资合作机会图、产业链全球合作对接图和人才创新合作专享图。"苏州开放创新合作热力图"是苏州首次对全市招商资源进行系统整理,将原本散落在各板块、各部门的资源和信息等招商最重要的资源整合在一起,苏州各板块特色鲜明地用上了"一张图",让线上招商成为可能。截至2020年7月末,热力图已汇集139条投资考察线路、674个考察节点、298个可用招商载体、68.8平方公里产业用地、841条投资合作项目需求、人才专享资源2089项,集中在生物医药、半导体、新能源、智能制造、人工智能等领域。②

苏州是一座自带"开放DNA"的城市。据统计,苏州目前拥有1.7万家外资企业,世界500强中有156家在苏州有投资,2018年累计使用外资规模居全国第二。再创一个艰苦奋斗、干事创业的火红年代,就要弘扬"自主、创先、融合、致远"精神,对标国际最高标准、最高水平,持续优化开放布局、拓展开放空间、丰富开放内涵、提升开放能级,来一次开放再出发,"一直走在开放的最前面"。根据苏州市"十四五"规划发展目标,到2025年末,苏州积极优化四大先导产业布局,聚焦生物医药产业,定向攻关、重点突破,全力打造具有全球

---

① 《苏州工业园区:打通上下游 链出"一号产业"未来》,《苏州日报》2020年6月2日。

② 《曾经"六只虎"如今"一张图"》,《解放日报》2020年8月19日。

竞争力的产业地标。培育发展第三代半导体、氢能和航空产业，着力打造新型显示、高端装备制造、高端纺织等10个千亿级先进制造业集群。改造提升传统产业，淘汰低端落后产能企业（作坊）1500家，建成市智能制造融合发展中心，新增省市级智能工厂10家、示范智能车间100个，推动1000家企业智能化装备升级改造。搭建智能网联汽车产业生态，创建国家级车联网先导区。加快推进工业互联网建设，加速推广5G技术与产业应用，设立中国信息通信研究院长三角5G创新中心。

开放，正是让苏州能够继续领跑的、独特的发展优势。做更多"开创性、探索性的工作"，是苏州发展义不容辞的一项使命。开放再出发，要变压力为动力，善于危中寻机、化危为机，准确识变、科学应变、主动求变，抢抓先行先试新机遇，以自贸区建设为"第一抓手"，在制度创新、产业创新、自主创新、综合改革方面发挥试验示范作用，全力打造统领全局、带动力强、具有突破性的先行先试重大平台。开放再出发，要构建全面开放新格局，主动服务、积极融入"一带一路"建设和长江经济带建设、长三角区域一体化发展等国家战略，开拓对外开放新空间，丰富区域合作新内涵，扩大开放经济新领域。开放再出发，要集聚全球创新资源，始终把创新作为引领发展的第一动力，以全球视野谋划创新，以战略眼光布局未来，积极推动开放与创新融合，着力增强创新资源配置能力与优势产业技术实力。

开放再出发，要打造开放包容新家园，参照国际投资贸易规则，努力营造稳定公平透明可预期、与国际接轨、国内领先的营商环境。一视同仁优待内外资企业，完善创新服务有效供给，构建亲清新型政商关系，擦亮苏州亲商、安商、富商的"金字招牌"。吴江从2005年将审批事项减少到307项，成为全省审批事项最少、审批过程最短、速度最快的县市之一。2020年，吴江在改善营商环境方面，如归并、并联、提速、简化手续、不见面审批等，一直在努力，从未停步，吴江在制度红利的供给方面一直走在前列。苏州是创业者的热土，是奋斗者的天堂。苏州以最高标准、最好水平，持续打造一流营商环境，给予海内外企业和创新创业者最贴心的服务、最走心的政策和最称心的回报。把握新时代高质量发展的"苏州战略"，打造高质量发展的金字招牌,本身就是新时代苏州精神的生动写照。"一站式服务""不见面审批""最多跑一次"已成为苏州优化营商环境的"金字招牌"。围绕"放管服"改革,苏州积极推进一系列探索性、创新性和引领性的改革,90%以上的审批服务事项能够在网上办理,极大地提升了经济发展的"软实力"。

壮大发展新动能,提升自主品牌产品国际竞争力。苏州发扬"自主、创先、融合、致远"的新时代精神,发掘、放大典型效应,打造各具特色、错位发展的品牌线路,提高新兴市场开拓的针对性和精准度,满足不同市场的多样化需求,加大新兴市场的开拓力度。苏州重点培育和发展国际知名品牌企业建设境外营销网络、收购兼并海外品牌和渠道提高市场多元化水平,稳步提升"一带一路"沿线地区和新兴产业市场份额,推动用好国家自贸区、创新示范区、综合试验区政策,加快发展跨境电商零售进口业务,积极推动苏州深化服务贸易创新发展,实施内外贸一体化发展,提升试点国际化水平,精心打造苏州工业园区境外投资企业备案和项目备案"单一窗口"模式,认真做好经验总结和推广工作。

在全面高质量发展的实践平台上汇聚强大的精神凝聚力。作为中国改革开放的"试验田",苏州工业园区已将产业发展深深嵌入全球产业链中,强化创新对产业发展的引领作用。面对新冠肺炎疫情的冲击,苏州工业园区以协同为基,打响了提升产业基础能力和产业链现代化水平的"攻坚战"。围绕以生物医药为代表的新兴产业,园区在"任尔东西南北风"的现实中,淬炼"千磨万击还坚劲"的产业思维,构建龙头引领的"最全产业链条"、打造强者恒强的"最强产业集群"、培育赋能创新的产业生态,全力锻造"拆不散、搬不走、压不垮"的"一号产业"。

在苏州纳微科技股份有限公司展厅,一种看上去像面粉,在显微镜下露出真容的分离纯化层析介质其实是一颗颗形状、大小一致的纳米微球。它们表面光滑,呈现出像液体一样的流动性。纳米微球材料的吸附性与表面积成正比,纳微科技的1克纳米微球材料表面积就相当于一个足球,吸附力极强;每个粒子内部都有像迷宫一样的孔洞结构,这些孔洞直径的大小决定了可以进入纳米微球内部蛋白或抗体的种类。纳微科技公司董事长江必旺介绍说:"我们还在纳米微球表面链接了具有特殊功能的基团,相当于给它们装了'手',让其可以顺利抓取某些物质,最大限度地将发酵液中有用的成分提取出来。"[1] 如此神奇的材料,却来自沙子。纳微科技用十多年如一日的刻苦攻关,上演了"沙子变黄金"的奇迹。2007年纳微科技股份有限公司落户园区,公司主打的纳米产品,很长一段时间主要用于电子行业。十多年间,伴随着园区生物医药产业的起步、发展、集聚,与众多药企为邻的纳微科技,体会到了"卡脖子"技术之痛,决心要在相关领域实现突破。也正是靠着在电子行业赚到的利润,纳微科技支撑起了在生物制药分离纯化用纳米微球领域旷日持久的研发,并将沙子锁定为纳米微球的原料。随着园区生物医药产业的迅猛发展,纳微科技在纳米微球产品的质量和生产工艺上实现了弯道超车,成为信达生物、恒瑞医药、博瑞医药、开拓药业等园区众多"明星"生物药企的合作伙伴,与生物医药产业一起协同创新,最终实现了在"卡脖子"领域的国产化替代。

"爱卫有我,文明同行。"20世纪90年代,张家港人用80万把笤帚扫出了首批全国卫生城市,如今这座已经摘得全国文明城市"五连冠"的城市再一次全城行动,建设洁美家园,让文明健康蔚然成风。张家港把爱国卫生运动作为文明城市创建的重要内容,从人居环境改善、餐饮礼仪、社会心理健康、公共卫生设施等多个方面着力,提倡文明健康、绿色环保的生活方式,这是爱国卫生运动的核心,更是创建文明城市的底层逻辑。作为全国新时代文明实践工作首批试点城市,张家港充分发挥行业部门优势,积极调动社会志愿力量,融合运用线上线下手段,全方位立体化推动爱国卫生运动落实落细。目前,该市共有环保志愿者协会、心理关爱志愿者团队、"河小志"志愿服务队、"绿山军"志愿服务队、"美湖使者"志愿服务队等爱国卫生志愿服务队伍156支约8500人,2020年以来已开展爱国卫生志愿服务活动2700余次。张家港充分发动遍布城乡的志愿者力量,担纲爱国卫生运动"主力军";策划开展"加减乘除"文明新风倡导系列活动,引导市民

---

[1] 《苏州工业园区:打通上下游 链出"一号产业"未来》,《苏州日报》2020年6月2日。

养成良好生活习惯；打造完整的心理服务生态系统，关注百姓健康"心"生活。[①] 作为全国文明城市"老典型"，张家港正以新时代文明实践的领跑姿态，丰富爱国卫生运动新内涵，托起人民群众对幸福生活的美好向往。新时代苏州精神正在为苏州高质量发展提供强劲动力。

新时代苏州精神是时代精神与苏州精神的深度融合，是创造新时代历史伟业的时代精神表达。高质量发展之"高"不仅是科学水平高、技术能力强，而且是精神境界高、文化实力强。站在全面高质量发展的新地平线上，勤劳智慧的苏州人民正用实际行动书写新时代苏州精神，就是要再创一个能干事、会干事、干成事的火红年代，推动苏州高质量发展迈上新的更高台阶，齐心协力开创苏州全面高质量发展新局面。新时代苏州精神正激励、鼓舞和鞭策着1400多万新老苏州人为谱写苏州高质量发展新篇章而不懈奋斗！

（本章撰稿人：姜建成　姜颖鹏）

---

[①] 《"五连冠"之后，张家港在做什么》，《光明日报》2020年5月13日。

# 第八章 新时代苏州精神的中国价值与世界意义

时间不等人！历史不等人！时间属于奋进者！历史属于奋进者！为了实现中华民族伟大复兴的中国梦，我们必须同时间赛跑、同历史并进。全党全军全国各族人民要在中国共产党坚强领导下，不忘初心、牢记使命、不畏风浪、直面挑战，以时不我待的奋进姿态，继续向着实现中华民族伟大复兴的光辉目标进发，继续向着推动构建人类命运共同体的美好前景进发，继续在人类的伟大时间历史中创造中华民族的伟大历史时间！①

——习近平

## 一 立足苏州的新时代苏州精神

弘扬与发展"三大法宝"—扎根厚植吴文化沃土—谱写苏州精神的美丽新篇章

伟大时代孕育伟大精神，伟大精神彰显伟大时代。新时代苏州精神是历史上苏州精神的新的继续，她根植于中国特色社会主义伟大实践。"传承'三大法宝'、弘扬新时代苏州精神"是贯彻落实习近平新时代中国特色社会主义思想和党的十九大精神的重要举措，是再创一

---

① 习近平：《在2020年春节团拜会上的讲话》，《人民日报》2020年1月24日。

个艰苦奋斗、干事创业火红年代的发展需要。苏州精神只有在实践中才能得到新的验证和拓展，也只有在新时代伟大实践中，才能不断升华与发展。以"自主、创先、融合、致远"为特质的新时代苏州精神的形成、发展和升华，本身就是苏州人民实践创造智慧的凝结，体现着活力鲜明的人民至上的家国情怀。苏州不仅要成为高水平全面建成小康社会的标杆，而且要成为探索具有时代特征、江苏特点的中国特色社会主义现代化道路的标杆，用率先探索来引领和推动江苏乃至全国社会主义现代化建设新的实践。新时代苏州精神凝聚着奋进新时代新征程的磅礴伟力，是激励苏州人民战胜困难、勇往直前、走在时代前列的精神旗帜和强大动力，蕴含着一种独具魅力的精神价值追求和生生不息的自强奋斗精神。

## 1. 弘扬以"三大法宝"为主要内核的新时代苏州精神

中国特色社会主义进入了新时代，这是一个自主创新、奋勇创先的新时代。在新时代新征程上继续阔步前进，苏州不仅要继续开拓苏州之路，创造新的苏州经验，更需要重塑"苏州精神"。苏州是邓小平同志印证"小康"构想的地方，是习近平总书记殷殷嘱托"勾画现代化目标"的地方。在改革开放新时期，苏州走出了苏州之路，也彰显了"苏州精神"。在新时代，苏州人民秉持以"自主、创先、融合、致远"为特质的新时代苏州精神，坚持敢为人先敢拼闯、创造发展新奇迹，以团结奋斗、自强不息凝聚意志、智慧和力量，站在更高的坐标系中以"敢于争第一、勇于创唯一"的干事创业精神状态，继续当好全省乃至全国改革开放和高质量发展的探路者。通过多年的努力，苏州已处于全国经济总量的第一方阵。2020 年底，苏州全市实现地区生产总值 20170.5 亿元，其中第一产业增加值 196.4 亿元，第二产业增加值 9385.6 亿元，第三产业增加值 10588.5 亿元。全年实现一般公共预算收入 2303 亿元，其中税收收入 2005.1 亿元，占一般公共预算收入的比重达 87.1%。全年一般公共预算支出 2263.6 亿元，其中城乡公共服

### 新时代苏州精神

务支出 1766.8 亿元，占一般公共预算支出的比重达 78.1%。[①] 新时代苏州精神集中展现了苏州发展的新气象、新作为，展现了苏州人民低调务实不张扬，撸起袖子加油干，团结一心、奋力拼搏的精神风貌，开启了探索全面建设社会主义现代化强国的新征程。

沧海桑田，姑苏大地在改革开放 40 多年发生了翻天覆地的变化，堪称"苏州奇迹"。而创造奇迹的背后，是苏州人民在党的领导下，脚踏实地走出一条符合本地实际的创新发展之路。改革开放初期，苏州的泥腿子凭着一股"四千四万"精神，大力发展乡镇企业，进厂不进城、离土不离乡，硬是叩开了工业化时代的大门；进入经济国际化发展阶段，苏州坚持外资外经外贸"三外"齐上，摸索出了一条依靠外向型经济发展的新路；在全面推进"两个率先"的进程中，苏州人民在生动实践创业创新创优"三创"精神的同时，创造了"张家港精神""昆山之路""园区经验"三大法宝。张家港广大干群在改革开放中培育、塑造出"团结拼搏、负重奋进、自加压力、敢于争先"的张家港精神，这是一种艰苦奋斗的创业精神，是一种科学务实的创新精神，是一种敢争一流的创优精神；昆山人民在昆山市委的领导下，"敢想、敢当、敢为""不等、不靠、不要""唯实、扬长、奋斗"，走出了一条"不等不靠、埋头苦干、抢抓机遇、开拓创新"的昆山之路。沿着这条道路，昆山人民奋力拼搏，克服了一个又一个困难，打破了一个又一个瓶颈，从一个典型的农业小县起步，不断创造新的辉煌，连续 16 年稳居全国百强县（市）之首。苏州工业园区秉持"借鉴、创新、圆融、共赢"精神，以国际化视野，探索新型工业化、经济国际化、城市现代化互动并进的发展路径，构建了新型工业化产业体系，实现了从农村形态向城市形态、从工业化初期向后工业化阶段的历史性跨越。具体地说，"三大法宝"就是"别人没干过的事情，先干起来"，因陋就简办乡镇企业，终于花开满园；大胆推动中新合作，一炮打响。"别人先做的事情，学得更快、干得更好"，自费创办开发区，不占政策之先，却引领改革风气之先。"看上去不具备条件的事，善于创造条件干"，28 天时间完成 4.1 平方公里围网，办成全国首家内

---

[①] 数据来源：苏州市统计局 2021 年版《苏州市情市力》。

河港型保税区……①"张家港精神""昆山之路""园区经验"相互激荡，成为苏州特色鲜明的"三大法宝"，成为苏州经济社会快速发展的力量之源、城市之魂，是苏州最可宝贵的精神财富，成为苏州改革开放伟大实践中孕育、塑造的时代精神，激励着一代代干部群众敢闯敢干，共同书写了"小康试验田"的时代传奇。正是由于苏州创造了"三大法宝"的成功经验，涌现出一批又一批"敢为天下先""样样工作争第一"的风云人物和先锋模范，才创造了令世人瞩目的"苏州奇迹"。

1992年，张家港对标当时苏州走在前列的几个兄弟板块，喊出了"工业超常熟、外贸超吴江、城市建设超昆山、样样工作争第一"（简称为"三超一争"）的发展口号。一石激起千层浪。1993年12月15日，《人民日报》在题为《苏州跃起六只虎》的头版头条中写道："一虎呼啸，群虎出山。张家港的挑战，不但使常熟、吴江和昆山感到了紧迫，连吴县和太仓也坐不住了。苏州大地，变成了'六虎'争雄的角逐场。"站在新起点上，张家港市喊出了新时代"三超一争"的口号，聚焦"经济高质量标杆、城乡一体化标杆、新时代文明标杆，在全省率先基本实现现代化"的"三标杆一率先"发展目标发力奋进；2019年10月，张家港提出新版"三超一争"，与1992年相比，目标难度系数更大，发展要求更高，即一般公共预算收入2021年超江阴，新兴产业投资占工业投资比重2021年超昆山，工业投资2023年超昆山和江阴。"三标杆一率先"既是新时期张家港发展作出的重大决策部署，也是回答苏州市委"时代命题"的"宣言书"和"路径图"。②新时代"张家港精神"是每个张家港人的价值追求，"三超一争"聚焦聚力"三标杆一率先"，每个人都能找到属于自己的战场：围绕"经济高质量标杆"，全力推动产业结构往"高"里转，进而实现县域经济高质量发展争先进位；围绕"城乡一体化标杆"，全力推动城乡建设往"优"里转，确保城乡一体化水平苏州领先；围绕"新时代文明标杆"，推动

---

① 奉超：《惊蛰天，苏州干部听到了一记超级"响雷"！》，2020年3月6日，苏州新闻网（http://www.subaonet.com/2020/0306/2650458.shtml）。
② 《三标杆一率先 张家港吹响号角》，《新华日报》2019年10月24日。

### 新时代苏州精神

思想观念往"新"里转,不断拔高新时代精神文明建设的新高度,确保新时代精神文明全国领先。弘扬新时代张家港精神,就是要在致敬历史中再造历史,全力以赴、勇往直前,搅动新时代苏州发展的"一池春水",开辟新时代张家港干事创业的"火红年代"。人是要有一点精神的,有了精神才能干得精彩。张家港既是苏州改革开放发展历程的一个缩影,也是苏州"开发展之先河"的一个示范标杆。张家港从"苏南的边角料"跃升为"全国明星城市",靠的就是"奋斗"二字。被誉为"最强地级市"的苏州,靠的就是一股子争先恐后的闯劲。不争先,就是落后;不进位,就是倒退。在波涛汹涌、你追我赶的时代大潮中,容不得任何犹豫和懈怠,只有坚定者、奋进者、拼搏者,才能始终立于时代潮头,才能把全面深化改革和高质量发展不断推向前进。

新时代苏州精神这一强大新动能是在冲破苏州第一轮创新的生命周期全面结束,所有经验被全国复制,第二轮创新急需启动的重大瓶颈时期,更是要破除苏州部分干部群众小富即安、精神懈怠、不思进取的心理而产生的。如今,超前高起点谋划新时代苏州未来更大的发展,需要继承和弘扬以"三大法宝"为核心的苏州精神原初价值,从"三大法宝"汲取强大精神力量、砥砺奋斗前行。"三大法宝"是时代的产物,随着时代和实践的发展而日益获得更多的认同,已成长为具有强大感召力和凝聚力的精神力量,而这一精神力量将再创新时代苏州的"火红年代"。[①] 在新时代与时俱进的发展中,需要不断赋予"三大法宝"以新的内涵,使苏州"自主、创先、融合、致远"发展保持更加旺盛的生命力和更加强大的凝聚力。

新时代"三大法宝"的新内涵新坐标,需要我们在发展实践中凝练、在创新开拓中萃取、在苦干实干中锻造,需要为闯关者助力、促创新者奋进、助实干者前行,真正让想干事的人有机会、肯干事的人有舞台、能干事的人受尊敬、干成事的人受重用。打造社会主义现代化建设标杆城市,苏州要把"敢闯、敢试、敢干"的改革精神传承下

---

① 任威威、王世谊:《以"三大法宝"精神力量,吹响苏州再创火红年代的"冲锋号"》,《苏州日报》2020年6月16日。

去，再创一个艰苦奋斗、干事创业的火红年代，而引领苏州创新发展之路的是新时代苏州精神。昆山以"一张蓝图绘到底，一任接着一任干"的稳定性连续性的创新，带领广大人民群众脚踏实地、开拓创新，敢为人先的"首创"精神点燃了广大干部群众干事创业、勇争一流的澎湃激情，使新时代昆山的发展始终走在前列。目前，昆山正致力打造充满活力的人才创新环境，以战略眼光建设国家一流产业科创中心，全力打造科技创新策源地、人才创新创业首选地、科技成果转移转化聚集地；聚力打造功能完备的人才宜居环境，推进生产空间集约高效、生活空间宜居适度、生态空间山清水秀，让昆山成为各类英才近悦远来、各展其能的美丽幸福家园；倾力打造舒心如意的人才服务环境，全面打好人才安居、医疗保健、子女教育等服务保障"组合拳"，真正让各类人才在昆山前程似锦、后顾无忧，为新时代昆山的新发展增添人才新活力。

随着产业结构优化、新旧动能转换，战略新兴产业正逐渐成为苏州经济发展的主力军。苏州未来10年的优势产业在哪里？苏州可持续发展的支撑产业在哪里？苏州下一个万亿级产业在哪里？答案就是生物医药产业。[①] 苏州发布《全力打造苏州市生物医药及健康产业地标实施方案（2020—2030）》，明确"做强两核、做大多极"的区域布局，打造具有苏州特色的生物医药产业生态高地和生物医药产业高端研发平台，集聚全球龙头医药企业、高水平医疗机构和世界级学术论坛，致力于打造强者恒强的"最强产业集群"。30年前，苏州踏准了信息技术革命浪潮，将电子信息产业打造成为苏州的第一支柱产业，成为苏州第一个也是唯一一个万亿级产业。如今，苏州举全市之力、汇各方之智、集多方之能，共同打造苏州世界级生物医药产业地标，成为国际知名、国内最具代表性标识度、最具影响力竞争力的产业地标"中国药谷"！

进入新时代、开辟新征程、实现新使命，需要新时代苏州精神赋

---

① 《决定苏州城市命运的"1号产业"为何是生物医药？这场大会给出答案》，2020年4月25日，新华报业网（http：//news.xhby.net/sz/yw/202004/t20200425_6618684.shtml）。

予新的动能。对于苏州来说,如何在群雄争霸中做大做强做优苏州市委、市政府确定的"一号产业"?如何在你追我赶中将生物医药产业打造成世界级产业地标?需要大力弘扬新时代苏州精神,不断完善生物医药制造企业梯度培育体系初创企业,5年内新增孵化载体10个成长企业;5年培育30家左右细分领域领军企业龙头企业;对中国医药工业百强、境内外上市生物医药企业,在苏设立地区总部的给予重奖,支持招才引智上不封顶来苏创新创业人才;用金融"活水"浇灌企业"成长",设立总规模超200亿元生物医药和医疗健康产业基金群,对实现IPO的生物医药类科技瞪羚企业给予奖励,优化营商环境升级产业生态,建设五大产业配套中心,启动全国唯一一家国家级生物医药产业技术创新中心建设。2020年上半年苏州生物药品制造增长了600%以上,可谓是突飞猛进的爆发式增长。全球公共卫生事件的持续,推动着苏州医药产业进入高速发展期,苏州将成为全球医药制造最强的城市之一,拥有完整的医药制造产业体系。苏州以空前力度推动生物医药产业发展,计划到2022年,集聚生物医药企业4000家、产业规模突破2800亿元;到2025年,集聚生物医药企业6000家、产业规模突破4000亿元;到2030年,集聚生物医药企业超万家、产业规模突破万亿元[①]。

## 2. 扎根东吴大地的新时代苏州精神

以"自主、创先、融合、致远"为特质的新时代苏州精神就是"新时代苏州之路"的强大精神再造。进入新时代,苏州的发展态势越来越好,优势越来越强,但面临的压力越来越大,挑战也越来越多。作为决胜全面建成小康社会、开辟社会主义现代化强国走在前列的标杆城市,苏州从来没有像今天这样充满生机活力,从来没有像今天这样具有无限的想象空间,也从来没有像今天这样面临的压力如此之大。

---

[①] 《苏州生物医药发展大会召开 倾力打造世界级生物医药及健康产业地标 力争到2030年集聚生物医药企业超一万家 产业规模突破一万亿元》,《苏州日报》2020年4月26日。

江苏6个现代化建设试点地区中，有两个在苏州。在江苏现代化建设大局中，苏州有基础、有条件、更有责任作出先行示范。新时代的苏州对未来的发展提出了更高更新的要求，走在时代前列的苏州如何扎根东吴大地，必须沉下身子抓落实，动真招、出实招，用火红的"奋斗指数"换取过硬的"发展指数"，以过硬的"发展指数"赢得满满的"幸福指数"，在"以国内大循环为主体、国内国际双循环相互促进"的新发展格局中，苏州要把握好国际、国内两个市场，利用好"两种资源"和"两个大局"，着力打造新时代苏州发展模式，把人民对美好生活的向往作为奋斗目标，奏响新时代苏州全面高质量发展的最强音。

苏州，这座千年历史文化名城，进入新时代高质量发展轨道，必须紧紧抓住转型升级的新机遇，激活高质量发展的强劲内生动力，加快创新驱动促经济转型、创新型企业加速成长，加快构建完整的内需体系，形成更多新的增长点、增长极，着力打通生产、分配、流通、消费各个环节，推动供给需求在更高层次更高水平上实现动态均衡。苏州以高起点设计，绘就就业创业新环境；以高效能宣传，打造首选苏州新引力；以高标准启动，塑造创响江苏新力量；以火红的创业创新热情，着力创造"现代国际大都市，美丽幸福新天堂"的美好明天。苏州全力打造科技创新发轫地、创新创业首选地、科技成果转化聚集地。2020年5月20日，苏州市重磅发布《关于建设劳动者就业创业首选城市的工作意见》，推出"金蓝领"培育工程、"选出劳动者做一周市长"等29条新政策，对有创业意愿和培训需求、持本市居住证的外地户籍劳动者，视同本地户籍人员，同等享受政府补贴性创业培训。在苏累计缴纳社会保险满3年，或在苏创业吸纳5人以上就业的外地户籍创业人员，视同本地户籍人员，同等享受创业扶持政策。对符合条件的创业者开办实体给予开业补贴的标准提高至1万元。以建设劳动者就业创业首选城市为目标，让苏州成为劳动者素质最优的城市、配置效率最高的城市、最被关爱最能融入最能成长的城市。苏州主打一个岗位，一个舞台，一个成长平台，最能融入、最被关爱、最有成长，舒心创业，首选苏州，让众多创业者真真切切体会到"首选"城市的礼遇，享受"首选"城市政策大礼包。苏州高效率主推各项创业服务活动，打造首选苏州新引力，首批创业政策享受者补贴已发放到位，有效推动苏州创业环境"零温差"、创业培训"无差别"、创业服务"最暖心"，倾心打造苏州创业最优生态，用新时代苏州精神凝聚共识、凝聚人心、凝聚智慧、凝聚力量，推动苏州全面高质量发展再创新的辉煌。

作为最强地级市的苏州，正在"下一盘大棋"，就是在制造业大市的基础上打造新的业态。① 新时代的苏州抓住了高质量、高科技含量的工业投资契机，用足够多的优质增量带动存量、优化存量、改造存量，实现生产性服务业驱动制造业升级的"协同作战"。自2005年以来，苏州工业投资每年都保持在千亿元以上，推动苏州工业实现了高速增长，工业增加值占GDP比重常年保持在40%以上，积累起了齐全的产业门类（拥有35个工业大类，涉及167个工业中类、489个工业小类）以及国内一流的垂直整合能力。如今苏州将强化信息技术服务、研发设计服务、知识产权服务、金融服务等生产性服务业对制造业的全产业链支撑作用，在技术渗透、深度融合中实现产业链重整、价值链提升、创新链跨越。2020年苏州新增省级生产性服务业集聚示范区6家、领军企业4家，获评省级先进制造业和现代服务业深度融合发展龙头骨干企业试点30家，产业集群试点5家，区域集聚发展试点2家。苏州着力打破生产性服务业"低供给"与"低需求"的"低效均衡"，着力推进制造业从"高速度"到"高基数"，再到"高质量"的转型发展，用好生产性服务业利器，赋能新苏州制造行稳致远，打造一艘苏州制造的"新时代巨轮"。

苏州紧扣四大先导产业，提供更加全方位、专业化、高端化的服务供给，包括推进一批国家级、省级、市级生产性服务业标准化示范项目，建设一批生产性服务业标准化试点示范单位，打造一批有影响力的生产服务业品牌企业。苏州正式发布关于推动生产性服务业集聚创新发展的两项重点政策，三年内滚动遴选一批年营业收入超过2000万元、成长态势良好的创新型服务企业，形成市级技术先进型生产性

---

① 《鼓起风帆打造生产性服务业标杆城市 推动新苏州制造"时代巨轮"行稳致远》，《苏州日报》2020年7月19日。

服务业企业库，自入库企业参照国家技术先进型企业所得税优惠政策对其给予奖励；为生产性服务业重点领域做出突出贡献的高端人才给予个人薪酬奖励；推出"十项重点举措"主要包括谋划沪苏地缘合作新机制、出台精准化政策和举措、做强一批优势产业服务链、谋划一批重大产业项目、打造一批公共服务平台、创建一批市级集聚示范区、培育一批新业态新模式、打造一批龙头领军企业、定制一批金融创新产品和组建一批重点领域产业联盟。

苏州强化数字赋能智能制造，重点围绕 10 个千亿级制造业集群，着力引进、培育一批应用前景广、产业带动强、数字技术嵌入的智能服务型企业，聚焦前沿推动技术溢出，进一步加大生产性服务业研发投入，在服务制造业的过程中实现技术成果向制造业的溢出，变市场依赖为生产依赖和研发依赖，实现从"生产型制造"向"服务型制造"转变。2020 年苏州净增国家高新技术企业 2720 家，全年遴选瞪羚企业 391 家。高新技术产业产值占规上工业总产值比重达到 50.9%。[①] 由盛虹集团牵头组建的国家先进功能纤维创新中心成为江苏省首个国家级制造业创新中心。

要让市场主体最有存在感、获得感。苏州提出要充分用好各类人才政策，加大对生产性服务业领军人才、高端人才、国内外高层次复合型人才的培养和引进力度。依托长三角资本集聚优势，苏州提升发展环境的吸引力、资本募集的吸引力、投资效率的吸引力、创新探索的吸引力，加快发展以创投风投、私募股权投资为核心的新金融服务业。让市场化发展环境最公平。全国地级市中首个国家级人力资源服务产业园就在苏州，以"一园多区"的布局辐射带动全市人力资源服务机构超 3300 家，产业规模超 840 亿元，70% 的企业完成省内布局，30% 的企业完成全国布局。2020 年末，苏州各类人才总量 310 万人，其中高层次人才 28 万人、高技能人才 72.75 万人。新增省"双创人才"129 人，累计达 1114 人。[②] 苏州通过强化知识产权保护，完善公平竞争制度，推动创新优势转化为产业发展优势。2019 年中国（苏州）

---

① 数据来源：苏州市统计局 2021 年版《苏州市情市力》。
② 数据来源：苏州市统计局 2021 年版《苏州市情市力》。

知识产权保护中心专利预审工作试运行以来，大力提升了专利预审质量和效率，改善了专利预审服务水平，万人有效发明专利拥有量达到58.3件，不断推进创新价值最大化，为高质量发展夯实知识产权基础。2020年苏州全市专利授权量138861件，比上年增长71.1%。其中发明专利授权9909件，增长18.8%。年末有效发明专利拥有量74008件，比上年增加10946件。PCT专利申请3905件，比上年增长53.3%。[①]

为打造全面高质量发展的样板，苏州按照中共江苏省委提出的"经济发展、改革开放、城乡建设、文化建设、生态环境、人民生活"六个高质量的决策部署，率先推动全面高质量发展，持续推进"放管服"改革。坚持用户思维，注重客户体验，更多站在企业的角度去思考和谋划，不断擦亮"苏州最舒心"营商服务品牌；更好优化营商环境，为制造业企业提质增效提供最优服务、最强支持。2020年，苏州新增市场主体67.7万户，累计达到244万户。[②] 全面实行"证照分离"改革，依申请类政务服务事项95%实现不见面审批，开通"12345"苏州企业服务专线，全面落实减税降费政策和惠企减费举措，减轻企业成本负担620亿元。苏州全面推行以"双随机、一公开"为基本手段的新型监管机制，实现"进一次门、查多项事"，优化提升市级政务云，加快推动政务数据整合共享。

统筹打好蓝天、碧水、净土保卫战，构筑绿色家园城市。2019年，苏州启动建设长三角生态绿色一体化发展示范区，加强环境突出问题整治，关停低端落后及过剩产能企业（作坊）1819家，"补短板"项目完成投资任务；推进711项治气工程项目，完成燃煤锅炉整治、堆场扬尘治理、挥发性有机物综合治理等年度任务，PM2.5平均浓度每立方米39微克，空气质量优良天数比率为77.8%；实施"水十条"、太湖治理、阳澄湖生态优化行动等重点项目575个，完成4.5万亩太湖网围清拆和阳澄湖生态修复一期工程，国考省考断面水质优Ⅲ比例分别达到87.5%和86%、提高18.8个和10个百分点。"君到姑苏见，人家尽枕河。"姑苏区是苏州的老城区，也是苏州历史文化的核心区域。在

---

① 数据来源：苏州市统计局2021年版《苏州市情市力》。
② 数据来源：苏州市统计局2021年版《苏州市情市力》。

推进经济社会发展中，姑苏区致力于生态环境建设。2020年3月23日，在苏州平江历史文化片区内，消失近半个世纪的中张家巷河通水"重生"，再现典型的江南水乡风貌。历时15载，费用超过1.1亿，迁移居民数十户，只为复原一条600多米长的河道。苏州用"绣花"的功夫，寻回了"小桥流水、人家枕河"的乡愁。

民生保障增合力，多措并举加大民生投入。根据抽样调查，苏州全市常住居民人均可支配收入62582元，其中城镇常住居民人均可支配收入70966元，农村常住居民人均可支配收入37563元。居民人均消费支出34770元，其中城镇居民人均消费支出39005元，农村居民人均消费支出22129元。[①] 2020年全市最低工资标准为2020元/月，市区城乡居民基础养老金标准分别提高至每人每月550元、410元，城乡最低生活保障标准提高至每人每月1045元。[②] 优化升级临时救助政策，全面落实"单人保"政策，临时救助困难群众5051户次。推进区域性养老服务中心建设，2020年苏州全年新增养老机构床位1389张、日间照料中心286家。[③] 吴中区获评全省首个国家智慧健康养老示范区，为人民群众解难事、做好事、办实事。[④]

2019年9月，娄葑街道发扬基层干群的首创精神，按照习近平总书记"让老年人老有所养、老有所依、老有所乐、老有所安"[⑤]的要求，精心打造居家养老服务闭环模式，实现了真正意义上的足不出户幸福养老，兜住了居家养老民生底线，成为社会治理共建共治共享的生动案例。娄葑街道推出符合条件的社区老人每餐只需支付9元钱，即可足不出户享受营养可口的"三菜一汤爱心餐"。对于送上门的"爱心餐"，许多老人称赞这是党和政府带给我们的小康生活！2020年6月20日，娄葑街道坚持自治、法治和德治相结合，发挥居民自治的积极性，用法治兜住自治的底线，以德治汇聚社会正能量，以智治、勇治

---

[①] 数据来源：苏州市统计局2021年版《苏州市情市力》。
[②] 数据来源：苏州市统计局2021年版《苏州市情市力》。
[③] 数据来源：苏州市统计局2021年版《苏州市情市力》。
[④] 数据来源：《2020年苏州市政府工作报告》，苏州市人民政府，2020年2月17日。
[⑤] 习近平：《在2019年春节团拜会上的讲话》，《人民日报》2019年2月4日。

和事治为具体路径,"爱心呼叫中心""爱心厨房""爱心应急""爱心送医""爱心助洁""爱心关怀"的"1+5"爱心系列公益项目全部落地,迈出了探索居家养老领域共建共治共享新格局的历史性一步。

苏州走全面高质量发展之路,始终坚持以改善民生为导向。"共享理念实质就是坚持以人民为中心的发展思想,体现的是逐步实现共同富裕的要求。"[①] 苏州要为全省乃至全国人民实现对美好生活的向往提供坚持以人民为中心发展的生动范例,就是要弘扬新时代苏州精神,在满足人民有更好的教育、更稳定的工作、更满意的收入、更可靠的社会保障、更高水平的医疗卫生服务、更舒适的居住条件、更优美的环境、更丰富的精神文化生活上持续发力,不断增强人民群众的获得感、幸福感、安全感,将改革发展成果更多更公平地惠及全体人民群众。苏州立足于新时代经济社会发展水平,坚持党的群众路线,充分发扬民主,广泛汇聚民智,更好激发民力,推动经济社会迈上新台阶、创造新辉煌,使人人享有经济、政治、文化、社会、生态等方面的建设成果,充分彰显让人民群众过上好日子是党和政府一切工作的出发点和落脚点的价值追求。

### 3. 谱写新篇章的新时代苏州精神

苏州之所以能够在经济社会发展中取得骄人的成绩,归根结底在人,在人的思想境界、工作作风和精神风貌。曾经在改革开放过程中创造过非凡成就的苏州,进入新时代要弘扬以"自主、创先、融合、致远"为特质的新时代苏州精神,保持奋力拼、迎难上的劲头,激发苏州人民走在时代前列、谱写苏州发展新篇章的创造精神,始终保持一股子冲劲、拼劲和韧劲,形成争先进位、竞相发展的浓厚氛围,不断实现发展格局的新突破和新超越。改革开放再出发,苏州党员干部的思想观念能不能跟上时代步伐?能力素质能不能适应形势要求?体制机制能不能保障有力?干部作风能不能让群众满意?各级党员干部要坚守崇高的理想信念、担当奉献的家国情怀、人民至上的价值追求

---

[①] 《习近平谈治国理政》第2卷,外文出版社2017年版,第214页。

和自我革命的政治品格,把"不忘初心,牢记使命"主题教育的成果转化为推动全面高质量发展的实际成效,牢固树立"一盘棋"思想,心往一处想、劲往一处使,切实发挥好各级领导干部的"头雁效应",一级做给一级看,一级带着一级干,形成解放思想、对标对表、奋勇创先、深化改革、狠抓落实、勇攀高峰的浓厚氛围。

在新时代发展中,苏州不回避存在的问题,冷静思考如何应对新的挑战和新的考验。我们要看到,苏州第二次创业、创新、创优面临着许多有待解决的疑难问题:传统重化工制造业比重仍然偏高,战略性新兴产业生长速度有快有慢,转型升级正在艰难转型中;科技创新源不足,顶端拔尖人才和国家级专业实验室缺乏,产业攀升遭遇瓶颈制约高于周边地区;城市能级不适应新时代创新创业创优发展的需要,可支配财力严重不足,与深圳、上海等城市财政结构和创新能级有很大差距;部分干部积极性受挫,治理队伍能级不够、动力不足,缺乏高智力和激情燃烧双佳干部;"请进来"与"走出去"比重失衡,新发展格局需要加快建构;等等。改革创新由问题倒逼而产生,又在不断解决问题中得以深化。苏州破解发展中的突出矛盾与现实问题,迫切需要弘扬以"自主、创先、融合、致远"为特质的新时代苏州精神,坚持走自己的路,牢牢掌握发展的主动权,不断增强广大干群干事创业的精神动力。

在谱写新时代苏州发展新篇章过程中,苏州相城区委提出,"以先行尖兵的气魄,超前谋大事,实干担使命,奋力争当开放发展先行尖兵",喊出"发展水平争一流,发展增速争第一,发展成果争唯一"的口号。强调真正做强实力,把"家业"立起来;做靓形象,把"门楣"立起来;做优服务,把"口碑"立起来;做严规矩,把"门风"立起来。不断加强对新思想、新技术、新知识的学习,思想再解放、开放再出发、目标再攀高,找准"相城定位",落实"相城行动",发出"相城声音",贡献"相城力量"。扎实推进高质量发展,推动相城经济社会发展跃上高平台、跃向高水平、跃出高质量。打造苏州新门户、城市新家园、产业新高地、生态新空间,奋力争当高质量发展和现代化建设的排头兵!

在疫情防控常态化的背景之下,张家港市纪委监委坚持忠诚履职

> 新时代苏州精神

尽责、勇于担当作为,充分发挥监督的推动和支持作用,把确保企业有序有力复产,作为加强对"六稳""六保"任务落实情况监督的重点内容;成立了5个督导组赴该市522家重点企业开展走访,把企业需要政府部门协调解决的实际困难形成清单,逐条梳理、及时交办,持续督促落实,打通企业复工复产"任督二脉";将《惠企十条》《惠外十四条》《助力企业复工复产七条》等政策落地情况作为监督重点,坚持跟进监督、精准监督、全程监督,加大金融支持、稳定职工队伍、减轻企业负担等3方面10项惠企举措,细化形成32条监督清单,组织派驻机构对职能部门履责情况开展监督,张家港2020年上半年各项主要经济指标全面回升。张家港市纪委监委提出,在权力运行上念好"紧箍咒",在统筹监督上打好"组合拳",在制度执行上架起"高压线",全力营造风清气正的政治生态,助燃火红年代,为高质量发展提供坚强纪律保障。

苏州之所以不断追求卓越、迸发持续活力,就在于根据各个发展阶段的实际,勇于开拓创新,永不止步,坚持将以"自主、创先、融合、致远"为特质的新时代苏州精神作为支撑。"我们要永远保持清醒头脑,继续发扬筚路蓝缕、以启山林那么一种精神,继续保持空谈误国、实干兴邦那么一种警醒,敢于战胜前进道路上的一切困难和挑战,使中国特色社会主义道路始终成为中华民族创造辉煌的必由之路,始终成为中华民族实现伟大复兴的必由之路,始终成为中华民族为人类作出新的更大贡献的必由之路。"[①] 新时代苏州改革开放再出发,就是要肩负习近平总书记"勾画现代化目标"的嘱托和中央、省委的殷切期盼,勇当高水平全面建成小康社会的标杆,坚决扛起"争当表率、争做示范、走在前列"职责使命,更加积极主动落实长三角一体化国家战略,全力打响"苏州制造""江南文化"两大品牌,探索具有时代特征、江苏特点的中国特色社会主义现代化道路的标杆,升腾起的澎湃激情再创一个艰苦奋斗、干事创业的火红年代,是不忘初心、牢记使命,自加压力、迎难而上,主动把自己放在更高的"坐标系",同更

---

[①] 习近平:《在2015年春节团拜会上的讲话》,《人民日报》2015年2月18日。

强的对手去比拼、去较量、去奋斗的豪情壮志。苏州再创一个艰苦奋斗、干事创业的火红年代，就是要不畏山高坡陡、不畏千沟万壑，站在实现中华民族伟大复兴的战略全局和世界百年未有之大变局的高度，审视苏州的历史地位和发展方位、时代责任和重大使命，将全面建设社会主义现代化强国的伟大目标在苏州大地凝聚起"自主、创先、融合、致远"的新时代苏州精神共识，化为更自觉、更强大的行动力量。

思想是行动的先导，理论是实践的指南。站在"两个一百年"奋斗目标的历史交汇期的新起点，苏州承担着带领广大人民推进高质量发展、全面建设社会主义现代化强国的标杆作用，就是要引领发展的方向和追求，就是要成为率先探索、走在前列的典型，就是要实现全面高质量发展高要求与新时代苏州精神新追求的统一。江苏省委给苏州以当好"两个标杆"的新任务、新定位，实质上赋予了苏州更高的要求、更大的压力、更新的使命和更大的责任，同时，也要求苏州有更大的作为、更好的担当、更新的探索和更多的奉献。[①] 新时代苏州精神是内在精神激励，全面高质量发展是重大目标定位。苏州各个县（市、区）板块要永远把人民对美好生活的向往作为奋斗目标，以永不懈怠的精神状态和勇往直前的奋斗姿态，认清自己在全省处于什么位次、在全国处于什么水平，对标先进比学赶超、争先进位精准发力、真抓实干竞相发展，用新境界打造新优势、用新精神实现新超越、用新超越再创新辉煌。

## 二 面向全国的新时代苏州精神

新时代苏州精神的标杆性—勇立潮头—担当作为—干事创业—再创辉煌

改革创新再出发，而今迈步从头越。处在改革开放最前沿，在全

---

① 方世南：《敢为人先奋发进取当好"两个标杆"》，《苏州日报》2017年9月21日。

省乃至全国发展大局中具有十分重要的地位,苏州紧跟时代发展潮流,按照习近平总书记赋予江苏"争当表率、争做示范、走在前列"的更高要求,真正使习近平新时代中国特色社会主义思想在广大干群内心深处扎下根来,把理论武装成果转化为履职尽责的实际成效。以"自主、创先、融合、致远"为特质的新时代苏州精神的提出,就是要在新的历史条件下加快构建新发展格局,继续为全国探路。当下我国正处于"两个一百年"奋斗目标的历史交汇期,苏州需要在更高的坐标系中勇当"两个标杆","点亮一束光,照亮一大片"。苏州发展到今天,一直被中国很多城市当作标杆,有许多城市以苏州为参照,要把苏州今天的发展当作自己 15 年后的明天[①]。中共苏州市委提出"苏州要在全国争第一、创唯一"的目标要求,要与强的比,要与高的赛,敢作敢为,善做善成,从照着讲、接着讲到创新讲,不断开拓发展方式新革命,提升人民生活新水平,率先成为全国走全面高质量发展之路的排头兵,成为率先实现基本现代化的示范城市。

## 1. 永立潮头的新时代苏州精神

新时代苏州精神坚持以马克思主义人类发展道路理论为指导,在实践创新的基础上不断推进理论创新,丰富了新时代中国精神的新图谱。苏州市委坚持"不忘初心、牢记使命",引领新时代"改革开放再出发",凭借以"自主、创先、融合、致远"为特质的精神状态和奋斗姿态,勇立时代潮头,担当作为,将对苏州人民、苏州大地的浓浓爱意、深情厚谊转变为新时代苏州全面深化改革、推进高质量发展的强大力量,在新时代的历史洪流中为领航苏州谱写新的篇章。2020 年是全国决胜全面建成小康社会的关键之年、两个一百年交汇点、坚决打赢扶贫攻坚战的收官之年。全面高质量发展是社会主义现代化强国建设的重要目标和现实路径,没有高质量发展就不可能建设社会主义现代化强国。习近平总书记视察江苏时指出,"为全国探路,这是江苏的

---

[①] 《新媒报道:苏州转型争当城市发展标杆》,《参考消息》2019 年 12 月 6 日。

使命",同时提出建设"强富美高"新江苏的新时代奋斗目标。苏州作为江苏"为全国探路"的先行军和排头兵,改革开放以来以敢闯敢干、勇往直前精神创造的许多成功经验已经被全省、全国各地所关注、所复制。现在,苏州的发展需要抢抓新机遇,迎接新挑战,以整体文明进步的辉煌业绩和更加强大的综合实力,站上新的历史平台上,在更高的坐标系中全面提升苏州高质量发展的标杆,在全面深化改革和全面高质量发展的道路上继续走在时代前列。

再创火红年代,进行"二次创业",不仅要思考苏州有什么、苏州靠什么、苏州要什么、苏州干什么的问题,而且要以更高的思想站位,主动发挥、积极发挥、自觉发挥以"自主、创先、融合、致远"为主要内容的新时代苏州精神的价值引领作用。"张家港精神"被奉为全国学习的典范,"昆山之路""园区经验"也屡屡被其他城市所模仿学习,而且"越来越像",特别是"建立开发区""吸引外资""亲商富商""团结拼搏"等在全国全面开花,在全国很多城市一经展现便成为一股"赶超之势"。在新一轮发展中,苏州10个板块就像10架发动机,推动着苏州发展行稳致远;苏州10个板块各展所长、竞相赶超,把高质量发展这篇文章书写得更加出彩。在"二次创业"实践中,姑苏区重磅打造苏州国际设计周,张家港市锚定"三标杆一率先"新目标,昆山市扛起"四闯四责"新使命,吴江区"谋变谋融"亮出长三角一体化"C位当中的C位"模样,常熟市努力打造数字经济引领的科创之城,太仓市吹响赶超跨越"冲锋号",吴中区夯实"核轴带"三大布局,相城区积极抢抓长三角一体化发展等战略叠加机遇,苏州高新区打响"三提两进一前列"的战斗,苏州工业园区强化自贸区建设、现代化建设试点、自主创新示范区、开放创新综合试验四大平台的联动。当前,苏州改革开放再出发这锅水烧开了、沸腾起来了,各区县市"龙腾虎跃"的比学赶超之态充分展现。10个板块自然禀赋不同、发展基础不同、目标定位不同,但不争先,就是落后;不进位,就是倒退。苏州正在用新时代的伟大实践书写团结拼搏、再创辉煌的新篇章。

2009年,习近平同志在江苏调研时指出:"像昆山这样的地方,包括苏州,现代化应该是一个可以去勾画的目标。"① 榜样示范深深植根于苏州这片沃土、植根于人民之中,再创一个艰苦奋斗、干事创业的火红年代,就是要从思想深处摆脱思维定式、模式情结、路径依赖,把那些不合时宜的思想观念、僵化的体制机制清除掉,用创新的思路、改革的办法推动高质量发展。再创一个艰苦奋斗、干事创业的火红年代,需要广大干部群众团结一致、万众一心、攻坚克难、开拓进取,以"斗罢艰险又出发"的斗争精神,以"狭路相逢勇者胜"的昂扬姿态,勇当新时代高质量发展和现代化试点走在前列的热血尖兵,推动思想再解放、开放再出发、目标再攀高,以实干新业绩答好时代之卷、人民之问,在新时代解放思想、大胆探索,努力展现发展的创新性、探索性、引领性,更好地发挥对全省发展的示范作用。② 新时代苏州精神是新时代苏州经济社会发展和党的建设取得辉煌成就的生动写照,苏州广大干部群众正奋力谱写新时代苏州改革开放和现代化建设新篇章,为全国全省发展大局做出新的更大贡献,为实现中华民族伟大复兴的中国梦而不懈奋斗!苏州提出以"自主、创先、融合、致远"为特质的新时代苏州精神,将努力打造新时代中国改革开放和现代化建设的示范区,积蓄能量、点燃激情、争先进位,力争在全面高质量发展上走在全国前列,为实现"两个一百年"奋斗目标、探索现代化新征程做出新的"苏州贡献"。

"万物得其本者生,百事得其道者成。"弘扬新时代苏州精神最根本的是坚持中国共产党的领导,充分发挥中国特色社会主义制度和国家治理现代化的最大优势。把党的领导落实到社会治理各领域、各方面各环节,把党领导的制度优势转化为治理效能,自觉把坚持和完善党的领导制度体系作为创造新时代苏州"三大法宝"的制胜之要,积极打造自治、法治、德治三治相融的城乡治理体系,有力加强基础教育、医疗卫生、养老服务等优质公共服务的持续供给,打造共建共治共享的社区治理新格局,不断增进百姓福祉。新时代"三大法宝"是

---

① 《探索实践"两个标杆""四个名城"的苏州之路》,《苏州日报》2019年3月25日。

② 苏鲍平:《思想再解放 开放再出发 目标再攀高 再创一个激情燃烧干事创业的火红年代》,《苏州日报》2019年9月27日。

苏州社会治理工作创新发展的成功探索，是党的群众路线在苏州基层治理工作中的典型实践，苏州不断挖掘新时代"三大法宝"奋发有为的激励价值，发挥党的领导和中国特色社会主义制度优势。新时代苏州精神是苏州的"市魂"，是苏州社会治理工作走在全国前列的生动呈现，是推动苏州全面高质量发展的精神支柱和内在动力，也为各地构建高效能现代化治理体系提供新的示范样本。

吴中区委弘扬向最"优"目标对标看齐的良好精神风貌，营造主动作为、竞相发展的良好氛围，全力推进高质量发展，绘就最美太湖画卷，把吴中区打造成为践行"两山"理论的标杆典范。吴中区提出，把转型升级作为主攻方向，把改革创新作为第一动力，把绿色发展作为鲜明底色，始终保持"争第一"的拼劲，敢闯敢干，挑战新高度；始终保持"打硬仗"的勇气，善做善成，实现新突破；始终保持"再出发"的本色，聚力聚焦，谱写新篇章。吴中区瞄准目标争第一，干就干最好，争就争第一。牢固树立"干不到一流就是失职、争不到一流就是落后"的理念，不空谈、不等待，甩开膀子干，敢于跑出高质量发展"加速度"。坚持"生态立区"不动摇，按照突出绿色发展理念，把握优生态主基调，做好"生态＋创新""生态＋创意""生态＋创业"大文章，不断彰显"山水之美"，全方位打造"梦里江南""乡愁记忆"，为苏州再创一个艰苦奋斗、干事创业的火红年代注入强劲动力。

改革开放以来，苏州一直是全国农村改革发展的典型，城乡一体化发展水平连续多年位居全省、全国前列。苏州书写了苏南模式、农村股份合作社、城乡一体化等新中国"三农"事业发展史上的精彩篇章。目前，苏州农业现代化指数已连续6年位居全省前列，全市农村集体总资产达到3180亿元，村均年可支配收入达到936万元，农村居民人均可支配收入达3.5万元，是全国城乡差距最小的地区之一。苏州有条件、有基础也有责任先行一步，在高水平全面建成小康社会的基础上，率先开启农业农村现代化新征程，为苏州乡村振兴战略做出新的努力。习近平总书记指出："在我们这样一个拥有近14亿人口的大国，实现乡村振兴是前无古人、后无来者的伟大创举，没有现成的、可照抄照搬的经验。我国乡村振兴道路怎么走,只能靠我们自己去探索。"① 近年来,苏州积极探索率先基本实现农业农村现代化的创新实践,开展了一系列开创性、探索性工作,迈出了探索中国特色社会主义乡村振兴道路新征程的重要一步,积极形成"都市农业发达、水乡特色鲜明、江南文化彰显、和谐治理有效、人民生活富裕"的发展格局,不断完善城乡一体化发展的体制机制和政策体系,为全国基本实现农业农村现代化提供有益借鉴。

### 2. 干事创业的新时代苏州精神

干事创业不仅要有高度认同的目标导向、积极可行的措施落实、解决问题的制度保障,更需要弘扬新时代苏州精神。历史的道路,不全是平坦的,有时走到艰难险阻的境界,这是依靠团结拼搏、勇往直前的精神才一次次冲过去的。新时代苏州精神凝聚着国家大义和民族情怀,为新时代苏州的发展提供强大的精神助力。新时代苏州精神已转化为苏州文化软实力,成为苏州发展的核心竞争要素。新时代苏州的发展,要创造条件,坚持创新第一动力,积极发挥市场创新主体的重要作用,吸引更多高端要素在苏州集聚,充分释放干事创业的活力、潜力和动力;要用好激励政策,坚持发展第一要务,在放大发展优势上下功夫;要加强对标找差,坚持改革第一抓手,敢于拼搏,勇争一流,在积极争先进位上下功夫;要增强担当意识,坚持民生第一目标,在提升百姓美好生活上下功夫;要充分发挥党建引领带动作用,履行"一岗双责",坚持党建第一保障,坚决用制度管权、管钱、管事、管人,全力打造忠诚担当、清正廉洁的干部队伍。新时代苏州精神的实质,就是对党忠诚、为民服务、敢为人先、勇于担当和创新发展,必将助力苏州在改革开放再出发的历史阶段跃上新台阶。

进入新时代,苏州以更加宽广的全球性、开放性、创新性、整体性视野,充分认识自身的优势和不足,找准自己的目标和定位,在更高的坐标系中提升自己的标杆形象,为在全国全面建成高水平小康社

---

① 《习近平谈治国理政》第 3 卷,外文出版社 2020 年版,第 259 页。

第八章　新时代苏州精神的中国价值与世界意义

会的基础上继续探索具有时代特征、江苏特点的中国特色社会主义现代化道路作出示范。以"自主、创先、融合、致远"为特质的新时代苏州精神，本质上就是新时代版的"发展共同体主义"文化价值，是苏州精神的2.0版。它不仅要求打造自主发展的共同体，敢走别人没有走过的路，走自己以前也没有走过的路，更强调要充分激发再燃激情、再创辉煌的发展意志，需要创新、突破、开放、敢闯敢试的阳刚之气；共同体主义则需要崇文、包容、融合、和谐的阴柔之气，两者的有机结合，正是居于山水之间苏州吴文化所具有的特色鲜明的"发展共同体主义"价值观。

坚持以改革开放为动力推动高质量发展，苏州通过改革开放释放内需潜力、激发市场活力、增强内生动力。习近平总书记指出："我国经济已由高速增长阶段转向高质量发展阶段，正处在转变发展方式、优化经济结构、转换增长动力的攻关期，建设现代化经济体系是跨越关口的迫切要求和我国发展的战略目标。"[①] 建设现代化经济体系必须推动经济发展质量变革、效率变革、动力变革，要不失时机推动改革，善于用改革的办法解决发展中的问题，完善要素市场化配置体制机制，坚定扩大对外开放，推动共建"一带一路"高质量发展。在更高起点、更高层次、更高目标上推进改革开放，苏州发展的巨大潜力和强大动能得到充分释放，抓住产业数字化、数字产业化赋予的新机遇，推动互联网、大数据、人工智能和实体经济深度融合，加快5G网络、数据中心等新型基础设施建设，抓紧布局数字经济、生命健康、新材料等战略性新兴产业、未来产业，让应对疫情催生的许多新产业新业态快速发展起来，形成发展的新动能。

新时代苏州精神蕴含着苏州人文情怀的文明传承与精神积淀。具有独特风格的吴文化传统孕育与发展了苏州的大气、志气与豪气，使得苏州人血脉里与生俱来就流淌着开放包容精神，骨子里天赋异禀地浸润着拼搏进取精神，造就了一方独特的人文荟萃之地。千年之间，人才辈出；流风所及，绵延至今。在崇文厚德风气的熏陶下，如今之时，仍如往日。现代苏州也已涌现了百余位两院院士，最终形成了苏

---

[①] 《习近平谈治国理政》第3卷，外文出版社2020年版，第23页。

州特有的"状元群""院士群"现象,这些都极大地促进了苏州尚文崇教乡风民俗的养成,使得苏州的文脉得以生生不息、延绵相传。苏州的文化精神始终秉持和追求"自强不息,自主创新""顽强拼搏,奋勇创先""海纳百川,开放包容""淡泊明志,宁静致远"的境界。独特的地理环境也孕育着独有的水文化。素有鱼米之乡的苏州,水网密布,湖海相映,自强、灵秀、宽容、守规是新时代苏州精神的深层意蕴,也是水文化在苏州人格形态上的鲜明体现。发扬新时代"自主、创先、融合、致远"的精神,就是要使苏州成为新时代的弄潮儿。新时代"三大法宝"正是新时代苏州精神的集中反映。这种"不露也锋芒",有深度的干劲、闯劲和韧劲是苏州人一贯的追求风格。苏州改革开放再出发,提出营商环境"苏州最舒心",就是要打造新时代社会主义市场经济发展的"自主、创先、融合、致远"环境;提出"投资者、劳动者首选城市",就是要建设人才力量聚集的"自主、创先、融合、致远"力量;提出"做最好的自己",就是要彰显苏州打造新时代"自主、创先、融合、致远"之城的决心。立足当下,敢为人先,大刀阔斧地走变革创新之路,以更大的力度全面深化改革、扩大开放,最重要的是有着新时代强大精神力量的支撑。

　　开放的苏州欢迎来自世界各国的观光者、打拼者、投资者。自2002年以来,苏州已举办了八届"家在苏州"外国人才艺秀。许多在苏州安家落户的外籍人士表示,苏州吸引他们的,不只在于经济发达、环境美丽,还有令人着迷的文化。"我能感受到,苏州乃至整个中国,未来开放的力度会越来越大。"美国人查理·巴克2009年来到苏州后,就被这里的独特文化和活跃氛围所吸引。如今,他在当地一家医药企业工作,打算长期在此发展。[1] 苏州大力推进让古城、古镇、古村落保护水平继续走在全国前列,让园林的"金字招牌"更加闪亮,让丝绸、刺绣等"经典产业"焕发生机,让非物质文化遗产的"拿手绝活"更加抢眼,全方位铺展开一幅现代的"姑苏繁华图",奋力打造焕然一新的明珠苏州城。

---

[1] 《江苏发力"强富美高"推动高质量发展走在前列》,新华每日电讯,2019年2月27日。

## 第八章 新时代苏州精神的中国价值与世界意义

新时代苏州精神是人民主体地位的本质体现,是人民群众首创精神的集中展示。在苏州,无论是政府部门还是企业主体,都以"敢于争第一,勇于创唯一"作为干事创业的最大动机,积极布局先导产业,加快人工智能企业建设,加大研发载体引进力度,"二次创业"步伐铿锵有力。苏州瞄准城市整体竞争力和辐射带动力,挑起担子、吹响号子、造出声势,大力提升城市能级,拓展城市发展空间,优化城乡一体化发展格局,让各地看到一个更加开放的苏州、更加有为的苏州、更加具有贯彻习近平新时代中国特色社会主义思想典型意义的苏州,让全市的各级干部都有坐不住的紧迫感、等不起的责任感、慢不得的危机感,让干事创业的激情之火再次燎原姑苏大地,聚精会神加快建设展现"强富美高"新图景的社会主义现代化强市。

与时俱进凝练、开拓创新丰富"张家港精神""昆山之路""园区经验"的实践内涵,形成的新时代苏州精神,是对自己原有思想认识水平的历史超越,是使新思想新理念真正铸入灵魂、融于血液的精神再造,是苏州人民对伟大中国精神的丰富、深化所做出的独特贡献。苏州抓住建设苏南国家自主创新示范区的机遇,全力提升自己在国际城市版图上的位次,努力提供更多的经验和范例。苏南国家自主创新示范区从数量上讲,苏州"十分天下有其四";从现有水平上看,苏州总体排位靠前,苏州工业园区在国家级经开区中排名全国第一,国家赋予的各项政策,苏州能够率先落实、率先见效。在全国经济版图中,长三角地区是经济最活跃、开放程度最高、创新能力最强的区域之一,在全国经济发展中有着十分重要的地位。为加快长三角一体化、高质量发展,党中央对长三角一体化发展作出的战略定位是"一极三区一高地":"全国发展强劲活跃增长极、高质量发展样板区、率先基本实现现代化引领区、区域一体化发展示范区、改革开放新高地。"① 苏州将根据党中央的决策部署,更加积极主动落实长三角一体化国家战略,努力打造国家重大战略实施的示范区,汇聚推进长三角一体化、全面高质量发展的强大合力,将长三角一体化国家重大战略、江苏方案自

---

① 《下好先手棋,开创发展新局面——记习近平总书记在安徽考察》,《人民日报》2020年8月24日。

## 新时代苏州精神

觉贯穿于苏州全面高质量发展的各领域、各方面、各环节，大力提升带动与推动长三角一体化、高质量发展的整体工作水平。

常熟提出以敢为天下先的精神，时刻保持昂扬奋进的"精气神"，处处体现争先率先的"加速度"，打造奋力拼搏、勇于创先的大气势，向先进标杆看齐，比位次、比贡献、比服务，真正把"不出风头、不赶浪头、不落后头"转变为"敢出风头、能赶浪头、勇争前头"。要突破土地资源瓶颈，进一步加大对上争取力度，扎实推进老旧工业区（点）更新改造；要突破高峰产业瓶颈，牢牢抓住重大项目"牛鼻子"，在招引百亿级的地标型大项目上持续发力，以标杆项目引领支撑风口产业和标杆产业的布局培育；要突破载体欠佳瓶颈，各板块特别是开发区、常熟高新区金融科技岛、虞山高新区、城区"两城"包括莫城"云裳小镇"都要坚持国际视野、前瞻眼光、先进理念和开放意识，进一步拓宽眼界，引进高端城市运营商，加快建设开放包容的创新创业名城。

在面向未来的发展中，苏州集聚了一大批海内外高层次人才和团队，打造成创新人才的向往之地，展现了蓬勃发展的生机和活力，走出了一条具有苏州特色的创新发展之路。改革开放以来，苏州持续不断的转型升级发展史，就是一部"人才红利"演绎史。目前，300万人才在苏州生产生活，26.98万高层次人才在苏州创新创业。40多年来广大人才的参与、支撑和引领造就了苏州的工业发达、科技昌明、百业兴旺，成为"中国最强地级市"。今天的苏州，正面临"弯道超车""换道超车"的重大机遇。"一带一路"倡议和长江经济带、长三角一体化、自贸区等国家战略在这里汇聚叠加，迫切需要各领域具有国际视野的高素质人才的加盟加入。苏州将用3年左右时间引进1万名高端急需人才，并将引进一批具有重大影响、重大突破的战略科学家、学术带头人、卓越管理者等一流人才（团队），给予"一事一议""上不封顶"的特殊政策支持。[①]

新时代苏州精神深刻凝练了苏州实践发展的新鲜经验，集中体现

---

[①]《首届苏州科学家日活动举行 以城市之名礼遇八方人才》，中国新闻网，2020年7月10日。

了开放再出发历史进程的大逻辑。2020年1月,苏州举行开放再出发动员大会,发布了苏州市开放再出发30条政策举措,推出了68.8平方公里产业用地,签约了556个项目,投资总额达7359亿元人民币。牢牢把握高质量发展这个根本要求,主动对标找差、比学赶超,思想再解放,瞄准现有的改革试点呈现局部性、区域性、分散性的特点,破解试点示范层次和水平亟待提升的问题,苏州积极推动金融业实现由"支柱产业"向"主要支柱产业"跨越发展,加快建设中新金融创新合作试验区、台资金融机构集聚区和金融服务外包集聚区、科技保险创新试验区三大金融高地,深入推进国家电子商务示范城市建设,大力发展总部经济,激发改革新动能,奋力谱写苏州改革开放和现代化建设新篇章,为全国全省全面高质量发展大局做出新的更大贡献。

### 3. 再创辉煌的新时代苏州精神

所谓"全国县域看江苏,江苏县域看苏州",根据人民日报社发布的2020年中国县域经济百强榜,昆山已连续16年蝉联全国百强县首位,张家港、常熟和太仓分列第三、第五和第十位。2020年昆山市国内生产总值达4276.8亿元,是全国首个GDP超4000亿元的县级市。2020年8月,昆山市委提出,要跳出昆山看昆山,找准自身差距、谋定更高目标,向世界领先学习、向全国顶尖看齐,在挑战极限中争先争优争一流。2020年上半年,昆山完成注册外资29.2亿美元、实际利用外资14亿美元,分别增长183.7%和119.5%,总量均位居苏州第一;完成工业投资107.8亿元,增长14.2%;新增市场主体18.3万户,总量突破69万户。进入新时代,苏州以高度的责任自觉和使命担当,与时俱进、扬长补短,推动经济发展和人民生活不断迈上新台阶。苏州最大的成就不仅仅在于经济数据,更在于形成了最可贵的精神力量,苏州这片热土正在发生巨大的变化和创新发展的奇迹,形成可贵的经验,其背后有着团结拼搏、高昂奋进的新时代苏州精神,引领苏州闯出一条属于自己的发展之路。

环顾全球,生产性服务业已成为世界经济中增长幅度最快的行业。生产性服务业介于第二、第三产业之间,被称为"2.5产业"。

> 新时代苏州精神

2020年4月,苏州出台了优化提升生产性服务业的实施意见,6月召开了全市生产性服务业现场推进会,7月18日召开了全市生产性服务业推进大会,明确提出打造一个全新的"生产性服务业标杆城市"的发展目标。生产性服务业诞生于制造业、服务于制造业,离生产最近的地方往往最能催生发达的生产性服务业。苏州明确了生产性服务业九大重点行业,包括信息技术服务、研发设计、金融服务、检验检测认证、知识产权服务、节能环保服务、人力资源服务、现代供应链管理、商务服务,加快推动"两业"融合,全力塑造符合时代发展要求的未来产业形态。发展生产性服务业,苏州在"城与城""点与点""链与链""群与群"的融合上做足文章,实现苏州制造业从提供单一产品向提供"智能产品+增值服务"转变,赋予新时代苏州制造服务业最旺盛的生命力、最强大的竞争力。

在后疫情发展和全球新一轮科技革命和产业变革蓬勃发展的当下,苏州敢于在危机中创新机、于变局中开新局,率先释放招才引智的"磁场效应",集聚了一批一流创新资源、高端产业、顶尖企业和高端人才,加快产业创新转型,推动科技与产业深度融合,在高技术上实现更大的突破,以彻底摆脱在核心技术领域受制于人的境况。推进改革开放再出发,苏州再次确立功能定位、发展目标、产业选择和主攻方向,提升发展的新标杆,奋力实现高质量发展,加快建设具有国际竞争力的现代产业名城,协同打造世界级创新平台和增长极,在产业选择上突出重点、有所取舍,在创新驱动上善谋新招、敢使硬招,在传统优势产业改造升级上狠下功夫、力求突破,推进数字经济赋能产业链、创新链,增强创新活力和发展核心竞争力,汇聚更多创新发展的磅礴力量。

凝心聚力描绘好、实现好现代版的"姑苏繁华图"。在实践中,苏州主动向"最痛处"亮剑,向"最难处"攻坚,加快推进循环经济、低碳经济、绿色发展,生态环境治理效果十分明显,人民群众拥有更多获得感、幸福感、安全感。相城区正在实施"十百千万"生态建设工程,将建设10个千亩以上湿地公园、100个百亩以上城市公园、1000个十亩以上城市游园、10000里以上河湖岸线、绿廊步道和景观带,湿地公园、城市游园、河湖岸线、绿廊步道将遍布相城区，组成花园城市的底色。苏州整体布局和有效打造区域规划一体化、土地开发利用一体化、产业布局一体化、基础设施建设一体化、社会事业一体化和生态环境保护一体化的新格局，推动苏州在新一轮高质量发展中实现历史新跨越。中世纪伟大旅行家马可·波罗在享誉世界的旅行札记中，盛赞苏州"漂亮得惊人"。诺贝尔奖获得者李政道博士在重游苏州时曾感叹道："我不知道天堂是什么样子，如果天堂有苏州十分之一的美丽，那就很好了。"[①]

关山万千重，山高人为峰。苏州精神不是一成不变的，而是需要在实践中不断充实、更新、发展的。苏州用"敢于争第一、勇于创唯一"的劲头，推进大跨度的改革创新发展，全力打造全省乃至全国社会主义现代化建设标杆城市，这需要建设一支政治过硬、本领高强、作风优良的领导干部队伍。领导干部队伍有没有干事创业的定力和能力，能不能交出一份新时代发展需要、人民满意的合格"答卷"，奋力夺取疫情防控和经济社会发展"双胜利"，这是对领导班子建设和领导干部素质的一次大考。苏州注重提高领导班子"把方向、管大局、作决策、保落实"的能力，大力弘扬党员领导干部"敢于争第一、勇于创唯一"精神，在非常之时担非常之责、谋非常之策、下非常之功，促进制度建设和治理效能转化融合，更好发挥监督保障执行、促进完善发展作用，努力把苏州打造成高质量发展载体、机构、人才、资金、平台、政策集聚的高地以及高端制造、服务业集聚发展的高地，为全国全面高质量发展做出新的贡献。

## 三 走向世界的新时代苏州精神

中国式现代化新道路—扬帆起航—彰显活力—合作共赢

---

[①] 《诺贝尔物理学奖获得者李政道重游苏州：向世界展示了中国人的智慧》，《新华日报》2017年5月18日。

## 新时代苏州精神

风正时济,自当破浪前行;任重道远,更需砥砺奋进。今天的苏州,正处于"中国走向世界"的时代,作为新时代的领跑者必须坚持自主创新,实现自主可控产业升级结构,率先走出一条自主辐射型现代化之路。习近平总书记指出:"我国在世界经济中的地位将持续上升,同世界经济的联系会更加紧密,为其他国家提供的市场机会将更加广阔,成为吸引国际商品和要素资源的巨大引力场。"[①]谋划新时代苏州的发展,要站在两个大局的高度上看问题,一个是中华民族伟大复兴的战略全局,另一个是世界百年未有之大变局。在奋斗的时代,苏州需要凭借以"自主、创先、融合、致远"为特质的新时代苏州精神作为引领,进一步开阔历史视野、时代视野、国际视野,深度融入长三角区域一体化、"一带一路"建设和人类命运共同体发展,用历史视野映照苏州文明变迁,用时代视野拥抱未来发展,用全球视野研究资源要素配置,加快形成"以国内大循环为主体、国内国际双循环相互促进"的新发展格局,奋力开拓全面高质量发展新路子,成为自主辐射型现代化发展的开路先锋,在构建新发展格局中展现新作为。"一带一路"是中国提出的重大国际合作倡议,也是中国自觉承担大国责任、积极推动全球合作共赢与全球治理创新的重要体现。随着"一带一路"倡议走向深入,共建"一带一路"面临着新的战略性机遇,也面临着不断增多的挑战和亟待破解的难题,国际形势变化的不确定因素对"一带一路"高质量、可持续发展增添了变数,也对走向世界的苏州提出了更高标准和更严要求。在人类社会面临危难与机遇并存的关键时间节点上,苏州积极培育新形势下我国参与国际合作和竞争的新优势,大力提升做世界公民的文明素质和人文情怀,关心全人类的文明进步和共同发展,建设新时代改革开放新高地,迫切需要新时代苏州精神提供走向世界的目标导向和精神动力。

---

① 习近平:《在经济社会领域专家座谈会上的讲话》,人民出版社2020年版,第5—6页。

第八章　新时代苏州精神的中国价值与世界意义

## 1. 扬帆起航的新时代苏州精神

"伟大的事业之所以伟大，不仅因为这种事业是正义的、宏大的，而且因为这种事业不是一帆风顺的。没有艰辛就不是真正的奋斗，伟大事业需要几代人、十几代人、几十代人持续奋斗。"[1] 新时代苏州精神是引领新时代苏州发展的光辉旗帜，是打造新时代苏州改革开放和高质量发展试验田的精神动力。创先就是要达到自主创新的最高端。苏州 2020 年末新兴产业营业收入 19702.90 亿元，占规上工业总产值比重达到 55.7%，利润 1372.48 亿元，占规上工业总利润的 49.9%，新一代信息技术、生物医药、纳米技术应用、人工智能四大先导产业产值占比达到 22%，生物医药产业入选国家战略性新兴产业集群。苏州深化制造业与互联网融合发展试点，新增省级工业互联网平台 9 个，启动建设国家级工业互联网平台应用创新体验中心。2020 末，苏州以规上工业产值 4.0% 的增速，超过 34823.95 亿元的工业总产值，成为令人刮目相看、名列前茅的"中国工业大市"。[2]

改革开放让苏州迈出更豪迈的步伐，冲破古城襁褓、城河束缚，迈过"运河时代""太湖时代"，全面融入"一带一路"、长江经济带、长三角一体化发展的"大江大海"时代真正强大起来，迎接一次又一次新的挑战，战胜一种又一种艰巨困难，抓住三大历史机遇实现三大转变，紧扣"强富美高"，勇当先锋，书写了一个个发展的奇迹，实现了一次次惊人的跨越。实践已经证明，只有充分尊重、允许和保持各民族国家、地区在它们的历史进程中所形成的一切独特性，中国式现代化新道路才能更好地创造人类现代化新道路和新文明，而正是这些独特性构成了人类现代化文明发展大河的源泉，而且需要引起后发现代化国家与地区的高度重视并加以借鉴。苏州所要走的道路，既不是"传统的"，也不是"外来的"，更不是"西化的"，而是我们自己"独创的"，是一条大有作为、大有可为、大展宏图的人间正道。以"三大

---

[1] 《新华网评：用奋斗成就伟大事业》，新华网，2018 年 10 月 12 日。
[2] 数据来源：苏州市统计局 2021 年版《苏州市情市力》。

### 新时代苏州精神

法宝"为核心的新时代苏州精神,需要总结苏州新时代发展取得的成功经验,需要探讨苏州发展成功的经验如何上升到科学理论的高度,不仅为全国先行先试发展探路,而且可以为"一带一路"沿线那些既要实现现代化,又要保持自己民族独立的发展中国家提供精神旗帜和参照样本。

全球化格局的大变革,正在使开放初期"世界走向中国"的时代转向"中国走向世界"的时代,呼唤苏州"开放再出发"从"学习借鉴"到"自主创新"、从"跟跑"到"领跑",进而成为"中国走向世界"的先行军。当代中国从站在地球的边缘到大踏步走向世界舞台的中心,呼唤着苏州成为全球科技产业创新的重要节点城市、成为率先全国走全面高质量发展之路的排头兵、成为率先实现基本现代化的示范城市。新时代的苏州应向世界辐射什么和怎样进行辐射,改革开放中的创先领先率先,意味着苏州在创造前无古人的标准,在成为领跑者和标准制定者,意味着苏州在人类现代化发展的实践中通过改变自己从而更好地改变世界,必将产生更大的示范效应。开放的"园区经验"表明:开放是发展的光明之路,选择自己的开放之路,是世界上发展中国家发展自己的必由之路。只有这样的先行区,才能成为自主辐射现代化的地区。在新时代实践中,园区人不断探索、勇于创新,赋予了"园区经验"新的内涵,以"改革创新、开放包容、敢为人先、追求卓越"为内核的园区精神,为建设世界一流高科技园区、打造新时代改革开放新高地凝聚磅礴的精神力量。

站在新一轮国际赛道上,对于动作最敏捷、优势最独特、需求最迫切的苏州而言,每一场竞赛都不能缺位,每一条赛道都不能落后,所以我们就必须牢牢占领生产性服务业这个战略制高点,坚持以区域内循环融入国内国际双循环,加大电子信息、装备制造等重点产业上下游企业供需对接力度。苏州瞄准生产性服务业这一世界经济中增长幅度最快的行业,大力推动生产性服务业与制造业紧密融合,高效融通产业循环,造就引领未来发展的新产业、新业态。苏州的目标是,"十四五"期间生产性服务业重点领域增加值年均增长12%左右,生产性服务业重点领域投资年均增长10%以上。到2025年,力争生产性服务业重点领域增加值达到 1 万亿元。[①] 苏州提出打造"生产性服务业标杆城市",就是积极贯彻落实习近平总书记"构建国内国际双循环相互促进的新发展格局"[②] 重要指示,瞄准国际标准提高水平,强化新苏州制造的战略支撑,赋能新苏州制造行稳致远,鼓起巨轮的风帆,积极融入国内大循环体系,高水平参与全球产业分工,在全球产业变革的时代浪潮中乘风破浪、奋勇前进。

当前,苏州正在规划建设成为"社会主义现代化强市,现代国际大都市,美丽幸福新天堂"[③],这是一个包括十大板块(市、区)在内的有机整体,需要整合政府、高校、金融机构、企业、法律机构以及其他社会资源,高质量"走出去"、高水平"引进来",形成高质量市场化发展的组合效力。具体来说,结合"一带一路"倡议的具体实践,政府负责与对象国家(地区)就公共政策、公共安全、公共产品供给等进行联络、谈判、把关;高校负责对对象国家(地区)的政策环境、投资效益与风险进行评估以及进行可行性的智库决策建议研究;金融机构负责具体投资项目、金融服务和有关金融业务的开拓;实体经济企业负责产品开发、生产要素市场配置、产业转型发展;法律机构负责投资法律法规咨询、提供相关的法律法规依据;社会组织负责企业和对方文化机构方面的沟通,方便企业融入当地社会环境。开放的苏州要大力提升科技创新策源功能、集聚全球的高端创新要素、提升苏州高端产业引领功能、推动经济结构优化,切实把苏州对外发展能级提升问题解决好,创造新时代苏州"走出去""引进来"的优势互补、互利互惠、合作共赢的新模式。

苏州高新区对标国内一流、国际领先的发展目标,建设全国一流科技创新高地。2020 年末,苏州高新区实现地区生产总值 1446.32 亿元,一般公共预算性收入 175.01.9 亿元,全社会固定资产投资额

---

[①] 《全力打造"生产性服务业标杆城市"两业融合,把"苏州制造"推向新高峰》,《新华日报》2019 年 7 月 19 日。

[②] 《中共中央政治局常务委员会召开会议》,《人民日报》2020 年 5 月 15 日。

[③] 《市委常委会召开会议 深入研究国际大都市治理规律 传承开放基因 推动开放再出发》,苏州新闻,2019 年 11 月 14 日。

500.03亿元，同比增长6.3%。新增外资项目有新突破，赛默飞、开市客等一批世界500强项目开工建设。高新区工委提出，要加快迈进全国"第一方阵"，力争到2023年集聚高层次领军人才2500人次，国家高新技术企业2000家、上市公司超30家、"独角兽"培育企业50家；建设国内领先的现代产业高地，聚焦集成电路、工业互联网、医疗器械和生物医药等重点产业集群培育，力争到2023年集成电路、医疗器械和生物医药产业产值分别达到200亿元和500亿元，集聚年产值规模超50亿元的自主品牌企业超6家，推动形成规模效应和竞争优势。全区力争3年内实际使用外资达50亿美元、内资注册达2000亿元，日资企业超过800家，这就是高新区人的发展思路与创新路径。[①]

当今世界，时代格局正在发生着从"世界走向中国"向"中国走向世界"的深刻转变。以习近平同志为核心的党中央总览全局、审时度势，从中国发展与全球治理的宏大格局需要出发，远见卓识地提出了"人类命运共同体"建设，提出了"一带一路"宏伟倡议，得到了联合国和世界许多国家政府的高度评价和积极响应。各种文明只有相互借鉴、相互学习，才能共同提高。如果强求一律，只允许搞一种模式的现代化，势必就会遏制现代化的创新发展，就会导致人类文明失去动力，最后必然会陷入僵化和衰落。苏州要立足长三角、放眼全世界，积极抢占新一轮发展"风口"，以"一马当先""一日千里"的奋进姿态，拓展世界现代化发展的属性和结构。在新时代发展中，苏州广大干群深深懂得，现代化发展的路还很长、很宽广，需要以"自主、创先、融合、致远"的新时代苏州精神为引领，积极回应国际社会对苏州成功经验的关切，主动融入世界合作共赢的大潮，积极推进和引领世界新的发展。在"一带一路"建设上，苏州要做强市场、做精项目，做优服务、做亮品牌，构筑营商环境新优势，全方位融入"一带一路"交汇点建设、长三角区域一体化发展，高水平推进境内境外合作项目，积极探索"飞地经济"新模式，努力"提供改革开放新范例"，大力"集聚整合全球创新资源要素"，更好地推动"引进来、走出去"，深度融入长三角一体化发展国家战略，向全国人民和"一带一

---

[①] 数据来源：苏州市统计局2021年版《苏州市情市力》。

路"沿线国家推荐新时代苏州精神。新时代苏州精神之所以难能可贵，就在于走自己的路，不断总结实践中的成功经验，影响和辐射广大发展中国家，推动共建"一带一路"高质量发展，努力实现高标准、惠民生、可持续目标，为世界共同发展增添新动力，为不确定的世界经济提供强大稳定的经济发展支撑做出来自苏州的贡献。

## 2. 彰显活力的新时代苏州精神

中国要实现现代化，必须融入人类现代化发展的文明进程。新时代的苏州不仅分享了全球现代化带来的机遇和红利，而且对全球现代化发展做出了独特的创造和贡献。在全球化背景下，广大发展中国家都在谋求现代化，然而走什么样的道路实现现代化，对发展中国家来说是一个极富挑战的课题。中国属于非西方国家，又是一个超巨型的东方多民族大国。苏州将自身发展中的好经验、好做法、好成果与世界各国共同分享，不仅对广大发展中国家的现代化发展起到引领、助推和激励的作用，而且为广大发展中国家实现现代化提供可资借鉴的示范样本。以新时代苏州精神为引领，就是要把新时代苏州的发展放到人类现代化发展的大背景下，加快谋划与"一带一路"倡议对接，在产业转型、基础设施、公共服务等领域推出一批重大项目，形成建设"一带一路"大平台、大格局、大通道，为走向世界合作共赢和构建人类命运共同体提供强大精神支撑。苏州面临的挑战不光有来自外部环境的深刻变化，还有来自日趋激烈的国内城市之间的竞争。面对全球变局，苏州以开放强化有效投入，以开放推动创新发展，促进产业结构转型，形成多元创新要素集聚，提升全球资源配置功能，打造全面高质量发展的先行区、新时代中国对外开放的示范区，努力成为新时代的"领跑者"，为实现"两个一百年"的奋斗目标、探索人类现代化新道路做出"苏州贡献"。

2020年7月10日，第十二届苏州国际精英创业周暨首届"苏州科学家日"活动签约仪式举行，吸引了世界各国的广泛关注。开幕式上全球超320万人实时观看直播，3天累计超2089万人次参与各类活动和线上互动；共吸引全球260多家媒体关注报道，其中海外首次发布和二次传播落地媒体超过200家，覆盖全球人群超过1亿人次，向全球发出苏州加快从国内知名制造业基地向国际化产业高地、科创高地、人才高地转型，向全球人才展示了苏州呼唤、尊重、服务、关爱、成就人才的坚定信念和真挚用心，向世界各国展示了苏州面向未来打造的人才发展大格局和创造现代化发展的新走向。

苏州是开放型经济大市，是具备全球范围内很强的垂直整合能力的城市，拥有苏州港、"苏满欧苏新欧货"运班列等，要用"硬核"实力影响带动更高水平的对外开放，全面参与经济全球化的战略资源，实现互联互通基础设施，生产要素自由流动，在"一带一路"资源共享、产业合作、协同发展、互利共赢建设中发挥更大作用。苏州工业园区在借鉴新加坡发展模式中不断创新突破，基本实现"2333"行政审批速度，即开办企业2个工作日、不动产登记3个工作日、工业建设项目施工许可33个工作日。对标世界银行营商环境评价指标，如此效率在全球位居前列。2021年初，商务部公布了国家级经济技术开发区综合发展水平考核评价结果，苏州工业园区继续位列综合排名第一位，全国五连冠。苏州工业园区以优化营商环境作为推进高质量发展、加快自贸区建设的重要抓手，对标最高标准、最好水平，2019年重磅推出"营商环境30条"，率先推进审批服务的"1220"改革，创新推出"关助融"惠企新政20多项创新举措，建设世界一流高科技园区的营商环境持续优化。园区荣登环球总评榜"2020中国最具投资吸引力园区"榜首。2020年7月14日，苏州工业园区发布《苏州工业园区优化营商环境创新行动2020》（以下简称"新30条"），"新30条"中各项内容全面涵盖苏州市行动方案。对园区已领先的指标按照"挑战极限""再加一点"的要求，将企业开办、注销、破产、办理建筑许可证、公用事业接入、不动产登记等十多类64项任务进行了进一步优化提升，其中近70%的任务进一步压缩办理时间、缩减流程。"新30条"确定了下一步园区营商环境改革的时间表和"施工图"，主动对标世行和国家、省市营商环境评价体系，委托第三方机构开展模拟测评，形成提升—评估—再提升的持续改进闭环。在"新30条"中，有100多项改革举措为全国领先或首创。2020年5月20日，苏州工业园区登记机关发出的第一张"新苏通"营业执照，这是苏州自贸片区获批成立以来的又一创新举措。截至2020年8月,苏州自贸片区全国首创举措12项、全省首创13项,"首创率"达69%。苏州工业园区打通服务企业"最后一米",打造"融驿站"服务点,建立"融驿站"政务服务体系,将服务下沉到距离企业最近的地方,可以让企业更及时地了解政策、更高效地办理事务。

相城积极打造全国领先的大数据(区块链)、工业互联网、智能车联网、科技金融、先进材料、生物医药六大未来产业创新高地。央行长三角数字货币研究院已在相城落户,成为全国四个数字货币试点地区之一;江苏省唯一的区块链产业发展集聚区落户在相城;江苏省首批车联网先导区也是在相城,未来产业集聚度正在这里加速攀升。相城正在建设具有国际竞争力的国际化城区,自2017年起,相城启动优秀海外专业人才引进计划,通过项目化运作的方式,使优秀的海归人才进入党政机关、国有企业工作。近三年,相城区高层次人才的增幅达到了惊人的196.2%。2019年,相城区出台了"人才新政20条",顶尖人才项目资助采取"一事一议"。2019年,苏州全市引进高层次人才2.2万人,相城区就超过5400人。在高层次人才引进方面,作为"强手如林"苏州十大板块之一的相城区,2019年吸纳新增了苏州1/4的高层次人才加盟,展现出苏州这个"黑马板块"发展的"强磁场"。2020年相城区实现人才政策"再加码",设立了"相城英才贷",推出了"相城英才卡"服务项目,欢迎广大"前浪""后浪"在相城这片蓝海中"乘风破浪",各路"千里马""黑马"在相城这片疆场上"建功驰骋"。

新时代苏州的发展,需要主动对标国际先进水平,全方位推进对外开放,全面提升国际竞争力,加强与"一带一路"的衔接互动,培育高质量对外开放优势,积极融入共建"一带一路",在与"一带一路"沿线国家和地区基础设施建设的深度合作中实现互联互通。苏州助力产业搭乘"一带一路"的东风"走出去",放大产业合作、科技合作、人才合作"版图",全方位服务于"一带一路"国家产业优化升级、企业优势互补,给沿线国家的经济转型升级和可持续发展创造新的更大机遇。尤其是加强人员、货物、资金、技术的交流,节约时间和空间成本,在高科技、交通和基础设施等领域积极拓展互联互通的合作。2020年，苏州深化通关一体化改革，国际贸易"单一窗口"货物申报等主要业务应用率达到100%。以"一带一路"为重点加快"走出去"步伐，全市完成境外中方协议投资额16.04亿美元，保持全省第一；江苏（苏州）国际铁路物流中心口岸建设稳步推进。苏州加快培育开放发展新动能，以开放集聚国际创新资源和高端要素，推动和引导外资深度参与先进制造业集群建设，加快培育一批具备全球视野和全球资源整合能力的本土跨国公司，让各国和各地共享苏州发展的机会和成果。

以"自主、创先、融合、致远"为特质的新时代苏州精神，就是要在实践中转化为激励企业参与国际标准制定，带动中国技术、设计和标准"走出去"，支持企业在主动参与"一带一路"建设中提升国际化水平，助推广大发展中国家的经济社会发展，形成以"一带一路"为重点的全面开放新格局。这样的新格局的形成，对于新时代苏州精神在"一带一路"沿线国家也会展示强大的影响力和震撼力。习近平总书记指出："世界上很多国家特别是广大发展中国家都希望国际体系朝着更加公正合理方向发展，但这并不是推倒重来，也不是另起炉灶，而是与时俱进、改革完善。这符合世界各国和全人类共同利益。"[①] 苏州推进开放再出发，就是要对标国际最高标准、最高水平，持续优化开放布局、拓展开放空间、丰富开放内涵、提升开放能级，以唤醒广大发展中国家的民族自强意识和团结奋斗精神，凸显发展中国家的自主发展意识，为广大发展中国家破解现代化发展难题提供鲜活经验。联合国原副秘书长索尔海姆认为，中国的经验可以极大地影响其他发展中国家的道路。中国可以帮助其他发展中国家跳出先污染再治理的怪圈，在实现快速发展的同时保障强劲、可持续的增长。[②] 苏州大力增强以品牌、技术、质量、服务为核心的出口竞争力，主动参与"一带一路"沿线国家的投资建设，拓展国际技术研发合作平台，支持外资研发机构，承担科技计划项目，牵头组建产业技术创新联盟，积极融

---

① 习近平：《在华盛顿州当地政府和美国友好团体联合欢迎宴会上的演讲》，《人民日报》2015年9月24日。
② 《联合国副秘书长索尔海姆：生态文明中国模式应向世界推广》，中国网·中国发展门户网，2018年3月21日。

入"一带一路"创新资源网络,构筑了国际化开放创新高地。苏州积极主动参与国家"一带一路"建设,发挥苏州工业园区开放创新综合试验、昆山深化两岸产业合作试验区及现有综合保税区(保税区)资源优势,加强与世界创新型国家和地区的全方位合作,全面提升了苏州参与并引领"一带一路"建设水平。

### 3. 合作共赢的新时代苏州精神

在世界现代化潮流中,谱写新时代苏州改革开放和全面高质量发展新的篇章,大有文章可做。苏州不仅经济总量大,而且越来越深度地融入全球,研究全球变局中的中国经济首先需要关注苏州的发展。人无精神不立,国无精神不强。从国际视野来看,新时代苏州精神内在的自主发展的共同体主义具有浓郁的包容精神,体现着苏州人民集放眼世界、融入世界、服务世界为一体,凸显人类命运共同体意识和发展共同体价值观的精神品质,就是要承接"一带一路"国家经济社会发展,搭建和用好互利互惠、合作共赢的大舞台,上演发展特色经济、优化资源整合、扩大经济技术合作的精彩大戏,实施国际国内双向开放战略,形成提升国际竞争力、创新力的推广示范效应。苏州孕育的"和合"价值观世人皆知,就是要成为开辟人类新文明类型的典型样本,要坚持在人类命运共同体基础之上的和平发展合作共赢,就是要遵循构建人类现代化发展的大原则和总方向,积极参与并有力开拓"一带一路"空间发展,进一步扩大开放集聚更大的发展动能,不断提升全球发展竞争力和参与全球治理能力,积极维护和推进开放共融的全球创新体系,加快推进"一带一路"和人类命运共同体建设,为中国特色社会主义现代化道路提供区域现代化发展实践探索的新路子。

新时代苏州精神的辐射与影响将以国际视野集聚全球创新资源优势。苏州积极推动高质量"引进来",加大招研引智力度,站在全球高度盘活各种资源,推动外资先进技术、管理理念与我国企业发展有机融合、相互促进,形成国际合作和竞争新优势。大力引进全球研发资源,吸引集聚一批具有全球影响力的跨国公司研发中心和设计中心,

### 新时代苏州精神

依托太仓中德企业合作基地、新加坡—中国（苏州）创新中心、中日合作产业园等国际合作平台，在更广范围、更大空间集聚配置优质创新资源，促进各类创新要素有机结合。在参与中非合作论坛、"一带一路"国际合作中，鼓励企业开展对外投资、境外并购以及建立境外营销网络、研发中心、服务外包接单服务中心，培育本土地标型跨国经营企业。鼓励企业参与境外基础设施建设和产能合作，推动装备制造产业走向世界，加强企业的投资主体地位，发挥市场引导投资的优势作用。苏州要激发企业对外投资潜力，鼓励本地企业加强与"一带一路"沿线国家的企业合资合作，不断推进与国际市场的深度融合，从单纯的外贸出口更多地转向布局国际要素资源、布局技术人才要素以提升产业链环节和新兴产业体系，全力打造开放型经济转型升级的主增长极。

新时代苏州精神助推国内国际双循环相互促进，以全面提高对外开放水平为着力点，探索构建更高水平开放型经济发展新格局，大力推进跨境贸易电子商务服务试点、外贸综合服务体系建设等工作。苏州深入实施"走出去"战略，主动介入国际研发分工，鼓励企业并购、合资、参股国际研发企业或设立海外研发中心和产业化基地，加大对企业出口高新技术产品、对外投资、设立海外研发机构的支持力度，积极推进苏州工业园区开放创新综合试验等改革先行实践，推进投资贸易便利化、金融国际化和管理体制高效化等方面先行先试，依法有序推进自贸试验区有关改革举措的叠加复制与集成创新，加快形成更有活力、更富效率、更加开放、更具便利的口岸营商环境。坚持面向全球、互利共赢、优进优出，积极开展国际贸易"单一窗口"试点，完善关检合作"一次申报、一次查验、一次放行"模式，加快完善物流新通道，创新贸易合作方式，扩大贸易合作领域。加快建设江苏（苏州）国际铁路物流中心，推动中欧（苏州）班列健康发展，坚持以高水平"走出去"向"一带一路"沿线国家充分展示亮丽的"苏州名片"。

苏州扎实推进"一带一路"交汇点建设，深化与"一带一路"沿线国家和地区合作往来，建立"一带一路"企业数据库，着力增创外贸竞争新优势，加快培育开放发展新动能，推动开放型经济高质量发展,加强国际科技合作,支持企业设立境外研发机构。苏州一批企业走出了国门,充分利用自主创新广场技术转移平台开放性特点,探索技术转移国际化路径,推动各类境外园区发展,探索设立新的经贸合作区,进一步提升对外开放水平。为积极响应国家"一带一路"倡议,探索"一带一路"发展布局,2018年11月中新苏州工业园区开发集团股份有限公司(简称中新集团)与新加坡胜科集团签订战略合作协议,共同在东盟国家拓展产业园区项目。中新集团是苏州工业园区的开发主体和中新合作载体。缅甸新加坡工业园区正式获得缅甸政府批准,标志着中新集团首个"一带一路"海外园区正式落地。缅甸新加坡工业园区位于缅甸仰光地区莱古镇,面积约4.36平方公里,开发周期约9年,聚焦工业物流、食品加工、纺织服装等产业并提供标准厂房及商住生活配套。

中国式现代化新道路已经深深地影响着人类现代化的发展格局,创造出人类文明新形态。新时代苏州精神引领苏州率先打造升级版开放型经济,培育国际经济合作竞争新优势,鼓励企业"走出去"参与世界范围内的竞争,在竞争中赢得优势,参与国际标准的制定,在国际领域推广苏州经验,展示出主动塑造全球合作共赢的姿态,加快形成以国内大循环为主体、国内国际双循环相互促进的新发展格局。联合国原秘书长潘基文表示,在习近平主席出席联合国成立70周年系列峰会的一周,"中国的全球领导力清晰地展现出来"。[①] 新时代苏州精神鼓励苏州与世界各国友好交往与合作,建立国际人才服务中心,保障在苏工作外国人才享有基本公共服务;推行海外高层次人才服务"一卡通",建立安居保障、子女入学、医疗健康等服务"绿色通道";加强国际社区、国际学校、国际文化以及医院等高端服务配套设施建设,建立与国际知名中介机构深度合作交流的渠道,打造辐射全球的技术转移交易网络,建立健全市场化、国际化、专业化的营商服务体系;推进跨文化交流与合作,引导各国了解苏州深厚的历史底蕴和人文实力,拉近人民思想交流、文明互鉴的距离,增进各国人民之间的友谊,为建设人类命运共同体传递苏州力量、提供苏州方案、

---

① 《创造合作共赢的国际关系新气象》,《人民日报》2015年10月7日。

> 新时代苏州精神

贡献苏州智慧。

新时代苏州精神走向世界,是为了推动全球新变局,抵制和消解文化霸权主义,积极推动创造一个多元主体、平等交往、和平发展、合作共赢、文明互鉴的全球文明新格局。多元文明对话和平等互鉴,将成为全球新秩序、新格局的轴心。

(本章撰稿人:姜建成　姜颖鹏)

# 结束语　新时代苏州精神与苏州未来发展

实践发展永无止境，解放思想永无止境。

——习近平

苏州的目标不是保持地级市第一位，而是应该有更大的担当和作为。未来的苏州，打造社会主义现代化强市，在共同富裕的道路上率先探索，经济发展和美好生活交相辉映。

——许昆林

## 一　在深度融入长三角一体化中走向未来：不断创新的新时代苏州精神

苏州精神持续创新、与时俱进的旨趣—新时代苏州精神是新时代苏州之路的内在灵魂，二者相得益彰—新时代苏州精神开拓未来

### 1. 进入新发展阶段的新时代苏州精神

进入新发展阶段，新时代苏州精神创新有了新方向、新目标和新动力。苏州人从来没有为秉持多年来全国地级市经济冠军的荣誉自满，而始终在追求有更大的担当和作为。在苏州市经济与社会发展的"十四五"规划蓝图中，苏州更豪迈地提出要打造中国社会主义现代化强

### 新时代苏州精神

市,"新时代苏州之路"与"新时代苏州精神"都是创新发展的产物。从"苏州之路"到"新时代苏州之路",从"苏州精神"到"新时代苏州精神",从作为"三大法宝"的价值升华与精神拓展到一个具有完整精神生命形态的新时代发展着的价值体系,新时代苏州精神的创新和发展是一个不断超越自我、不断走向未来的过程。改革开放40多年来,苏州人勇于创新也善于创新,但是决不把创新成果僵化。苏州的实践表明:任何初始创新的产物一旦守成而不与时俱进,就必然会僵化,走向创新的反面,因此需要在继续解放思想、不断创新中才能永葆生命的青春活力。新时代"苏州之路"在不断开拓中前行,新时代苏州精神也需要不断创造。坚持解放思想、实事求是、与时俱进、勇于变革、勇于创新,永不僵化、永不停顿,不为任何风险所惧,不被任何干扰所惑,是新时代苏州精神不断创新发展的基本路径。与时俱进、不断创新和发展既是新时代苏州精神的内在基本价值,也是其鲜明特点。进入新发展阶段,全球新变局对于苏州的严峻挑战,苏州作为2022年将率先实现党的十九届五中全会所确立的"十四五"规划和2035年基本实现现代化目标的标杆城市,深度融入以上海为龙头的长三角一体化体系,扛起一体化先锋的重责,站在更高平台上、更新起点上汇聚奋斗新时代、奋进新征程的苏州力量。苏州面临的新征程、新使命有太多的精神呼唤,有更高的精神追求。苏州人的文化人格和精神风貌的变化从来都是随着历史时代的变化而变化、发展而发展的。从传统吴文化到苏州精神,再到新时代苏州精神,完成了跨越千年的文化变迁;在改革开放40多年快速发展的伟大历程中,从苏州精神到新时代苏州精神更经历了四大历史性跨越。

从传统农业文明转向工业文明、从由乡镇企业起步到苏南模式的形成,"三大法宝"和苏州精神第一次得到了锤炼与升华。以"和合共生"理念为核心的千年吴文化古老之根开始孕生新的枝丫,在改革开放大潮中锻造为"自主发展的共同体主义价值"。毕竟,苏州精神是时代精神的精华,文化的活的灵魂。苏州之路探索的第一波是与苏州精神的第一次转型密切相关的。第一次伟大转型就已经奠定了苏州人的创新精神,造就了"乡镇企业异军突起"和作为自主发展共同体主义价值的"苏南模式"奇迹的发生,以及"张家港精神"的原初出场。

模式、道路、精神内容不是一成不变的，苏州精神的不断创新，在苏州发展之路上的高歌奋进，一再表明：未来是创造的，世界上没有永恒的东西，如果有，那就是不断创新。

在以跨世纪的开放型（外向型）经济为主体的阶段上，苏州精神在"苏州之路"从传统工业文明向建设以知识经济为特征的新型工业化目标转变，开始新的升华。"包容性发展"的对象不仅包括以诸多开发区为核心的城乡格局新变动，也扩展到中外企业之间。"第二波"发展之路既突破了乡镇企业阶段的固化模式，实现了"散专聚""乡转城""内转外"，又催生了"昆山之路"和"园区经验"的精神崛起。苏州之路、苏州精神又一次"脱胎换骨"，在本土化与全球化的双重构造下，苏州精神在新的文化语境下造就着多重的视阈与理解方式，开始散发出多与一交相辉映的精神之光。具有千年追求现代化历史的苏州在新全球化与中国现代化的激烈碰撞中找到了自己的中国式现代化新道路，随之而来的表现为"三大法宝"和苏州精神的价值，都是中国式现代化新道路创造的新文明的价值体系，闪烁着新时代新思想的光芒，苏州版的发展的共同体主义精神开始进一步拓展。

从21世纪初特别是党的十六大以后到十八大之前，第三个阶段苏州精神的演变又具有了新的特点，苏州精神在以科学发展观为核心的发展理念指引下，进一步开拓出自己的新现代性之路。在当代苏州"两个率先"伟大实践中，苏州精神在对话与交往中、在传承与借鉴中、在本土与全球的融合中不断丰富自己、发展自己。一路创新而来，人与人、人与自然和谐而共生，生态文明、城乡一体化、自主知识产权的提升等创新发展都在不断引起全球的聚焦。努力开启从"苏州制造"向"苏州创造"转变的新征程。

党的十八大以来，中国特色社会主义进入新时代，这是新的历史方位。新时代苏州精神也应运而生。在这一阶段，苏州在率先探索全面高质量发展之路上前行，敢闯敢试"新时代苏州之路"，在大力传承"苏州精神"的同时，激发创造着"新时代苏州精神"。新时代苏州精神虽然与苏州精神一脉相承，但是，全球新变局、新时代新征程新目标新使命使苏州必须要在新情况下面对新问题、新挑战中创造新精神。这一精神要实现以下三大转变。

### 新时代苏州精神

一是从单纯诉诸大胆试、大胆闯的感性精神向自觉顶层设计指导下的理性精神转变。"崇文睿智"强调自觉意识、理性精神。全面高质量发展时代是高度科技创新、知识化、信息化、智能化的创新时代，需要创新探路的英雄绝不再是手持"三板斧"依靠感性"杀出一条血路"来的李逵式的莽夫，而是具有通晓当代科技创新发展走向大势、具有深厚宽广知识基础的领军人才；不仅仅是"思想解放的英雄"，更是具有大智慧、掌握知识变革前沿动态知识的英雄。因此，比起当年的苏州精神，今天的新时代苏州精神更加崇文睿智，更具有理性精神，更加精准地顶层设计未来。新时代的苏州必须用习近平新时代中国特色社会主义思想定向领航、对标找差、寻策问道，以对历史、对人民负责的态度，集中精力把苏州的事情办好。在领会把握新目标新部署上要更加深入、更加明确，更加坚定地领会把握新方位新使命，深刻理解新时代苏州奋斗·创新使命任务的历史必然性、极端重要性，以坚定者、奋进者、创新者的姿态，再创辉煌。大力推进改革开放新战略，更加明确在新时代"为全国探路"的新使命，着力在可复制、可推广的战略性、继承性创新经验探索上下苦功夫，在攻坚克难、突破全球复杂局面上下苦功夫，抢占先机、赢得主动。苏州将紧紧围绕"全面高质量发展"目标，系统谋划发展的主攻方向和关键领域，奋力推动苏州高质量发展走在全国前列。聚焦高质量发展，以舒心服务夯实经济"基本盘"，以项目建设筑牢发展"硬支撑"，以创新驱动下好转型"先手棋"，加速产业结构转型升级；聚焦新发展格局，深度融入长三角一体化，深入推动昆台融合发展，推动对外贸易稳健增长，全面激发开放发展动力；聚焦高品质生活，优化公共服务供给，推进美丽昆山建设，守好安全稳定底线，扎实办好各项民生实事，努力让发展实绩更有"温度"、民生答卷更有"厚度"。

二是随着新旧全球化时代格局的大转换，苏州必须要完成从跟跑到领跑，从借鉴共赢到打造自主创先可控经济产业体系精神的转变。自主创先就意味着在若干方面要自主创新、创先，成为领跑世界的标杆城市，精神上要恢复自信自主自强，即"思想上的自我"。从"世界走向中国"时代转向"中国走向世界"时代，从"自主输入型"现代化模式向"自主辐射型"现代化模式的转变，自主创先、和平发展、

## 结束语　新时代苏州精神与苏州未来发展

合作共赢终究要成为自主辐射的现代性城市。"开放再出发"的向度要有大转换：从"请进来"到"走出去"，成为"一带一路"倡议的领跑者。苏州是中国的，也是世界的，新时代苏州精神在内在扎根苏州发展的基础之上也具有了辐射全球的意义。

三是新时代苏州精神在十大板块你追我赶、创先争优的竞争中涌现出许多新的精神法宝，丰富和发展着"三大法宝"的内涵。姑苏的"核动力"精神，高新区的"创新"精神，相城的"担当"精神，等等，几乎每一个板块精神都在令人赞叹之余丰富着新时代苏州精神。由此，新时代苏州精神无论就内容或是结构都不同于以往苏州精神。由此，我们欣慰，正是在一次次的"凤凰涅槃"中，新时代苏州精神一路引吭高歌；由此，我们坚信，新时代苏州精神也必将在自身的创新发展中继续书写自己的绚丽篇章！

新时代的苏州，坚定走全面高质量发展之路，在时代的变迁中把握新时代苏州精神的创新和发展。新时代的"崇文睿智"不再仅仅是文人墨客笔下的人杰地灵、小桥流水、粉墙黛瓦。在创新时代，"崇文睿智"更是苏州以知识创新和文化创新带动"全面高质量发展"的必然选择，更表现为敢闯敢试、以大力思想破冰引领改革突围，以进一步思想解放带动开放再出发，以"自主创先"抢占全球科技革命和产业变革的制高点，以全面创新推动率先"走出去"。新时代的"开放包容"，不再仅仅是古代"和合文化"精神强调守成精致的和谐共同体，更强调在扩大开放、走向世界中包容天下的情怀。新时代的"争先创优"，不再是"世界走向中国"时代"追赶式跟跑"意义上的"争第一""创唯一"，而是在"中国走向世界"潮流中创先领跑，成为创新发展的标准、样板、标杆、旗帜，成为引领世界的先锋。这一创先是自主的而不是从属的；是原创的而不是"学徒状态"的；是转向自主辐射型现代性的而不是自主输入型的。

新时代的"和谐致远"也获得了新的意义。古语云，非宁静无以致远。如果说苏州传统上形成的内敛型的发展品格成为苏州发展的一个内驱模式的话，那么新时代苏州发展实践更表明，致远不仅扎根在苏州人传统的"不露也锋芒"的品格中，也已经具有了新的内涵。40多年来，苏州人将园林的格局布展现代经济的版图，布展全面高质量发展的版图，布展"一带一路"的版图。全球意识的不断加深正成为苏州人致远精神的一个重要标志。新时代的致远，意味着从不满足于一时一地的创新经验，要改革不停顿、开放不止步，在不断出场中秉持在场，以至于走向无限的未来。

## 2. 长三角一体化战略驱动下的新时代苏州精神

进入新时代，长三角一体化进程成为重大的国家战略，也是苏州未来发展的新战略选择。正如苏州市委领导所指出的那样："融入长三角一体化战略，深耕苏州谋求共赢发展"成为苏州的新时代重大使命。[①] 未来的苏州将是长三角世界级城市群重要中心城市，长三角一体化发展是苏州面临的极其宝贵机遇，苏州要更加主动对接上海、融入上海，努力在服务国家战略中塑造新优势，提升沪苏同城效应；加快推动产业智能化改造和数字化转型，大力发展工业互联网，助推企业提质增效；不断加大政策支持力度，创新城市数字化治理，为企业吸引劳动力和人才提供更强支撑。就建立新发展格局中的内循环经济圈而言，长三角地区拥有最完整的产业链、最强大的制造业基础，拥有丰富的科创资源、人才资源和大批成熟的产业工人，能够为广大企业在高起点上建构新发展格局提供最有力支撑。在长三角一体化进程中，深度融入"长三角一体化"进程不仅仅是苏州发展的战略实践选择，不仅涉及跨界投资、企业服务、产业营商、旅游、公共政策和公共服务、交通组织、市场运营等方面的一体化，在更深层次上，也是文化精神一体化发展的必然选择。苏州"为全国探路"不仅发生在实践层面，更在于精神层面。因此，新时代苏州精神在走向未来中必然要面对与长三角一体化的文化样式——江南文化，以及中国精神发生对话、融合的关系。文化精神是一个民族发展持续而强大的动力，中国精神是中国发展的动力，优秀的地方精神又是民族精神的价值底蕴和坚实基础。

江南泛指长三角，江南文化就是长三角区域文化，她主要涵盖着

---

[①] 许昆林：《在台商座谈会上的讲话》，苏州新闻网，2020年10月30日。

吴越文化、淮扬文化和徽派文化。江南文化自古就在不断融合中初步形成。江南文脉源远流长，有数千年的文化史，融古而出新，深邃而多彩，细腻博雅，特色鲜明。山秀水美、人间天堂的环境，数千年吴越文化、淮扬文化、徽派文化的熏陶和积淀，养成了江南人的文化精神那种细腻巧雅、开放创新的品质。

江南人善于将文化传承与现代创新、道德守成与开拓进取天然合一，可以用巧夺天工的苏州园林技巧布局出现代经济的版图；江南人的文化品格既是内敛的又是开放的，可以用双面绣的绝活实现东西方文化的对接。高度融合的"发展主义"与"共同体主义"价值观是江南精神的内核。江南精神的核心价值，就是在敢于争先、开拓开放的进程中谋求包容发展的共同体主义。这一理念支撑着江南人创造了一个又一个奇迹。同样，长三角地区作为中国现代化的先导区和示范区，以区域文化精神的独特优势，和而不同，相互协调、相互补充，充分克服以人多、自然资源贫乏为基础的发展瓶颈，吴越文化精神、淮扬文化精神、徽派文化精神与海派文化精神充分融合，共同秉承创新再创新、发展再发展的时代精神，以及和谐共进的发展共同体价值观。

千年吴文化作为长三角江南文化的主要源泉之一，地位凸显、作用独特。作为千年吴文化的当代发展形态，新时代苏州精神又必然与新时代江南文化具有高度的契合度与有机的融会性。两者都是发展的共同体主义价值的代表，对此具有高度的同构性、同态性、同源性，突出代表具有强烈的发展主体意识和共同体意识。新时代苏州精神的核心价值就在于能够在新的历史条件不断赋予江南文化以新的精神内涵，突破固有传统模式，实施新的发展。江南文化不会终结的一个重要原因，也就在于该区域内的发展主体对发展意识的高度自觉，能够争先发展，率先发展。

总之，新时代苏州精神与江南文化是一个有机的整体，准确地理解苏州精神需要放到这样一个大的背景中去认识。

新时代苏州精神书写了新时代中国精神画卷的壮丽篇章。新时代强国建设呼唤新的精神动力和精神风貌，大力培育、弘扬新时代中国精神为了凝聚中国14亿人的力量，共同为实现社会主义现代化强国目标而努力奋斗。在新时代为全国探路的苏州，弘扬"自加压力""敢于争先""自主创先""敢闯敢试"的苏州精神,将之进一步发展为新时代苏州精神,成为新时代中国精神的先锋、典范和楷模。

### 3. 走向新现代性的新时代苏州精神

与物质世界一样,精神世界也是一个过程。苏州精神过去、现在和未来都是发展中的,没有苏州发展实践的变迁也没有精神层面的结晶和启示。在走向新时代强国梦的过程中,以"崇文睿智、开放包容、争先创优、和谐致远"为内容、以"自主、创先、融合、致远"为底色的新时代苏州精神也将获得新的精神内涵,不断丰富自己。在新时代,"三大法宝"获得了新升华。其中,"张家港精神"在原初"团结拼搏、负重奋进、自加压力、敢于争先"的底板上,正在聚焦"向善""向高"的新时代目标而攀升。昆山牢记"只有敢于走别人没有走过的路,才能收获别样的风景。"[①] 在加大产业自主创新力度的同时,更加突出"闯"的特色,昆山人勇当热血尖兵,强调干事有状态、有激情、敢担当、出实效,继续在没有路的地方闯出高质量发展之路,将以改革开放为时代特征、以创业创新创优精神为强大动力、以人民幸福为不懈追求的"昆山之路"升华为昆山精神内涵:"开放、融合、创新、卓越"。其中"艰苦创业、勇于创新、争先创优"的"三创"精神得到了新的概括与提炼。"园区经验"更从"世界走向中国"时代的"借鉴、创新、圆融、共赢"发展为"中国走向世界"的新时代园区精神内核:"改革创新、开放包容、敢为人先、追求卓越"。此外,新时代的吴江响亮地喊出"自强不息、求真务实、敢为人先、融合图强",高新区、相城区都在形成创造着自己的精神特质。你追我赶,群虎啸林。

党的十九届五中全会审议通过的《中共中央关于制定国民经济和社会发展第十四个五年规划和二〇三五年远景目标的建议》,描绘了我国进入新发展阶段的发展蓝图,为全党全国各族人民夺取全面建设社

---

[①] 《弘扬敢闯敢试、敢为人先的改革精神——论学习贯彻习近平总书记广东考察重要讲话精神》,《人民日报》2018年11月1日。

会主义现代化国家新胜利指明了前进方向、提供了根本遵循，对"十四五"时期我国发展作出系统谋划和战略部署。习近平总书记指出："进入新发展阶段，贯彻新发展理念，构建新发展格局，是由我国经济社会发展的理论逻辑、历史逻辑、现实逻辑决定的。""进入新发展阶段明确了我国发展的历史方位，贯彻新发展理念明确了我国现代化建设的指导原则，构建新发展格局明确了我国经济现代化的路径选择。"①苏州站在决胜高水平全面建成小康社会的新起点上，要在率先全国完成基本实现现代化建设基础上在2035年高水平建成令人向往的创新之城、开放之城、人文之城、生态之城、宜居之城、善治之城，高水平建成充分展现"强富美高"新图景的社会主义现代化强市、世界历史文化名城，打造长三角重要中心城市，为建设世界级城市群作出重要贡献。对于苏州来说，就是要用率先行动完成党的十九届五中全会确定的全国15年奋斗目标，为全国探路，成为全国未来15年发展的标杆性城市。

"十四五"时期是我国全面建成小康社会、实现第一个百年奋斗目标之后，乘势而上开启全面建设社会主义现代化国家新征程、向第二个百年奋斗目标进军的第一个五年，我国将进入新发展阶段，国内外环境的深刻变化带来一系列新机遇、新挑战。党的十九届五中全会明确了"十四五"时期经济社会发展指导思想，提出了必须遵循的重要原则，这就是坚持党的全面领导，坚持以人民为中心，坚持新发展理念，坚持深化改革开放，坚持系统观念。这"五个坚持"，是党的十八大以来以习近平同志为核心的党中央治国理政实践经验的升华，是我们党对我国发展规律认识的进一步深化。奋进新时代、开启新征程，苏州只有切实遵循"五个坚持"的重要原则，胸怀更大的担当作为，在经济社会发展各项工作中认真贯彻落实，抓住机遇、应对挑战，披荆斩棘、奋勇前进，才能实现经济发展取得新成效、改革开放迈出新步伐、社会文明程度得到新提高、生态文明建设实现新进步、民生福祉达到新水平、国家治理效能得到新提升的主要目标。

---

① 习近平：《深入学习坚决是贯彻党的十九届五中全会精神 确何全面建设社会主义现代化国家开好局》，《人民日报》2021年1月12日。

▶ 新时代苏州精神

  更大的担当作为精神首先是建设更强的党的领导的精神要求。党的领导强是做好苏州未来发展各项工作的根本保证、是战胜一切困难和风险的"定海神针",只有建设更强的党的领导机制,充分发挥新时代苏州之路和苏州精神的强大作用,不断提高苏州广大干部群众贯彻新发展理念、构建新发展格局的能力和水平,才能为实现全面高质量发展提供根本保证。让人民过上好日子是我们党一切工作的出发点和落脚点,只有坚持人民主体地位,坚持共同富裕方向,始终做到发展为了人民、发展依靠人民、发展成果由人民共享,维护人民根本利益,激发全体人民积极性、主动性、创造性,促进社会公平,增进民生福祉,才能不断实现人民对美好生活的向往。新发展理念是我国发展思路、发展方向、发展着力点的集中体现,只有把新发展理念贯穿发展全过程和各领域,构建新发展格局,切实转变发展方式,推动质量变革、效率变革、动力变革,才能实现更高质量、更有效率、更加公平、更可持续、更为安全的发展。改革开放是决定实现"两个一百年"奋斗目标、实现中华民族伟大复兴的关键一招,只有坚定不移推进改革,坚定不移扩大开放,加强国家治理体系和治理能力现代化建设,破除制约高质量发展、高品质生活的体制机制障碍,强化有利于提高资源配置效率、有利于调动全社会积极性的重大改革开放举措,才能持续增强发展动力和活力。系统观念是具有基础性的思想和工作方法,只有加强前瞻性思考、全局性谋划、战略性布局、整体性推进,统筹国内国际两个大局,办好发展和安全两件大事,坚持全国一盘棋,更好发挥中央、地方和各方面积极性,着力固根基、扬优势、补短板、强弱项,注重防范化解重大风险挑战,才能实现发展质量、结构、规模、速度、效益、安全相统一。

  党的十九届五中全会展现了一幅气势恢宏的壮丽画卷,必将鼓舞和激励全党全国各族人民战胜一切艰难险阻,为全面建设社会主义现代化国家开好局、起好步。经济发展的背后是奋发有为的精气神。"张家港精神""昆山之路""园区经验",是苏州精神的"三大法宝"。苏州在率先达到基本实现现代化目标要求基础上,再经过十年乃至更长时间的奋斗,全市主要经济指标达到社会主义现代化强市的发展目标。没有强大的精神支持是难以想象的,如何进一步地从自发到自觉总结和提升苏州精神，如何真正地把苏州城市精神贯穿到苏州人的日常生活和工作学习中去，的确任重而道远。

中国式现代化新道路和新精神是对世界现代性难题的中国解答。这一现代化新道路之所以"新"，就在于：一是要以共享包容的发展共同体主义价值取代"弱肉强食"的"丛林法则"；二是要以"既要绿水青山，又要金山银山"的"两山"论和生态文明理念取代唯利是图、破坏环境的资本中心论；三是要以"人类命运共同体"论以及"多元平等、和平发展、合作共赢、文明互鉴"的全球治理价值取代"国强必霸""中心—边缘"的全球分裂价值，创造一个美好的全球新格局。肩负在新时代继续"为全国探路"重责的苏州，必然要走在全国前列，成为走向世界的中国方案、中国价值的创造者和先行军。新时代苏州精神的自主创先，就是要在迅速完成和跨越"自主输入型现代化"阶段先锋使命的同时，迅速转向"自主辐射型现代化"。自主创先是自主辐射的前提和基础。自主创新的内循环为双循环经济打造深厚的自主创新的资本。新时代的苏州精神，就是要迅速唤起自主创先、自主发展、自主循环、自主布局的意识，构筑和完善自主可控的科技—产业结构。

在这一思想指导下，新时代苏州精神将进一步在结合本土特色发展的道路中显示自身的独特魅力。从本土走向全球，再从全球视野关照本土，立足新全球化时代，形成了苏州精神发展的新语境。坚持打造自主可控、以内部大循环为主体、国内国际双循环相互促进的科研产业体系，是为了更好地满足人民群众追求美好生活的需要、实现全面高质量发展的需要，也是以自主辐射型现代化方式走向世界的必然准备。放眼全球，新全球化背景下的生态文明、工业 4.0 时代已经来临，跨越高水平全面建成小康社会之后，进入新发展阶段的苏州率先踏上基本实现现代化的道路，如何在新发展阶段"为全国探路"，当好先行军和排头兵，就需要苏州精神有新的发展和创新，只有这样，才能使苏州的发展在几重夹缝中获得新生。

苏州的发展实践已经表明，正是由于率先抢抓机遇，不断克服传统发展观带来的弊端，做到"既要金山银山，又要绿水青山"，从环境保护到环境支持理念，使人与自然、人与人、城市与乡村之间形成一个和谐发展的共同体，从而已经初步走出了一条具有苏州特色的新型现代化道路。究其精神根源，正是由于苏州精神内涵中对于新现代性的认同与追求。特别是新时代以来，苏州自觉地以新现代性为基础，在新全球化催生"百年未有之大变局"的发展背景下，以现代产业和新技术革命为主要推动力，并由此引起了经济、社会、文化诸领域的深刻变革。从占领开放制高点的工业园区四大创新基地到全国县域冠军的昆山，从烟波浩渺、人文生态双绝佳的太湖之滨，到通向世界的太仓刘家港码头，从热血尖兵的相城到蜚声中外的新港城市张家港，苏州这片热土到处都洋溢着新型现代化道路的曙光。

## 二　超越：新时代苏州精神发展的新动力

新时代苏州精神—全球化的普遍意义—新全球文明平台

### 1. 新时代苏州精神的新动力

苏州是中国改革开放的先行军和排头兵，长期以来，以"三大法宝"为内核的苏州精神一直成为苏州之路的强大精神动力，苏州享誉全国的品牌软实力。同样，进入新发展阶段，动员苏州人民勇立潮头、开拓进取，追求更大的担当作为，在更高起点上推进改革开放，为乘势而上开启全面高质量发展新征程谱写新篇章，向着打造社会主义现代化强市、美丽幸福新天堂目标大踏步迈进，高水平建成令人向往的创新之城、开放之城、人文之城、生态之城、宜居之城、善治之城，充分展现"强富美高"新图景的社会主义现代化强市、世界历史文化名城、长三角重要中心城市，为建设世界级城市群作出重要贡献，这一超越性目标更加迫切地呼唤着新时代苏州精神作为新时代苏州之路的内在的价值支持和不竭的精神动力。犹如冲天的多级火箭托举卫星进入预定轨道一样，越是突破高级宇宙速度，越是需要更加强劲的火箭推动力。新时代的苏州改革再起步，开放再出发，超越性的战略行动需要更加强劲的精神动力。

新时代苏州精神推动进一步解放思想、转变观念，成为引领新时代苏州之路的精神动力。过去在各个阶段上创造苏州奇迹的苏州模式、苏州路径、苏州经验都不同程度地被全国复制、共享，很容易让人陶醉、让人沾沾自喜，使人产生自满、停步不前，很自然形成"旧识依赖"和"观念崇拜"，不愿再深化改革、扩大开放，更不愿意改变发展方式和发展路径，成为与新时代新征程新使命格格不入、严重脱节的阻碍因素，必须要加以破除。每一次思想解放，都是对旧观念的大破除，对以往的发展路径、发展经验、发展方式的超越。"三大法宝"敢闯敢试、敢争第一、敢创唯一的精神依然对于今天有重大动力价值；但是，"三大法宝"的某些时段具体内容也需要不断与时俱进。新时代苏州精神就是对以"三大法宝"为核心的苏州精神的继承、发展和超越。只有解放思想永远在路上，才有改革开放永远在路上；只有精神不衰，才有创新不竭；只有观念超越，才有实践超越。指向新时代未来的苏州发展实践，一定要将新时代苏州精神当作进一步解放思想的利器，用之破除一切僵化、教条的障碍；一定要将新时代苏州精神作为强大动力，推动着苏州发展创造一个又一个新奇迹。

新时代苏州精神内蕴着强大坚定的战略发展意志，强力支撑着新时代苏州的全面高质量发展之路。实现新时代苏州发展目标、战胜艰难险阻，既靠发展实力，更靠发展意志。改革开放40多年来，苏州率先发展之所以面对前无古人的艰难困苦、风险挑战，挺起脊梁、奋起抗争、敢闯敢试、顽强拼搏、自加压力、砥砺前行，就是靠坚韧不拔、无难不克、无坚不摧的坚强发展意志。苏州精神中强大的发展意志是对中华民族和中国共产党伟大战略意志的传承和创新，是党和政府的意志与广大干群意志的高度统一，是苏州精神、苏州力量和战略能力的重要构成。新时代苏州发展内在地展现出目标坚定、信念执着，果敢刚毅、坚韧刚强，勇立潮头、奋勇搏击，攻坚克难、砥砺前行的意志品格，成为新时代苏州精神的内在风骨，成为战胜一切困难的强大精神刀锋。当今世界正面临百年未有之大变局，国际形势日趋复杂，"黑天鹅"、"灰犀牛"等不确定、不稳定风险明显增多，新时代苏州发展面临的风险挑战、阻力压力前所未有。苏州肩负着在高水平全面建成小康社会之后，为全国探路率先实现打造社会主义现代化强市的重责，追求更大的担当作为，使命光荣而艰巨。习近平总书记指出："我们有坚强决心、坚定意志、坚实国力应对挑战，有足够的底气、能力、智慧战胜各种风险考验，任何国家任何人都不能阻挡中华民族实现伟大复兴的历史步伐。"[①] 新时代苏州发展意志的实践伟力，表现为苏州在新时代确立和实现战略发展目标的坚定决心、政治勇气和坚强毅力，是依托客观规律、时代条件又积极反作用于客观进程的主观精神能动性，是新时代苏州精神中的意志力量。发展意志是发展精神的构成要素，也是发展能量的聚集、倍增和释放的枢纽，贯穿于新时代苏州发展战略的制定和实施的始终。理想、信念、志向、毅力，是战胜一切艰难险阻的法宝，是历久弥新的宝贵精神财富。面对新时代挑战，只有永不懈怠的精神状态和一往无前的奋斗姿态，才能敢闯敢试，才能持续创新、不断超越，才能攻坚克难、为全国探路，才能夺取全面高质量发展战略的伟大胜利。

新时代苏州精神指向新时代苏州发展的未来目标，引领着苏州走向未来，成为精神动力。围绕"社会主义现代化强市、美丽幸福新天堂"愿景，按照中央和省委提出的先行先试、成为示范、走在前列的定位，在率先实现高水平小康社会之后，率先完成"基本实现现代化"目标，成为全面高质量发展的示范城市和标杆城市，推动着苏州实现向自主可控产业链和价值链布展的目标转型，向更高水平、更高质量的"五位一体"发展的先锋城市迈进。打造一个社会主义现代化强市，"强"要强在何处？首先强在自主创新能力。自主创先的精神，不仅要让苏州成为创新城市，而且要"敢争第一""敢创唯一"，成为领跑开路先锋的"创先"城市。走向世界的"开放城市"不再拘泥于"请进来"，不仅要成为"世界走向中国"的典范，更要成为"中国走向世界"的自主辐射型桥头堡。"开放再出发"绝不是自主输入型的"借鉴、融合"的经验继续，而是自主创先、引领发展的新路。提升城市能级，内部解决从"巴掌路线"到"一体化"的"拳头方略"，外部尽快融入"长三角一体化"，构筑全球最强大的发展极，这些目标的实

---

① 习近平：《中共中央召开党外人士座谈会》，《人民日报》2020年7月31日。

现都需要思想引领、精神聚力。新时代苏州精神在全面高质量发展的实践平台上发挥着汇聚强大精神凝聚力的作用。国外"卡脖子""断供"的关键技术、共性技术，超高平台的设备，都是新时代必须拿下的对象。作为中国改革开放的"试验田"，苏州工业园区在新时代必须将产业研发深深嵌入如何突破全球产业链"卡脖子"环节中，强化创新对产业发展的引领作用，构建龙头引领的"最全产业链条"、打造强者恒强的"最强产业集群"、培育赋能创新的产业生态，全力锻造"拆不散、搬不走、压不垮"的"一号产业"。苏州纳微科技股份有限公司的纳米微球，就是在微纳材料技术上突破"卡脖子"的生动写照。纳微科技在纳米微球产品的质量和生产工艺上实现了弯道超车，成为信达生物、恒瑞医药、博瑞医药、开拓药业等园区众多"明星"生物药企的合作伙伴，与生物医药产业一起协同创新，最终实现了在"卡脖子"领域的国产化替代。作为战略性新兴产业的代表，苏州生物医药及相关产业的收入产值已达2100亿，这在全国数一数二。以信达生物为例，这家在苏州土生土长的生物医药企业，通过十年发展，已经成长为中国生物医药产业头部企业，这得益于苏州良好的营商环境。今天无论是从新药个数、资本积聚的数量，还是人才密度，苏州已经稳坐全国生物制药第一方阵。此外，全世界有八大纳米产业集群，中国的就在苏州，还有第三代的半导体、人工智能等。苏州还在打造航空航天产业基地，承接中国商飞产业链共同打造，"多条腿走路"的发展格局已经形成。大数据技术正在深度改造提升着苏州传统产业。沙钢集团作为一个钢铁企业，在积极推行"智能制造"数字化转型；常熟波司登集团通过独立研发拥有自主知识产权的软件系统和大数据中心，建成了服装行业最先进的智能制造生产基地和智能配送中心。在云裳小镇，过去单纯的制衣工场在新时代蜕变为大数据、智能化和"互联网+服装设计+制衣+销售"的一体化后工业社会经济模式。传统产业的当代转型，成为不断超越的新时代苏州精神的真实写照。走进太仓电站村，规划有序的乡村成为城乡一体化产业发展的典范。农业成为观光好去处，乡居集中且成为舒适休闲的民宿；企业和文化产业丰富多样，百姓多种经营，乡村秀美，百姓富足，乡村成为国内外游客和文人墨客争相观光和休闲度假的好去处。仿佛像一幅现代苏南乡村的美丽画卷,活脱脱将新时代"乡村振兴"标杆风貌描画得生动具体。

新时代苏州精神接续"三大法宝"优秀传统再次点燃自加压力、自主创先的奋斗之火,激励广大干部群众争当新时代干事创业的热血尖兵。先锋归于担当者,时代属于奋进者,光荣属于创业者。在新时代,目标已明确,号角已吹响,需要苏州广大干部群众再燃激情、再创辉煌。为此,需要新时代苏州精神去点燃奋斗之火,去激励广大干部群众成为干事创业的热血尖兵。张家港将文明卫生城市创建化为全体居民的共同行动,用"自加压力、敢于争先""样样工作争第一"的张家港精神激励广大干群,用8万把扫帚扫出一个文明卫生城市。相城区委提出"以先行尖兵的气魄,超前谋大事,实干担使命,奋力争当开放发展先行尖兵",喊出"发展水平争一流,发展增速争第一,发展成果争唯一"的口号,思想再解放、开放再出发、目标再攀高,推动相城经济社会发展跃上高平台、跃向高水平、跃出高质量,打造苏州新门户、城市新家园、产业新高地、生态新空间,奋力争当高质量发展和现代化建设的排头兵!苏州承担着带领广大人民推进高质量发展、全面建设社会主义现代化强国的标杆作用,就是要引领发展的方向和追求,就是要成为率先探索、走在前列的典型,就是要实现高质量发展高要求与新时代苏州精神新追求的统一。

## 2. 新时代苏州精神发展的新境界

党的十九大报告指出,新时代强国建设需要自主创新,走高质量发展之路。做新时代全面高质量发展的示范城市和标杆城市,苏州还有艰辛的路要走,很多难题要破解,甚至许多遇坎的代价要付出。因此,需要有一个底线思维防范各种风险,更要有一个境界提升,站在辩证法的高度来看待全国标杆城市的得与失。

回顾以往,苏州之路与苏州精神的发展创造了伟大奇迹,积累了丰富经验,提升了我们的精神境界,深化了我们对两者关系的规律性认识。一是必须把苏州之路看作是对中国道路的探索,苏州精神是中国精神的标志,是伟大的中国道路和中国精神在苏州的成功实践。为此,苏州为全国探路才有重要意义,做标杆城市才有重要价值。这是苏州的光荣责任和使命担当。只有站在中国特色社会主义高度看苏州，才能理解苏州发展的本质。二是要明确"社会主义现代化强市、现代国际大都市、美丽幸福新天堂、长三角世界城市群重要中心城市"的发展目标和"全面高质量发展的标杆城市"责任，明确领跑新一轮科技创新、抢占第四次工业革命制高点、抢抓产业转型升级重大机遇、积极下好后疫情时代全球变局的"先手棋"、创造民生幸福天堂城市样板等重大使命，才能点燃广大干部群众的奋斗之火，再燃激情为之干事创业。三是要有果敢刚毅、坚韧刚强，勇立潮头、奋勇搏击，攻坚克难、砥砺前行的坚定的新时代发展意志，以永不懈怠的精神状态和一往无前的奋斗姿态，才能战胜一切困难险阻，夺取一个又一个新胜利。四是要有持续推进全面深化改革、扩大开放的精神状态，永远不能自满，改革开放永远不能停步，只有不断创新超越才能秉持在场，才能保持先进领跑地位。五是要不断创造战略性、系统性的创新举措，持续推出可复制、可推广的创新经验，为全国探路，与全国共享，成为真正的先锋队、排头兵、标杆城市。

做标杆城市，成为示范，走在前列，就是要让新时代苏州精神成为苏州人干事创业的内在价值，成为自觉的精神动力。苏州承担着带领广大人民推进高质量发展、全面建设社会主义现代化强国的标杆作用，就是要引领发展的方向和追求，就是要成为率先探索、走在前列的典型，就是要实现高质量发展高要求与新时代苏州精神新追求的统一。苏州各级政府部门自觉以全面高质量发展为准绳，对标找差，将改革和优化政府服务模式、创造一流服务型政府的战略行动内化为"新常态"。无数企业家不断创新、转型、追求卓越，撑起苏州自主创先、敢闯敢试的一片天地。党的基层组织带领广大群众干事创业，共同创造"美丽幸福新天堂"。

做标杆城市，成为示范，走在前列，就是要让新时代苏州精神成为全国分享、领跑世界的先进发展文化。苏州率先发展面临的重大使命，率先遭遇的需要攻坚克难的困难险阻，率先需要战胜一切困难、取得胜利的每一个成功经验或试验失败的教训，推出的每一项自主创先的重大策略，都会得到全国紧跟苏州发展的后来者城市高度关注、成为对标找差的对象，成为分享复制推广的内容。这是苏州为全国探路的光荣使命，也是不断率先付出代价的艰巨责任。聚焦新时代苏州创新发展，一马当先、万马奔腾，由此先发带后发，最终共同发展，成就中华民族伟大复兴的伟业。中国道路由此开辟，中国方案由此造就，中国经验由此谱写，中国精神由此凝聚。世界关注中国，全球瞩目华夏，必然关注为全国探路的国际大都市——苏州，关注新时代苏州精神风貌。中国走向世界的进程，必然由率先发展的标杆城市作为先锋队首先跨出，标杆城市精神在全球辐射范围是由伴随着精神先进性和穿透力强弱而生的影响半径划定的。精神动力强劲者，辐射范围必广。反之亦然。

### 3. 新时代苏州精神发展的新平台

新时代苏州精神超越性是具有空间场域或平台依赖的。在量子科技时代，抢抓先手的机遇转瞬即逝，新时代苏州之路首先是对以往苏州之路的阶段性自我超越。时代的发展，新征程、新使命的问世，倒逼我们要跃升境界、创新思路、转换发展目标和方式。与此相应，新时代苏州精神是对以往苏州精神的自我超越。"三大法宝"中不再与新时代新征程新使命的内容相契合的历史内容，将会像沙滩上的痕迹，在海水漫灌侵蚀中荡然无存。而新思想、新价值、新意志、新语言随着新时代而出场，成为主流精神。精神的新旧更迭、出场退场，是精神自我更新的生命存在方式。每一种生产方式构成了既定的建树其上的精神因素的物质基础，也因此让精神因素为之服务。当精神因素不再适应新的生产方式需要时，就必然发生两者关系的重大变革，精神因素或迟或早总要发生与时俱进的变革，于是精神就呈现出发展的态势。

超越性需要借助于全球化的空间平台。新发展格局既以国内循环为主体，又需要以国内国际双循环相互促进为支撑。在"中国走向世界"的新时代，苏州作为开放城市的示范，全力打造全球高科技发展节点城市，需要借助于高端科技链、产业链、价值链的全球格局。新冠肺炎疫情的全球肆虐正在加速全球新变局。疫后的全球化"单边主义""保护主义"趋势会抬头，全球化与反全球化的力量博弈在加剧，

## 结束语　新时代苏州精神与苏州未来发展

以美国为首的"单边霸权主义"势力在被日渐削弱，但是世界在变局中会更加动荡不安、"黑天鹅"与"灰犀牛"非常规风险将急剧增多。在日益复杂的国际形势中，尽管西方世界极力维护它们的霸权主张，但是中国主张的多元主义平等互助、合作共赢、文明互鉴的新全球化秩序正在被世界上越来越多的国家所认同。历史潮流不可阻挡。马克思早就指出，历史向世界历史的转变是现代生产方式的必然趋势。全球化是客观世界发展的产物，不仅是一个空间现象，也是一个历史现象。中华民族伟大复兴进程在危机中寻新机、在危局中开新局，正在刷新着世界结构。苏州的开放型经济日益深度嵌入全球化总进程，赢得全球化的诸多"红利"，与全球化同呼吸、共命运，正在以自主创先来转变开放的格局，推动从"世界走向苏州"到"苏州率先全国走向世界"的大转向。苏州走向世界的资本，就是自主创先。向全球自主辐射的不仅是自主创先的科技、产业，也包括精神文化。总结和提升苏州精神，重要的意义就在于此。一个关键问题是：在全球化的背景下，新时代苏州精神能否在自主辐射中获得新的发展机遇，在何种平台上获得新的发展。历史一再表明，作为发展的主体必然也只有在向外部辐射并同时吸取外部辐射的过程中才能维持自身的发展能量平衡，才能保证自身的发展主体的不断满足。封闭的发展体系是注定要失败的。自古以来，苏州特殊的区位优势就使苏州具备了开放的胸襟，海外贸易历来十分发达，特别是改革开放以来，苏州抓住了难得的历史机遇，"走出去"与"请进来"相结合，主动以自身独特的魅力影响海外并向外部学习不同的发展经验，在这样互动辐射的精神引领下，真正成为有敢为天下先的全球发展意识和全球发展视野，成为全球化背景下自主创先发展的典范。

新时代的苏州，要体现胸怀"两个大局"的"大视野"，以习近平总书记"育新机、开新局"的战略思想为指导，在准确识变、科学应变、主动求变中谋划苏州发展、体现苏州担当、彰显苏州作为。要强化服务国家战略的政治自觉，扛起践行国家战略的政治责任，站在增强"四个意识"、践行"两个维护"的高度，抓住"一体化"和"高质量"两个关键，创新出一些新经验、新路径、新办法，并加快接轨上海、融入上海，在融入和服务国家发展大局中作出更加积极的苏州贡献。围绕全力打造服务融入国家战略的"C位城市"、新时代对外开放的"示范城市"、国际国内资本投资的"首选城市"、高端创新要素集聚的"活跃城市"、深度融入"长三角一体化"地缘优势更加突出的"头部城市"、空间集约精明增长的"紧凑城市"、抵御风险应对挑战的"韧性城市",高质量发展的标杆城市这一总体目标,奋力拼搏、开拓进取、敢于争先,为率先成功"下得先手棋"、布好局、开好路,继续当好领跑"强富美高"新江苏建设进程的先行军和排头兵。

> **三 走向:新时代苏州精神与苏州未来发展**
>
> 进入新发展阶段——以"两个大局"的大视野引领未来发展——融入国家战略的"C位城市"——对外开放的"示范城市"——资本投资的"首选城市"——深度融入长三角的"头部城市"——幸福文明美丽新天堂

## 1. 建设自主创先幸福文明美丽的新天堂

进入新发展阶段,苏州市"十四五"规划纲要精神强调:为了打造社会主义现代化强市,必须要做到以下几个方面。第一,要全力打造服务融入国家战略的"C位城市"。当前国家战略在苏州叠加实施,要抢抓机遇、乘势而上,当好深度融入"长三角一体化"发展的排头兵,建设"一带一路"交汇点核心节点城市,打造自贸区的"苏州样板",将长江苏州段打造成"最亮丽的一段"。

第二,要全力打造新时代对外开放的"示范城市",坚持用开放为苏州一切工作赋能,深度融入国内国际双循环相互促进的发展格局,用更多的双边合作和多边合作、更高质量更广领域更深层次的对外开放,来对冲中美经贸摩擦的影响,构建合理安全的对外开放体系。

第三,要全力打造国际国内资本投资的"首选城市",在"十四五"时期始终把重大项目、有效投入作为工作的主旋律、生命线,制造业要始终保持足够的增量、快速的成长、合理的比重。

第四，要全力打造高端创新要素集聚的"活跃城市"，聚焦进一步提升科技创新策源功能，加快实现由制造驱动创新向创新驱动制造转变，在创新源头上更进一步、在创新主体上更进一步、在创新资源上更进一步。

第五，要全力打造地缘优势更加突出的"头部城市"，大力推进沪苏同城化、苏州市域一体化、苏锡常一体化、苏通跨江融合一体化、飞地发展一体化，其中沪苏同城化是关键、市域一体化是核心，加快构筑新的地缘优势。

第六，要全力打造空间集约精明增长的"紧凑城市"。全面启动和深化开展"双百行动"，划定工业和生产性研发用地保障线，提升工业用地效益。

第七，要全力打造抵御风险应对挑战的"韧性城市"，强化产业韧性、强化服务韧性、强化管理韧性。要推动要素配置更为高效，推动指标刚性约束更为科学，推动经济区与行政区分离探索改革，推动向经济发达区域赋能放权。

要强化不负国家和省关心支持的思想自觉，扛起先导和示范区建设的示范责任，对于相关政策要想着办法用、钻着牛角尖用、打着擦边球用，最大限度发挥政策红利，抓紧各项重大工作推进，确保示范区建设早出形象、快见成效，全力当好展示示范区建设成效的苏州窗口、江苏窗口。要强化勇挑发展重担的行动自觉，扛起示范区建设"先遣队"的担当责任，以争第一、创唯一的精神，全力抓"六稳"、促"六保"，既看数量也看质量，勇挑重担跑在前，切实担当起示范的责任。

驱动新时代苏州实现系列目标的精神就是新时代苏州精神。没有精神、没有文化，就没有苏州。的确，具有"人间天堂"美誉的苏州历来是文化福地，文化之于苏州的重要存在价值毋庸赘言。但是，从苏州精神发展的高度来说，仅仅认同文化苏州显然是不够的，苏州文化只是苏州精神构成的一个部分而不是全部。发展苏州精神，不是精神本身的自我满足和呓语，而是只有在精神世界与物质世界相互交往的实践运动中才能发展精神本身。世界上没有脱离精神的物质，也从来没有脱离物质的精神。文明作为现实世界发展的整体形态，根本上由人创造出来，也同时创造着人。文明是人类的生存方式，从狭义上讲，文明昭示着人走向自由全面发展。因此，文明苏州是苏州文明的发展目标，它要求这样一种生存方式，在这里，人与人、人与周边的世界能够和谐共处，实现最大化的幸福感满足。进一步讲，真正的文明苏州的实现正是在新全球化背景下对新现代性的获得。那么，苏州精神要获得新的发展，势必要立足新全球化时代，紧紧结合苏州的发展实践，引导文化苏州走向文明苏州，实现物质文明与精神文明、城市文明与乡村文明的和谐发展。

## 2. 引导率先走向世界的标杆城市

新时代全球大变局，是"世界走向中国"为"中国走向世界"的历史所取代的时代。正是在这个意义上，新时代苏州精神的指向推动苏州要在新时代成为领跑"走向世界"的标杆城市，成为自主辐射型现代化的先锋。已经昭示了先导性的人类生存方式的发展价值，并将在未来的发展中理应继续率先探索城乡文明发展的归宿，提升人类文明的新境界，任重而道远。

标杆城市建设是一项长期艰巨的系统工程，必须坚持生态优先、绿色发展，坚持系统谋划、整体推进、重点突破。要依托重大平台，在长三角一体化发展国家战略中"挑战极限、做大做强"。要在产业高端上发力，牢牢把握长三角打造世界级产业集群和标志性产业链的目标定位，坚持"项目为王"理念，以项目化带动一体化，紧扣"六新"导向和示范区"五大经济"类型，按照"六个围绕"产业发展思路，在更高层次上规划产业发展，高标准建设具有国际竞争力的现代产业体系。要在改革创新上发力，充分发挥"一体化制度创新试验田"政策红利，加码加力推进水系结构优化调整、城市有机更新等重点改革任务，用好用足改革创新"特别奖"。要在生态绿色上发力，围绕打造世界级滨水人居文明典范的发展定位，以及《苏州生态涵养发展实验区规划》提出的打造国家级生态文明示范区要求，坚持生态优先、绿色发展，打造以水为脉、林田共生、蓝绿交织的自然生态格局，擦亮苏州高质量发展的鲜明底色。要在民生共享上发力,努力做好社保联网打通、示范区医疗联合体建设、青吴嘉公交系统互联互通、长三角区域优质教育资源引进、长三角政务服务一体化、社会综合治理交流协作等工作,全面推进民生领域共建共享,让示范区建设成果更多更好惠及群众。

新时代苏州之路将催生着十大转型和超越性发展。一是产业结构的转型,从依附型代工经济经过注重科技创新,再以材料科学东吴国家实验室的建立为标志,向量子科技等世界科技高峰攀登、超越性地抢占区域甚至全球科技创新制高点的目标迈进。自主创先的科技产业结构的布局助推自主循环的产业链、科技链和价值链的形成,使苏州制造经过苏州智造向苏州创造转变;从重化工结构向工业4.0位主线的轻、软、高转变。二是发展方式的转变。从重GDP数量规模向实现全面高质量发展目标转变,从单向体制改革向全面深化改革转变;从以引进为主向"走出去"和"请进来"并重的开放型经济转变,五大新发展理念真正得到深度落实。苏州未来的新发展格局,自主可控的内循环经济与内外双循环将比翼齐飞,成为苏州一大特色。三是资源配置方式转向充分利用好国内国外两个市场、市场和政府以及社会多元配置紧密协调的新格局。四是空间资源治理更加精准、细致、为民、雅致,体现园林布局,城乡一体化规划建设延伸到全部乡村,与全面打造"美丽乡村"的"乡村振兴"计划融为一体。乡村多元产业密集布展,观光农业、休闲副业、乡村旅游、制造产业、文化融入、民宿和网销,立体构成都市人向往的休闲度假胜地、国内外游客流连忘返的乡情,最宜人类居住的园地,体现苏州"国际现代大都市"特色、"富裕美丽新天堂"的品格。五是社会治理和民生保障水平大幅度升级换代,让苏州真正成为老百姓最佳宜居宜业城市、生活便捷城市、生活安逸舒心富足城市、医疗卫生和教育发达昌盛城市、健康养老天堂城市。六是实现平等民主、公平正义、参政议政、自我管理最佳环境城市。政府治理依靠百姓、平等民主、亲情有爱。百姓参政议政、爱国爱家,自治协商机制完善,公平法治风清气正。全面落实"普惠均等、便捷高效、智能精准"十二字目标要求,不断完善公共法律服务体系,更好地满足人民群众的公共法律服务需求,积极推动治理体系和治理能力现代化。七是建设文化昌明、教育发达、素质高尚、多彩多姿的繁荣城市。八是大力建设高水平生态文明和环境卫生城市，把新时代苏州建设成为风清水美、绿水青山的美丽新天堂。九是高度融入和平发展、合作共赢、文明互鉴的新全球化格局的开放城市。苏州要成为科技、产业、文化、经济走向世界的领跑城市和标杆城市。十是党的领导和政府服务向更有影响力、更有感召力和治理能力的方向转变，政治领导和强服务成为"新常态"。

### 3. 新时代苏州精神与苏州未来发展的路标

新时代苏州的发展离不开新时代的中国乃至正在实现大变局的全球发展。进入新发展阶段，人民有精神，国家有力量，民族有希望。这是因为精神价值总是超越着一个国家、一个城市的"现实自我"，而指向"未来之我"，激励着一个民族、城市为之奋斗，让朝气蓬勃、激情澎湃的人民创造美好生活。

2021年，进入新发展阶段的苏州正处在"两个一百年"的交汇点上，中华民族伟大复兴和后新冠肺炎疫情加速全球新变局的新形势，以及新发展格局的塑造、长三角一体化、自贸区发展等都在强力催进苏州大跨度走向全面高质量发展的新路。党的十九大报告对于到本世纪50年代建成社会主义现代化强国提出了明确要求。在这一大背景下，新时代苏州发展之路必将发挥中国现代化示范区的先导作用。在这一伟大进程中，新时代苏州精神作为支撑新时代苏州发展的内在灵魂，将扮演一个积极引领、价值支持和强力推动的角色。伟大的行动总是伴随着伟大精神支撑、支持和引领，新时代苏州精神现在和未来必将是引领新时代苏州之路探索的精神动力和标志性旗帜。

新时代苏州精神作为苏州未来发展的灵魂是不断流动的新现代性，它推动着苏州朝向2050年大踏步跨越，率先全国成为社会主义现代化标杆强市，成为自主创先走向世界、自主辐射现代化的先锋城市，成为科技产业强盛、富裕昌明、善治和谐、美丽幸福的样板城市。新时代苏州精神是发展的精神，是苏州发展实践内在的精神，是不断创新的精神。新时代的"昆山之路"、"园区经验"和"张家港精神"作为新时代"三大法宝"是新时代苏州精神的突出体现，而新时代苏州精神是在新时代"三大法宝"和其他苏州市区发展经验基础上的精神提升和升华。

没有思想的精神是苍白无力的。苏州发展的历史充满着精神创造、精神激励和精神创新的历史。苏州发展的历史一再表明，在党的坚强领导下，不断地创新，不断地解放思想，才使得苏州精神永葆青春活力。

展望未来，我们有理由相信，新时代苏州精神在未来的发展中将不仅属于苏州，而更属于中国、属于世界，新时代苏州精神的中国价值和全球价值将进一步得到发扬光大。

（本章撰稿人：任平）

# Suzhou Spirit in the New-era: The Historical Connotation and Contemporary Value of the "Three Magic Weapons"

Chief Editor: Ren Ping

Executive Editor: Fang shi-nan, Yu Yulan

Written by: Duan Jinjun, Fang Shinan, Gao Feng, Jiang Jiancheng, Jiang Yingpeng, Ren Ping, Wu Jianchang, Xu weiying, Zhang tingting, etc.

## Introduction Re-create Brilliant Callings the *Suzhou Spirit* Burning with Passion in the New Era

**Abstract:** How to go in China, take a look at Suzhou. Over the past 40 years of Reform and Opening-up, Suzhou has shouldered the important mission of "exploring the way for the whole country" and has always been at the forefront of the country, creating an amazing "Suzhou Miracle" and stepping out of the "Suzhou Road", which is admirable, it has accumulated the "Suzhou Experience", which is highly concerned by the whole country, and has formed a strong "Suzhou Spirit" with "the spirit of Zhangjiagang", "the road of Kunshan" and "the experience of the park" as its core. The reason why Suzhou can become today's Suzhou, the greatest achievement lies not only in the economic data, but also in the broad masses of cadres and people dare to try, you catch up with me in the hot practice of the formation of the most valuable spiritual force. The spirit of "three magic weapons", "daring to compete for the first" and "daring to create the only", which are the spirit expression and powerful motive force of the great practice of reform and opening-up in Suzhou, is the contemporary continuation of the excellent Wu culture for thousands of years. Entering the new era, the spirit of Suzhou is also advancing with the times and developing into the spirit of Suzhou in the new era. The spirit of Suzhou in the new era is an advanced development culture of the new era, a powerful spiritual support and cultural guidance that pushes Suzhou from a fast-growing hero to a high-quality development hero, is in the cultural spirit of Suzhou for the national exploration of a new milestone. Therefore, focusing on the study of the spirit of Suzhou in the new era is of great strategic significance not only for the people of Suzhou in the new era to rekindle their passion and create new splendor, but also for the country as a benchmark that can be replicated and promoted, it is also a spiritual guide to the new changes in the world.

## Chapter I  Space-time Coordinates of Neo-era Suzhou Spirit Origin

**Abstract**: Suzhou Spirit in the Neo-era (NSS) has been created through the dynamic interactions among inter/intra-cultural elements and has been developed into an active organism. The initiation of NSS occurred under certain space-time background and dimensions. To be specific, NSS was cultivated in Wu-culture with a 2500-year history. And then, it was gradually equipped with an advanced Red-culture in the process of revolutionary war and construction. Afterwards, NSS has been polished during the 40-year great reforming-and-opening practice. Moreover, NSS will continue developing its regional-cultural spirit and value orientation in the coming course of Socialist modernization. The study of spacetime coordinates of NSS origin can contribute to a deep understanding of "The Spirit Development History" of Suzhou city. This exploratory study can also unveil Suzhou Model as the "Successful Practice upon Great Theory", which reflects the history of striving for success.

## Chapter II   Contemporary Interpretation of Zhangjiagang Spirit

**Abstract**: "Unite and strive, advance under a heavy burden, add pressure on itself, dare to be the first." Is the spirit of Zhangjiagang. It is one of the "three magic weapons" of Suzhou, which is famous in Jiangsu and within the country, and it is the distinctive trait of Zhangjiagang's cadres, the soul of the city, the source of strength and the most valuable spiritual wealth of Zhangjiagang, as well as the intangible asset and priceless treasure that Zhangjiagang people are most proud of and cherish. Since the reform and opening up, inspired by the theory of socialism with Chinese characteristics and the spirit of Zhangjiagang, Zhangjiagang people have worked hard and strived hard to be the pioneer, emerging a large number of daring and pioneering figures. The miracle of development and glorious achievements that were "unthinkable" and "impossible" have made Zhangjiagang a "leap from a marginal city in southern Jiangsu to a star city" and made it famous as a national civilized city. Zhangjiagang spirit is an advanced development culture born in the wave of China's reform and opening-up, which profoundly reflects the national conditions of China's reform and opening-up, the city conditions of Zhangjiagang region, the needs of the main development practice subject, the essence, value and purpose of development, as well as the philosophy that conforms to the laws of economic and social development, the laws of development of socialism with Chinese characteristics, the laws of development of nature and the laws of free and comprehensive development of human beings. In the new era, Zhangjiagang faces the heavy responsibility of industrial transformation to higher and better, and civilization remains good and beautiful. The spirit of Zhangjiagang in the new era must closely combine the process and state of struggle with the goal of the new era. To vigorously promote the transformation of Zhangjiagang spirit into a strong material force is to do a great job of "turning", that is, the ideological concept to the "new", the industrial structure to the "high", the urban and rural construction to the "excellent". "The spirit of Zhangjiagang in the new era" has the value aspiration and value goal of "Unite and strive, aiming for the higher and better; advance under a heavy burden, pursuing goodness and beauty". The spirit of Zhangjiagang in the new era is the distinctive spiritual identity of Zhangjiagang in the new era, which will help to promote the ideological concept to the "new", lead the overall high-quality development with the new development concept, and make Zhangjiagang spirit of the new era become a "strong engine" for the sustainable and healthy development of the new port city! It will help to accelerate Zhangjiagang's industrial structure trans formation to the "high" and make upgrading become the "main theme" of the new port city; it will help to promote Zhangjiagang's urban and rural construction to the "excellent", and let civilization and harmony become the "golden sign" of the new port city. With the socialism with Chinese characteristics entering a new era, Zhangjiagang spirit keeps pace with the development of the new era: holds high the great banner of socialism with Chinese characteristics, continues to add pressure on itself, strives for magnificent transformation, climbs new peaks, in order to strive to write a new chapter of the overall high-quality development with passion and entrepreneurial spirit, and walk out a way of innovative development which is in line with the law of the socialism modernization construction with Chinese characteristics and with Zhangjiagang regional characteristics! It will strive to be the benchmark of high-quality economy, the benchmark of urban-rural integration, the benchmark of civilization in the new era, and take the lead in the province in basically realizing modernization, so that the spirit of Zhangjiagang will bloom and shine again in the new era and create a more tremendous value of the times.

# Chapter III  The Spirit of "the Road to Kunshan" in the New Era

**Abstract**: Since the reform and opening up, started by establishing the development zone at its own expense, Kunshan has walked out a "Kunshan road" featuring "reform and opening up as the characteristics of the times, taking entrepreneurship, innovation and excellence as the spiritual motive force, and taking people's happiness as the unremitting pursuit".

"Kunshan Road" has gone through has gone through 5 development stages: "from agriculture to industry", "from inside to outside", "from scattered to gathered", "from low to high", and "from great to strong". "Kunshan Road" is "breaking through", and is carved out by hard-working and intelligent Kunshan people from a place full of thorns.

On the whole, "Kunshan Road" is Kunshan's version of the road to explore modernization with Chinese characteristics. The report to the 19th CPC National Congress solemnly declared that "Socialism with Chinese characteristics has entered a new era, which is a new historical juncture in China's development".

In the new era, we are in the midst of major changes unseen in a century. The strategic game between China and the United States is intensifying. The COVID-19 is posing a threat to public health security, and global integration is facing unprecedented challenges. As a window to observe and study China's modernization, Kunshan has once again attracted the attention and expectation of the world.

The inner height of "Kunshan Road" contains the spirit of "Kunshan Road", and the two are closely related. The development process of "Kunshan Road" is also the process of "Kunshan Road" spiritual conservation and growth. The "Kunshan Road" has come all the way from "being realistic, striving for excellence" to "daring to compete for the first place and be the only one", forming the "Kunshan Road" spirit with "three innovations" as the core. The core of the "Kunshan Road" spirit is: "Kunshan Road" is road of "hard entrepreneurship" featuring "seeking development in extreme difficulty and starting from scratch"; it is also a road of "innovation without stopping reform and opening up" and a way of "striving for the first and the only".

The practice of Kunshan's development in the new era has shown that it is pushing Kunshan's development into a new stage with a brand-new attitude. The spirit of "Kunshan Road" in the new era is also the spirit of development in the era of powerful nation, which determines that its spiritual characteristics should be mainly manifested in strengthening the consciousness of development subjects, implementing independent development, advancing with the times, and forging ahead. The spirit of "Kunshan Road" in the new era is based on the practice of the new era, and leads the modernization practice to focus on the rapid transition from the second to the third wave of modernization, constantly forming a new realm of independent development.

In the new era, the spirit of "Kunshan Road" can be further interpreted and summarized into 16 words, namely, "mind the world, dare to be the first, boldly break a new road, and lead the demonstration", which is of great significance both to China and the world. It will continue to lead Kunshan to explore the road for the whole country and become a hot-blood soldier for China to step into the stage of comprehensive and high-quality development. It will further lead Kunshan to become a great successful practice case of Xi Jinping Thought on Socialism with Chinese Characteristics for a New Era and continue to lead Kunshan to become a shining example of China's deepening reform and opening up.

Besides, it will continue to lead Kunshan to establish itself as a benchmark of China's urban civilization and continue to promote the development of integrity, innovation and cultural confidence in the universal communication between demonstration tradition and modernity through new practices in the new era.

The innovative development of the new "Kunshan Road" in the new era, driven by the spirit of "Kunshan Road", is a grass-roots sample of the contemporary socialist road with Chinese characteristics and a window for the world to observe the Chinese socialist road. Guided by the spirit of "Kunshan Road" in the new era, "Kunshan Road" in the new era will continue to be an important sample for the world to study the development subject of China's modernization road.

## Chapter IV  The Significance of the New Era of Suzhou Industrial Park

**Abstract**: The "Park Experience" has become one of Suzhou's "Three Magic Weapons", which was created in the era when the world is moving towards China, and has played a significant role in promoting the rapid development of the industrialization of the park. Today is the era when China is going to the world, and the development of the park is facing a brand new domestic and foreign environment. In the new era dominated by informatization, it has become a new historical mission endued by the park, which is the rapid development of new technologies such as big data, cloudcomputing, blockchain and artificial intelligence, the in-depth integration of informatization and industrialization and the establishment of an autonomous and controllable modern industrial system. The industrial park has once again entered a key point of strategic choice. It should combine the culture of south of Jiangsu, review the development history of the park, summarize the "park experience", rethink the contemporary value of the "park experience" and upgrade to the spirit of the park in the new era. In the great changes in global politics, economy and society, the spirit of the New Era Park provides a powerful spiritual impetus for its independent innovation and development and heading to the world. It also provides valuable practical experience and spiritual wealth for other sectors of Suzhou, other cities and even developing countries along the "Belt and Road" initiative.

## Chapter V  The Fusion and Sublimation of the Spirit of Suzhou in the New Era

**Abstract**: Each section of Suzhou has created brilliant achievements under the guidance of their respective spirits. The spirits of the major sections are not discrete, but merged with each other, forming the organic structure of the Suzhou spirit. The dynamic mechanism of the evolution of Suzhou's spirit can be expressed as the following process: the power of "fusion" and "combination" —the formation and perfection of Suzhou's spiritual structure-further promoting the new process of "fusion" and "combination" —Promoting the formation of the new structure of the Suzhou spirit... Such a spiraling process constitutes the dynamic mechanism of the continuous improvement of the Suzhou spirit organism structure. The cultural gene of Suzhou spirit is embodied in the power of "fusion" and "combination", which promotes the formation of the diverse and different Suzhou spiritual structure, and the integration of different spirits continuously promotes the evolution and development of the Suzhou spirit. The formation of the Suzhou spirit is inseparable from the socio-geographical space in every historical period of Suzhou, from the Taihu Lake basin in the agricultural era to the canal era with the rapid development of handicrafts and commerce, and the marine era with the rapid development of industrialization after the reform and opening up. In the new era, Suzhou is facing unprecedented opportunities and challenges. It must be guided by the spirit of Suzhou in the new era, exert the spiritual power of "fusion" and "integration", implement the "dual-cycle" strategy, and build Suzhou into a strategic node in the global city network, gather high-end innovative elements at home and abroad to create a regional autonomous and controllable economic system. This is the requirement of the development of the times for Suzhou, and it is also the requirement of Suzhou's development stage. All major sections of Suzhou are starting the great practice of self-creation based on their respective district conditions, which will further enrich the connotation of the era of Suzhou spirit and continuously promote the development and evolution of the Suzhou spirit organism.

## Chapter VI  The Inner Soul and Value System of Suzhou Spirit in the New Era

**Abstract**: The spirit of Suzhou in the new era and the "three magic weapons" are mutually exclusive. The autonomously developing Communitarianism is the inner soul of the spirit of Suzhou in the new era. Independence, pioneering, integration, and far-reaching are its simple expression and essential reflection. As a kind of "local experience", the spirit of Suzhou in the new era not only has Chinese characteristics, but has contemporary and global values.

## Chapter VII  The Spirit of Suzhou in the New Era and the Path to Quality Development

**Abstract**: Spiritual strength is the most important source of power in the course of nation's and country's development. Spiritual strength determines the speed, height and intensity of nation's and country's development. If a country loses its spiritual pillar, it will lose its soul and the centripetal force and cohesion for development. According to a series of new changes in the development environment, conditions, tasks and requirements of the new era, Suzhou will be the vanguard of high-quality development and modernization under the banner of the Spirit of Suzhou in the new era of independence, pioneering, harmony and development. Suzhou, which implements faithfully, goes ahead, surpasses oneself, challenges limits, spells out more "firsts", breaks out more "oneness" so as to promote economy and society to higher quality, more efficiency, more fairness, more sustainability and more safety development, and strives to break out of the road of high-quality development of Suzhou in the new era with the responsibility of being a passionate soldier in the times.

## Chapter VIII   The Chinese Value and World Significance of the Spirit of Suzhou in the New Era

**Abstract**: Great cause cannot be achieved without the impetus of strong spiritual force. The role of spiritual power is enormous in human creative practice. It is by virtue of its strong spiritual power that Suzhou has always maintained strong development momentum, created many remarkable achievements, and produced remarkable results. The spirit of Suzhou in the new era, which is independence, initiative, harmony and development, is spiritual expression of value of "communalism in development" to create great cause. The Chinese value of Suzhou spirit in the new era lies in the fact that it has become important part of Chinese spirit in the new era, successful model of high-quality development practice in contemporary China, and advanced model to be followed by regional development. The world significance of the spirit of Suzhou in the new era lies in the fact that it has provided China's plan to lead development of emerging industrial countries, become future scene of countries along the route of "One Belt and One Road", and become the new era spirit which affected not only China but also the world.

## Conclusion: Towards the Future: The Spirit of Suzhou in the New Era and the Future Development of Suzhou

**Abstract**: The spirit of Suzhou is innovative, she faces the future in innovation, so she continuously surmounts herself in the future, facing the future is her pursuit, innovation is her purport, also is her spirit. The spirit of Suzhou in the new era is the soul of the road of Suzhou in the new era, and the innovation of the spirit of Suzhou promotes the transformation of the spirit

▶ 新时代苏州精神

of the new Jiangnan and becomes the advanced gene of the Chinese spirit. The spirit of Suzhou keeps pace with the times, and it is constantly improving and sublimating itself in its development. The spirit of Suzhou in the new era is the powerful spiritual power and cultural guidance of the road of Suzhou in the new era.

# 参考文献

《马克思恩格斯文集》第1—10卷，人民出版社2009年版。

《毛泽东文集》第1—8卷，人民出版社1999年版。

《邓小平文选》第1—3卷，人民出版社1993—1994年版。

《习近平谈治国理政》第1、2、3卷，外文出版社2020、2017、2014年版。

习近平：《在庆祝改革开放40周年大会上的讲话》，人民出版社2018年版。

习近平：《决胜全面建成小康社会 夺取新时代中国特色社会主义伟大胜利——在中国共产党第十九次全国代表大会上的报告》，《人民日报》2017年10月28日。

《中共中央关于坚持和完善中国特色社会主义制度推进国家治理体系和治理能力现代化若干重大问题的决定》，人民出版社2019年版。

习近平：《开放共创繁荣 创新引领未来——在博鳌亚洲论坛2018年年会开幕式上的主旨演讲》，《人民日报》2018年4月11日。

习近平：《坚定文化自信，建设社会主义文化强国》，《求是》2019年第12期。

习近平：《在全国抗击新冠肺炎疫情表彰大会上的讲话》，《求是》2020年第20期。

习近平：《在企业家座谈会上的讲话》，《人民日报》2020年7月22日。

韩庆祥、黄相怀等：《中国道路能为世界贡献什么》，中国人民大学出版社2017年版。

黑格尔：《哲学史讲演录》第1卷，商务印书馆1982年版。

亨利·基辛格：《论中国》，胡利平等译，中信出版社2015年版。

金洁：《弘扬"三大法宝" 赋能火红年代——在新时代"苏州精神"研究和弘扬工作座谈会上的讲话》，2020年4月18日。

蓝绍敏：《弘扬"张家港精神" 再创新时代辉煌》，《苏州日报》2019年9月20日。

李光耀：《论中国与世界》，蒋宗强译，中信出版社2013年版。

娄勤俭：《紧紧围绕高质量发展加快建设"强富美高"新江苏》，《群众》2018年第1期。

罗荣渠：《现代化新论》，商务印书馆2004年版。

罗思义：《一盘大棋？中国新命运解析》，江苏凤凰文艺出版社2016年版。

任平：《第二波：昆山走向科学发展之路》，苏州大学出版社2008年版。

任平：《全球发展：模式、理论与选择》，中国劳动出版社1999年版。

任平主编：《苏南地区——自主创新与国际竞争力研究》，苏州大学出版社2006年版。

苏鲍平：《思想再解放开放再出发目标再攀高 再创一个激情燃烧干事创业的火红年代》，《苏州日报》2019年9月27日。

王国平主编：《苏州通史》，苏州大学出版社2019年版。

王荣：《苏州精神："三大法宝"的价值与升华》，苏州大学出版社2008年版。

王卫平主编：《江苏地方文化史·苏州卷》，江苏人民出版社2020年版。

王小兵、顾琦：《苏州工业园区：走出绿色发展新路径》，《苏州日报》2018年6月5日。

吴新明：《"昆山之路"的形成与发展——在欢迎苏州大学领导参访座谈会上的讲话》，2020年7月23日。

许昆林：《扛起担当比学赶超冲刺四季度夺取双胜利 以过硬实绩融入长三角一体化提升竞争力——在昆山召开四市工作座谈会上的讲话》，《苏州日报》2020年10月12日。

杨守松：《昆山之路》，江苏人民出版社2015年版。

约翰·奈斯比特：《中国大趋势》，魏平译，中华工商联合出版社有限责任公司2009年版。

翟令鑫、段进军:《长三角一体化背景下开发区发展研究——以苏州工业园区为例》,《中国名城》2020年2月5日。

张二震:《高质量发展的昆山之路》,人民出版社2019年版。

张国华、张二震主编:《开放条件下的昆山自主创新之路》,人民出版社2007年版。

郑永年:《论中国:中国通往海洋文明之路》,东方出版社2018年版。

中共苏州市委组织部、中共苏州市委党校编:《再燃激情:苏州"三大法宝读本"》,古吴轩出版社2019年版。

朱炳元等:《中国道路研究》,中国社会科学出版社2019年版。

[德] 斐迪南·滕尼斯:《新时代的精神》,林荣远译,北京大学出版社2006年版。

[英] 吉登斯:《现代性的后果》,田禾译,译林出版社2000年版。

[德] 柯雷斯蒂安·戈尼茨:《新机遇:中国时代》,许文敏译,国际文化出版公司2015年版。

[德] 马克斯·韦伯:《新教伦理与资本主义精神》,于晓、陈维钢译,生活·读书·新知三联书店1987年版。

Aregbeshola R. Adewale, "Import Substitution Iindustrialisation and Economic Growth-Evidence from the Group of BRICS Countries", *Future Business Journal*, 2017.

Belt and Road Economics-Opportunities and Risks of Transport Corridors, World Bank Group, 2019.

Christian Ploberger, "One Belt, One Road – China's new Grand Strategy", *Journal of Chinese Economic and Business Studies*, July 31 2017.

European Central Bank, The Transition of China to Sustainable Growth-implications for the Global Economy and the Euro Area, *ECB Occasional Paper Series*, January, 2018.

Jin Bei, "Study on the 'High-quality Development' Economics", *China Political Economy*, 3 December 2018.

Joanna Konings, "Trade Impacts of the Belt and Road Initiative", *Economic & Financial Analysis*, June 6, 2018.

Joseph E. Stiglitz, "The Chinese Century", *Vanity Fair*, January 25, 2018.

Joseph E. Stiglitz, "China's Bumpy new Normal", *Project Syndicate*, January 27, 2016.

Julan Du and Yifei Zhang, "Does One Belt One Road Strategy Promote Chinese Overseas Direct Investment?", *China Economic Review*, 47 (C), 2016.

"One Belt and One Road Initiative", *Global Economic Observer*, 2018.

Patrick Blagrave, Esteban Vesperoni, "The Implications of China's Slowdown for International Trade", *Journal of Asian Economics*, 2018, 56.

Shang-Jin Wei, Zhuan Xie, and Xiaobo Zhang, "From 'Made in China' to 'Innovated in China': Necessity, Prospect, and Challenges", *Journal of Economic Perspectives*, Winter, 2017.

Steven Brakman, Peter Frankopan, "Harry Garretsen and Charles van Marrewijk, The New Silk Roads: an introduction to China's Belt and Road Initiative", *Cambridge Journal of Regions, Economy and Society*, 2019.

Xie Fuzhan, "China's Economic Development and Development Economics Innovation", *Social Sciences in China*, 21 May 2019.

Zhang Min, Yuan Ding, "Forty Years of China's Reform and Opening Policy: Innovative Transformation of Suzhou Industrial Park and Its Connection with The One Belt and One Road Initiative", *Global Economic Observer*, 2018.

McKinsey Global Institute, *China and the World-Inside the Dynamics of a Changing Relationship*, July, 2019.